Michael Lukas Moeller

Selbsthilfegruppen

*Selbstbehandlung und Selbsterkenntnis
in eigenverantwortlichen Kleingruppen*

Rowohlt

Umschlagentwurf Werner Rebhuhn
Die Rechte an dem von Jan Enns gestalteten Emblem
auf der Titelseite liegen beim Rowohlt Verlag

1. Auflage September 1978
Copyright © 1978 by Rowohlt Verlag GmbH,
Reinbek bei Hamburg
Alle Rechte vorbehalten
Gesamtherstellung Clausen & Bosse, Leck/Schleswig
Printed in Germany
ISBN 3 498 04259 9

Inhaltsübersicht*

1.

Juttas Weg in die Selbsthilfegruppe

Um das Schicksal der Menschen genauer kennenzulernen, die sich Selbsthilfegruppen zuwenden, und um einen lebendigen Einblick in die Gruppenselbstbehandlung zu gewinnen, fuhr ich 1973 zu einer der ersten kontinuierlich arbeitenden psychologisch-therapeutischen Selbsthilfegruppen in eine westdeutsche Großstadt. Als stiller Beobachter nahm ich an einigen Sitzungen dieser Selbsthilfegruppe teil. Ich konnte mit einem Reportertonband auch Diskussionen aufnehmen, in denen ich von der Gruppe sehr viel lernte. Vor allem aber erklärten sich sechs Teilnehmer zu ausführlichen Selbstdarstellungen bereit. In der kleinen Dachwohnung von JUTTA wurden die meisten Berichte aufgezeichnet.

Ich habe JUTTAS Geschichte herausgegriffen, weil ihr Schicksal einen typischen Weg in die Selbsthilfegruppe beleuchtet. JUTTA schildert ein fast normales, nur wenig abweichendes Leben, das für viele Jugendliche und für zahllose ‹Patientenkarrieren› charakteristisch sein dürfte. Wirklichkeitsnah und keinesfalls anklagend berichtet sie über ihre konkreten Erfahrungen mit der professionellen Versorgung. Auf diesem Hintergrund scheint ihr Entschluß, eine Selbsthilfegruppe für seelische Gesundheit zu bilden, begründet und verständlich. Dennoch zeigt sich keine Spur von Antiprofessionalismus. Im Gegenteil: JUTTA arbeitet regelmäßig mit Fachleuten in der psychosozialen Versorgung zusammen.

Ich heiße Jutta, bin zweiundzwanzig Jahre alt und mache zur Zeit meine Buchhändlerlehre durch. Ich bin unehelich geboren. Meine Mutter ist Lehrerin. Mein Vater – was ist er überhaupt? –: Versicherungskaufmann. Ich bin die ersten drei Jahre im Heim aufgewachsen, hier in der Nähe. Dann bin ich zusammen mit meiner Mutter, ihrer Zwillingsschwester und deren Vater in eine Stadtwohnung gezogen, in der die heute noch leben, und in der auch ich bis vor einem Jahr gelebt habe. Meine Mutter hat nicht mehr geheiratet. Ich bin ein Einzelkind. Ich kam meiner Mutter wohl ziemlich ungelegen, als ich da nun hereinplatzte. Sie hatte ziemlich viele Pläne. Vor allem wollte sie in der Entwicklungshilfe tätig sein. Sie konnte sich, glaube ich, nicht eingestehen, daß ich ihr lästig war. Sie hat sich dann entschlossen, mich doppelt liebzuhaben, sozusagen als Entschuldigung dafür, daß ich unerwünscht war. Sie hat mir jeden Wunsch erfüllt – und wenn man eine so liebe Mutter hat, dann muß man auch ein liebes Kind sein. Ich war also sehr brav, immer sehr ruhig, fleißig, ordentlich, nett und fröhlich und alles. Wir waren nur dann beide zufrieden, wenn der andere immer glücklich war. Eine Zeitlang haben wir mit diesem idealen Verhältnis auch fast bewußt kokettiert.

Dabei mußten wir ein bißchen gegen die Zwillingsschwester meiner Mutter kämpfen. Sie war zeit ihres Lebens zu Hause geblieben, hatte sich immer gesträubt, selbständig zu werden, und in meiner Mutter eine eigene Ersatzmutter gesehen. Diese Tante war sehr cholerisch, bekam manchmal regelrecht Schreikrämpfe und Wutanfälle – insbesondere gegen mich. Ich hatte unheimlich viel Angst vor meiner Tante.

Dann war da noch mein Opa. An den habe ich eigentlich nur eine ganz vage Erinnerung. Es ist nur ein ganz weiches, angenehmes Gefühl, was ich habe. Ich erinnere mich an ihn nicht als an einen Mann, nur als an etwas Ruhendes. Meine Tante hat auch an ihm sehr viel Aggressionen, oder was diese Anfälle nun bedeuteten, ausgelassen. Oft lag ich abends im Bett und habe dann gehört, wie sie ihn anschrie. Ich habe dann plötzlich eine Unfähigkeit erlebt, meinen Opa zu verteidigen gegen diesen Drachen. Ich erinnere mich noch an einen Abend. Ich hatte mir einige Einschlafriten angewöhnt. Dazu gehörte, daß ich noch eine Weile am Fenster stand und laut zum Fenster hinaus sang, weil ich dachte, die Leute würden sich freuen, wenn ich denen abends ein Liedchen sing. Plötzlich schlug die Tür auf, die Tante schrie mich an. Meine Mutter kam hinterher galoppiert. Dann folgte mein Opa. Wenn mich die Tante nicht erwischen konnte, schrie sie zunächst die Mutter an. Wenn sich dann der Opa einmischte, um zu schlichten, ging sie auf den los. Dann bekam sie wieder so einen Anfall. Mich hat die ganze Sache ziemlich beeindruckt. Manchmal wurde ich nachts wach und dachte: «Wenn du jetzt die Augen aufmachst, dann steht da deine Tante und patscht dir eine.» Dazu schliefen wir noch zu dritt in einem Zimmer gemeinsam. Normalerweise hatte meine Tante einen festen tiefen Schlaf – im Gegensatz zu meiner Mutter. Wenn ich da mal flüsterte: «Mammi, Mammi, nimm mich rüber in dein Bettchen», dann war allerdings die Tante sofort wach. Dann meckerte sie sofort meine Mutter an: ob sie mich denn schon wieder verwöhnen wolle. Es war also unheimlich, dieses Dreiergespann, das wir da

abgegeben haben. Meine Tante hat zeit ihres Lebens
an meiner Mutter geklebt. Sie wohnen auch jetzt noch
zusammen. Manchmal habe ich den Eindruck, daß
mich meine Tante mehr beeindruckt hat als meine
Mutter.

Ich habe selten etwas unternommen – und wenn,
dann habe ich das allein gemacht, schon als kleines
Kind. Ich hatte ein kleines Rad und fuhr damit durch
die Gegend, stundenlang. Ich hatte da meine bestimmten Wege, die ich immer abfahren mußte. Alles
war so ein bißchen zwanghaft. Wenn ich das nicht
getan hätte, wäre ich nicht zufrieden gewesen. Ich
hatte auch bestimmte Phantasien. Oft habe ich mir
das abends schon zurecht gelegt. Wenn ich ins Bett
ging, überlegte ich schon: «Was wirst du denn gleich
spinnen?» Eine Zeitlang lief das darauf hinaus, daß
dreimal in der Woche meine Mutter starb. Das war
alles sehr dramatisch. Ich habe mich intensiv da hin-
einversetzt. Vielleicht war da auch irgendwo ein
Wunsch dabei, mich endgültig von dieser Bindung
loszusagen. Oft war ich tränenüberströmt, als wäre es
nun tatsächlich passiert. In einer anderen Phantasie
hatte ich vielleicht einen Unfall: ich verlor einen Arm
oder ein Bein und so die üblichen Stories. Was mir
dabei auffiel, war, daß ich immer bereit war, etwas
dafür zu opfern, daß ich im Mittelpunkt stand. Andererseits hatte ich mehr negative Phantasien als positive. Ich hatte nie etwas Besonderes gemacht oder geleistet, phantasierte nie, ein berühmter Mensch zu werden oder eine Art Prinzeßchen usw.

Schulzeit Meine Mutter war ja Lehrerin, und ich kam eines
Tages auch an ihre Schule. Ich habe sie aber nie im
Unterricht gehabt. Sie hatte immer höhere Klassen.
Ich habe mich dann ziemlich gesträubt, aufs Gymna-
sium zu gehen. Ich hatte Angst davor. Ich bin dann
auch bis zum fünften Schuljahr in der Volksschule

geblieben, weil ich unheimlich klein war, wohl sehr zerbrechlich aussah und vielleicht auch irgendwie noch ein bißchen zurück war. Als ich dann in die erste riesige Klasse aufs Gymnasium kam, habe ich jeden Morgen erst einmal tüchtig geheult vor lauter Angst. Ich hatte Angst vor der strengen Lehrerin und vor den plötzlichen Anforderungen, mindestens drei Stunden täglich Schularbeiten machen zu müssen. Das Ganze machte mir viel Schwierigkeiten. Ich war auch ziemlich schlecht. Vor allem hatte ich sehr viel Mühe, mich überhaupt bemerkbar zu machen, überhaupt zu zeigen, daß ich da bin. Es wurde gesagt, vielleicht würde ich es bis zur Quarta schaffen, aber dann auch nicht weiter. Ich habe ziemlich lange gebraucht, um mich durchzusetzen und einen ganz normalen Platz in der Klasse zu bekommen wie jeder andere auch. Ich bin nachher auch besser geworden in den schulischen Leistungen. Ich habe mich zum Positiven entwickelt – jedenfalls, wenn man die Zeugnisse betrachtet. Das Abiturzeugnis war dann das beste von der ganzen schulischen Laufbahn. Ich hatte ziemlich schnell das Bedürfnis entwickelt, möglichst perfekt und gut zu werden und alles ordentlich zu machen. Es gab für mich keine andere Möglichkeit als alles oder nichts. Ich hatte Schwierigkeiten, mich am Unterricht zu beteiligen, weil ich vorher zehnmal überlegen mußte, ob es nun richtig und gut formuliert sei usw. Später habe ich dann Privatstudien angefangen zu irgendwelchen Themen, Geschichte oder Deutsch. Ich bekam Geschmack an Leistungen. Schließlich interessierte ich mich nur noch für Lesen. Ich habe mich tot und dusselig gelesen. Als ich dann in die Mittelstufe kam, merkte ich so langsam, wie unfertig und wie emotional auch die Lehrer reagierten. Sie reagierten im Grunde nicht besser als wir. Das hat mich unheimlich enttäuscht, weil ich immer noch Hoffnungen in die Erwachsenen gesetzt hatte. Man macht sich doch die tollsten Vorstellungen von Erwachsenen, was für reife, starke Menschen das sind. Vielleicht dachte ich: Die werden dir schon helfen, wenn du dich nur verständlich machst.

Beziehungen zu anderen Ich hatte ungeheure Schwierigkeiten, mit Klassenkameradinnen in Kontakt zu kommen. Ich hatte immer den Wunsch: «Wenn du eine Freundin hast, dann muß das gleich eine Supersache sein.» Ich konnte Beziehungen irgendwie nicht dosieren. Wenn ich mich auf eine Beziehung einließ, dann hab ich mich da mit Haut und Haaren drin verbohrt und habe so ungefähr mein Leben dafür gelassen. Das erwartete ich auch vom anderen. Irgendwie habe ich gespürt, daß ich damit andere und mich selbst überfordere. Ich habe dann sozusagen gar nicht erst angefangen. Ich hatte eigentlich nie Freunde oder Freundinnen. Als ich noch klein war, hatte ich einige Kontakte. Sie gelangen mir auch sehr schnell, weil ich recht lebendig war. Aber nach drei bis vier Malen war es mir unheimlich, wenn die mich besuchten und klingelten. Ich bekam wohl schon wieder Angst, daß mir das zu eng war. Einerseits wollte ich es möglichst eng; andererseits hatte ich Angst, daß ich aufgefressen werde und die Freiheit verliere.

Später habe ich dann extrem meinen Intellekt trainiert und habe dann plötzlich eine Art entwickelt, Leute mit ironischen und bissigen Bemerkungen zu schockieren. Ich fing besonders in der Schule an, auf diese Weise aggressiv zu werden – im Grunde wollte ich, daß die mir helfen. Das kapierte natürlich keiner. Es entwickelten sich unheimliche Kräche. Ich wurde zur Direktorin zitiert, weil ich frech geworden war. Das Dumme daran war, daß ich auch gleichzeitig in den schulischen Leistungen besser wurde. Es entstand eine ganz komische Situation, auch schon wieder so ein Ritual: Wenn ich mit bestimmten Lehrern in einer Stunde keinen Krach gehabt hatte, dann war das keine Stunde gewesen. Später war es mir sehr wichtig, daß ich nicht mehr frech und pampig wurde, sondern daß das Ganze auch zutraf. Weil ich wohl irgendwo merkte, daß ich zu einem Kontakt nicht ganz fähig war, begann ich, andere mit diesem Verhalten zu quälen. Es war eine Form von Rachespielchen. Ich hatte einen gruseligen Genuß dabei, obwohl ich im Grunde genommen auch kreuzunglücklich war.

Weil ich im Kontakt so Schwierigkeiten hatte und Freundinnen oft wieder nach Hause schickte, machte mir meine Mutter Vorhaltungen, ich wäre gemein und böse usw. Als ich in der Mittelstufe war, hatte ich im Zusammenhang damit auch mal kleinere Weinkrämpfchen. Dann hat meine Mutter mich zu ihrer Hausärztin geschleppt. Die hat mir zum erstenmal Valium verschrieben. Ich habe das brav genommen. Ich merkte, daß ich auf der einen Seite ziemlich wurstig wurde, auf der anderen auch aufgekratzter war. Während ich früher immer darauf achten mußte, ob ich eine gute Figur machte, ob ich auch gut aussähe, ob ich das Richtige sage, ob ich gewählt genug spreche usw., war es mir nun gleichgültiger, wie ich dastand. Jetzt konnte ich also besser drauflos plappern und mich auch drauflos benehmen. Auch im Unterricht konnte ich spontaner sein, aber nur, weil mir alles wurstiger war. Die Weinkrämpfe waren sicherlich auch im Zusammenhang mit der Schule zu sehen. Wenn die Stunde einmal anders verlief, als ich sie mir vorgestellt hatte, kam ich oft um meinen Glanz, für den ich doch die ganze Nacht durchgearbeitet habe. Das brachte mich dann in so eine Verkrampfung rein. Es zog regelrecht im Nacken, der Bauch drehte sich dreimal um. Es brauchte nur noch eine Kleinigkeit zu kommen, dann fing ich an zu heulen. Aber ich merkte auch bald, daß ich dadurch Beachtung gewann. Es gab also neben der Leistung auch schon diese Methode, sich mit Elend in den Mittelpunkt zu stellen. Wir hatten dann ein paar in der Klasse, die ein bißchen daneben waren und als frühreif galten. Sie hatten mit vierzehn, fünfzehn einen Freund und absolut kein Interesse mehr für die Schule. Das ist an sich ganz normal. Es gab aber auch ziemlich viele Schwierigkeiten mit den Lehrern, die eben noch gewöhnt waren, daß die Schülerinnen bis zur Oberstufe nette Mädchen sind, die bestenfalls mit Puppen spielen. Wir hatten ein ziemlich altes Kollegium. Die kamen mit der Zeit nicht richtig mit. Der Vater einer Klassenkameradin war Arzt. Eines Tages stellte sich heraus, daß sie auch ab und zu Valium nahm – und zwar einfach von ihrem Vater. Sie brachte mir dann immer ein Döschen Valium 5 mit. Oder sie sagte: «Du mußt jetzt mal Valium 10 nehmen, das ist noch besser.» Alles war ein bißchen verrucht. Uns hat es unheimlich gereizt, auch mal zwischendurch ein Tablettchen zu nehmen. Als ich fünfzehn, sechzehn Jahre alt war, habe ich auch mit dem Alkohol Bekanntschaft gemacht. Ich war zu einer Klassenparty eingeladen. Das war eigentlich ziemlich selten. Da saß ich nun dumm rum und konnte wieder mal überhaupt keinen Kontakt finden. Alle anderen schwatzten miteinander. Ich hatte ja auch kein Interesse für Jungen. Das war was für die anderen, aber nicht für mich. Ich hatte meine geistigen Interessen. Die Jungen waren mir viel zu milchgesichtig. Das war nichts für mich. Ich war sowieso anders. Das alles kam für mich überhaupt nicht in Frage. Nun saß ich da mit meinem Konzept. Es paßte einfach nicht in diese Party. Ich hockte erst einmal traurig rum, was natürlich auch nichts half. Es sprach mich auch keiner an, warum ich traurig sei. Man konnte bei dem schummrigen Licht meine Flappe gar nicht sehen. Da habe ich mich einfach an eine Flasche Martini herangemacht. Ich bemerkte noch gerade – als ich so kurz davor war – daß ich überhaupt nicht mehr wußte, wo ich war. Plötzlich hielt mir jemand eine Tasse Kaffee an den Mund, und irgendwie mußten sich die Leute nun leider mit der Besoffenen beschäftigen. Am nächsten Tag verlangte jemand von mir Taxigeld, weil er mich angeblich nach Hause gebracht hatte. Ich war sehr erstaunt, daß ich das nicht mehr wußte. Aber ich hatte die Erfahrung gemacht, daß ich mich mit Alkohol in mein Leid hineinsteigern konnte und auch Aufmerksamkeit erregte. Meine Klassenkameradin war auch auf dem Trip. Sie hat in Gretna Green geheiratet, einen tollen Zirkus gemacht und zog dann mit ihrem Freund schon in eine Bude. Vormittags schwänzten wir gemeinsam die Schule. Ich habe zwei Fläschchen Rotwein gekauft. Sie hat das Valium bereitgestellt. Dann haben wir ein Besäufnis bei ihr zu Hause gemacht und Tabletten gefuttert. Wir fühlten uns so richtig schön draußen und kaputt. In der Schule blieb das natürlich nicht unentdeckt. Manchen Leuten wurde das komisch. Aber das war natürlich kein Grund für mich, aufzuhören. Eines Tages kam ich auf die Idee, regelmäßig abends zu saufen. Ich sagte dann zu meiner Mutter, ich gehe noch mal um die Ecke, und lief dann schnell zum Büdchen. Zwei Flaschen Bier gluckerte ich dann runter. Meiner Mutter sagte ich nur «gute Nacht» durch die Tür, damit man nichts roch; dann ging ich schön besäuselt ins Bettchen. Schließlich fing ich damit auch schon morgens in der Schule an. Ich nahm kleine Fläschchen mit, hatte auch genügend Tabletten, habe mir das schön gemixt und in mich hineingluckern lassen. Das hatte natürlich seine Wirkung, weil ich meist noch nichts gegessen hatte. Ich bin durch die Gänge getorkelt. Aber ich hatte noch ein Bewußtsein davon, daß ich mich jetzt völlig unnormal verhielt. Damals war ich sechzehn. Wie ich es mir wohl gewünscht hatte, lief mir schließlich eine Lehrerin über den Weg. Ich bot ihr sogleich von dem Fläschchen an. Sie kriegte einen enormen Schreck. Man packte mich sofort in einen Wagen.

Zwei Nervenärzte

Zunächst wurde ich zu einem Nervenarzt geschleppt. Der hat mit einem halben Auge auf mich geguckt, hat mir irgendein moralisches Seelenzeug verkleckert, wer weiß, was es war, irgendeine seichte Vorhaltung. Und dann hat er mir ein langes Rezeptchen geschrieben mit einem Fahrplan, was ich wann nehmen muß. Dann erst wurde ich nach Hause gefahren. Ich wurde von einer zu Tode erstarrten Mutter in Empfang genommen, die überhaupt nicht wußte, was los war. Für sie war ich ja weiterhin die liebe Jutta von früher geblieben, während ich in der Schule schon ganz schön schräg war. Ich wurde also ins Bett gepackt, hatte noch ein paar Spritzen bekommen und schlief erst einmal zwei bis drei Tage durch. Damit fing also die verordnete Tablettenesserei an. Allerdings mochte ich diesen komischen Arzt nicht. Meine Mutter war ja nun auch alarmiert und wollte ebenfalls, daß ich zu einem anderen gehe. Ich ging also zu einem anderen. Es war eine etwas andere Atmosphäre, aber letztlich auch dasselbe. Ich erhielt ein Rezeptchen für irgendwas. Gleichzeitig entwickelte ich ein Interesse daran, in Wartezimmern zu sitzen und dann behandelt zu werden. Das paßte irgendwie ins Ganze.

Eine Sozialarbeiterin

Ich guckte dann in den Telefonbüchern unter «sozial» nach und begann mich dafür zu interessieren. Eines Tages habe ich eine Beratungsstelle gesehen, dort angerufen und mich angemeldet. Das Ganze lief darauf hinaus, daß ich schließlich bei einer Sozialarbeiterin ein Jahr lang in Beratung war, ohne daß meine Mutter es wußte. Ich ging immer nachmittags hin und habe das Spiel mit meiner Mutter fortgesetzt. Die Sozialarbeiter haben eine so geduldige soziale Methode. Sie lassen sich im Grunde alles überbraten von ihren Klienten. Meine hat das nun auch gemacht. Wenn ich jetzt daran denke, könnte ich mich fast schämen, daß ich den Leuten die Zeit für den Klamauk gestohlen habe. Aber es war natürlich kein Klamauk. Es ging mir wirklich hundselend. Ich hatte ja keinerlei Einsicht, was da los war. Ich war wirklich fest überzeugt, daß es schlimm mit mir bestellt sei, daß ich arm dran sei. Schließlich hat die Sozialarbeiterin auch dafür plädiert, daß ich einmal von zu Hause weg müßte in eine intensivere Behandlung.

Ich erhielt also von irgendeinem Arzt eine Überweisung. Das war nach dem Abitur. Das Komische ist, daß ich den Ehrgeiz nicht verloren hatte. Ich hatte das Abitur auch trotz allem mit Glanz und Gloria gemacht. Ich habe dann aber nur einen Gelegenheitsjob übernommen. Im wesentlichen wartete ich darauf, daß ich ein Bett bekam. Ich hatte die Vorstellung, daß es in der Klinik intensiv so weitergehen würde, wie es mit den Ärzten und mit der Sozialarbeiterin gewesen war. Ich geriet dann an einen behandelnden Arzt in der Klinik, der mehr psychiatrisch ausgerichtet war und auch längere Zeit in der Forschung bei einer pharmazeutischen Firma gearbeitet hatte. Er war sehr drauf aus, viel mit Tabletten zu machen. Aber ich hatte auch Einzelgespräche und Gruppentherapie. Es fällt mir schwer, etwas über die Einzelgespräche zu sagen. Ich habe alles vergessen. Es waren bestimmt fünfzig Sitzungen. Und die Gruppentherapie gab es fast jeden Tag. Ich war knapp ein halbes Jahr da. Auch dazu kann ich nicht mehr viel sagen. Das waren Gruppen, die wurden mit einem Psychologen durchgeführt. Der saß dann eben da, wie die es so machen, in seiner neutralen Rolle, und gab ab und zu mal irgendein sinniges Wort rein, was kein Mensch verstand. Alle mußten dann gleich nachdenken, was er denn jetzt meint. Es wurden da in einer – wie ich es jetzt empfinde – Pseudoehrlichkeit mehr oder weniger Wehklagelieder gesungen. Etwa nach dem Motto: ich sage jetzt alles von mir, dann sag ich eben, wie arm ich jetzt dran bin usw. Irgendwie hat mir das nicht behagt. Ich bin dann einfach weggeblieben und nicht mehr hingegangen. Ich habe eigentlich in der Klinik nur rumgesessen und aufs Frühstück, auf das Mittagessen, auf das Abendessen gewartet. Weil es eine ziemlich teure Angelegenheit war und ich auch noch privat da war, hat man mich auch gelassen. Die Einzelgespräche habe ich weitergemacht. An sich sollte ich noch irgendein Gymnastikzeug machen, durch die Wälder hetzen und so etwas, das habe ich alles nicht mehr getan. Schließlich habe ich nach den ersten drei Wochen alles eingestellt, weil ich mich dazu nicht mehr aufraffen konnte. Dann geriet ich langsam in eine Lethargie hinein. Es fiel mir morgens schwer aufzustehen. Ich ärgerte mich langsam, als das Frühjahr kam und es schon früher hell wurde. Ich bin schließlich bis zehn Uhr liegengeblieben und nicht mehr zum Frühstück gegangen. Das fiel nicht auf, weil es mehr ein Hotelbetrieb war. Als dann mein Arzt in Urlaub fuhr, war ich sowieso nicht mehr unter einer genauen Kontrolle. Ich hatte ein Einzelzimmer. Wenn der vertretende Arzt klopfte, war ich einfach nicht da. Schließlich blieb ich den ganzen Tag im Bett. Es kam wohl mal eine Schwester herein, um die Pillenschale hinzustellen, auch die Putzfrau, aber sie sagten alle nichts dazu. Hauptsache, ich hatte die Medikamente genommen. Ich habe ziemlich viele bekommen. Zweimal täglich eine Spritze in den Hintern und zwölf verschiedene Pillen. Dann fing es an, mir schlecht zu gehen. Es quälte mich furchtbar, daß es hell wurde. Ich zog schließlich die Bettdecke über den Kopf, bin nicht mehr aufgestanden, habe nicht mehr gegessen, bin nicht mehr auf die Toilette gegangen, habe mich nicht mehr gewaschen und hatte schließlich wahnsinnige Angst, ich müßte eines Tages wieder einmal aufstehen. Ich wollte nicht liegenblieben, aber ich konnte nicht anders. Ich bin schließlich in einen ganz gruseligen Zustand hineingekommen. Ich habe nur im Bett gesessen und geheult, so ging das ein, zwei Wochen. Ich kann nicht mehr rekonstruieren, wieso ich dann plötzlich wieder aufgestanden bin. Irgendwann mußte ich es halt machen. Es hat mir fast körperlich wehgetan. Ich glaube, ich hatte in der Klinik ein halbes Jahr die gleichen Sachen an. Es war mir zu anstrengend, mir andere zusammenzusuchen. Und dann sollte ich irgendwann entlassen werden. Ich habe noch einen Schuhkarton voll Tabletten mitbekommen und einen Ratschlag, ich müßte damit jetzt zurechtkommen. Im Grunde bin ich also genauso, wie ich da hingekommen bin, wieder weggefahren. Nur stand ich jetzt sehr viel mehr unter Medikamenten als vorher.

Ich kam dann nach Hause. Es war ungemein anstrengend für mich, plötzlich wieder in der Großstadt zu sein, nachdem ich vorher Monate in einer abgelegenen Klinik verbracht hatte. Ich weiß nur noch, daß ich Sehstörungen hatte. Mir taten die Augen weh. Ich nehme an, daß das alles von den Medikamenten kam. Ich war in einem elenden Zustand. Mein Nacken und mein Kopf zitterten. Ich hatte einen solchen Tatterich, daß ich die Tasse nur noch halbvoll machen konnte. Ich genierte mich in der Öffentlichkeit furchtbar deswegen. Ich war kaum zwanzig und fühlte mich wie eine alte Oma. Ich hatte auch einen Gang wie eine Marionette. Meine Periode hatte in dem halben Jahr vollkommen ausgesetzt. Ich bin dann erst zu

Marionette der Medikamente

einem Gynäkologen gegangen, der das mit Hormonen wieder in Gang brachte. Ich saß zunächst zu Hause rum und hatte eine quälende Angst, in die Stadt zu fahren. Ich merkte, ich mußte mich den anderen Leuten anpassen, um alles mitzubekommen. Ich empfand eine diffuse Angst vor den vielen Leuten und vor all dem, was da los war. Ich war also ganz fremd und kreuzunglücklich hier. Eines Morgens spürte ich dann wieder, wie die Apathie über mich kam – in einer Stärke, wie ich sie lange nicht mehr empfunden hatte. Da habe ich eine ungeheure Angst bekommen und hab den ganzen Tablettenkram ins Klo geschmissen. Ich habe also von einem Tag auf den anderen aufgehört, das Zeugs zu nehmen. Ab und zu telefonierte ich mit dem Arzt, weil ich ihn trotz allem sympathisch fand, und weil ich mich auch irgendwie verpflichtet fühlte, ihm zu sagen, wie gut es mir jetzt ginge und so weiter. Als er mir dann aber sagte, ich müßte die Tabletten weiter nehmen, es sei wichtig, habe ich mich zurückgezogen. Es klang zu sehr danach, daß ich jetzt brav gehorchen sollte.

Statt dessen habe ich ein Praktikum angefangen in einem Erziehungsheim. Das hat mir sehr viel Spaß gemacht. Ich habe mich mit allen Kräften engagiert und versucht, an den Kindern etwas gutzumachen. Es sollte denen so gehen, wie ich es mir für mich wünschte. Dann war ich aber ziemlich schnell erschöpft, hatte mich wieder zu sehr verausgabt. Länger als drei Monate sind es nicht gewesen. Danach machte ich etwas Ferien, bin durch Dänemark und Schweden gejuckelt. Aber wieder drängte mich meine Mutter. Sie hatte Angst, ich könnte nichts werden.

Hoch-schul-Inter-mezzo Ich habe mich überreden lassen, an einer Pädagogischen Hochschule zu studieren. Es war wohl eine typische Geschichte: Ich habe ein Zimmer bekommen, habe den Koffer hingestellt und nicht einmal ausgepackt und habe dann versucht, das Ding, was man PH nennt, anzugucken. Es liefen unheimlich viele Leute herum. Ich wußte gar nicht, wie das alles geht. Es fiel mir unglaublich schwer, Leute auch nur nach den einfachsten Dingen zu fragen: wie das denn hier ablaufe, wie man das denn mache, was man denn hier überhaupt tun müsse. Ich war ganz uninformiert. Ich hatte Angst und an sich keine Interessen. Ich wußte nicht einmal, ob ich überhaupt noch arbeiten konnte. Ich fühlte mich irgendwie verdummt durch den ganzen Tablettenkram und durch alles, was mit mir geschehen war. Nachdem ich mich jahrelang intensiv geistig beschäftigt hatte, war nun dieses knappe Jahr dazwischengekommen, in dem ich praktisch nichts gemacht hatte. Ich hatte Angst, ich sei nun blöde geworden. Ich hatte absolut kein Vertrauen mehr, überhaupt noch etwas zu schaffen und zu leisten. Schließlich habe ich mich ein paarmal in so einen Hörsaal gesetzt. Es war immer eine riesige Masse von vierhundert bis fünfhundert Leuten da. Das ängstigte mich. Zunächst sagte ich mir: «Heute gehst du nicht hin, morgen auch nicht» – und nach vier Wochen bin ich überhaupt nicht mehr hingegangen. Im Grunde wußte ich gar nicht, was mir geschah. Ich kam mir ziemlich hilflos vor. Aber ich dachte: Irgendwas mußt du ja nun wirklich machen. Das Gefühl allerdings, daß ich so wie vorher lebe, und daß alles irgendwie selbstverständlich ist, daß man halt lebt und daß es irgendwie geht, das hatte ich nicht mehr wiedergewonnen, seitdem ich da in der Klinik in diese apathischen Zustände hineingeraten war. Im Grunde war ich immer noch so indifferent und apathisch geblieben und wußte nicht, ob der Kopf nun an den Knien oder an den Schultern sitzt.

Seit der Entlassung aus der Klinik war etwa ein halbes Jahr vergangen. Ich hatte monatelang keine

Tabletten mehr eingenommen. Doch dann habe ich mich irgendwann in dieser merkwürdigen und verlorenen Zeit an der PH, wo ich niemanden kannte, wieder des Alkohols erinnert und der Tabletten. Ich hatte auch wieder Kontakt aufgenommen zu meiner ehemaligen Klassenkameradin und habe von ihr Valium erhalten und begann nun damit, mir abends einen zu schlucken. Bald fand ich Gefallen daran, diesen Zustand vierundzwanzig Stunden am Tag beizubehalten. Warum, weiß ich eigentlich nicht mehr. Tagsüber bin ich in der Stadt herumgelaufen. Besonders gern ging ich in große Kaufhäuser. Dort war viel Gedöns. Ich konnte viel gucken, war aber doch nicht darauf angewiesen, Kontakte herzustellen. Sonst habe ich eigentlich nichts gemacht. Ab und zu habe ich zu Hause angerufen und habe gesagt, daß das Studium schön, wunderbar, herrlich sei und einen so großen Spaß mache. Ab und zu bin ich zum Wochenende nach Hause gefahren und habe dann irgend etwas erzählt.

Schließlich begann ich, mich wieder der sozialen Einrichtungen zu erinnern. Ich war auf dem besten Wege, die gleiche Sache zu wiederholen wie vorher, als ich noch in der Schule war. Ich begann, die Telefonseelsorge sehr oft anzurufen und die Leute in ein- bis zweistündigen Gesprächen mit mir zu beschäftigen. Sie machten das Spielchen auch mit. Ich war langsam bei denen bekannt wie ein bunter Hund. Ich lief ja den ganzen Tag nur herum und hatte Bedürfnisse nach Kontakt und gleichzeitig Angst davor. So war das ein gutes Mittel, mit jemandem zu quaken. Der Telefonseelsorge erzählte ich dann auch in den tollsten Farben, was ich alles so machte, wie schlimm es mir ging, wie arm ich schon wieder dran war. Eines Tages sagten sie: «Dann gehen Sie doch mal zu den Anonymen Alkoholikern.» Davon hatte ich auch schon in der Klinik gehört. Ja, dort gab es sogar eine Gruppe von

Alkoholikern, die ziemlich lässig und offen war. Zu denen konnte man sich setzen, wenn man Lust hatte. Aber ich habe überhaupt nicht verstanden, was die sich erzählten. Wenn jemand was sagte, sagten die gleich: «Halt den Mund und quatsch nicht so einen Blödsinn». Ich dachte mir: Ja wozu sitzen die denn überhaupt hier? Sie lachten aber viel und machten viele Wortspiele. Ich kapierte wahrscheinlich nichts, weil ich den Kopf damals ganz dick voll Tabletten hatte. Immer wieder hörte ich Sätze wie «das Wichtigste bitte zuerst» und «Du mußt mal auf ein kleineres Auto umsteigen».

Immerhin, dachte ich, da sollte ich auch mal hingehen. Wahrscheinlich hatte ich vor, das bekannte Spielchen nun auch mit denen anzufangen. Als ich nun dahin kam, sagten die nur: «Na ja, dann mußt du mal aufhören». Sonst machten die nichts. Das fand ich ein bißchen blöd, und das gefiel mir nicht. Aber mir hatte eine AA-Teilnehmerin angeboten, sich ein bißchen um mich zu kümmern. Sie lud mich ein. Es war eine sehr große Familie, fünf Kinder. Der Mann war auch bei den AAs. Morgens um elf tanzte ich dort an, bekam ein Spiegelei gemacht, und dann redete die mit mir. Sie kümmerte sich um mich wie eine richtige Mutter. Ich fand das schön und habe es genossen. Zwischendurch sagte sie auch mal, daß ich nun aufhören sollte. Eines Tages habe ich meinen ganzen neuen Tablettenkram zu ihr geschafft und war selbst ganz gerührt, wie toll ich war. Plötzlich wurde ich jedoch wieder unruhig. Mir wurde es zuviel, diese Beständigkeit. Ich habe mir gesagt: «Jetzt mußt du aber gehen.» Und ich bin auch gegangen.

Erste Begegnung mit den Anonymen Alkoholikern

Ich habe mir ein neues Fläschchen Schnaps geholt und neue Tabletten in der nächsten Apotheke. Ich hatte inzwischen kein Geld mehr, um mir Valium zu besorgen. Ich habe dann irgendetwas an Tabletten genom-

Sucht-versuch und Selbst-verletzung

men, Schlaftabletten, Schmerztabletten oder wie es nun gerade kam. Doch sprang meine mütterliche Freundin nicht so richtig auf dieses Spielchen an. Sie fragte nur: «Wieviel hast du denn genommen?» und kommentierte meine Auskunft mit «so, so» und «hm, hm». Mich verführte das wohl, es noch ein bißchen toller zu treiben. Vielleicht wollte ich wieder das Maß an Aufmerksamkeit kriegen, das ich haben wollte. Schließlich bin ich ziemlich wild betrunken und voll mit Tabletten nachts durch die Straßen gegeistert und habe angefangen mit Selbstverletzungen. Ich hatte das bei einem jungen Mädchen in der Klasse erlebt, die das regelmäßig machte. Das hatte mich beeindruckt. Ich fing dann auch an, meine Zigarette auf meinem Arm auszudrücken oder mich da aufzuschneiden. Ich habe mir schließlich ein ziemlich tolles Gemälde auf den Arm fabriziert. Eines Tages bin ich zu der AA-Freundin hingestiefelt und habe das so per Zufall unterm Pullover hervorgucken lassen. Darauf ist sie dann auch angesprungen und bekam ziemliche Angst. Weil sie sehr viel mit der Telefonseelsorge arbeitete und auch einige Ärzte kannte, auch in Universitätskliniken, hatte sie wohl auch dort angerufen. Ihr war das zu unsicher. Sie sagte mir, sie habe Angst und könne mir nicht helfen – ob ich mich nicht für ein paar Tage ins Krankenhaus legen wolle. Ich sagte mir: «Na ja, warum nicht?» und habe zugestimmt.

Die geschlossene Abteilung in der Nerven-Klinik

Jemand aus der AA-Gruppe hat mich mit dem Auto hingefahren. Da stand ich nun mit meinem Täschchen. Plötzlich wurde eine Tür aufgeschlossen und hinter mir wieder abgeschlossen. Ich war gar nicht im Krankenhausbettchen gelandet, sondern in einer geschlossenen Abteilung der Universitätsnervenklinik. Ein Dragonerweib kam auf mich zu und zog mich aus. Ich wurde gleich geduzt. Ich war inzwischen ziemlich klar im Kopf und kriegte es plötzlich mit der

Angst. Mir war dieses Zuschließen nicht geheuer. Ich war plötzlich hellwach. Dann wurde wieder eine Tür aufgeschlossen. Ich bekam einen komischen Kittel an, der hinten offen war, ein richtiges Idiotenkittelchen, und riesige Pantoffeln. Ich mußte hinter dem Weib herschlurfen. Es war schon 21 Uhr. Sie führte mich in einen großen Raum. Alles hat mich unheimlich beeindruckt. Es gab nur grelles Neonlicht und zwanzig Betten in der Runde. Es laberte aus allen Betten. Jemand saß da und schaukelte hin und her. Eine andere lag da ganz nackt, an zehn Kathetern und am Tropf. Mir ist angst und bange geworden, und ich dachte: Um Gottes willen, jetzt hast du dein Fett weg. Ich bin dann auch in so ein Bett gelegt worden und wußte nun gar nicht, was mit mir war. Ich habe mir die Fenster angeguckt. Es waren keine Griffe an den Fenstern. Das Personal hatte dicke Schlüsselbunde. Alles war zu. Irgendwo in der Ecke war so ein Loch, ein Klo, da saß gerade jemand drauf. Dahinter war eine Glasscheibe. Man sah zwei Waschbecken und große komische Badewannen. Ich fühlte mich unheimlich. Das Licht ging nicht aus. Jetzt saß so eine Nachtschwester an einem Tischchen und las was. Ab und zu sagte sie zu jemandem: «Halt's Maul und schlaf endlich», oder «Dreh dich nicht so viel herum». Manchmal stand sie auf und sagte: «Du Schwein, hast du schon wieder ins Bett gemacht». Ich bekam furchtbare Angst und begann, mich mit dem Gedanken abzufinden, daß ich jetzt hier bleiben muß. Und zum erstenmal ist mir die Idee gekommen, daß ich die ganze Zeit etwas gemacht und provoziert hatte und daß nun so etwas dabei herausgekommen war. Mir wurde das plötzlich ganz klar. Da kam um halb zehn eine Mitpatientin an mein Bett, beugte sich über mich und sagte: «Esmeralda, nun tanz mit mir!» Dann übergab sie sich noch über mich. Ich mußte mithelfen, mein Bett sauber zu machen. Das war dann sozusagen das Ende vom Lied. Ich merkte irgendwie: Du darfst jetzt nicht machen, was natürlich wäre. Du darfst jetzt nicht sagen, daß du hier raus willst. Du darfst jetzt nicht schreien. Du mußt hier ganz nett liegen und lächeln. Ich habe angefangen, die kompliziertesten Rilke-Gedichte aufzusagen, um nicht durchzudrehen. Dann habe ich Wurzeln gezogen und ähnliches die ganze Nacht hindurch. Gleichzeitig war ich mir darüber klar geworden, daß ich in diese Situation geraten war, weil ich mich auf eine bestimmte Art verhalten hatte, weil ich auf eine bestimmte Art gelebt hatte. Das war der entscheidende Wendepunkt. Ich hatte mir dann nur noch gesagt: «Du mußt jetzt alles tun, damit du hier herauskommst, sonst ist Sense.» Am Morgen kam ein Arzt. Der hat gefragt: «Ja, wo sind wir denn hier?» und «Wie heißen wir denn?» und «Welcher Fluß ist denn hier?» und «Wieviel ist soundso?». Dann hat er mir auch noch in die Augen geguckt. Dann mußten wir mal aufstehen und dreimal rauf und runter Gymnastik machen. Danach sofort wieder ins Bett. Plötzlich hieß es, die Visite kommt. Jetzt müssen wir alle ganz glatt und sauber im Bettchen liegen. In fünf Minuten war sie durch den Saal. Ich konnte gar nichts Richtiges fragen. Mir war jetzt klarer, daß ich hier eingesperrt war, daß ich jetzt nicht mehr über mich bestimmen konnte und nicht mehr sagen konnte, was ich wollte. Ich war jetzt von diesen Leuten in den weißen Kitteln und von den Ärzten abhängig. Man konnte das klar spüren: Wenn die eine bestimmte Vorstellung davon hatten, was mit mir los war, dann sagten sie einfach: «Sie bleiben jetzt hier liegen», und alles, was ich sagte, egal, wie ich es sagte, konnte eben auf diese Weise ausgelegt werden, wie die es im Augenblick empfanden. Und das wieder hing davon ab, welche Gefühle die mir gegenüber hatten. Es war also eine totale Hilflosigkeit und ein totales Gefangensein. Schließlich habe ich doch mal gefragt, wie denn meine Lage hier sei und so weiter, aber da hat der nur gesagt: «Jetzt halt's Maul, du hast überhaupt keine Lage mehr». Da habe ich gesagt: «Ich möchte mit meiner Mutter telefonieren.» Er antwortete: «Das ist hier nicht üblich» und war schon wieder weg. Die Behandlung bestand eigentlich darin, daß man den Tagesablauf mitbekommt. Es kamen mehrere Mitpatienten zu mir, für die ich natürlich neu war. Die freuten sich, mal was Neues zu sehen, und verkündeten gleich: «Jetzt bist du auch hier, hier kommst du nicht mehr raus». Sie waren natürlich ziemlich voll von Aggressionen in ihrer Situation. Manche behaupteten, sie seien ganz normal, sie würden einfach nur festgehalten. Das nehme ich denen wortwörtlich auch heute noch ab. Sie bekamen alle nur ein Tablettchen in den Mund geschoben und sollten sich wieder hinlegen. Die Schwestern putzten herum, schrieben etwas auf ein Kärtchen, taten die Wäsche in die Schränke – sonst machten die da nichts. So sah der Tagesablauf vielleicht seit fünf Jahren aus, oder noch länger für diejenigen, die da lagen. Schließlich kam dann ein Arzt und sagte, die AA-Freundin hätte angerufen, meine Mutter sei verständigt worden und auf dem Weg hierher. Meine Mutter hatte ein Köfferchen gepackt mit Büchern und Schlafanzügen und dachte, sie könnte mich in einem netten Zweibettzimmer besuchen. Sie dachte wohl, ich sei plötzlich krank geworden. Sie wußte auch nicht, wie ihr geschah. Sie wurde auf diese Baracke verwiesen und kam dann in ein Zimmerchen, das hinter ihr abgeschlossen wurde. Und ich wurde in meinem komischen Hemdchen zu ihr geführt. Ein Arzt stand dabei und sagte: «Ja, ja, die war ja auch schon einmal in einer Klinik wegen ihrer Sauferei», woraufhin sich der Arzt und meine Mutter herumstritten. Dann fragte sie der Arzt, ob sie mich denn jetzt entmündigen lassen will oder so was. Das hatte sie natürlich strikt abgelehnt. Und weil ich wohl noch nicht einundzwanzig Jahre alt war, bin ich dann schließlich mit ihr weggegangen.

Dieses ganze Erlebnis war so beeindruckend gewesen, wie keines zuvor in meinem Leben. Ich hatte große Angst, daß so etwas noch einmal passieren könnte. Ich habe mich also zu Hause hingesetzt und mich erst mal selber entgiftet. Ich hatte mir vorgenommen, jetzt absolut keine Tabletten oder Alkohol mehr zu mir zu nehmen. Mir war plötzlich ganz klar: Wer hat getrunken? – Ich. Wer hat Tabletten gegessen? – Ich. Wer war verstimmt und kontaktscheu? – Ich. Wer schlief oder aß nicht mehr? – Ich. Wer war in ständiger Erwartung und tat nichts, außer systematisch am eigenen körperlichen, seelischen und geistigen Abbau zu basteln? – Ich. Mir wurde also klar, daß mein Zustand ganz eng mit mir und meinem Tun und Lassen zusammenhing, wenn ich nicht vielleicht sogar ganz allein dafür verantwortlich war. Wenn ich also meinen Zustand ändern wollte, mußte ich mein Tun und Lassen, mein Verhalten ändern. Ich mußte genau das, was ich immer getan hatte, nicht mehr tun, dafür aber das, was ich bisher nie gemacht hatte. Nach vierzehn Tagen war ich von allen körperlichen Entzugserscheinungen frei. Ohne daß ich es wußte, war mir plötzlich ein Stück von dem begreiflich geworden, was ich in der kurzen Begegnung mit den AAs wohl doch mitbekommen hatte. Ich ahnte, was sie meinten.

Ich nahm nun ernsthaft Kontakt mit den Anonymen Alkoholikern auf. So oft es nur irgend ging, bin ich abends zu den Meetings gefahren. Zunächst war ich dreimal in der Woche abends weg. Meine Mutter hatte natürlich große Angst. Sie wußte überhaupt

nicht mehr, was los war. Bei den AAs habe ich sofort
das ganze Material bekommen, alle Broschüren und
Heftchen. Ich habe sie verschlungen, jede Zeile von
vorne bis hinten. Dann habe ich meiner Mutter davon
erzählt. Wir haben diese Sachen gemeinsam gelesen
und haben uns zu erklären versucht, was das nun ist.
So habe ich die ersten Wochen damit zugebracht,
überhaupt erst einmal zu gucken, wer ich denn war.
Mich beeindruckte bei den Sitzungen die Ehrlichkeit
und die Tatsache, daß sie tatsächlich alles auf sich
bezogen. Das war ein großer Kontrast zu der Erfahrung, die ich in der geschlossenen Abteilung machen
mußte. Die Anonymen Alkoholiker sagen: «Ich habe
getrunken, ich muß jetzt wieder aufhören. Es liegt an
mir, was daraus wird. Ich kann alles machen, nur
nicht trinken» und so weiter. Ich habe mich sehr
intensiv damit auseinandergesetzt. Zunächst konnte
ich noch nicht arbeiten. Ich habe angefangen einzu-
kaufen, tagsüber zu putzen, habe Geld nur noch abge-
zählt in die Hand bekommen, weil meine Mutter
soviel Angst hatte, ich könnte plötzlich wieder weg
sein. Das habe ich in Kauf genommen. Ich konnte
jetzt Verständnis dafür aufbringen, daß meine Mutter
so reagierte. Sehr schnell kam ich nun auch in der
Gruppenarbeit auf folgenden Punkt: ich merkte, daß
es nicht nur dieser Alkohol und diese Tabletten gewesen waren, sondern daß das irgendwie mit meinem
Verhalten zu tun hatte und mit meiner Lebensweise.
Das hatte ich in der Minute, in der ich mir in der
geschlossenen Abteilung über alles klar wurde, auch
schon gesehen. Als ich nach einiger Zeit anfing, in der
Gruppe überhaupt zu sprechen, begann ich, in dieser
Richtung öfter was zu sagen. Ich sprach nicht mehr
soviel von Alkohol und von den Tabletten. Das wurde dann aber oft nicht richtig verstanden. Die konnten
ihre Probleme eben immer nur über die Flasche aus-

drücken. Im Grunde meinten die ja das Gleiche, aber das konnten sie nicht nachvollziehen. Ich merkte, daß da irgend etwas parallel lief. Zum Beispiel: ich verhalte mich jetzt so und so, dann bekomme ich das und das. Oder: damit ich überhaupt etwas bekomme, muß ich das und das machen. Dieses ganze Verhalten ist irgendwie so etwas wie ein geistiger Suff. Es ist eine unrealistische Sache. Ich nehme nicht so sehr Rücksicht auf das, was tatsächlich ist, sondern ich achte nur auf das, was ich will, ohne zu reflektieren, warum ich das wohl will. Ich versuche also auf Biegen oder Brechen, etwas durchzusetzen, ohne eben darauf zu achten, was es ist und warum ich das so will.

Als ich dann über meine akute Problematik hinweg war, als es mir körperlich besser ging und ich wieder in ein normales Fahrwasser kam, als auch andere Leute wieder normale Anforderungen an mich stellten, begann ich etwas anderes zu bemerken: wo ich ging und stand, hatte ich in irgendeiner Form ein falsches Verhalten. Es kam all das hoch, was ich in der Vergangenheit mit diesen «Spielchen» überdeckt oder mit Alkohol übertrunken hatte. Ich merkte nun, daß ich überhaupt erst anfangen mußte, etwas zu ändern. Das war eine unendlich schwierige Angelegenheit. Es war eine regelrechte Geburt. Ich fand zwar weiterhin gut, was in den AA-Gruppen gemacht wurde, und ich konnte mir auch alles, was die sagten, auf meine Situation übersetzen. Aber irgendwie hatte ich doch das Bedürfnis, mit den anderen jetzt ganz konkret über meine Sachen zu sprechen. Im Grunde ging es um einen weiteren Entzug, um eine Entgiftung. So, wie ich auf Tabletten und Alkohol verzichtet hatte, wollte ich jetzt das Spielchen «Krank und auffällig sein und dafür Aufmerksamkeit und Zuwendung kaufen» absetzen. Ich hatte endlich begriffen, daß mein Einsatz, mein Leben, zu kostspielig war für das bißchen karitative Mitleid, das ich damit kaufte. Ich erlebte mein Verhalten, wie damals das Trinken und das Tablettenessen, als Sucht und als Flucht. Meine übertriebene Ängstlichkeit, meine Depressionen, das Auffallenwollen – das alles waren Entschuldigungen, die ich meiner Umwelt anbot, damit sie mich vor allen Verpflichtungen des Lebens bewahrte. Darum heißt für mich Abstinenz und Nüchternheit vor allem: mich real, das heißt mich mir und meinen Fähigkeiten gemäß zu verhalten. Also nicht mehr: «Augen zu und nichts wie weg», sondern: «Was ist jetzt los, was kann ich tun?»

Ich hatte dann einige AA-Freunde gefunden, mit denen ich das eher machen konnte. Außerdem gab es eine Gruppe, die schon ein bißchen in dieser Richtung orientiert war. An die haben wir uns dann angeschlossen. Irgendwann in der Klinik hatte ich schon einmal kurz von den Anonymen Neurotikern gehört. Also von irgendwelchen Leuten, die das gleiche machen wie die AAs, nur daß sie eben von seelischen Störungen erzählen. Das wurde dann zu meinem ganzen Denken: So etwas brauchst du, so etwas willst du. Ich schrieb an die zentrale Kontaktstelle der AA. Sie schrieb negativ zurück. Dann riet mir eine AA-Freundin, doch einmal den Berlinern zu schreiben. Und tatsächlich, aus Berlin bekam ich ein Kärtchen mit dem Titel: «Anonyme Neurotiker». Da war schon das halbe Paradies auf Erden gewonnen. Ich habe mich riesig darüber gefreut.

Ich habe dann dem Arzt geschrieben, von dem ich das Wort zum erstenmal gehört hatte. Er wußte sicherlich nicht mehr, wer ich war. Ich schrieb ihm, ich wollte hier eine solche Gruppe beginnen. Mir schwebte vor, daß er mir endlose Briefe zurückschreibt und mir genau erklärt, wie ich so etwas machen müßte. Doch dann kamen nur drei Zeilen: Es würde ihn sehr freu-

Gründung einer Anonymen Neurotikergruppe

33

en, es wäre dringend notwendig, und er hätte den Leuten in Amerika geschrieben, sie sollten mir Material zuschicken. Punkt aus. Ich war ein bißchen verdutzt, doch ich wartete ab. Tatsächlich kam dann auch das Material von den Emotions Anonymous. Beim nächsten Anonymen Alkoholiker-Treffen traf ich den Arzt persönlich. Er hat mir nur zu verstehen gegeben, daß er das prima findet. Ich fing nun an, mir viele Gedanken darüber zu machen, ob ich das denn auch könnte, ob das klappen würde und wie so etwas wohl gehen möchte. Ich kam wieder ein bißchen in die Spinnerei hinein, stellte mir vor, wie das Ganze wohl aussähe, und schließlich wuchs das Ganze zu einem unheimlichen Problem für mich heran. Ich hatte Angst davor, noch irgendwo hinzugehen und zu sagen: «Ich möchte einen Raum haben, weil ich etwas Ähnliches machen will wie die Anonymen Alkoholiker.» Ich habe dann einen Teilnehmer der AA-Gruppen angesprochen, der bei Gruppenneubildungen der AAs Räume besorgt, weil er Beziehungen hat. Da ich mit Abstand die Jüngste war, war ich ein bißchen das Nesthäkchen. Da waren viele ältere Teilnehmer, die hätten schon regelrecht mein Opa sein können. Irgendwie begannen alle, mich zu bemuttern und zu bevätern. Eines Tages war es nun soweit. Der AA-Freund sagte: «Ich habe einen Raum für dich, morgen kannst du anfangen.» Da wurde mir schon ziemlich mulmig zumute. Es sprach sich auch schnell herum, und ich hörte jetzt: «Aha, du hast jetzt einen Raum, wann fängst du denn an?» Mir blieb sozusagen nichts anderes übrig, als zu sagen, wir könnten uns ja mal treffen. In dieser Zeit war gerade Ostern. Ich machte ein paar Tage Urlaub in Berlin. Dort hatte ich nichts Eiligeres zu tun, als mich an die dortigen AN-Leute zu wenden. Mit denen habe ich die ganze Woche verbracht und ihre Sitzungen mitgemacht. Ich war begeistert davon und überglücklich, daß es so etwas gab. Es war genau das, was ich auch haben wollte. So habe ich mich dann zu Hause auch mit den interessierten AA-Freunden hingesetzt. Wir haben an sich nichts anderes gemacht als ein AA-Meeting, nur daß wir eine stärkere Betonung auf andere Schwierigkeiten gelegt haben. Auf Verhaltensschwierigkeiten oder so etwas Ähnliches. Zuerst fiel es uns sehr schwer, Beispiele zu finden und das ebenso im Gespräch auszubauen, wie man das sonst mit dem Alkohol macht. Wir waren vollkommen ungeübt. Wir konnten das alle nicht. Einige AA-Freunde haben sich eine Weile mit mir getroffen, drei- bis viermal sind die donnerstags abends gekommen. Ich hatte auch vorher ein bißchen bei der Telefonfürsorge angerufen und auch bei der Sozialen Beratungsstelle. Ich hatte mitgeteilt, daß es hier jetzt so etwas gibt. Wie die ersten gekommen waren, weiß ich gar nicht mehr. Es waren sehr viele AAs am Anfang dabei. Sie bekamen langsam auch Spaß daran, nichts mehr vom Alkohol zu erzählen, sondern von anderen Sachen zu sprechen. Mit der Zeit wurde es deutlich, daß es mindestens genausoviel bringt, sich auf das zu konzentrieren, was in der Gruppe geschieht, als darüber zu berichten, was ich heute erlebt habe und wie ich damit fertig werde. Gleichzeitig merkte ich, daß das eine sehr viel hautnahere Übung war. Wenn ich darüber spreche, was gestern oder vorgestern mit mir passiert ist, dann löse ich es doch mehr mit dem Kopf. Wenn ich aber davon spreche, was jetzt in der Gruppe passiert, dann bin ich ja innerlich noch beteiligt, während ich mich damit auseinandersetze, dann muß ich zur Lösung auch wieder Gefühle einsetzen. Da ich ja viele Schwierigkeiten hatte, besonders was mein Gefühlsleben betraf, war dies genau das Richtige für mich. Wir übten in dieser Richtung weiter. So hat sich das langsam entwickelt. Ich nahm mit der Zeit eine ziemlich wichtige Stellung in der Gruppe ein. Manchmal habe ich auch das Gefühl, daß ich mit einigen anderen dieses Klima, diese Art und Weise, durchgesetzt habe. Dann habe ich auch ein gewisses Schuldgefühl der Gruppe gegenüber. Ich war so eine Art organisatorische Leiterin, weil ich eben alle äußerlichen Sachen regelte. Das fing allein damit an, daß ich eine Gruppe haben wollte und nun dafür sorgen mußte, daß ich Leute fand, die das mitmachten. Ich mußte mich auch bemühen, denen verständlich zu machen, warum ich denn nun da sitze und was das Ganze soll. So habe ich angefangen, von mir zu erzählen, von meinem Leben oder das, was ich gerade in der Gruppe erlebe, und versuchte zu erläutern, daß es etwas nützen kann, wenn ich jetzt hier sitze und von mir möglichst ehrlich erzähle, und daß wir uns gegenseitig helfen können, wenn die anderen jetzt auch von sich erzählen. Natürlich bin ich mir dann erst darüber klar geworden, was denn nun wirklich meine Schwierigkeit ist. Manchmal merkte ich das daran, daß ich nicht verstanden worden war. Ich war dann bald soweit, zu sehen, daß es an mir lag, daß ich mich irgendwie falsch ausgedrückt habe und so weiter. Es war also eine ständige Auseinandersetzung damit, was ich will und wie ich es ausdrücke. Das konnte ich natürlich auch auf mein sonstiges Leben übertragen. Die Gruppe war sozusagen eine Trockenübung für den Alltag. Die Gruppe bestärkte mich auch. Früher habe ich an einem bestimmten Punkt immer aufgegeben. Das machte ich jetzt nicht. Natürlich fühlte ich auch der Gruppe gegenüber eine Verantwortung. Ich hatte mich sozusagen verpflichtet. Ich hatte mich auch dadurch gebunden, daß ich mich in der Gruppe zur Ehrlichkeit verpflichtete. Ich konnte mich nicht einfach anders verhalten, einfach fliehen. Letztlich lag das an der Gruppenatmosphäre.

Sie war sehr konzentriert, sehr ruhig und tolerant und vor allem geduldig. Es entwickelte sich viel Humor und auch eine deutliche Selbstkritik. Vor allem fühlte man endlich einen Zusammenhalt. Nach und nach kamen Leute ohne Suchtprobleme zu uns. Leute, die schon viel beim Nervenarzt vor der Tür gestanden haben. Manchmal waren es auch Frauen von Alkoholikern. Mit der Zeit wurde das allerdings manchmal zu friedlich und zu ruhig. Ich merkte zum Beispiel, daß ich oft nicht mehr so geduldig folgen konnte, und manchmal dachte ich mir hinterher: «An sich ist das ja eine blöde Kuh, am liebsten möchte ich der mal eine überbraten.» Ich merkte also einen Unterschied zwischen dem, was wir in der Gruppe machen, und dem, was ich eigentlich gern machen wollte. Wir einigten uns dann darauf, daß es ruhig ein bißchen offener und ein bißchen härter zugehen könne. Ganz am Anfang hatten wir übrigens oft um einen Tisch herum gesessen, bei Kaffee und Zigaretten. Das haben wir dann alles fallengelassen. Es erschien uns als ein Ausweichen. Nach und nach ging es auch nicht mehr so sehr darum, Klarheit zu schaffen über ein Problem, das man hat, sondern sich mehr klar zu werden über das, was momentan abläuft. Es war also sozusagen eine Verlagerung von dem, was draußen passierte, auf das, was drinnen passierte in der Gruppe. Es wurde irgendwie wichtiger, herauszubekommen, was denn nun mit mir im Zusammenhang mit den anderen passiert, wenn ich mit denen da so sitze.

Wenn man in den Sitzungen immer wieder hört, doch endlich selbständig zu werden, aktiv zu werden, die Dinge selber in die Hand zu nehmen, dann wirkt sich das natürlich im alltäglichen Leben aus. Ich konnte nicht mehr ohne weiteres irgendein Suchtverhalten annehmen. Was ich in der Gruppe erfahren habe, habe ich dann nacheinander auch im Alltag auspro- *Behandlungserfolg*

37

biert. Und es hat sich dann auch bestätigt. Ich wurde mir einfach klarer über die Dinge. Ich war natürlich auch stärker mir selbst gegenüber, weil ich die Gruppe als Rückhalt hatte. Anfänglich kamen die äußeren Sachen dran, und nachdem die bewältigt waren, kullerte sozusagen das nächste Kügelchen heraus. Es wurden immer schwierigere Probleme, oder Probleme, die auch wohl weiter zurückreichen. So fing ich dann zum Beispiel an, mir über das Verhältnis zu meiner Mutter Gedanken zu machen. Ich glaube, das habe ich auch der Gruppe zu verdanken. Übrigens ist meine Mutter das ganze erste Jahr mit in die Gruppe gegangen und war auch Gruppenmitglied. Vielleicht habe ich auch dadurch gemerkt, daß vieles mit meinem Verhältnis zu meiner Mutter zusammenhängt. Ich habe zum erstenmal empfunden, wie fest ich mit der zusammenklebe. Plötzlich erinnerte ich mich, daß ich oft Angst hatte, wenn ich von zu Hause weg war. Ich habe mir sogar manchmal nicht vorstellen können, überhaupt von zu Hause weg zu sein. Sie war sozusagen der Bauchnabel der Welt. Aber dann gewann ich von irgendwoher plötzlich den Mut, zuzugeben, daß ich meine Mutter auf eine gewisse Weise gar nicht so gern hatte, wie ich das immer meinte. Ja, daß ich sie im Grunde als unendlich störend empfand. Tatsächlich sagte ich dann eines Tages in der Gruppe, während meine Mutter dabei war: «Ich weiß jetzt, daß du meine größte Feindin bist.» Das war eine ganz tolle Geschichte. Diese Abnabelung habe ich eigentlich der Gruppe zu verdanken. Ich konnte mich zum erstenmal überhaupt distanzieren. Ich habe mich gegen die Tochterrolle gewehrt, die mir von meiner Mutter immer wieder angeboten wird. Wenn sie sagte: «Du mußt deine eigenen Wege gehen», dann bedeutete das soviel wie: «Unterstehe dich, jemals deine eigenen Wege zu gehen.» Das wurde mir dabei klar.

Es ist natürlich von großer Bedeutung, wenn man das laut in der Gruppe sagen kann. Alles wird dann viel greifbarer und stabiler, als wenn man es nur bei sich selbst überlegt.

Dann merkte ich auch, daß ich mich langsam darum kümmern mußte, wie ich zu Kontakten kommen kann, wie ich einen Freundeskreis kriege. Mir wurde auch meine Sexualität problematisch. Für Klassenkameraden war ich so eine Art wohlwollende Gouvernante, die gut für Alibi-Funktionen war. Die gingen dann immer mit mir weg, um sich in der Stadt mit Freunden zu treffen. Ich saß dann seelenruhig dabei, sah in das Getümmel, während die nun anfingen zu turteln und zu knutschen. Eine so große Neutralität wurde mir nun doch etwas merkwürdig. Ich entdeckte, daß ich irgendetwas gegen Beziehungen zu Jungen und Männern hatte. Mir war das auch ziemlich unbehaglich, weil ich an meinen Opa nur eine vage Erinnerung hatte und meinen Vater gar nicht kannte. Dagegen fiel es mir leicht, mit erwachsenen Frauen Kontakt aufzunehmen. Sie kamen mir alle sehr reif und selbstsicher vor. Oft habe ich dann auch für sie geschwärmt. Zum Beispiel für eine Lehrerin. Aber ich lief immer durch die Gegend und registrierte sozusagen gar nicht, was männlich war. Ich hatte gar keinen Blick dafür. Der Gedanke, daß ich mich für Frauen interessierte, war mir zunächst angenehmer und nicht so schockierend wie der Gedanke, mich nun mit Männern oder Jungen beschäftigen zu müssen. Das hätte nämlich bedeutet, daß ich erst mal dazu stehe, daß ich eine Frau bin. Das konnte ich überhaupt nicht. Ich hatte überhaupt kein Verhältnis zu meinem Körper. Ich hatte nie onaniert und hatte auch nie meine Periode besonders beachtet. Ich fand sie doof und lästig. Ich habe nie Wert darauf gelegt, nett und adrett auszusehen. Die Schminkerei war mir zu umständlich.

Die Kleidchen waren mir zu lästig. Ich hatte ein paar Verehrer, die sich um mich bemüht haben. Ich habe sie, würde ich heute sagen, auf ziemlich gemeine Weise wieder weggeschoben, obwohl das sehr nette junge Männer waren, die mich persönlich wohl wirklich nett fanden und auch Interesse an mir hatten; nicht nur als Mädchen, sondern auch als Person. Aber ich hatte eine große Abwehr dagegen. Ich habe mir auch nie weiter Gedanken darüber gemacht, wie es denn nun mit mir aussieht, was ich denn nun bin und ob ich überhaupt sexuelle Gefühle habe oder so. Erst durch die Gruppe begann ich langsam einzusehen, daß man neben einem Bekanntenkreis auch jemanden haben muß, mit dem man enger befreundet ist. Weil ich mich nun langsam von meiner Mutter trennte, kam auch irgendwie das Bedürfnis auf, mich jemand anderem zuzuwenden. Ich habe dann, ohne viel darüber nachzudenken, gleich gesagt, ich müsse mich dann an eine neue Frau oder ein Mädchen binden. Das war für mich ganz selbstverständlich. Ob man das eventuell Homosexualität oder lesbisch nennen könnte, war mir ziemlich schnuppe. Tatsächlich bin ich dann auch in Lokale gegangen und habe nach einiger Zeit auch meine jetzige Freundin getroffen. An sich bin ich stolz, daß ich überhaupt einen Weg gefunden habe, eine Partnerschaft zu haben und überhaupt erst mal so etwas wie eine Ahnung zu bekommen, daß ich nun doch irgendeine Sexualität habe, wenn es auch weiterhin unklar war, welche. Durch die Gruppe ist es dann auch gekommen, daß ich mich immer härter durchleuchtet habe, immer kritischer mir gegenüber wurde und auch nicht mehr ganz ableugnen konnte, daß an dieser Homosexualität auch etwas von Flucht sein konnte. Irgendwie empfinde ich in letzter Zeit, daß die Homosexualität allein nicht ausreicht. Irgendwo fehlt mir etwas. Jetzt bin ich dabei, ein dickes emotionales Paket aufzuschnüren. Ich habe mich sehr intensiv damit beschäftigt, wie es mit mir steht, und ob das eine Flucht ist oder keine; ob ich nun mit mir fertig bin, ob ich ein Bild von mir habe oder nicht. Insofern bin ich ziemlich unsicher geworden.

Alles, was ich erzähle, ist ohne die wöchentlichen Meetings nicht denkbar. Davon bin ich überzeugt. Ich bin auch überzeugt davon, daß ich heute nicht mehr leben würde, wenn ich die Gruppe überhaupt nicht gehabt hätte. Ich bin jetzt eineinhalb Jahre in der Gruppe. Vor zwei Jahren hätte ich mir sicherlich meinen jetzigen Zustand gar nicht vorstellen können: daß ich von zu Hause weg bin, daß mir dieses Zuhause geradezu fremd vorkommt, daß ich eine Ausbildung mache, daß ich aus dem ganzen Elend heraus will, daß ich eine feste Partnerschaft habe.

Wenn ich gefragt werde, was ich als problematisch ansehen würde, dann würde ich jetzt sagen, daß ich mich anfangs zu stark auf die Gruppe konzentrierte. Ich hatte zunächst kein Bedürfnis, einen Freundeskreis zu haben. Vielleicht auch einen Freundeskreis, der von so einer Gruppe gar nichts weiß und auch von meinem ganzen Vorleben nichts. Und dann kann es auch sein, daß ich davon abgehalten werde, Aktivitäten zu entwickeln, für die ich die Gruppenarbeit ein bißchen zurückstellen müßte. Die Selbsthilfegruppen betonen übrigens, daß die Gruppe kein Lebensersatz sei.

2.

Zur Geschichte der Selbsthilfegruppenbewegung

Selbsthilfegruppen in historischer Zeit

Selbsthilfegruppen haben sich im Laufe der Geschichte stets dort gebildet, wo eine Gruppe von Menschen in gemeinsamer Not war und ihre Situation erkannte. Für die umfassende Entwicklungsgeschichte von Selbsthilfegruppen und wechselseitigen Kooperationen wird in der heutigen Literatur [1]* stets ein großer Vertreter des kommunistischen Anarchismus herangezogen, Fürst PJOTR ALEXEJEWITSCH KROPOTKIN, der 1904 sein Buch «Gegenseitige Hilfe in der Entwickelung» veröffentlichte.[2] Seine Arbeit umspannte, bei den Wirbellosen beginnend, die ganze Tierwelt, die frühe menschliche Stammesbildung, die Gildenbildung im Mittelalter bis hin zur Arbeiterklasse seiner Gegenwart. Er lieferte eine auch heute noch interessante, wenn auch sehr vermenschlichende Analyse der wechselseitigen Hilfe in Gruppen. Doch fußte seine Theorie auf einem Gesetz der gegenseitigen Hilfe, das vom Zoologen KESSLER 1880 gegen den DARWINschen Kampf ums Dasein bzw. gegen das Rivalitätsprinzip aufgestellt wurde.[3] WOLFGANG WICKLER und UTA SEIBT beziehen sich auf KROPOTKIN und stellen klar, daß sich alle Forscher, die sich auch nach KROPOTKIN bis in neuere Zeit mit tierischer und menschlicher sozialer Hilfeleistung beschäftigt haben, übersehen, daß hinter diesen Verhaltensweisen nicht eine primäre Tendenz zur gegenseitigen Hilfe steckt, sondern der Eigennutz der Gene. «Das Aufregende an der Evolutionstheorie ist ja gerade, daß sie eine einheitliche Erklärung für Kooperation und Konkurrenz anbietet.»[3] Auch wechselseitige Hilfe entsteht nur, insoweit sie der Genverbreitung dient. Auch in der Perspektive des Eigennutzes der Gene sind Gruppen wechselseitiger Hilfe allerdings nicht etwa eine freundliche Verkennung der sozialen Verhältnisse. Vielmehr bleiben sie eine volle Realität. In ihnen liegt nur ein anderes tieferes Prinzip als das der wechselseitigen Hilfe verborgen. Die Solidarität und die Rivalität haben ein gemeinsames Ziel. Sie stehen in denselben Diensten. Kooperation kann

* Die hochgestellten Ziffern verweisen auf Literaturanmerkungen auf Seite 379 ff im Anhang.

bei der Genverbreitung außerordentlich hilfreich sein. Wenn Menschen in großer Not letztlich ihren Untergang vor Augen haben, da sie das Elend zu töten droht, dann ist ihre Kooperation im Sinne einer Selbsthilfeorganisation eine soziale Lösung, die voll mit dem Eigennutz der Gene übereinstimmt. Ihre Überlebenschancen steigen. Und genau so geschah es im Verlauf der Geschichte. Angesichts der Not, die letztlich in der physischen oder psychischen Auslöschung endet, entstehen Selbsthilfegruppen. Ähnlich schließt sich eine zerstrittene und rivalisierende Gruppe schnell zu einem kooperativen, sich wechselseitig helfenden Verbund angesichts eines Außenfeindes zusammen. Eine gemeinsame Chance, die auf alle gleich verteilt ist, bringt für die Gene durchschnittlich mehr als die erhöhten Chancen eines einzelnen. Wie schnell aber eine solche Solidarität zerfällt, wenn die Chance gemeinsamer Rettung nicht gegeben ist, kann man an dem Zerfall eines kleinen Volkes, der Ik, deutlich sehen.[4] Als die Zentralregierung von Uganda diesem Bergstamm die traditionelle Jagd unmöglich gemacht und damit die Lebensgrundlage entzogen hatte, verwandelte sich das ehemals blühende Sozialleben in krassesten wechselseitigen Egoismus. Böses Lachen war die einzige Kommunikationsform – auf schmerzliche wie erfreuliche Ereignisse. Jeder versuchte, jeden zu hintergehen. Hilflosen Alten wurde ein Korn, das sie schließlich doch noch ergattert hatten, wieder aus dem Mund gestohlen. Hier ging es jedem ausschließlich um sein eigenes Überleben. Solche extremen Situationen sind jedoch selten. In den meisten Fällen hat sich durch Kooperation eine Hoffnung, eine bessere Chance für alle, aufgetan. Sieht man einmal davon ab, daß KROPOTKIN die wechselseitige Hilfe fälschlicherweise als eine eigene Tendenz absolut setzte, so bietet sein Buch auch heute noch ein reiches Anschauungsmaterial zur Selbsthilfegruppenbildung.

Wenn wir an die sich heute entwickelnden, sehr spezialisierten und oft auf einzelne Krankheiten bezogenen Selbsthilfegruppen denken (vergleiche Kap. 3), so muß man sich im klaren sein, daß es für die Menschen in früheren Zeiten keine Aufteilung in einen körperlichen, seelischen und sozialen Bereich und schon gar nicht in spezialisierte Erkrankungen gab. In sehr frühen Zeiten findet man keinerlei verschiedene ‹Lebensressorts›. Geht man in der Geschichte der Heilkunst auf die menschliche Ursituation zurück, auf die kleinen, weitgehend für sich lebenden, durchschnittlich etwa fünfundzwanzig Personen umfassenden Stämme[5], so trifft man auf eine erste, gleichsam gelegentliche Spezialisierung: auf den Medizinmann bzw. den Schamanen. Er hatte keinesfalls etwa eine vollberufliche Rolle inne. Vielmehr kam ihm eine Funktion zu, die er ausübte, weil er von der Gruppe als besonders geeignet dafür angesehen wurde. Es wird meist übersehen, daß diese Fixierung einer Funktion[6] auf ein erwachsenes Mitglied des Stammes nicht der Anfang war. Das Heilen, das heißt die Schamanen-Funktion, scheint ursprünglich von der ganzen Gruppe, in der jedes Mitglied gleichberechtigt war, durchgeführt worden zu sein. Erst aus dieser ursprünglichen Gruppensituation entstand dann ein spezieller Funktionsträger. Bei den Buschmännern ist es noch nicht soweit gekommen: «(Bei ihnen) können viele erwachsene Frauen und Männer im Trance-Tanz das rituelle Amt der Schamanen ausfüllen. Es gibt keinen besonderen Träger dieser Rolle, sondern eine ganze Reihe von Gruppenmitgliedern, die gleichzeitig diese Aufgaben erfüllen.»[7] Das Schamanentum war also früher die Aktion der ganzen Gruppe. In solchen Momenten des Heilens – meist in besonderen Krisensituationen, «wie Hunger, Dürre, Krankheit, Tod und schwere Geburt»[7] – wurde der ganze Stamm zu einer ursprünglichen Selbsthilfegruppe. Sie war die früheste Form der medizinischen Institution. Die ‹Heilung› bestand letztlich in der Bewahrung der Sozialstruktur, die im Mythenschatz des Stammes aufbewahrt war. Kranke und ungeordnete Situationen wurden wieder zurückgeführt in den ganzen Zusammenhang. Das Ziel dieser Heilung war die Integration des Isolierten. Sie vollzog damit genau das, was heute die psychodynamische Therapie ebenfalls anstrebt. Das geschah letztlich, indem die Ereignisse, die Schäden, die Schmerzen und die Phänomene der Krankheit in das richtige Bezugssystem eingeordnet wurden. Ganz ähnlich formuliert JOSEPH SANDLER, daß die Psychoanalyse versuche, ihren Patienten ein angemesseneres Bezugssystem für die Einordnung, für das Verstehen ihrer Erkrankung anzubieten.[8] So war die ursprüngliche Medizin eine ganzheitliche psychosoziale Gruppenselbstbehandlung.

Es gibt faszinierende Beispiele für Selbsthilfegruppenbildungen in frühen Kulturen. In bestimmten Regionen Äthiopiens entwickelte sich der sogenannte Zarkult als eine gruppentherapieähnliche Einrichtung, in der sich Kranke und ehemals Kranke zusammenfinden. Es handelte sich im wesentlichen um Kranke mit psychischen, neurologischen und gynäkologischen Störungen. Nach RICHARD ALMOND[9] entspricht der «Zar-Geist», von dem die Mitglieder und die Neuhinzukommenden im Verlauf der Heilungsprozedur besessen werden, eben jenem Charisma, das charakteristisch ist für die von ihm beschriebenen heilenden Gruppen und Gemeinschaften (healing communities). Innerhalb des Zarkults entwickelt sich eine eigene Sprache. Im Kontrast zur männlich-orientierten, von der koptischen christlichen Kirche und dem Moslemglauben durchdrungenen übrigen Gesellschaft dieser Amhara-Region ist der Kult selbst weiblich orientiert, sozusagen das matriarchalische Antlitz dieser Stammesgruppe. Solche therapeutischen Gemeinschaften sind mit der erwähnten Urgruppe nicht mehr gleichzusetzen: sie sind oft als Geheimgesellschaft abgegrenzt, entwickeln über Besessenheit und Sondersprache eine eigene Kommunikation, bilden eine Form von Gegenkultur, mit der sie die Einseitigkeiten der Gesamtgesellschaft auszugleichen versuchen, und sie gelten nur für die unmittelbar Betroffenen, die Kranken.

Ähnlich verhielt es sich mit den medizinischen Brüderschaften der Zuñí, einem Pueblo-Stamm in New Mexico, die als Geheimorganisationen gleichzeitig zu den religiösen Institutionen gehören. Diese Einheit von Medizin und Religion blieb auch in späteren Kulturen sehr lange erhalten. Hat sich aus dem Schamanen später sowohl der Priester wie der Arzt ergeben, so haben sich, was das Seelenheil betrifft, ja erst in jüngster Zeit der Seelsorger und der Psychotherapeut differenziert. Wie wenig aber die Religiosität dieser frühen Stämme mit unserer weitgehend triebunterdrückenden und häufig moralisierenden Form des Christentums zu vergleichen ist, läßt sich an einigen Heilmethoden ersehen: von den insgesamt zwölf Brüderschaften agieren einige als Clown-Gesellschaften, die in öffentlichen Aufführungen das Publikum zum Lachen bringen, dadurch den Segen der Götter herbeirufen und heilen. Gleichzeitig finden aber auch geheime Rituale, geschlossene Sitzungen statt. Es ist natürlich auch nicht wie in unseren Tagen das wechselseitige Gespräch, also eine bereits sehr verringerte und gleichsam spezialisierte Beziehungsform, die therapeutisch wirkt. Vielmehr spielen zum Beispiel die heiligen Tänze bei allen medizinischen Brüderschaften eine entscheidende Rolle.[10]

Abgesehen von diesen engeren Selbsthilfegruppen innerhalb einer einfachen Gesellschaft, die gezielt das zu behandeln versuchen, was wir heute medizinische oder seelische Störungen nennen, sind Selbsthilfegruppenbildungen in früheren Zeiten häufig umfassender. Sie sind gleichsam Bürgerinitiativen, die noch nicht zu *single point movements*, zu Bewegungen mit nur einem punktuellen Ziel, geworden sind. Sie bezogen sich auf die ganze Lebenssituation der Betroffenen: auf die materielle Lage, auf die sozialen Verhältnisse, auf Bedrohung durch andere oder durch Krankheit. In der Regel waren es die Armen, die Unterprivilegierten und die Machtlosen, die sich in Selbsthilfegruppen zunächst zusammenschlossen. Ebenso wie wir heute die Geschichte anhand von Kriegen, Gewalt und Unmenschlichkeit zu schreiben gewohnt sind, ließe sie sich in einer diese Auseinandersetzungen begleitenden Entwicklungslinie wechselseitiger Hilfe und Unterstützung darstellen. Geht es bei den heutigen Selbsthilfegruppen um die Lebensqualität im Sinne eines erlebnisbereiten und genußfähigen Lebens, um eine Auseinandersetzung also mit zunehmender Selbstunterdrückung und emotionaler Abschnürung, so stand früher eher die ganze Existenz, das nackte Leben im Zentrum der Gruppenselbsthilfe. Nichtsdestoweniger boten aber auch die frühen Formen seelische Unterstützung und gemeinsame Identität.

In diesem Zusammenhang werden meist die mittelalterlichen

Handwerkergilden erwähnt. Wegen ihrer geheimnisumwitterten Ausstrahlung bis in die heutige Zeit sei hier die Entwicklung einer Selbsthilfeorganisation herausgestellt: die der Freimaurer. Sie entstand ursprünglich aus der Gilde der Steinmaurer bzw. Kathedralenmaurer. Die Notlage, die sie zu einer Selbsthilfeorganisation werden ließ, war die große schwarze Pest, die das soziale Leben in Europa zerstört hatte. Im 14. Jahrhundert reorganisierte sich die Gilde. Sie bot ihren Mitgliedern sozialen Halt und auch konkreten sozialen Schutz zu einer Zeit, in der die Sozialstruktur damals weithin zerfiel. Informelle Geheimgesellschaften und Selbsthilfegruppen machten einen konstanten Widerstand möglich und bildeten einen Fluchtort angesichts der Übergriffe und Repressionen des autokratischen Staates.[11] Später, als immer weniger Kathedralen gebaut wurden, nahm die Gilde angesichts des Mitgliederschwundes auch andere Personen auf. Im 17. Jahrhundert wurden aus alten Religionen und ritterlichen Brüderschaften Elemente übernommen, die zu den Lehren und Riten der Freimaurer zusammenschmolzen. Die erste Großloge bildete sich 1717 in England. Freimaurer haben auch heute noch klare Verhaltensnormen: Im wesentlichen gehören dazu ein untadeliges moralisches Verhalten, die Nächstenliebe und der Gehorsam gegenüber den jeweiligen Landesgesetzen.[12] In der Regel werden erwachsene Männer aufgenommen, die an die Unsterblichkeit der Seele und an ein höchstes Wesen glauben. Insofern vertreten sie eine klare religiöse Einstellung, ohne jedoch eine Religion zu sein. Immerhin erscheinen sie den organisierten Kirchen und politischen Formationen gefährlich. Die offiziellen Kirchen sind erklärte Gegner. Während man die Anzahl der Freimaurer in den Vereinigten Staaten heute auf vier Millionen, in England auf eine Million Mitglieder zählt, sind sie in der Sowjetunion, in Spanien, Portugal, aber auch in China und Indonesien verboten. Auch hierin zeigt sich also wieder die Qualität einer Gegenkultur, wenn sie auch manchen angesichts des heutigen Lebens verschroben erscheinen mag. Die Freimaurer mögen hier als Beispiel stehen für zahllose Sektenbildungen großen und kleinen Umfangs, die stets eine indirekte Form psychosozialer Selbsthilfe darstellen und sich ja besonders in unserer Zeit der Subkulturexplosion wieder in Mengen bilden.

Ganz im Kontrast zu dieser sektenartigen Sonderentwicklung der Freimaurer hat eine andere Entwicklungslinie von Selbsthilfeorganisationen, die ebenfalls von den Gilden des Mittelalters ausgingen, große gesellschaftliche Bedeutung gewonnen: die Friendly Societies, die Freundlichen Gesellschaften, und schließlich die Gewerkschaften.

Die Freundlichen Gesellschaften haben sich – schon beginnend im 16. Jahrhundert – aus den Gilden entwickelt. In großer Zahl entstanden sie aber im 18. und frühen 19. Jahrhundert.[13] Vor 1800 wurden 191 solcher Gesellschaften gegründet.[14] Daß sie einem sehr starken Bedürfnis in der Bevölkerung entsprangen, zeigt die Tatsache, daß in ihrem Ursprungsland Großbritannien um 1900 27000 Friendly Societies existierten.[15] Diese Selbsthilfeorganisationen waren zunächst beruflich gruppiert und eine eindeutige Antwort auf die Notlage, die durch den beginnenden Industrialismus entstand. Diejenigen in größter Not, die Hugenotten in Frankreich, die vom Armengesetz der Königin Elisabeth ausgeschlossen waren, und die Schotten, die eine entsprechende Gesetzgebung noch gar nicht kannten, gründeten die ersten Freundlichen Gesellschaften.[16] 1806 wurde ein nationales System der Freundlichen Gesellschaften vorgeschlagen. Diese Selbsthilfeorganisationen, die bei Erkrankung, Alter und Invalidität ihren meist armen Mitgliedern, Handwerker und Arbeiter, Unterstützung boten, gerieten in die politische Klassenauseinandersetzung, als das kapitalistische Unternehmertum sich formierte. Damals entstanden vor allem in England, wo die industrielle Revolution einsetzte, auch schon speziellere Selbsthilfeorganisationen der Handwerker, zum Beispiel der Weber und der Schuhmacher, in Form von Verbraucher-Kooperationen (zu gemeinsamem Einkauf) oder Produktions-Kooperationen. Als eine der bekanntesten gilt die *Rochedale Society*. Schließlich aber entwickelten sich im Zuge dieser Bewegungen die mächtigsten und gesellschaftsbestimmenden Selbsthilfeorganisationen, die Gewerkschaften. Die Freundlichen Gesellschaften und die Gewerkschaften gelten als die hauptsächlichen Selbsthilfeorganisationen des späten 18. und frühen 19. Jahrhunderts. Sie waren «für den englischen Arbeiter und seine Familie so selbstverständlich wie Straßenbahnen für die heutige benachteiligte Jugend.»[17]

Deutlich ist an diesen Organisationen zu erkennen, daß sie nicht nur die soziale und psychosoziale Notlage zu beheben versuchten, sondern gleichzeitig bewußtseinsverändernd, das heißt in diesem Falle politisierend wirkten. Auch heute ist dieser Zusammenhang nicht zerrissen, obwohl sich eine Aufteilung in therapeutische Selbsthilfegruppen und die bewußtseinsverändernden Frauen- und Männergruppen der Emanzipationsbewegung abzeichnet. Unverkennbar war auch damals der steuernde Einfluß zum Beispiel der Freundlichen Gesellschaften auf das Verhalten der Mitglieder. E. P. THOMPSON [18] hob die Verknüpfung von Selbstdisziplin und Dienst an der Gemeinschaft hervor: Ungehaltensein, Animositäten und Fluchen wurden verpönt. Trunkenheit, körperliche Angriffe und andere Überschreitungen wurden mit Strafe belegt. Ohne Zweifel beeinflussen ja auch heute noch Selbsthilfegruppen – wie im übrigen alle Psychotherapien – die Verhaltensnormen.

Die Freundlichen Gesellschaften glichen im übrigen auch in ihrer lokalen Organisation, in ihrer Selbststeuerung und in ihrer vielfältigen Zielsetzung den heutigen Selbsthilfegruppen. Nur in einem nicht: waren sie damals Selbsthilfegruppen der in Not geratenen Arbeiter, vorwiegend im Kampf gegen die materielle Armut entstanden, so sind Selbsthilfegruppen heute – nach einer gewissen Behebung unmittelbarer Not in den Industrienationen – im wesentlichen gegen das seelische Elend gerichtet.

Daß sich aus dieser Selbsthilfeorganisation der Arbeiter später eben auch die Gewerkschaften entwickelten, ist heute meist vergessen. Ich möchte diese Entwicklung hier nicht detailliert darstellen, sondern nur hervorheben, daß sich in dieser europäischen Arbeiterbewegung des 19. und des frühen 20. Jahrhunderts eine der bedeutsamsten Formen kollektiver Identität ausgebildet hat.[19]

Es entstanden noch zahlreiche weitere Selbsthilfeorganisationen kleineren Formats. Sie reichen von der Gründung utopischer Selbsthilfedörfer als Antwort auf lange Arbeitstage, niedrigen Lohn, Kinderarbeit und chronische Erkrankungen der arbeitenden Bevölkerung bei Einsetzen der industriellen Revolution, wie etwa «*Fanny Wright*» und die *Owenite Societies* 1820 in den Vereinigten Staaten, bis hin zu der ganz anderen Notlage der USA-Einwanderer um die Jahrhundertwende, als die griechischen Immigranten eine große Selbsthilfeorganisation, die *Panhellenische Union,* gründeten und die dreitausend Italiener in der Stadt Springfield zwölf Selbsthilfegesellschaften einrichteten, separat nach den jeweiligen italienischen Heimatorten.[20]

Unzählige andere Selbsthilfegruppen blieben wegen ihrer Flüchtigkeit und ihres geringen Umfangs ganz unbekannt. Doch verdanken sie ihre Vitalität eben gerade der Lockerheit ihrer Struktur und ihrer kleinen Größe. Selbsthilfegruppenbildung kann man im großen und im kleinen Maßstab als eine Gruppenanpassungsreaktion auf eine heute meist gesellschaftlich bedingte Notlage ansehen.

Zur Entstehungsgeschichte der Anonymen Alkoholiker

Die psychologisch-therapeutischen Selbsthilfegruppen im engeren Sinne haben ihren Ursprung in den Vereinigten Staaten. Die erste Organisation waren die *Anonymen Alkoholiker (AA)*. Als ihr Geburtsdatum gilt der Mai 1935. Da sich von dieser Gruppe zahlreiche weitere «anonyme» Selbsthilfeorganisationen ableiten, möchte ich kurz einige Aspekte ihrer Entstehungsgeschichte aufgreifen. Sie sind verantwortlich für einige besondere Kennzeichen wichtiger heutiger Selbsthilfeorganisationen.

Auch die Anonymen Alkoholiker haben als Entstehungshintergrund eine akute soziale Notlage: die große wirtschaftliche Depression der dreißiger Jahre. M. H. BRENNER[21] nimmt an, daß die Aufhebung der Prohibition 1933 die Situation akut verschärfte. Sie war zur wirtschaftlichen Ankurbelung gedacht, führte aber in Zusammenhang mit dem psychosozialen Elend, das durch die ökonomische Rezession bedingt war, offensichtlich zur massenhaften Produktion von Alkoholikern. Der Beginn für die Anonymen Alkoholiker war insofern günstig, als damals zahlreiche soziale Experimente zur Verbesserung der psychosozialen Lage der amerikanischen Bevölkerung aufkamen und für eine in dieser Hinsicht aufgeschlossene Einstellung sorgten. Wie aber die außerordentlich schnelle Verbreitung der AA auch heute noch zeigt, hat der Bedarf in den westlichen Industrienationen seit damals nicht nachgelassen. Alkoholismus ist zur bleibenden Volksseuche geworden.

Der religiöse Ursprung der Anonymen Alkoholiker ist unverkennbar.[22] O. HOBARTH MOWRER berichtet, daß im Alten Testament zahlreiche Hinweise auf ein Heilverfahren enthalten sind, das dem der AA gleicht: Personen, die sich fehlverhalten hatten, bekannten sich öffentlich zu ihrer Schuld, wurden gesund und wieder in die Gemeinschaft aufgenommen. Das Buch Leviticus ist eine jüdische Anleitung, wie der einzelne mit Schuld und Sühne umgehen könne.[23] Diese Behandlungsform läßt noch deutlich die Zusammenhänge mit dem schamanistischen Verfahren der psychosozialen Wiedereingliederung erkennen.

Interessant ist nun, daß ein lutheranischer Geistlicher in New York eine Art von Gruppenkonfession entwickelte, die auf dem «lebensverändernden Prozeß» (*life changing process*) basierte. Das Konzept ging davon aus, daß Menschen Sünder seien, sich aber ändern könnten, und zwar durch Geständnis. Darüber hinaus bestand das Gebot, daß diejenigen, die sich geändert haben, andere bekehren. Das Besondere an dieser Methode von FRANK BUCHMAN war die Tatsache, daß sich alles in Form einer Gruppendiskussion abspielte.

An dieser sogenannten Oxford-Gruppe hatten die beiden Gründer der AA, der Börsenmakler WILLIAM GRIFFITH WILSON (genannt Bill) und der Chirurg Dr. ROBERT HOLBROOK SMITH (genannt Dr. Bob) teilgenommen. Es ist kein Zweifel, daß Bill in das von ihm entworfene AA-Programm der «Zwölf Schritte» und «Zwölf Traditionen» das Konzept der Oxford-

Gruppe eingebaut hat. Von den AA breitete sich dieses Programm in zahlreiche weitere Selbsthilfegruppen aus – teilweise mit großen Abänderungen wie bei den *Synanon*, einer Selbsthilfeorganisation für Rauschgiftsüchtige.

Innerhalb der komplexen Entstehungsgeschichte der Anonymen Alkoholiker ist dieser religiöse Ursprung jedoch nur ein Aspekt. NATHAN HURVITZ[24] sieht die weltlichen Ursprünge der anonymen Selbsthilfegruppen in drei Momenten:

Erstens in dem außerordentlich starken amerikanischen Ideal einer demokratischen Gleichstellung. Wer sich noch an die Erregungen und Verblüffungen über das lässige und wenig hierarchiehörige Verhalten von Amerikanern erinnert, die bei autoritätsorientierten Deutschen besonders kurz nach dem Zweiten Weltkrieg aufkamen, erkennt hier einen wichtigen Unterschied in den zwischenmenschlichen Beziehungen. Er ist teils auf die fortgeschrittenere Technologisierung der Gesellschaft und damit auf eine weitergehende Gleichstellung zurückzuführen, teils wohl auch auf den Ursprung der amerikanischen Nation, auf die Pionierzeiten und den vergleichsweise ähnlichen Start aller Einwanderer.[25]

Zweitens in der starken humanitären Einstellung der Amerikaner. Sie prägt zum Beispiel in Form von zahllosen freiwilligen Organisationen, die bereits 1835 von DE TOCQUEVILLE in seiner «Demokratie in Amerika» hervorgehoben wurden[26], in Form von Stiftungen und Wohlfahrtsveranstaltungen auch heute noch das amerikanische soziale Leben. Im Vergleich zur Bundesrepublik Deutschland muß in diesem Zusammenhang allerdings auch betont werden, daß die Vereinigten Staaten bis vor kurzem keine umfassende soziale Sicherung der Bevölkerung kannten, die etwa unserem sozialen Netz entspräche, so daß sich das Bewußtsein und die Institutionalisierung wechselseitiger Hilfe auch als Notwendigkeit ergaben.

Drittens in der populären individualpsychologischen Auffassung der menschlichen Natur. Sie läuft in ihrer sehr pragmatischen und instrumentellen Richtung, durch entsprechende Theorien wie die von J. DEWEY[27] 1925 unterstützt, grob gesagt darauf hinaus, daß jeder aus sich selbst etwas machen kann, das heißt finanziellen und sozialen Erfolg hat, wenn er sich nur anstrengt. Diese Selfmademan-Ideologie grenzt an profane Gläubigkeit. In seiner Darstellung der neuen ‹amerikanischen Identität› bezeichnet ERIK H. ERIKSON[28] eine solche Grundeinstellung als die «alte neue Identität», «die, je brüchiger sie wird, um so grimmiger behauptet, daß man ein Selfmademan sein kann und muß, eine Do-it-yourself-Persönlichkeit im Sinne der amerikanischen Tradition – einer Tradition, die anachronistische, vom reaktionären Besitz privilegierter Interessen und organisierter Mächte abhängende Haltungen stützt.»[29]

Ohne Zweifel hat dieses amerikanische Selbstverständnis entschieden zur Selbsthilfegruppenbewegung beigetragen. Ein paralleles Beispiel dafür ist die Gründung der *National Association for Mental Health* durch einen ehemaligen Patienten, CLIFFORD BEERS.

Was bei dieser auf Aktivität und Leistung des Individuums zentrierten Auffassung menschlicher Natur bzw. seelischer Störungen ausgeblendet wird, sind die durchdringenden Wirkungen der sozialen Verhältnisse, von denen der Mensch abhängig ist. Der Blick für die wechselseitig sich bedingenden und miteinander sich entwickelnden sozialen und individuellen Strukturen ist verloren. Die drei erwähnten Momente dürfen heutige Ausläufer einer langen sozialen Entwicklung sein: Das demokratische Bewußtsein entspricht der zunehmenden Notwendigkeit zur verantwortlichen Gleichstellung in einer komplex zu steuernden, schnell veränderlichen Gesellschaft; das humanitäre Ideal spiegelt unter anderem die Verstärkung des wechselseitigen Verstehens im Dienste eines reibungslosen Funktionierens und die unumgängliche Erkenntnis einer erhöhten wechselseitigen Abhängigkeit; die Selfmademan-Auffassung ist unter anderem die krasseste Ausprägung des selbstdisziplinierten, leistungsorientierten Individuums, das bei hohem Selbstzwang seine Arbeitsfunktionen maximiert. Einige Formen der Selbsthilfegruppen, die auf «Willenstraining» basieren, wie die *Recovery Inc.* («Genesungs-GmbH»), wiederholen diese Haltung ungebrochen.

Wenn Nathan Hurvitz allerdings religiöse und profane Ursprünge in dieser Form trennt, so übersieht man leicht den eng verflochtenen Zusammenhang. Er ist in der protestantischen Ethik der weißen angelsächsischen Bevölkerung greifbar.[30] Sie legierte Gottesglauben mit wirtschaftlichem Erfolg. Die Betonung der eigenen Leistung im Dienste Gottes und der Selbstverantwortlichkeit war ein guter Boden für die Entwicklung der Selbsthilfegruppen. Ohne die WASPs (*white anglo saxon protestants*) ist das Aufkommen der Anonymen Alkoholiker nicht zu verstehen. Sie waren auch verantwortlich für den Geist der sogenannten Mental Health-Bewegung in den Vereinigten Staaten.[31]

Man darf allerdings ein entscheidendes Element nicht vergessen: alle Selbsthilfegruppen haben ein klares antiindividualistisches Konzept, insoweit sie auf dem Gruppenprinzip beruhen. Dieses Merkmal unterscheidet die Gruppenselbsthilfe zum Beispiel von aller Einzelselbsthilfe, insbesondere von der Selfmademan-Ideologie.

In der offiziellen Gründungsgeschichte der AA gilt die Einsicht in die therapeutische Kraft des gemeinsamen Gespräches, die Bill und Dr. Bob bei ihrem eher zufälligen Treffen entdeckten, dementsprechend auch als der konkrete Ursprung. Zur Gruppe führt ja gerade die Einsicht, eine «Macht, die größer ist als man selbst», zu benötigen. Kennzeichnend für Selbsthilfegruppen ist das Eingeständnis der eigenen individuellen Ohnmacht, die Entdeckung, daß man mit der Vorstellung, ein Selfmademan zu sein, die Verhältnisse und sich selbst verleugnet. Die reine Individualität wird also aufgegeben.

Der zweite offizielle Ursprung ist für viele verblüffend. Es ist ein Gespräch mit einem Experten, dem Tiefenpsychologen C. G. Jung in Zürich gewesen. Dr. Bob suchte Jung als seinen ehemaligen Psychoanalytiker auf, um ihm von seiner Erfahrung zu berichten, daß Gesprächsgruppen Alkoholikern helfen können. Seine Einzelanalyse bei C. G. Jung hatte die Alkoholsucht nicht behoben. Das Gespräch war durch die Zustimmung und Ermutigung Jungs entscheidend für den konkreten Beginn der Anonymen Alkoholiker. Die mit vielen Schwierigkeiten beladene Kooperation zwischen Experten und Selbsthilfegruppenmitgliedern mag aus diesem Ursprungsereignis eine gewisse Hoffnung schöpfen, die wechselseitigen Probleme doch noch zu überwinden und zu einem fruchtbaren Austausch zu kommen.

Schnelle Verbreitung psychologisch-therapeutischer Selbsthilfegruppen in den USA

Die große Entwicklungszeit der Selbsthilfeorganisationen begann erst Ende der sechziger Jahre.[32]

Sechs große soziale Bewegungen der Jahre bereiteten die Selbsthilfegruppenbewegung vor.[33] Die *Bürgerrechtsbewegung* rückte die Ungleichheiten ins Bewußtsein und forderte die tatsächliche Gleichheit aller. Die *Wohlfahrtsbewegung* prangerte die teilweise entwürdigende Praxis der sozialen Institutionen an, die abhängig machten, statt die Selbständigkeit zu fördern. Die *Antikriegsbewegung* kämpfte gegen den Vietnam-Krieg bzw. die militärische Außenpolitik und forderte andere politische Prioritäten. Die *Frauenbewegung* stellte Familienstruktur, Mann-Frau-Beziehung und die männliche Dominanz in Frage. Die *Verbraucherschutzbewegung* gipfelte unter anderem im «Naderismus», der sich nicht nur im Feldzug gegen den VW-Käfer, sondern vor allem auch mit Erfolg gegen ärztliche Fehlbehandlungen richtete. Die *Umweltschutzbewegung* wurde so mächtig, daß sie selbst die ersten Raumfahrtunternehmen in den Schatten stellte. Damals, nach der Mondlandung, galt die folgende Antwort eines Amerikaners auf die Frage: *«Are you space-minded?»* als typisch: *«No, I am pollution-minded»*.

Diese Bewegungen hatten einen gemeinsamen Nenner: sie waren der Aufstand der Bevölkerung gegen ein als ungerecht, unzumutbar und unmenschlich empfundenes Regiert-, Verwaltet- und Versorgtwerden. Die Regierungen, die großen Unternehmen, die Behörden – alle sozialen Institutionen gerieten in diesen kritischen Beschuß. Nimmt man die Protestbewegung der Studenten als einer besonderen, sehr kleinen, aber nicht unwesentlichen Gruppe in der Bevölkerung hinzu, so geriet – von der allgemeinen gesellschaftlichen Revolte abgesehen – auch das antiquierte höhere Bildungswesen in Verruf. Alle Bewegungen forderten endlich die Gleichstellung, die Selbständigkeit, die Selbstverantwortlichkeit der Bürger und damit letztlich die Verteilung der Entscheidungsfunktion. Sie wehrten sich gegen die entmündigenden hierarchischen Systeme.

Die großen sozialen Bewegungen dienten dem Ziel der Mitbestimmung, der Partizipation. Sie hatten aber fast alle einen Nachteil: sie waren zuwenig an den konkreten Alltag der Menschen gebunden. Bei der Beschreibung der Selbsthilfegruppen gehe ich darauf noch einmal ein, weil sich die Selbsthilfegruppenbewegung gerade in dieser Hinsicht von den umfassenden Protestbewegungen unterscheidet.

Die zu Beginn der siebziger Jahre einsetzende Expansion betraf alle Arten von Selbsthilfegruppen. Denn trotz aller Unterschiede bilden Selbsthilfegruppen letztlich eine Einheit für sich. Ich beziehe mich im wesentlichen natürlich auf die psychologisch-therapeutischen Gruppen. In einem kurzen Abriß möchte ich die Entwicklung in jüngster Zeit skizzieren. Sie bietet einen ersten lebendigen Eindruck, was Selbsthilfegruppen im Rahmen der psychosozialen, psychotherapeutischen und psychiatrischen Versorgung erreichen können.

Die Anonymen Alkoholiker haben bald erkannt, daß der Alkoholismus mit einer konfliktspezifischen Partnerwahl einerseits und andererseits mit besonderen aktuellen Problemen in der Familie einhergeht. Es wurden dafür sogenannte Familiengruppen (*Al-Anon*) gebildet. Die besonderen Schwierigkeiten, denen sich Adoleszente aus Alkoholikerfamilien gegenübersehen, insbesondere die Ablösung vom mehr oder weniger unbewußt klammernden süchtigen Elternteil, die Entwicklungsprobleme der Autonomie und Identitätsbildung, führten zu den Jugendlichengruppen (*Al-teen*). Neuerdings gibt es auch Kindergruppen (*Al-pre-teen*). Wem hier besonders Zweifel aufkommen, der wird mit Interesse die Beobachtungen amerikanischer Psychologen an Babys von neun Monaten zur Kenntnis nehmen.

Säuglinge, heißt es in einem Bericht der ÄRZTLICHEN PRAXIS, seien keineswegs nur auf ihre Bezugspersonen fixiert: «Sie entwickeln vielmehr im Umgang mit Gleichaltrigen erstaunliche gesellige Aktivitäten. . . . Zweiunddreißig Babies . . . haben in zehnstündigen Begegnungen miteinander gespielt. Das andere Kind war für jedes Baby interessanter als alles übrige im Raum. Dreiviertel aller Äußerungen und Reaktionen waren auf den ‹Partner› und dessen Handlungen gerichtet. Mit der Zahl der Begegnungen zwischen den beiden Kindern intensivierte sich auch ihr Kontakt. Dabei lernten beide voneinander.»[35]

Die psychodynamisch folgerichtigen Parallelgruppen der AA konnten sich im Bereich der Selbsthilfe konsequenter durchsetzen als in der professionellen Therapie, weil sie nicht von den Bedingungen der Gebührenordnung abhängig sind. Die in der Selbsttherapie dieser Sucht gewonnene Erkenntnis, daß der Alkoholismus aus besonderen psychischen Konfliktsituationen entsteht, daß diese aber wenig in den AA-Gruppen bearbeitet werden, führte 1965 in den USA zur Bildung der *Anonymen Neurotiker* (AN), die sich später auch unabhängig von Suchterkrankungen ausschließlich psychischen Störungen zuwandten.

Nun hat sich seit dem Entstehen der AN die Gruppenselbstbehandlung erheblich differenziert. Die folgende Aufzählung vermittelt ein ungefähres Bild dieser schrittweisen Entwicklung: *Emotional Health Anonymous* und *Emotions Anonymous* sind gleichartige Schwestergruppen zu AN. *Narcotics Anonymous* widmen sich insbesondere der Medikamentenabhängigkeit. *Gamblers Anonymous* bearbeiten ihre Spielsucht, die ebenso verheerende soziale Folgen haben kann wie andere Süchte. *Synanon* und *Daytop* sind Versuche, Selbsthilfe bei Rauschgiftsüchtigen zu fördern. Selbstbehandlung bei Fettsüchtigen – *Overeaters Anonymous* und *Fatties Anonymous* zum Beispiel – zeitigt große Erfolge. Nach den Lernzielkatalogen der neuen Approbationsordnung für Ärzte gehört sie heute zum Examenswissen jedes Medizinstudenten. In *Suicides Anonymous* haben sich Suizidale, in *Schizophrenics Anonymous* Psychotiker zur Selbstbehandlung zusammengeschlossen. Es gibt Selbsthilfegruppen für

Stotterer (*Stutterers Anonymous*), für Herzkranke und am Herzen Operierte (*Heart Clubs*), für alleinstehende Väter bzw. Mütter (*Parents without Partners*) und seit kurzem auch für Frauen, die Opfer der in USA rapide zunehmenden Vergewaltigungen geworden sind (*Antirape-Groups*).

Die Selbsthilfe hat im Rahmen psychosozialer Vorbeugung auch einen eigenständigen Bereich, der von der Expertentherapie nie erfaßt werden könnte. Dafür zwei Beispiele: Mütter, die anfallsartig ihre Kinder schlagen, haben eine telefonische Krisenintervention eingerichtet (früher *Childbeaters Anonymous*, heute *Families Anonymous*). Sie hatten in ihrer Gruppenarbeit entdeckt, daß sie den Impuls zu schlagen an leichten Anzeichen der Stimmung, des Verhaltens und der Phantasie schon Stunden vorher spüren. In diesem Stadium ruft eine Mutter eine andere an und kann durch telefonische Aussprache die destruktive Handlung verhindern. Eine so einfache und angemessene Prävention, die wenigstens das Gröbste verhütet, kann sich nur aus der Auseinandersetzung mit der konkreten Lebenssituation ergeben. Sie kommt in Selbsthilfegruppen stärker zur Sprache. Ähnlich gibt es Selbsthilfegruppen für Menschen, die in ihrem Leben sehr unter ihren Beschwerden leiden, von der Psychotherapie aber meist als zu leicht befunden werden: die Schüchternen (*Shy People Anonymous*). Die schlagenden Mütter und die Schüchternen geben exemplarisch zwei Bereiche für die Selbsthilfegruppen an: die Impulshandlungen und die leichten chronischen Hemmungen. Es handelt sich um Störungen, die sich auf Dauer psychosozial sehr negativ auswirken können. Die Selbsthilfe kann hier einen Teufelskreis, eine negative Langzeitwirkung, verhindern.

Nach einer neuesten Berechnung wird die Anzahl der Selbsthilfegruppen in den Vereinigten Staaten auf eine halbe Million geschätzt.[36] Das dürfte mindestens fünf (wahrscheinlich eher zehn) Millionen Mitgliedern entsprechen. Da es sich in jedem Falle um psychosoziale Konflikte handelt, dürfte die Gruppenselbstbehandlung ein weitaus gewichtigerer Faktor in der Gesamtversorgung des psychosozialen, psychotherapeutischen und psychiatrischen Bereiches geworden sein als die professionelle Therapie.

Inzwischen wurden in einem einzigen Verwaltungsbezirk des Bundesstaates New York, in Rockland County, vierundvierzig Selbsthilfeorganisationen in fünf psychosozialen Bereichen gezählt: im Bereich Familie, im Bereich Krankheit (Behinderung, Sucht), im Bereich der Frauenarbeit, im Bereich Strafgefangene und im Bereich Minoritäten (darunter auch alte Menschen).[37]

Nicht alle der folgenden Selbsthilfegruppen versuchen allein über Gespräche ihre persönlichen Probleme und psychosozialen Konflikte zu bearbeiten. Sie haben teilweise intensive Öffentlichkeitsarbeit zum Ziel und mobilisieren finanzielle Mittel für die Forschung. Das Doppelziel der Selbsthilfegruppen, Selbstveränderung und Sozialveränderung, ist hier also nicht ausgewogen beachtet. Alle arbeiten jedoch ohne Experten. Die meisten widmen sich persönlichen Problemen. Die folgende Aufstellung vermittelt das Bild einer erstaunlich komplexen und sehr differenzierten Versorgung durch Selbsthilfegruppen innerhalb einer Region:

I. Familiärer Bereich

1. *League of Parent Education*
   Gruppentreffen einmal im Monat, zentriert um Eltern-Kind-Beziehung.

2. *Foster Grandparents*
   Pflegegroßeltern gehen eine «one-to-one»-Beziehung zu einem Kind ein. Z. Zt. 55 Großeltern im Alter über 60. Die Gruppe existiert seit 1968.

3. *Foster Parents*
   Treffen einmal monatlich.

4. *Mother of Twins*
   Probleme beim Aufziehen von Zwillingen.

5. *National Marriage Encounter*
   Die Gruppe hilft, «gute Ehen besser zu machen».

5. *National Organization for Non-parents*

Versucht als «personal rights group» offensichtlich die Schuldgefühle zu bearbeiten, die bei Kinderlosigkeit entstehen. Will insbesondere denen helfen, die nicht sicher sind, ob sie Eltern werden wollen oder nicht.

7. *Parents Anonymous*
Für Eltern, die das Gefühl haben, ihre Kinder zu mißbrauchen oder zu vernachlässigen. Durchgehender Telefondienst. Früher: Childbeaters Anonymous.

8. *Parents without Partners*
Eine Selbsthilfeorganisation, die in den USA zur Zeit 100000 Mitglieder zählt. Besteht aus Selbsterfahrungsgruppen, bietet Eltern Erziehungsseminare, Babysitting, günstigen Nahrungsmitteleinkauf auf genossenschaftlicher Basis usw. an.

9. *Remarried Parents Inc. (RPI)*
Für Eheleute, die wiederverheiratet sind und ein Kind haben.

10. *Post-Adoptive Commitee*
Monatliche Treffen für Adoptiveltern.

11. *National Foundation for Sudden Infant Death Syndrome (SIDS)*
Für Eltern, die ihr Kind durch den sogenannten «plötzlichen Säuglingstod» verloren haben.

12. *Widowed Group*
Wöchentliche Treffen für verwitwete Männer und Frauen bis zu einem Alter von 55 Jahren. Sondertreffen für Personen, die erst vor kurzem ihren Partner verloren haben.

13. *Widowed Group Line*
Ein telefonischer Selbsthilfedienst für Verwitwete, der einen Rückruf durch eine ebenfalls verwitwete Person anbietet.

II. Krankheiten, Behinderungen, Süchte

1. *Alcoholics Anonymous*
Einziges Kriterium für die Mitgliedschaft: der Wunsch, mit dem Trinken aufzuhören. In Rockland County 30 Treffen pro Woche. Telefondienst 24 Stunden am Tag.

2. *Al-Anon*
Gruppentreffen von Familien und Freunden von Alkoholi-

kern. Die Mitglieder lernen, Alkoholismus als Krankheit zu verstehen. Die eigenen Gefühle und Reaktionen gegenüber dem Alkoholiker stehen im Mittelpunkt.

3. *Alateen-Alapreteen*
   Gruppentreffen für Kinder und Jugendliche von Alkoholikern. Ziel: Fähigkeiten zu entwickeln, um die Familiensituationen besser bewältigen zu können.

4. *Association for Children with Learning Disabilities*
   Akzent liegt auf der Öffentlichkeitsarbeit und auf den Bemühungen, Schulen dazu zu bewegen, Kinder mit Lernschwierigkeiten zu erziehen.

5. *Easy Breathers*
   Für Personen, die an Emphysem, chronischer Bronchitis und Asthma leiden. Im Aufbau. Zunächst Treffen einmal monatlich.

6. *Gamblers Anonymous*
   Für Spielsüchtige.

7. *Gamanon*
   Für Familienangehörige von Spielsüchtigen.

8. *Juvenile Diabetes Foundation*
   Die Gruppe bietet Familienberatung und Krankenhausbesuche bei neudiagnostizierten Diabetikern. Unterstützung von Forschung und Öffentlichkeitsarbeit.

9. *Ostomy Club*
   Die Gruppe bietet vor und nach der Operation Besuche und einen Rehabilitationsdienst für Kolostomie, Anus praeter usw.

10. *Overeaters Anonymous*
    Analog den AA. Suchtartiges Essen wird als Krankheit betrachtet, die zum Stillstand, aber nicht zur Heilung gebracht werden kann durch Diätpläne und Gruppentreffen. 3 Gruppen, die sich wöchentlich einmal treffen.

11. *Reach to Recovery – the American Cancer Society*
    Beratung und Hilfe bei Brustkrebs und nach Brustoperationen.

12. *Recovery Inc.*

Ein Programm zur Vermeidung von Chronifizierung und Rückfällen bei Personen mit psychischen Erkrankungen.

13. *Association for the Hearing Impaired*
Für Personen mit Gehörbehinderungen. Öffentlichkeitsarbeit, Elternerziehung usw. steht im Mittelpunkt.

14. *Parents of Children with Visual Limitations*
Hilfe für die Eltern blinder und sehbehinderter Kinder.

15. *Social Club for the Blind*
Blindenclub zur Erleichterung sozialer Kontakte.

16. *Schizophrenics Anonymous*
Wöchentliche Treffen für Personen, die an Schizophrenie erkrankt sind.

17. *Stutterers Anonymous*
«Anonyme Stotterer». Eine informelle Gruppe, die sich einmal monatlich trifft. Richtet sich nach einem Programm, das vom Hollins Communication Research Institute in Virginia entwickelt wurde.

18. *Auxiliary for Multiple Sclerosis*
Für Patienten mit multipler Sklerose.

19. *Phobia Group*
Gruppe mit Personen, die an phobischen Reaktionen leiden.

20. *Heart Club*
Für Personen mit latenten oder akuten Herzerkrankungen. Die Clubmitglieder laden von Zeit zu Zeit Gastdozenten ein.

21. *Emotions Anonymous*
Für Personen mit psychischen Konflikten.

III. Frauen

1. *Cosmopolitan Associates*
Treffen einmal monatlich. Ziel ist, Freundschaften zwischen den Mitgliedern entstehen zu lassen und eine starke Bindung zum Heimatland aufrechtzuerhalten. Mitglieder sind Frauen, die außerhalb der USA geboren und über 18 Jahre alt sind.

2. *La Leche League*
Pflege und Förderung möglichst natürlicher und gesunder

Beziehungen zwischen Mutter und Kleinkind; setzt sich für das Baby-Stillen ein.

3. *NOW (National Organization for Women)*
Die Gruppe befaßt sich mit der Gleichberechtigung von Frauen in Beruf und Ausbildung. Die Gruppe sorgt für mehr Problembewußtsein und versucht, Einfluß auf die Rechtsprechung, Erziehung, Therapie, Gesundheit, Medien und Beschäftigungspolitik zu nehmen.

4. *Women Against Rape*
Nimmt sich der Opfer von Vergewaltigungen an. Außer praktischer, medizinischer und juristischer Hilfe werden Gruppengespräche von Betroffenen zur seelischen Verarbeitung des Schocks angeboten.

5. *Women's Center Project*
Treffen einmal wöchentlich. Ziel der Gruppe ist es, ein Frauenzentrum zu gründen, um die Solidarität unter Frauen zu fördern und die Probleme der Frauen besser verstehen und lösen zu lernen.

IV. Bürgerrechte, Minoritäten und andere

1. *Fortune Society*
Für ehemalige oder noch einsitzende Strafgefangene. Einzelarbeit mit Entlassenen. Versuch, Programme zu fördern, die der Kriminalität vorbeugen. Öffentlichkeitsarbeit über die speziellen Probleme während der Gefängniszeit und bei der Rückkehr nach «draußen».

2. *NAACP (National Association for the Advancement of Coloured People)*
Zwei Gruppen, die die Bürgerrechte der Minoritäten vertreten.

3. *Restore*
Selbsthilfegruppe ehemaliger Gefängnisinsassen.

4. *Sixty plus*
Selbsthilfeorganisation zur Arbeitsplatzbeschaffung für über 60 Jahre alte Mitglieder.

5. *Little People of America Inc.*
Eine nationale Selbsthilfeorganisation für Personen mit sehr
geringer Körpergröße.

Wenn in Rockland County auch eine besonders gute Übersicht
und Kontrolle durch zwei Experten, nämlich die Mental Health-
Verantwortlichen CAROL GJELSVIK und BILL CLAFLIN vorliegt,
so handelt es sich doch hierbei keineswegs um einen Sonderfall.
Diese Region bietet das typische Bild eines ausgeprägten, aber
noch wachsenden Selbsthilfegruppennetzes.*

Es ist interessant, daß gerade in den Bereichen erfolgreiche
Selbsthilfegruppen entstanden sind, in denen die größten Vorbehalte von seiten der Experten geäußert werden: ich meine die
Selbsthilfegruppen für Psychotiker, die Schizophrenics Anonymous[38] und die Selbsthilfegruppen für Menschen, die bereits
einen oder mehrere Selbstmordversuche hinter sich haben bzw.
an suizidalen Impulsen leiden, die Suicides Anonymous.

Die Entwicklung schreitet heute so rasch voran, daß sie sich
mit einem Satz charakterisieren läßt: Selbsthilfegruppen gibt es
für jede psychosoziale Störung, für jede Krise, für jede psychosomatische Erkrankung, für jede soziale Notlage und überhaupt
für Menschen, die durch irgendeine Gemeinsamkeit verbunden
sind. So schnell sich diese Gruppen verbreiten und differenzie-
ren, so bedeutend sie heute schon für die Versorgung der Bevölkerung sind: diese psychosoziale Revolution vollzieht sich im

* *County* heißt in den USA die größte Einheit der lokalen Regierungsge-
walt innerhalb eines Bundesstaates; diese Verwaltungseinheit entspricht
vielleicht noch am ehesten den «Regierungsbezirken» in einigen deutschen
Bundesländern. – Rockland County liegt nordwestlich von New York City
am Westufer des Hudson. Auf 2800 km² leben rund 250000 Einwohner
(davon nur etwa 5 Prozent Schwarze) zu über 96 Prozent in städtischen
Siedlungen. Zum Vergleich: das Saarland ist nur 220 km² kleiner und hat
eine über viermal so große Bevölkerungszahl. Der Süden von Rockland
County besteht ganz überwiegend aus den für amerikanische Ballungsräu-
me so typischen *suburbs* (*residential communities*), «Schlafstädten» der in
New York City berufstätigen Pendler.

stillen, nahezu unbemerkt. Die Experten nehmen sie kaum wahr. Die Gruppen selbst scheuen jede Bürokratisierung. 1977 wurde zwar das *National Self-Help Clearinghouse* in New York gegründet. Das aber besteht, wie ich bei einem Besuch selbst festgestellt habe, aus einigen Leuten und ein paar Räumen. Sie verstehen sich nur als Relaisstation, als Informationszentrale der Selbsthilfegruppen.

Selbsthilfegruppen werden wegen ihrer großen Verbreitung als soziale Bewegung bezeichnet. Vielfältigkeit, wechselseitige Toleranz und Pluralismus kennzeichnen sie. Sie haben keinen großen charismatischen Führer, wie er bisher für soziale Bewegungen als charakteristisch angesehen wurde.[39] Es handelt sich eher um eine offene als um eine geschlossene Bewegung. Sie sind im engeren Sinne der therapeutische Zweig der Bürgerinitiativen.

Die Situation in der Bundesrepublik Deutschland

In der Bundesrepublik Deutschland sind die genannten Differenzierungen noch keine Realität. Voll etabliert sind die AAs mit allen Sondergruppen. Seit Mai 1972 existieren die ersten deutschen *Anonymen Neurotiker*-Gruppen, verbunden mit JUTTA und mit WALTHER LECHLER, Chefarzt der Psychosomatischen Klinik Herrenalb. 1974 haben sich die Gruppen, nunmehr unter dem Namen «*Emotions Anonymous (EA) – Selbsthilfegruppen für seelische Gesundheit*», eine Zentrale gegeben (zur Zeit Hannover, Adresse siehe Anhang) und damit überregional organisiert. Sie halten Kontakt zu der Stammorganisation in den USA. 1972 bildete sich ihre erste Gruppe. 1975 waren es fünfzehn, heute, Anfang 1978, sind es über fünfzig lokale Gruppen. Zweifellos wird die Entwicklung ähnlich expansiv verlaufen wie in den Vereinigten Staaten.

Parallel dazu haben sich zunächst vor allem durch die Aktivitäten in Gießen seit 1972 über zwanzig Selbsthilfegruppen gebildet. Sie arbeiten zwar nicht nach dem Programm der EA, sind in der Praxis aber mit den EA-Gruppen freundschaftlich verbunden. Die Gruppen unterscheiden sich in der konkreten Arbeit kaum. Eine EA-Gruppe wirkt regelmäßig und teilweise sehr aktiv bei unseren wöchentlichen Gesamttreffen mit. Zur Zeit arbeiten vierzehn Gruppen parallel. Eine «Gießener Arbeitsgemeinschaft Selbsthilfegruppen e. V.» ist trotz bürokratischer Vorbehalte entstanden, damit wir mit offiziellen Stellen, etwa um Räume oder Aushänge, besser verhandeln können. Aus der Einsicht in die sozialpolitische Notwendigkeit eines überregionalen Verbundes aller Personen, die an der Selbsthilfegruppenbewegung interessiert sind, also außer Selbsthilfegruppenteilnehmern auch Laien und Experten, wurde 1975 eine «Deutsche Arbeitsgemeinschaft Selbsthilfegruppen» gegründet (Adresse siehe im Anhang). Ihre regelmäßigen Tagungen hat sie auf die Jahrestreffen der Deutschen Gesellschaft für Soziale Psychiatrie (DGSP) und das Mannheimer Kreis-Treffen gelegt. Dort vereinigen sich fast alle Selbsthilfegruppenzentren, die sich zur Zeit entwickeln – etwa in Bremen, Frankfurt, Freiburg, Göttingen, Hamburg, Homburg/Saar, Mainz und München. Sie entstehen teils an der Universität, teils im allgemeinen Versorgungsbereich, teils im Umkreis. Eine besondere Gruppe – der Verband alleinstehender Mütter und Väter e. V. (VAMV) – ist inzwischen weit verbreitet. Nach und nach entstehen auch speziellere Gruppen, so zum Beispiel eine Stotterer-Selbsthilfegruppe in Ulm. Alle Gruppen arbeiten in kleinen sogenannten *(face-to-face)*-Gruppen. Die umfangreichste Selbsthilfeorganisation, der «Bundesverband Hilfe für die Behinderten», in dem einundzwanzig bundesweite Organisationen mit über zweihunderttausend Mitgliedern zusammengefaßt sind, widmet sich bisher noch nicht den psychodynamischen und psychosozialen Konflikten. Das ist erstaunlich, weil sich in diesen Organisationen Patienten verbreiteter Erkrankungen (zum Beispiel Diabetes, Rheuma, Epilepsie, Multiple Sklerose usw.) zusammengeschlossen haben, die mit stärksten seelischen Problemen kämpfen.

Da sich die Szene in den nächsten Jahren sicher stark verändern wird, erübrigt sich ein detailliertes Eingehen auf einzelne Entwicklungen siehe Anhang: Selbsthilfegruppen-Organisationen in der Bundesrepublik Deutschland, Seite 417ff. Schon jetzt allerdings ist deutlich eine Bewegung zu erkennen, die nicht nur Krankheit, Konflikt oder Krise zum gleichsam verspäteten Anlaß nimmt, sich in Selbsthilfegruppen zusammenzutun. Die Frauen- und Männergruppen der Emanzipationsbewegung, die auch eindeutige therapeutische Wirkungen haben[40], und die zum Beispiel in Gießen jetzt entstehenden Paar-Selbsthilfegruppen haben vielmehr zum Ziel, sich selbst gemeinsam mit anderen auf eine neue Weise zu verstehen und die psychosozial belastenden Lebensbedingungen gemeinsam zu verarbeiten. Sie versuchen aus der eigenen Isolation herauszukommen, zu sinnvolleren Auffassungen zu gelangen und ein Leben zu führen, das eben nicht in chronischen Krisen und Krankheiten endet. Unsere Lebensbedingungen in den Industrienationen führen zu einem ungewöhnlichen Mangel an konkreten menschlichen Beziehungen und damit an psychosozialer Erfahrung. Die Stichworte emotionales Analphabetentum, Unfähigkeit zu wesentlichen Kommunikationen, Geschlechtsrollenrigidität, stereotypisierte, aber komplexe Arbeitsplatzsituationen, unzulängliche Kleinfamilie, Berufstätigkeit der Frau, Verlust an Kontinuität, Schnell- bzw. Kurzlebigkeit umreißen eine pathogene Gesamtlage, die sich nicht nur vereinzelt auswirkt. Das scheint für die Bundesrepublik als eine der fortschrittlichsten Industrienationen besonders zu gelten. Wenn wir hören, daß sich bei uns die Infarkthäufigkeit zwischen 1952 und 1967 um einhundertfünfunddreißig Prozent erhöhte, in England aber nur um vierundfünfzig Prozent, in Frankreich nur um sechsunddreißig Prozent[41], dann können wir das nahezu als Beweis einer psychosozial besonders belasteten Nation ansehen. Der Infarktzuwachs ist aber nur ein einziges unter vielen Anzeichen der angespannten Gesamtlage. Alkoholismus und Übergewichtigkeit, steigende Suizidalität und Kriminalität, Verhaltensstörungen bei Kindern und die Änderung des Krankheitsbildes bei Erwachsenen in Richtung auf die sogenannte Grundstörung[42] gehören ebenso dazu. Vielleicht ist es deswegen nicht erstaunlich, daß sich auch bei uns Selbsthilfegruppen so rasch verbreiten.

3.
Beschreibung der Selbsthilfegruppen

Small is beautiful

Wie erwähnt waren die sechziger Jahre in den USA geprägt durch sechs große Protestbewegungen: die Bürgerrechtsbewegung, die Wohlfahrtsbewegung, die Antikriegskampagne, die Frauenbewegung, die Verbraucherschutzbewegung und die Umweltschutzbewegung. Für die siebziger Jahre sind die Selbsthilfegruppen, die «grass root associations»[1], kennzeichnend. Alle Protestbewegungen endeten mehr oder weniger mit einer Enttäuschung oder Ernüchterung: Es wurde deutlich, daß sich die Bevölkerung für umfassende Probleme nur eine begrenzte Zeit lang mobilisieren ließ. Auch wenn die Probleme von dringender allgemeiner Bedeutung waren, ließ das Engagement schließlich nach, weil sie zu wenig mit den unmittelbaren konkreten Alltagssorgen verbunden waren. Den Menschen liegt weniger daran, Geschichte zu machen, als ihr Leben zu leben – «people are less concerned with making history than making life»[2] –, lautete eine der neuen Erkenntnisse. Eine Dauermobilisierung für die großen, weltbewegenden Probleme – Egalisierung und Realisierung der Bürgerrechte, soziale Sicherheit für alle und immer, Widerstand gegen Krieg als Mittel der Außenpolitik, Schutz und Stärkung der Verbraucherseite gegen die anderen Marktmächte, Erhaltung einer noch bewohnbaren Umwelt – ist im nationalen oder gar internationalen Rahmen schwierig, wenn nicht unmöglich.

Man könnte sagen, daß dem Ganzen ein Mißverständnis politischen Handelns zugrunde lag. Politik hat ihre Wurzeln in den konkreten Nöten der Menschen. Sie muß dem Alltag entspringen. Sie muß in den menschlichen Beziehungen direkt etwas bewirken. Die sechziger Jahre waren dagegen durch Protestbewegungen charakterisiert, deren intellektuelles Niveau und abstrakte Diskussionsführung für die meisten zu hoch waren. Teilweise laufen auch heute Bürgerinitiativen für Umweltschutz und Frauengruppen Gefahr, auf diese Weise den Boden unter den Füßen zu verlieren.

Die Lehren der sechziger Jahre sind jedoch hilfreich gewesen für die neue soziale Bewegung der Selbsthilfegruppen. Aus den Fehlern ist gelernt worden. Die Einsichten, die in diesen Jahren gewonnen wurden, leiteten eine ständig wachsende Bewegung ein, deren Folgen noch nicht abzusehen sind.

Um welche Erkenntnis ging es? Nach dem Ermatten der großen Bewegungen standen die einzelnen wieder vereinzelt da, hatten nicht viel für ihre eigene Situation gewonnen, bestenfalls eine mehr oder weniger symbolische Beziehung zu einem überlebensgroßen Problem. Nach JANICE E. PERLMANS ausgezeichneter Analyse war die Bevölkerung gegenüber den großen sozialen Institutionen, zum Beispiel gegenüber der Regierung, skeptisch geworden (*credibility gap* = Vertrauenslücke) und hatte dank der Umweltschutz- und Verbraucherbewegung das Vertrauen in die kapitalistische Welt des *American way of life* verloren: Auch die Amerikaner konnten nicht länger glauben, was für General Motors gut sei, müsse auch für ihr Land Amerika gut sein, von anderen Ländern ganz zu schweigen. Insofern waren die Menschen politisch wacher geworden. Das Mißtrauen in die Institutionen stärkte die Tendenz zur Selbständigkeit. Die Möglichkeit, ein ruhiger, abhängiger, vertrauensvoller Bürger zu bleiben, schwand dahin. Aber für den Alltag war damit nicht viel gewonnen. Nicht zuletzt deswegen flauten die großen Bewegungen ab. Besser gesagt: sie veränderten sich.

In den Vordergrund rückte jetzt der Wunsch, den Alltag in ähnlicher gemeinsamer Aktion zu verändern. Es ging um die Lebensnöte des persönlich betroffenen Menschen, um die Nachbarschaft, um die Gemeinde oder um die Leidensgenossen. Und es waren die Betroffenen selbst, die handelten, nicht die oberen Zehntausend des Sozialengagements. Die Protestbewegungen waren durch einen großen Anteil von Fremdmotivation in Gang gesetzt und gehalten worden. Häufig genug mußten die Leute für «ihre Sache» erst gewonnen werden. Zeitweise wurde ihr Bewußtsein eher durch andere als durch sie selbst geändert. Die Selbsthilfegruppen verlangten vom einzelnen aber eine klare Eigenmotivation zum Handeln: seine persönlichen Konflikte, seine konkrete Notlage. Diese Eigenmotivation ist langfristig wirksam. Sie bleibt so lange bestehen, bis sich tatsächlich etwas im Sinne des Handelnden geändert hat. Durch Betroffenheit und Beteiligung ändert der einzelne Mensch in diesen neuen Gruppen sein Bewußtsein selbst. Selbstveränderung und Sozialveränderung sind damit gleichrangig geworden. Beide Ziele bedingen und befruchten einander. Und diese neue Bewegung spielt sich nicht im großen Rahmen auf höchstem intellektuellen Niveau ab, sondern in kleinen, lokalen, dezentralisierten Erfahrungsgruppen, die mit ihrem Handeln ihre Not zu beheben versuchen: *«Small is beautiful».*[3]

Die Gefahr der Selbstisolation und Sichteinengung ist bei solchen zunächst ganz auf sich selbst konzentrierten Kleingruppen nicht auszuschließen. Doch gerade die Verankerung im persönlich bedrückenden Problem öffnet hier nach und nach den Blick für die soziale Dimension, und zwar mehr als weitgespannte theoretische Überzeugungen. Die überregionalen Zusammenschlüsse der Selbsthilfegruppen fördern diese Veränderung des Bewußtseins. Das Bewußtsein entfaltet sich sozusagen vom Kleinen ins Große – und nicht umgekehrt, wie in den Protestbewegungen. Von den großen Bewegungen ist der Frauenbewegung durch die Anregung kleiner lokaler Frauengruppen die Verwandlung wohl am besten gelungen. Aufgrund ihrer besonderen Leidensfähigkeit[4] sind Frauen zu den Pionieren des sozialkritischen Engagements geworden. So wächst das Bewußtsein aus der Keimzelle persönlicher Erfahrung in den sozialen und politischen Zusammenhang hinein.

Beschreibung einer typischen psychologisch-therapeutischen Selbsthilfegruppe

Die Beschreibung einer Selbsthilfegruppe ist so einfach, daß sie für viele Menschen, denen differenzierte Methoden und komplizierte Geräte Ehrfurcht einflößen, fast unglaubwürdig klingen mag. Sie lautet nämlich so: Regelmäßig an einem Abend in der Woche sprechen mindestens sechs Personen ohne Mitwirken eines therapeutischen Experten über ihre persönlichen Probleme. Eine Gruppensitzung dauert etwa zwei Stunden. Als äußere Ausstattung benötigt die Gruppe nicht mehr als einen neutralen Raum an einem Abend in der Woche. Jeder nimmt so lange an der Gruppe teil, wie er es selber für nötig hält. Frühestens nach Ablauf eines Vierteljahres kommt es bei den meisten zu einer ersten persönlichen Veränderung. Das haben die Gießener Gruppen in einer Selbsterforschung entdeckt.[5+6] Wenn es jemandem gelingt, sich in den ersten Sitzungen an die Gruppe zu binden, dann bleibt er in der Regel zwei bis drei Jahre. Ihre Größe bestimmt die Gruppe selbst. Wird die Gruppe zu groß, dann sind die persönlichen Gespräche erschwert; der einzelne kann sie nicht mehr richtig verfolgen und miterleben. Selbsthilfegruppen nutzen die sozialpsychologischen Vorteile einer Kleingruppe, die für das einzelne Mitglied in ihren Interaktionen noch überschaubar ist. Insofern sind sie der professionellen Gruppentherapie ähnlich. Zwölf Personen in einer Gruppe scheinen die obere Grenze zu sein. Aber es gibt da keine festgelegte Höchstzahl.[7] Eher kann man eine untere Grenze angeben: Nehmen weniger als sechs Personen teil, so ist die Gruppe zu verletzbar. Die unterschwellige Befürchtung, daß der eine oder andere fortbleiben muß, nicht kommen will oder abspringt, behindert dann die Gruppe in ihren Gesprächen. Sie starrt zu sehr auf regelmäßiges Erscheinen. Sie wird eingeengt. Im übrigen fehlt ihr, wenn sie zu klein bleibt, auch die breite Auffächerung des Erlebens, der Gefühle und der Anschauungen.

Mit dieser allgemeinen Beschreibung haben wir das therapeutische Arrangement schon angedeutet: die Gruppengröße von sechs bis zwölf Personen, die Frequenz von ein bis zwei Treffen in der Woche, die Sitzungsdauer, die sich nach anfänglich oft vielstündigen Treffen auf zwei bis drei Stunden einpendelt, und schließlich die Art der Teilnahme: natürlich völlig freiwillig, aber doch in Erwartung eines möglichst regelmäßigen Erscheinens über längere Zeit. Selbsthilfegruppen vereinbaren manchmal zusätzlich «intensive Treffen» an Wochenenden mit bis zu zehn Sitzungen hintereinander. In letzter Zeit haben Gießener

Selbsthilfegruppen sogar eine ganze Woche, etwa in einer Ferienwohnung, gemeinsam verbracht. Das Gruppenziel ist für alle klar definiert: Die Teilnehmer wollen gemeinsam versuchen, ihre persönlichen Probleme zu lösen, oder doch lernen, mit ihnen besser umzugehen. Damit ist auch das Thema der Gruppe festgelegt. Es geht um die persönlichen Probleme, die eigenen Konflikte und Störungen. Aus Gruppenziel und Thematik leitet sich die spontane Methode ab. Die Teilnehmer versuchen, die eigenen Probleme, vor allem also Erlebnisse und Gefühle zu äußern, und helfen sich wechselseitig, sie zu verstehen. Dabei ist es interessant, daß sich trotz aller Versuche, verschiedene Formen der Kommunikation oder bestimmte soziale Übungen heranzuziehen, doch immer wieder das Gespräch als der entscheidende Modus der therapeutischen Arbeit herausstellt. Es wurde in den Gruppen zeitweise auch mit Urschrei und anderen Interaktionsformen experimentiert. Schließlich aber blieb die Hauptinteraktion doch verbal. Das kennzeichnet praktisch alle Formen der Selbsthilfegruppen.

Fast alle Anonymous-Gruppen haben das Programm der Anonymen Alkoholiker übernommen. Darüber hinaus verteilt jede Organisation eine Fülle von Broschüren und Handzetteln, die im wesentlichen in Form von Selbstdarstellungen dem gemeinsamen Erfahrungsaustausch und einer globalen Orientierung dienen (zu erhalten über die im Anhang verzeichneten zentralen Kontaktstellen). Doch muß man sich darüber im klaren sein, daß sich keine Gruppe strikt an diese Programme hält. Das ergab sich auch 1974 bei einem Treffen von EA-Selbsthilfegruppen für seelische Gesundheit. Entscheidend bleibt die mündliche Tradition und die spontane Entwicklung des Gesprächs.

Es wird meist übersehen, daß die eben skizzierte therapeutische Anordnung einem Konzept entspringt, das weitere Anleitungen nahezu überflüssig macht. Die therapeutischen Prinzipien in diesem Arrangement, zum Beispiel das Gruppenprinzip und das Kontinuitätsprinzip, werden im siebten Kapitel ausführlich behandelt.

Wenn auch die Sprache im Vordergrund steht, so ist doch das

Kommunikationsmedium jeder Gruppe, also auch der Gesprächsgruppe, gleichzeitig prä- bzw. averbal. Untrennbar von den sprachlichen Mitteilungen sind die Kommunikationen über das Gesamtverhalten: Mimik, Gestik, Rhythmus, Tonlage usw. In Gruppen läuft ja nur ein Bruchteil der Kommunikation bewußt und verbal ab. Gruppensitzungen nehmen sehr bald einen eigenständigen Verlauf, der von allen intensiv erlebt wird. Jeder kennt das aus ungeplanten und ungesteuerten Gesprächen im Familien- oder Freundeskreis. Voraussetzung für diesen selbsttätigen Ablauf ist ein gemeinsames Ziel und eine kontinuierliche Arbeit. Der Gruppenprozeß ist also viel mehr als etwa nur eine Erörterung von Einzelproblemen. Ein Neuling stellt sich das oft so vor, als ob erst der eine, dann der andere dran käme. Er klagt dann, daß er bei acht Gruppenmitgliedern selbst nur ein Achtel der Zeit für seine Probleme zur Verfügung habe. So wird aber ein Gruppengespräch mißverstanden. Denn bewußt oder unbewußt nehmen alle Teilnehmer an aufkommenden Problemen Anteil. Sie erleben jeden Schritt der Gruppe mit. Was sie scheinbar ganz individuell und oft ohne Zusammenhang zu dem vorbringen, was in der Gruppe gerade zur Sprache gekommen war, ist eben durch das gemeinsame Gruppenerlebnis unbewußt mitbedingt: Es kommt immer das «dran», was gerade in der Gruppe «drin» ist, jeder Teilnehmer ist jederzeit Mitteiler des Gruppenganzen. Keiner ist in der Gruppe ein isolierter Einzelmensch. Er ist ein mitwirkender und mitgestaltender Teil des Ganzen einfach dadurch, daß er dabei ist, teilnimmt, spricht oder schweigt, erregt oder ruhig ist, träumt oder denkt. Es ist für ihn und für die Arbeit in der Gruppe nicht nötig, irgend etwas über Gruppenprozesse zu wissen. Die Gruppe entfaltet sich von selbst. Jedes Gruppenmitglied erlebt diese Entwicklung. Aber es ist doch hilfreich, sich daran zu erinnern, daß es nicht um eine bloß intellektuelle Diskussion nach Tagesordnungspunkten geht, bei der jeder für sein Problem eine bestimmte Zeit zur Verfügung hat. Vielmehr ist die Gruppe unbewußt eine Art seelisches Geflecht («Matrix»[8]): Jeder einzelne spricht gleichzeitig für sich und für die Gruppe. Eine Angst, die er hier und jetzt äußert, ist seine Angst *und* die der ganzen Gruppe. Eine Freude, die in ihm aufkommt, ist ebenso ein persönliches Gefühl wie ein Empfinden, das sich in der ganzen Gruppe mehr oder weniger bewußt ausgebreitet hat. Selbst ein Traum, den er doch scheinbar «ganz allein» geträumt hat, ergibt sich aus dem, was der Gruppenverlauf in ihm unbewußt in Bewegung brachte; sein Traum ist auch ein Gruppentraum. Entscheidend ist also, daß alle Gruppenmitglieder unbewußt zueinander in Beziehung stehen. Auf diesem Wege schleust der Gruppenprozeß nach und nach die Konflikte der Gruppenmitglieder ein und führt sie zum Durcherleben, Wiederholen und Verarbeiten. Eben darin liegt seine hohe therapeutische Wirkung.

Selbstbetroffenheit: Das entscheidende gemeinsame Merkmal aller Selbsthilfegruppen

Die fünfhunderttausend Selbsthilfegruppen lassen sich nach den verschiedensten Gesichtspunkten einteilen. Die Unterschiede nehmen ihnen jedoch nicht die gemeinsame Basis: *Sie handeln in eigener Sache.* Das ist ihr *entscheidendes Merkmal.*

Damit haben sie nicht nur ein anderes Grundkonzept als alle herkömmlichen Versorgungsinstitutionen. Sie setzen sich auch von allen Initiativgruppen ab, die sich zum Wohle anderer engagieren. Die Teilnehmer gehen nicht in die Gruppen, um anderen, sondern um sich selbst zu helfen. Sie bringen sich selbst als betroffene Personen ein. Sie handeln nicht für andere. Diese *Selbstbetroffenheit* macht den Wesensunterschied aus zwischen Selbsthilfegruppen auf der einen und allen Formen helfender Initiativgruppen auf der anderen Seite.

Die tiefe Bedeutung dieses fundamentalen Unterschieds ist hier kaum auszuloten. Sie hängt vor allem mit dem Selbsthilfeprinzip zusammen. Wer sich selbst hilft, handelt nach seinen eigenen Bedürfnissen. Er hat damit eine ungebrochene und unverstellte Motivation. Dagegen beruht die Motivation des sozialen Helfers häufig genug auf dessen eigenen Bedürfnissen[9+10], die mit den Interessen der Hilfsbedürftigen nicht übereinstimmen oder ihnen sogar widersprechen. Diese Schwierigkeiten gelten für alle Formen der Fremdhilfe, also nicht nur für Initiativgruppen oder Laientherapeuten, sondern auch für alle professionellen Experten. Es wird ja heute zur Grundproblematik der Versorgung, der Verwaltung, der Erziehung und auch der Regierung, kurz aller ursprünglich für den Menschen geschaffenen Institutionen, daß sie teilweise erheblich an den Bedürfnissen der Bevölkerung vorbeigehen. Wenn Menschen aber in Selbstbetroffenheit handeln, entfällt die Entfremdung zwischen Helfern und Hilfsbedürftigen. Jeder ist Versorger und Klient, Kotherapeut und Kopatient, Lehrer und Schüler, und schließlich «Politiker» und «Bürger» in einem. Es gibt keine Schwierigkeiten, «Bedarf» und «Angebot» bzw. Bedürfnisse und Handeln aufeinander abzustimmen. Die Hilfe, die angestrebt wird, entspricht genau dem Bedarf. Die Betroffenen wissen es in der Regel am besten. Not und Tat sind aus einem Guß.

Ich gehe hier nicht auf die oft beschworene Möglichkeit ein, daß Betroffene einmal den richtigen Weg auch verfehlen können. Solche Fehlentwicklungen kommen bei größerer Abhängigkeit von starken unterdrückenden sozialen Kräften vor. Psychiatriepatienten, die lange Zeit in Anstalten verwahrt werden, Randgruppen, die von der Gesellschaft abgedrängt und in ihrem Selbstwertgefühl zerstört worden sind, und rassisch und/oder kulturell diskriminierte Bevölkerungsteile mögen Beispiele dafür sein. Vor allem kommt es darauf an, die oft geäußerte Überzeugung, es gäbe nun einmal «passive Gruppen», die sich ganz und gar nicht selbst helfen können, als das zu durchschauen, was sie ist: als Vorurteil. Sie ist schlechthin die Lieblingsbefürchtung aller versorgenden, verwaltenden und regierenden Experten, mit der sie ihre eigene Rolle (und Macht) rechtfertigen und zementieren.

Zweitens: neben der genauen Abstimmung von Bedürfnissen und veränderndem Handeln ist eine weitere Konsequenz der Selbstbetroffenheit die klare Gleichstellung aller: Die Beziehungen zwischen allen Teilnehmern einer Selbsthilfegruppe sind symmetrisch. Es gibt keinen vorgesetzten oder gewählten Helfer, zu dem man aufschaut und dem man dankbar ist.

Drittens: Jeder ist in eigener Sache aktiv und selbstverantwortlich. Er wird direkt und persönlich herausgefordert. Kein von außen kommendes Hilfsangebot kann die eigene Initiative lähmen.

Viertens entsprechen Selbstbetroffenheit und Selbstbeteiligung dem ursprünglichen Sinn politischen Handelns. Hier ist Politik auf ihrem eigenen Boden. Sie gewinnt ihre Vitalität aus dem konkreten Umkreis des persönlichen Lebens, aus dem heraus sie sich entwirft und in die Tat umsetzt. Hier weiß es kein anderer besser und plant über die Menschen hinweg. Ob jemand in einer Bürgerinitiative für Erziehung, für Stadtplanung oder für Umweltschutz mitarbeitet, oder ob er in einer therapeutischen Selbsthilfegruppe das Elend nach einer verstümmelnden Operation oder nach der Entlassung aus dem psychiatrischen Krankenhaus zu beheben versucht: er tritt für sich selbst ein, gewinnt daraus Energie, zieht die notwendige Erfahrung aus dem Erlebnis der eigenen Not und handelt damit – mehr oder weniger deutlich bewußt – in einem elementaren Sinn politisch.

Wir müssen uns darüber im klaren sein, daß dieser Unterschied zwischen Selbsthilfegruppen und professionellen oder spontanen Helfergruppen grundlegend ist. Er ist auch charakteristisch für die politische Wende zwischen den sechziger und siebziger Jahren: damals protestierte zwar schon der Bürger – aber es waren Wortführer nötig, um ein allgemeines Thema breit und differenziert anzugehen. Es gab auch hier jene *maîtres penseurs*, die Meisterdenker, die der Menge auch noch das Denken abnahmen – wie es die neuen linken Philosophen Frankreichs heute den großen marxistischen Bewegungen vorhalten.[11] In den sechziger Jahren war die Funktionsaufteilung zwischen den Aktiven und der passiv bleibenden Masse zu stark. Darin ist die Analogie zum Fremdhilfemodell zu sehen: einer hilft, und der andere empfängt passiv. In dieser Weise haben sich ja die Studenten auch für die Arbeiter eingesetzt. Sie wollten helfen. Aber schon ihre Sprache zeigte die große Distanz und damit den ganzen Unterschied der Bedürfnislage – vom konkreten Handeln ganz zu schweigen. Jetzt aber sitzt der Arbeiter wie der andere Betroffene selbst in der Gruppe und kommt in seiner persönlichen Angelegenheit zum Handeln. Insofern gibt es keine Passiven in den Selbsthilfegruppen. Die Basis ist aktiv. Die 1968 gegründete Nationale Vereinigung der Armen in den Südstaaten der USA (*National Association of the Southern Poor*) ist dafür ein Beispiel. In ihr sind fünfundvierzigtausend arme Schwarze vereinigt. Diese Gruppen sind wenig bekannt, weil sie sich nicht um Öffentlichkeitsarbeit bemühen und das Fernsehen meiden. Sie kümmern sich um ihre Welt. Aber gerade das macht ihr Handeln zum Politikum.[12]

Ich gehe auf die politische Bedeutung der Selbsthilfegruppen im letzten Kapitel noch gesondert ein. Es sollte jedoch deutlich sein, daß «politisch» hier ganz anders verstanden werden muß als im Sinne eines theoretischen Erörterns der gesellschaftlichen Lage und jenes von der konkreten Lebenssituation meist abgehobenen Politisierens aus Zeiten der Protestbewegung. In den Selbsthilfegruppen geht es um selbständiges und selbstverantwortliches Handeln in eigener Bedrängnis – mit dem Ziel, die eigene Not zu beheben. Da jedoch diese Not in einer Zeit, in der fast alles von Menschen gemacht ist, dort am schlimmsten auftritt, wo die Macher etwas versäumt, übersehen oder nicht angemessen aufgegriffen haben, bilden sich Selbsthilfegruppen vorzugsweise am politischen Tatort: dort nämlich, wo die Gesellschaft von uns allen versagt hat. Wenn sich therapeutische Selbsthilfegruppen zur Selbstbehandlung organisieren, übernehmen sie eine Funktion, die sich bisher die Therapeuten vorbehalten hatten. Die Gruppen entstehen aber am ehesten dort, wo die professionelle Versorgung quantitativ oder qualitativ nicht ausreicht. Insofern haben sie eine politische Funktion. Wenn sich Bürgerinitiativen gegen Umweltvernichtung in ihrer Nachbarschaft wenden, dann müssen die Regierenden reagieren, statt ungebremst im Namen und auf Kosten, aber eben nicht im Sinne der Bürger zu agieren.

Selbsthilfegruppen wirken sich deswegen relativ schnell auch politisch aus, weil ihre gemeinsame Selbstbetroffenheit, das kollektive Schicksal und ihr ungebrochener Einsatz für sich selbst eine tatkräftige Solidarität erzeugen und rasch größere Einheiten bilden. Diese Ausbreitung der Selbsthilfegruppen gibt ihnen potentiell politischen Einfluß, selbst wenn sie sich dessen noch nicht bewußt sind.

Diese politische Kraft wird potenziert durch die eigentümliche soziale Rolle aller Selbsthilfegruppenteilnehmer. Sie alle sind ja ursprünglich diejenigen, die versorgt, verwaltet, regiert werden sollten. Für sie, die sozialen Verbraucher, ist ja alles hergerichtet. Alle sozialen Institutionen sind für sie gemacht. Wir können ihre soziale Rolle jetzt besser erkennen: Wenn die sozialen Institutionen nach den Bedürfnissen der Bevölkerung gebildet sein sollen, dann ist die Bevölkerung, dann sind diese «Verbraucher» letztlich die «Produzenten» der Dienstleistungsinstitutionen.[13] «Consumer as producer», der Verbraucher als Produzent, ist die neue Formel.[14] Wenn der Sozialverbraucher nicht kommt oder nicht mitmacht, verliert die Institution – die Regierung, das Krankenhaus, die Schule – ihre Berechtigung und ihre soziale Bedeutung. Weil sie also in einer Gesellschaft, die sich immer mehr in eine Dienstleistungsgesellschaft[15] verwandelt, die geheimen Produzenten der sozialen Institutionen sind, haben die Selbsthilfegruppen eine meist ungewollte und weithin noch nicht erkannte politische Schlüsselstellung.

Außer durch Selbstbetroffenheit, durch Selbstbeteiligung und durch meist erst implizites politisches Handeln sind Selbsthilfegruppen durch weitere Merkmale verbunden. Dazu gehört vor allem ihr Ursprung in einer menschlichen Not. Das wird meist vergessen. Ferner scheint die Art und Weise des Gruppenvorgehens, also der Strategie bzw. der natürlichen Behandlungstechnik, weitgehend die gleiche zu sein: große Einfühlung, wechselseitige Anerkennung und gemeinsames Anteilnehmen gehören zu den wesentlichen Verhaltensweisen in allen Selbsthilfegruppen.[16]

Unterschiedliche Arten von Selbsthilfegruppen

Ein Blick auf die über 200 Selbsthilfeorganisationen im Anhang vermittelt eine Vorstellung von der Vielfalt der Selbsthilfegruppenbewegung. Eine strikte Einteilung nach Kategorien ist nicht möglich. Denn in allen Selbsthilfegruppen wirken sämtliche Dimensionen, wenn auch in verschieden starker Ausprägung. Der Versuch zum Beispiel, «die» psychologisch-therapeutischen Selbsthilfegruppen von anderen abzugrenzen, ist schwierig. Denn alle anderen Gruppen haben auch psychologisch-therapeutische Wirkungen. Trotzdem ist die Einteilung der Selbsthilfegruppen nach ihren Hauptzielen brauchbar. Auf diese Weise lassen sich sieben Arten unterscheiden:

1. Psychologisch-therapeutische Selbsthilfegruppen
2. Medizinische Selbsthilfegruppen
3. Bewußtseinsverändernde Selbsthilfegruppen
4. Lebensgestaltende Selbsthilfegruppen
5. Arbeitsorientierte Selbsthilfegruppen
6. Lern- bzw. ausbildungsorientierte Selbsthilfegruppen
7. Bürgerinitiativen

1. Psychologisch-therapeutische Selbsthilfegruppen

Die Selbsthilfegruppen, um die es in diesem Buch vor allem geht, versuchen, in regelmäßigen Gruppengesprächen ohne therapeutischen Experten persönliche Konflikte und seelische Störungen zu lösen. Sie führen also eine *psychologisch-therapeutische Gruppenselbstbehandlung* durch.

Einige Beispiele:

Selbsthilfegruppen für seelische Gesundheit, *Phobics Society* (für Menschen mit Phobien), *Depressives Associated* (für Personen, die an Depressionen leiden). –

Anonyme Alkoholiker, Overeaters Anonymous (für Übergewichtige) und *Gamblers Anonymous* (für Spielsüchtige). –

Reach for Recovery (für Frauen nach Brustkrebsoperationen;

in der Bundesrepublik Deutschland seit kurzem «Frauenselbsthilfe nach Krebs e. V.»), *Stroke Clubs* (für Personen, die einen Gehirnschlag erlitten haben), *Mended Hearts* (für Herzoperierte). –

Divorce Anonymous (für Frischgeschiedene), *Vereinigung alleinstehender Mütter und Väter,* die *National Foundation for SIDS* (Sudden Infant Death Syndrome – für Eltern, deren Kind den sogenannten «plötzlichen Säuglingstod» erlitten hat).

Ich habe hier psychologisch-therapeutische Selbsthilfegruppen für nur vier Ordnungsgesichtspunkte angegeben: für die unmittelbare seelische Störung; für Suchtverhalten; für die Rehabilitation nach Operation oder Erkrankung und für krisenhafte Lebenssituationen. Auf weitere Unterscheidungsmerkmale können wir hier verzichten.

2. Medizinische Selbsthilfegruppen

Selbsthilfevereinigungen von Kranken und Behinderten, die medizinische, technische, rechtliche und andere Hilfe von außen für sich zu mobilisieren versuchen, gehören zu den medizinischen und allgemein therapeutischen Selbsthilfegruppen. Sie haben sich aber durchweg noch nicht zur Bearbeitung ihrer psychosozialen Probleme in kleinen Gruppen entschlossen. Obwohl sie wie erwähnt ohne weiteres und mit großem Gewinn auch die psychologische Gruppenselbstbehandlung einführen könnten, bleibt die Konfliktbearbeitung dort zur Zeit noch ausgeklammert. In der Bundesrepublik und West-Berlin haben sich über zwanzig Organisationen zu einem Dachverband zusammengeschlossen. Diese «Bundesarbeitsgemeinschaft Hilfe für Behinderte e. V.» mit ihren etwa zweihunderttausend Mitgliedern läßt in ihrem Namen leider nicht einen fortschrittlichen Zusammenschluß zur «Selbsthilfe der Behinderten» erkennen. Wie hilfreich ihre Weiterentwicklung hin zur psychologisch-therapeutischen Kleingruppenarbeit wäre, zeigt sich an den einzelnen Vereinigungen, aus denen die Bundesarbeitsgemeinschaft sich zusammensetzt.

Der *Allergiker- und Asthmatikerbund*, die *Deutsche Rheuma-Liga* und der *Deutsche Psoriasis-Bund* (Schuppenflechte) vereinigen Menschen, die an chronischen und in höherem Maße psychisch mitbedingten Erkrankungen leiden. Hier wäre eine psychologisch-therapeutische Gruppenselbsthilfe sogar aus Gründen einer kausalen Therapie angezeigt.

Die Organisationen im Bereich psychisch mitbedingter Erkrankungen wie auch die anderen Gruppierungen, die sich nicht um primär psychogene Erkrankungen gebildet haben, sollten aber die großen seelischen Belastungen infolge der Erkrankung nicht nur als Symptome ansehen, die man eben zu tragen habe. Die Reaktionen auf schwere und chronische Leiden – andauernde Kränkung und Selbstwertbeschädigung, Depressivität, meist uneingestandene und unterdrückte Aggressivität usw. – sind zwar seelische Verfassungen, die auf dem Hintergrund zahlreicher krankheitsbedingter Nachteile entstehen. Einschränkungen, ständig drohende und oft schmerzende Rezidive, Zurücksteckenmüssen und Zurückgesetztsein untergraben aber auch die seelische Stabilität. Es ist zu verkürzt, die seelischen Probleme nur als lästige Begleitsymptome oder Reaktionen anzusehen. Sie wirken zurück auch auf die körperliche Seite im Krankheitsprozeß und werden damit zur Ursache einer Zustandsverschlimmerung des Kranken. Der Psychoanalytiker MAX SCHUR konnte feststellen, daß die psychischen Reaktionen des Patienten auf krankhafte Befunde oft mehr negative Folgen hatten als die festgestellten Krankheitszeichen selbst.[17] Er nannte diese Störungen Pathoneurosen: seelische Erkrankung im Zusammenhang mit einem körperlichen Leiden. Ein anderer Psychoanalytiker, LAWRENCE S. KUBIE, beschreibt einen neurotischen Prozeß, der sich aus einer anfangs leichten seelischen Störung durch Verwicklung in immer stärkere Folgekonflikte und durch zunehmende Einschränkungen zu schweren psychotischen Zuständen steigern kann.[18] Solche Verschlimmerungen krankhafter Prozesse könnten psychotherapeutisch arbeitende Selbsthilfegruppen verhindern. Sie könnten damit zu einer größeren Selbstverwirklichung dieser Kranken beitragen.

Das gilt zum Beispiel für die Betroffenen der «Sozialhilfe–Selbsthilfe Körperbehinderter», für die Mitglieder im Interessenverband der Dialysepatienten Deutschland, in der Liga gegen Epilepsie, in der Deutschen Multiple Sklerose-Gesellschaft usw. Das gilt auch für Menschen, deren Sinnesorgane beschädigt sind, organisiert etwa im Deutschen Blindenverband, im Bund zur Förderung der Sehbehinderten, in der Deutschen Gesellschaft zur Förderung der Hör- und Sprachgeschädigten. Für die Elternverbände geschädigter oder behinderter Kinder könnte die therapeutische Arbeit in Paarselbsthilfegruppen stattfinden. Die ersten Selbsthilfeorganisationen für Operierte – der Bundesverband für die Kehlkopflosen, die Deutsche Ileostomie-Kolostomie- (=künstlicher Darmausgang) Vereinigung – wären als besonders fruchtbare Entwicklungsfelder für die therapeutische Selbsthilfegruppenarbeit anzusehen. Im Falle der ILCO- (Ileostomie-Kolostomie-)Vereinigung hat sich durch den Psychosomatiker HELLMUTH FREYBERGER in Hannover eine Entwicklung zur Gruppenselbstbehandlung bereits angebahnt.[18a]

3. Bewußtseinsverändernde Selbsthilfegruppen

Zu den sogenannten bewußtseinsverändernden Selbsthilfegruppen gehören vor allem die Frauen- und Männergruppen der Emanzipationsbewegung und die Homosexuellen-Gruppen. Zunächst sieht es so aus, als ob diese Gruppen keine therapeutischen, sondern eher sozialpolitische Ziele verfolgen. Eine der besten Studien über Frauengruppen, die von MORTON A. LIEBERMAN und GARY R. BOND[19], zeigt jedoch eindeutig die außerordentliche therapeutische Wirkung dieser Gruppen. Frauengruppen sind in der Regel Gesprächsgruppen, die sich zwar oft Diskussionsthemen vornehmen und insofern theoretische Arbeit leisten, gleichzeitig aber auch eine mehr oder weniger bewußte Arbeit an emotionalen Problemen leisten. Eine Untersuchung der spontan gewählten therapeutischen Methoden in Selbsthilfegruppen machte darauf aufmerksam, daß intellektuelle und kognitive Gesprächsführung, das heißt Erklärungen und

Ratschläge, eine ebenso große Rolle spielten wie Anteilnahme, Einfühlung und emotionales Eingehen auf den anderen.[20] Unter Psychotherapeuten sind kognitive, an die Ratio des Klienten gerichtete Bemerkungen während der Behandlung eher verpönt. Sie stellen sich den Ablauf der Behandlung als einen wesentlich affektiven Prozeß vor. Da Selbsthilfegruppen aber eine große therapeutische Wirkung haben, ist zu fragen, ob direkte Beratung zum Beispiel nicht geradezu ein notwendiges und natürliches Element in der therapeutischen Kommunikation sein sollte. Bei der Behandlung der strukturellen Ich-Störungen (zum Beispiel Süchte) spielt diese direkte, realitätsbezogene und auch beratende Beziehung eine wichtige Rolle.

Es zeigt sich also, daß auch jene Selbsthilfegruppen, deren Ziel nicht im engeren psychotherapeutischen und medizinischen Bereich liegt, eben aufgrund der spontan ablaufenden Kleingruppenvorgänge therapeutisch effektiv sind.

Im übrigen verfolgen Frauengruppen in den USA auch bereits unmittelbar therapeutische Ziele, zum Beispiel indem sie zu medizinischen Selbstuntersuchungen anleiten oder in Selbsthilfekliniken einfache Behandlungen durchführen. In der Bundesrepublik Deutschland zählen etwa die Frauenhäuser, die mißhandelten Frauen Schutz bieten, zu den auch stark therapeutischen Selbsthilfeeinrichtungen von Frauen.

Die Grenzen zwischen der sozialreformerischen, das psychosoziale und psychosexuelle (Selbst-)Bewußtsein verändernden und der leidensdruckmindernden therapeutischen Komponente sind also fließend. Umgekehrt wirken ja auch die psychologisch-therapeutischen Selbsthilfegruppen bewußtseinsverändernd, indem sie psychogenetische und soziogenetische Auffassungen von Erkrankungen fördern, die sich in die konventionellen Krankheitskonzepte nicht fügen.

4. Lebensgestaltende Selbsthilfegruppen

Einige Selbsthilfegruppen bilden neue Lebensgemeinschaften. Sie treffen sich also nicht nur zu bestimmten Zeiten zum Reden, sondern versuchen, gemeinsam anders zu leben. Hierzu gehören manche der unter Studenten inzwischen weitverbreiteten Wohngemeinschaften. Vor allem aber haben Landkommunen dieses Ziel. Sie sind vielen vielleicht durch die Dokumentarfilme GERHARD BOTTS («Versuche, anders zu leben») bekannt geworden.[21] In solchen alternativen Lebensgemeinschaften leben die meist jungen Leute in Selbstbegrenzung als Landwirte und Handwerker auf dem Lande. Sie versorgen sich weitgehend selbst und wollen von keiner äußeren Hilfe abhängig sein. Die größten derartigen Kommunen haben sich sogar eine eigene Schule oder ein eigenes Krankenhaus eingerichtet. So zum Beispiel die Anfang der siebziger Jahre von STEPHEN GASKIN mit zweihundertfünfzig Hippies gegründete *«Farm»*, in der heute über tausend Personen auf einem dreihundert Hektar großen Gelände im amerikanischen Bundesstaat Tennessee zusammenleben.[22] – Eine andere Selbsthilfegemeinschaft von achtzig Mitgliedern ist die der «Zwillingseichen» («Twin Oaks») in Virginia, die neben Landwirtschaft und einer Baufirma auch die zweitgrößte Hängemattenmanufaktur Amerikas betreibt. – In Westeuropa nennt sich die umfassendste Landkommune bzw. Selbsthilfegemeinschaft «Longo Mai». Sie bewirtschaftet mit ihren rund hundert Mitgliedern fünf ehemals verlassene Berghöfe in Frankreich, der Schweiz und Österreich.

Ähnliche, wenn auch nicht ganz so umfassende lebensgestaltende Selbsthilforganisationen sind einige erfinderische Unternehmen der Altenselbsthilfe, zum Beispiel eine Altenselbsthilfekneipe in Hamburg. Hier ist das natürliche «Selbsthilfenetzwerk» im Sinne einer *«tavern culture»*[23] (Kneipenkultur) gezielt genutzt worden.

Viel brisanter als die bei uns bekannt gewordenen Häuserbesetzungen, die meist auf Initiative von studentischen Wohngemeinschaften zustandekamen, und auch viel tiefer von der eigenen Not beherrscht sind Selbsthilforganisationen, die in den Vereinigten Staaten ganze verfallene Häuserblocks beziehen oder innerhalb eines Straßenviertels eine umfassende Organisation wechselseitiger Hilfe aufbauen. Sie gestalten jedoch nicht nur ihre eigenen privaten Lebensverhältnisse. Sie handeln nicht selten auch ausgesprochen politisch, wie zum Beispiel in einem Mieterstreik der 55 000 Wohnungsinhaber von Coop-City im New Yorker Stadtteil Bronx, einem größeren Komplex mit Sozialwohnungen für Unterschichtbewohner.[24]

Hier verwischen sich die Grenzen zu Bürgerinitiativen im engeren Sinne. Auch die große Selbsthilfevereinigung von 45 000 bedürftigen Schwarzen in Virginia, die NASP (*National Association of the Southern Poor*), die in fünfzig Personen umfassenden lokalen Gruppen und einer verbindenden Gesamtorganisation arbeitet, ist aufgrund ihrer vielfältigen Zielsetzung (*multi-issue*) lebensgestaltend. Sie kümmert sich um alle persönlichen Probleme: von der Rassendiskriminierung in der Schule und am Arbeitsplatz bis hin zu ökonomischen Fragen wie der Zuteilung von kleinem Grundbesitz für den Tabakanbau.[25] Ähnlich sorgt die *National People's Action*, gegründet 1973, Hauptsitz Chicago, als eine städtische Selbsthilforganisation mitteloser Weißer mit ihren elftausend Mitgliedern in neununddreißig Bundesstaaten der USA für die Verbesserung der Wohnverhältnisse, die Umstrukturierung der Nachbarschaft im Sinne einer Revitalisierung der verödeten Stadtgegend bis hin zu Lohnauseinandersetzungen.

Es ließen sich noch sehr viele andere Beispiele aufzählen. Die bereits erwähnte Arbeit von JANICE E. PERLMAN[26] vermittelt durch die Tiefe ihrer soziologischen Analyse, durch das persönliche Engagement der Antworten und aufgrund ihrer fundierten empirischen Daten den besten Einblick in diese sogenannten «*grass root associations*» (etwa: basisdemokratische Bürgerverbände). PERLMAN hat sechzig Selbsthilforganisationen untersucht. In der Analyse unterscheidet sie drei Formen: Selbsthilforganisationen, die eine direkte Aktion (im Sinne von *pressure groups*) bevorzugen; eine zweite Form, die ihre Ziele über Beeinflussung der Wahlen zu erreichen versucht – und auch erstaunliche Erfolge hat; und schließlich eine dritte, die alternative Institutionen anbietet. PERLMAN bemerkt dazu, daß es sich nicht um klar abgegrenzte Kategorien, sondern eher um Schwerpunkte handelt.

Zu den Selbsthilfegruppen, die alternative Institutionen anbieten, gehören nicht nur die erwähnten Frauenselbsthilfekliniken und die Häuserblockorganisationen, sondern auch die sehr zahlreichen Produktionskooperativen und Verbrauchergemeinschaften.

Auch spezialisierte lebensgestaltende Selbsthilfegruppen-Organisationen wären hier zu erwähnen: Synanon[27] und Daytop[28] für Rauschgiftabhängige und für Kriminelle sowie CIL, *Center for Independent Living*[29], eine Selbsthilfeorganisation in der Universitätsstadt Berkeley bei San Francisco von inzwischen zweitausend Personen, die in unterschiedlichster Form körperlich, seelisch oder geistig behindert sind.

5. Arbeitsorientierte Selbsthilfegruppen

Selbsthilfegruppen von Arbeitslosen werden in einem der wichtigsten Lebensbereiche aktiv und versuchen, sich Erwerbsmöglichkeiten zu schaffen. Hie und da gibt es schon versuchsweise Anfänge solcher Selbsthilfe auch in der Bundesrepublik, hauptsächlich unter arbeitslosen Jugendlichen. So versuchen sich Gruppen als kleine Speditionsfirmen für Umzüge oder durch Gerümpeltransporte und den Verkauf von Gebrauchtmöbeln eine finanzielle Basis zu schaffen. Hierbei werden vermutlich die gemeinsame Leistung und die Gruppensolidarität in der Not als ebenso entscheidend erlebt wie der materielle Erlös. Ohne Zweifel wirken diese Gruppen auch therapeutisch, indem sie gegen drohenden Selbstwertverlust schützen. Denn das Gefühl, nicht gebraucht zu werden und also nichts wert zu sein, entspringt der Depressionen und/oder Aggressionen produzierenden Verzweiflung des isolierten Einzelnen im Aktivismus einer Industriegesellschaft.

Den vollen Begriff von den Möglichkeiten dieser arbeitsorientierten Selbsthilfegruppen bekommt man erst durch Selbsthilfeorganisationen wie die von JOHN MAHER[30] initiierte in der Delancey Street von San Francisco. Es wäre kurzsichtig, eine solche Selbsthilforganisation, die man vielleicht am treffendsten mit einem Ausdruck des Soziologen GERHARD LENSKI als eine Selbsthilfegruppe der «Entbehrlichen»[31] bezeichnen könnte, nur auf die Beschaffung von Arbeitsmöglichkeiten einzugrenzen. Doch darf man nicht vergessen, daß die Arbeitsselbsthilfeorganisation in dem Augenblick zur einzigen Überlebenschance wird, in dem sich die Allerärmsten, die Ausgestoßenen, die rassisch Diskriminierten, die mehrfach Bestraften, die Ausgeflippten und die ganz zur Strecke gebrachten Menschen zusammentun. «Unsere Position ist die», sagt JOHN MAHER in einem kurzen Bericht über das Modell Delancey Street[32], «daß es keine Therapie ohne sozialen Zusammenhang gibt. Alle, die das praktizieren, was sie ‹reine Therapie› nennen, sind Sachwalter des herrschenden Systems. Wir finden es sinnlos, einen drogensüchtigen Puertoricaner zu heilen und ihn wieder nach Spanisch-Harlem zurückzuschicken. . . . Wir sind der Meinung, daß Therapien ohne Einbeziehung der sozialen Verhältnisse eine Art emotionales Morphium darstellen.» Dementsprechend schaffen sich die Mitglieder dieser Selbsthilfeorganisation selbständige Arbeitsmöglichkeiten, damit sie nicht wieder den alten ungesunden sozialen Verhältnissen ausgeliefert sind. Dies brauchen vor allem ehemalige Strafgefangene und Drogensüchtige, die sonst nirgends angestellt werden. Sie sind aus jeder wirksamen Versorgung ausgebootet, werden herumgestoßen, bleiben ohne alle beruflichen Aussichten. JOHN MAHER betont die therapeutische Qualität dieser Selbsthilfegruppen: Therapie ist praktisch Arbeitsbeschaffung und umgekehrt. Deshalb wird auf gute Arbeitsleistung Wert gelegt. Zu den Betrieben der Delancey Street-Organisation, die inzwischen einen Gesamtwert von 6 Millionen Dollar haben, gehören ein Restaurant in einer vornehmen Wohngegend, ein Transportunternehmen, eine Autowerkstatt, ein Blumengeschäft und eine Firma für Bau- und Malerarbeiten.[33]

6. Lern- bzw. ausbildungsorientierte Selbsthilfegruppen

In jüngster Zeit entwickeln sich auch Selbsthilfegruppen mit dem Ziel, neue Ausbildungsformen zu entwickeln und Lernstörungen zu überwinden. Selbsthilfegruppen dieses Typs scheinen zunächst nicht in diese Aufstellung zu gehören, weil wir Lernen als eine rein intellektuelle Leistung ansehen, die mit psychosozialer Not nicht viel zu tun hat. Doch sind die Verhältnisse in den Bereichen, in denen alles auf Lernleistungen hinausläuft, also in Schule, Lehre, Hochschule, Praktikum, kurz: im Bildungs- und Ausbildungsbereich, denen im medizinisch-psychotherapeutischen Versorgungsbereich analog. Entfremdung ist auch hier eingetreten: zwischen Lehrern und Schülern, Ausbildern und Auszubildenden, Professoren und Studenten. Die fundamentale Fragwürdigkeit des herrschenden Bildungssystems hat IVAN ILLICH in zwei Büchern Anfang der siebziger Jahre aufgedeckt: «Schulen helfen nicht. Über das mythenbildende Ritual der Industriegesellschaft»[34] (mit einem Vorwort des Psychoanalytikers ERICH FROMM) und «Entschulung der Gesellschaft. Entwurf eines demokratischen Bildungssystems»[35] (mit einem Vorwort des Pädagogen HARTMUT VON HENTIG).

Ein bekanntes Beispiel für eine Lernselbsthilfegruppe ist die kleine Pfarrschule Scuola di Barbiana bei Florenz.[36] «Jetzt sind wir neunundzwanzig. Drei Mädchen und sechsundzwanzig Jungen ... Der Jüngste von uns ist elf Jahre alt, der älteste achtzehn. ... Wir haben dreiundzwanzig Lehrer. Denn außer den sieben Jüngsten unterrichten alle anderen diejenigen, die weniger wissen als sie. Der Pfarrer unterrichtet nur die Größten. Um Zeugnisse zu bekommen, gehen wir als Privatisten an die staatlichen Schulen, um die Prüfungen abzulegen.»[37] Diese Schülerschule ist ein treffendes Beispiel für den Typus der lernorientierten Selbsthilfe in Gruppen. Das Gruppenstudium ist im Gymnasial- und Universitätsbereich wahrscheinlich die häufigste Form wechselseitiger Hilfe. Doch wird diese Chance längst noch nicht konsequent genutzt. Für den Hochschulbereich haben HANS JOACHIM KRÜGER (Soziologe an der Universität Gießen) und ich auf Sachverständigentreffen des Bundesministeriums für Bildung und Wissenschaft Unterrichtsselbsthilfegruppen empfohlen.[38] Studenten werden – wie Patienten – bisher zu sehr in die passive Position gedrängt. Die Rollen des Therapeuten und des Lehrers richten sich durchweg nach dem Fürsorge-modell: der eine gibt, der andere erhält. Wer aber diese Rollen sinnvoller auslegen möchte, sieht in ihnen die Möglichkeit, zum Beispiel Selbstunterrichtung oder Selbstbehandlung anzuregen. Damit würde ein bisher brachliegendes großes Potential er-schlossen. Doch bedeutet dieses neue Rollenverständnis eine neue Machtverteilung, nämlich die Aufgabe des Vorrechtes, wenn nicht des Monopols, zu behandeln und zu unterrichten. Die Tutorien an Universitäten und die Laientherapeuten im Gesundheitsbereich gehören nicht zur Nutzung dieses Poten-tials, weil sie nach dem Fremdhilfe-Modell oder dem Modell der «Einbahnstraßen-Instruktion» arbeiten. Sie sind nur gemilderte Versionen der traditionellen Rollenverteilung.

GERALD NEWMARK[39] berichtet über ein konsequentes *tutorial community program* – eine Art Selbsthilfe-Lerngemeinschaft, die er in allen Schulen für realisierbar hält. *Peer-tutoring,* das heißt wechselseitige Anleitung der Gleichaltrigen, volle Teilnah-me aller an allen Entscheidungen, Einbeziehen der Eltern, Auf-bau von Gruppen, die sich selbst im offenen Dialog korrigieren und beurteilen können, sind die Hauptmerkmale dieses Modells.

Lernorientierte Selbsthilfegruppen können aber neben der Selbstunterrichtung noch ein weiteres Ziel haben: So in dem im interdisziplinären Verbund von Soziologie und psychoanalyti-scher Medizin an der Universität Gießen beantragten Modell-versuch, der zu einer besonderen Form des Selbsthilfegruppen-lernens im Rahmen des soziologischen Studiums führen soll.[40] In diesen Selbsthilfegruppen ist Lernen, Erfahren und Aufarbeiten der eigenen Konflikte ein integrierter Prozeß. So geschieht es normalerweise bei jedem alltäglichen Lernen. Wenn wir lernen, sind wir nicht plötzlich außerhalb der Welt, selbst wenn wir uns von höchst speziellen Stoffen sehr absorbiert fühlen. Wir erfah-ren an uns zum Beispiel Arbeitsstörungen, die aus seelischen Konflikten hervorgehen, aus widersprüchlichen Beziehungen zu unseren Arbeitskollegen, aus einem problematischen Verhältnis zur Thematik oder gar zum angestrebten Berufsziel, oder Stö-rungen die zu tun haben mit der Art des Unterrichts oder mit unserer eigenen Lernweise. Lernselbsthilfegruppen gründen sich auf diese ganzheitliche Erfahrung, integrieren die Störungsmomente und werden vermutlich auch zu neuen und produktiveren Lern- und Unterrichtsformen führen. Im Soziologiestudium ist diese Selbsterfahrung[41] bzw. das Erlebnis der Selbstbetroffenheit[42] als Gegengewicht zu dem starken theoretisch-kognitiven Akzent der Ausbildung besonders nötig.

Im Rahmen der beruflichen Ausbildung wird in West-Berlin die Einrichtung von Lernkneipen für Auszubildende erwogen, die aus Passivität, Lustlosigkeit, Konflikten oder verwahrlostem Verhalten den üblichen Gang der Ausbildung versäumen. Auch diesem Projekt liegt das Konzept der Lernselbsthilfegruppen zugrunde. In den USA ist eine größere lernorientierte Selbsthilfeorganisation bereits aktiv: *The Learning Exchange* für Schüler und Studenten, die Lernen und Lehren in Gruppen unmittelbar verbinden, ganz nach der lateinischen Erkenntnis *docendo discimus*, «durch Lehren lernen wir».

Von diesem Versuch ist es nicht weit zu Selbsthilfegruppen im Rahmen psychosozialer Ausbildung. An einer New Yorker Klinik gehört die Teilnahme an einer Selbsthilfegruppe zum Pflichtbestandteil der Krankenschwesternausbildung. Auf dem Dortmunder Fürsorgetag 1977[43] hat die Diskussionsgruppe «Aktivierung psychisch Kranker durch Clubs und Gruppen» die Einführung von Selbsthilfegruppen in die Ausbildung von Sozialarbeitern erörtert. Erste Versuche finden bereits statt. Hier handelt es sich eigentlich um psychologisch-therapeutische Selbsthilfegruppen, die an persönlichen Konflikten arbeiten. Sie bieten jene umfassende psychosoziale Erfahrung, die für den Beruf des Sozialarbeiters von grundlegender Bedeutung ist, im üblichen Unterricht jedoch nicht geboten wird oder geboten werden kann.

7. Bürgerinitiativen

Die bekanntesten Selbsthilfeorganisationen sind bei uns die Bürgerinitiativen. Im Sinne PERLMANS[44] setzen sie sich meist als *single point pressure groups* über direktes Handeln zugunsten eines umgrenzten Ziels ein. Im Bildungsbereich («Aktion kleine Klasse»), im Rechtswesen («Mein Bauch gehört mir!»), in der Stadtplanung und beim Umweltschutz[45+46] versuchen sie, eine eigene Notlage zu verändern. Ihre Spezialisierung auf nur ein isoliertes Ziel birgt eine doppelte Gefahr: Einerseits können sie wegen ihres Interessenschwerpunktes den Zusammenhang mit allen anderen berechtigten Interessen nicht immer wahrnehmen, andererseits isolieren sich die Bürgerinitiativen durch unterschiedliche Zielperspektiven voneinander und verringern so ihren politischen Einfluß. Sie umfassen aber nicht nur reagierende Regierte, sondern auch – und zwar in besonderem Maße – die aktivierten Bürger, die den Mund aufmachen und mündig sind. Politische Bedeutung haben ihre Aktionen vor allem deswegen, weil sie politische Bedarfslücken zwischen den Plattformen der Parlamentsparteien aufdecken. Da unsere Verfassung eine *unmittelbare* Beteiligung des Volkes an der allgemeinen Gesetzgebung durch Volksbegehren oder Volksentscheid aber nicht kennt, sondern nur die mittelbare Demokratie durch die gewählten Volks*vertreter* zuläßt, muß es zwischen staatlichen Organen und stets auf Unmittelbarkeit drängenden Bürgerinitiativen immer wieder zu Konflikten, ja zu Provokationen von beiden Seiten kommen.[47]

Inzwischen beginnt die pauschale Abwehrhaltung des politischen «Establishments», das Bürgerinitiativen generell als Ausdruck einer «Inflation von Ansprüchen an den Staat» abstempelte, einer allfälligen Aufmerksamkeit zu weichen. Sogar Konservative erkennen, daß «in einer sich ständig verändernden Welt viele neue Probleme entstehen, die von den Parlamenten und den Verwaltungen nicht immer rechtzeitig erfaßt und gelöst werden»[48]. Bürgerinitiativen, die sich als Selbsthilfegruppen verstünden, in denen sich der Bürger «frei entfalten und im Interesse der Allgemeinheit Staat und Kommune *entlasten* kann, wolle die CDU sogar fördern. Dies beinhalte vor allem solche Selbsthilfegruppen, die zu verhindern suchten, daß staatliche Reglementierungen überfordern und die Bürokratie ausufert»[49].

Bürgerinitiativen sind extrovertierte Gruppen: Sie wenden

sich nach außen, mobilisieren möglichst viele Mitbürger für ihre Ziele und bringen oder zwingen die Organe der drei Staatsgewalten – Gesetzgebung, Regierung mit Verwaltung sowie Rechtspflege – zur ernsthaften Auseinandersetzung mit vernachlässigten Bedürfnissen im Wahlvolk.

Bei aller nach außen gerichteten, politischen Arbeit aus Selbstbetroffenheit und in Solidarität mit Gleichgesinnten, vollzieht sich in den Gruppen von Bürgerinitiativen aber auch eine unauffällige psychische Selbstklärung. Bürgerinitiativen wirken als echte Selbsthilfegruppen immer auch identitätsbildend. Identität, das ist die Einheit und Unverwechselbarkeit eines Menschen, der als «er selbst» handelt und sich in seiner Eigenart von anderen Menschen unterscheidet. Da Handeln immer auch soziales Handeln ist, suchen und bestätigen gemeinsam Handelnde ihre soziale Identität im gemeinschaftlichen Selbstsein *und* Anderssein als die anderen. Insofern also sind die Gruppen der diversen Bürgerinitiativen identitätsbildend. In ihnen erlebt sich der einzelne nicht länger als orientierungsloses Neutrum in der Masse, sondern als *zóon politikón,* als ein Gemeinschaften bildendes Wesen, das in seiner Gemeinschaft sinnvoll handelt und dadurch gleichzeitig sein eigenes Leben und das Leben aller mitgestaltet.

4.
Was geschieht in Selbsthilfegruppen?

Szenen aus zwei Selbsthilfegruppen

Die beiden Beispiele sind jeweils aus einem laufenden Selbsthilfegruppenprozeß herausgegriffen. Damit die Übersicht nicht verlorengeht, schien es mir günstiger, Episoden auszuwählen, in denen nicht alle Mitglieder sprechen. Damit geht natürlich das komplexe Geflecht eines Gruppengespräches verloren. Doch ist zu bedenken, daß jeder, der in der Gruppe spricht, etwas über sich und gleichzeitig über die mehr oder weniger bewußte Gruppensituation aussagt. Er ist kein Einzelner mehr, sondern Gruppenmitglied und damit unbewußt eingebunden in den selbsttätigen Prozeß der ganzen Gruppe, als deren Sprachrohr er jetzt auftritt.

Selbstklärung von Anna

> Ich bin nicht, was ich sein sollte;
> ich bin nicht, was ich sein werde;
> aber ich bin nicht mehr, was ich war
> Spruch an der Wand einer Cowboybar [1]

Die Gruppe setzt sich aus sechs Personen zusammen, zwei Frauen und vier Männern, die alle um dreißig Jahre alt sind. Sie besteht seit etwa einem Jahr. Die Sitzung beginnt mit einem langen amüsanten Vorgeplänkel. Lachen und Albernheiten werden von der Gruppe selbst als Abwehrmanöver aufgefaßt. Schließlich kommt Ärger über zwei fehlende Mitglieder auf. Die Gruppe wartet vergeblich auf sie. Ein Mitglied, Butz, liest demonstrativ ein Buch. Er meint, die Gruppe könne sich ja doch nicht aufraffen zu arbeiten, da verbringe er derweil seine Zeit sinnvoller. Seine Aktion ist interessant, weil sich darin schon die spätere Episode ankündigt. Butz liest nämlich die Lebensgeschichte eines Künstlers, ist sehr begeistert von dessen Auffassungen, zitiert hie und da Höhepunkte und bekennt der immer aufmerksameren Gruppe schließlich, daß er hier endlich finde, was er suche: so stelle er sich seine eigene Identität vor.

Anna kommt recht spät. Relativ schnell rückt ihre Beziehung

zu REGINE in den Mittelpunkt. ANNA wirft ihr vor, sie rede zuviel und höre oft nicht richtig zu. REGINE verteidigt sich. Es kommt zu einer kleinen, gemäßigten Auseinandersetzung.

ANNA: Ja, ich habe manchmal das Gefühl, daß du etwas wirklich nicht verstanden hast.

REGINE: Du meine Güte, wir mißverstehen uns doch laufend hier – oder? – Da müßte man jedem sagen, jetzt hör mal richtig zu. – Außerdem genügt das nicht. Das hat mit Zuhören oder Nichtzuhören allein nichts zu tun.

HERMANN: (*spitz und einfallend*): Mehr mit dem Weghören.

REGINE: Ich weiß nicht, Hermann, ich finde das nicht richtig, was du sagst. Ich find's nicht gut.

HERMANN: Ich auch nicht.

JOCHEN: Warum unterbrichst du denn dauernd?

HERMANN: Weiß nicht.

REGINE: Weil ich mal wieder rede?

JOCHEN: Interessiert dich das nicht?

HERMANN: Weiß ich doch nicht, warum ich hier was sage.

JOCHEN: Da beobachte dich einmal, überleg mal.

Es geht um Mißverständnisse oder um eine Situation, die man nicht verstehen kann. Welches Thema die Gruppe hier mit Hilfe der vier Sprechenden abhandelt, können wir nicht genau wissen. Eines aber wird deutlich: Um das Zuhören allein geht es tatsächlich nicht. Es fehlt eher die Reflexion, das Verstehen. Was bedeutet das «Weghören»? Hat HERMANN eine aktive Abwehr einer noch nicht ganz deutlichen Problematik durch REGINE bzw. genauer gesagt durch die Person, die REGINE in der Gruppe zur Zeit bedeutet (ablehnende Mutter von ANNA; vergleiche Seite 115) angesprochen? HERMANN wirft «Weghören» ganz direkt ein. Das entspricht der notwendigen Spontaneität im therapeutischen Verhalten. Was ihm allerdings nicht entspricht, ist die ausbleibende Selbstbeobachtung. Sie wird als klare Regel (als Norm der Selbsthilfe) von JOCHEN eingebracht: «Beobachte dich einmal, überleg mal.» Die Gruppe kümmert sich nicht weiter um die Klärung von HERMANNS Zwischenruf («Mehr mit dem Weghören»). Dieser kurze Abschnitt scheint aber schon eine Inszenierung der aufkommenden Problematik zu sein. Es ist wie das erste Erklingen eines Grundthemas in einer Symphonie, das später von größeren Teilen des Orchesters in Variationen übernommen wird: eine aggressive Tönung und der Hinweis auf jemanden, der sich abwendet (weghört). Der kleine spontane, unbewußte Akt bietet noch zu wenig, um verstanden werden zu können. Vielleicht spielt es eine Rolle, daß hier ein Mann in eine Frauenbeziehung einbricht. Wir werden das später noch einmal sehen können.

Es geht nicht etwa darum, daß die Beteiligten alles durchschauen müßten, was sie tun, um optimal arbeiten zu können. Der knappe Kommentar zeichnet einige Konturen des Geschehens bewußt nach. Der Prozeß kommt in der Regel mit einer relativ kleinen, angemessenen Menge bewußt werdender Vorgänge aus und entfaltet sich von selbst.

REGINE: Du hattest einen anderen Vorschlag. Das interessiert mich schon, Anna. Das ist ja keine Lösung, wenn wir die Dinge mit uns herumtragen . . .

ANNA: Ja, ich meinte unser Gespräch im Café. Du hast gesagt, man müßte sich halt bemühen. Man müßte halt irgendwelchen Verhaltensmustern Genüge tun. Wenn ich das jetzt mache, gerade bei dir, dann ist das für mich ein Rückschritt. Da komme ich einfach nicht raus aus meiner Misere. Ich muß mich gegen solche Sachen wehren. Das macht mich sonst fertig.

REGINE: Ja, du sollst dich ja wehren, wenn dir irgendwelche Dinge nicht gefallen. Nur hatte ich dich gebeten, ob du es nicht in einer Form machen kannst, daß du mir noch die Möglichkeit läßt, dir wieder zu entgegnen. Wenn du in einer ziemlich scharfen Form sprichst, dann nimmst du mir die Möglichkeit. Du weißt ja, dann kann ich nicht entgegnen.

ANNA: Das weiß ich nicht, das ist mir nicht klar.

REGINE: Du hast das doch bemerkt – oder?

ANNA: Nein, ich mach das völlig blind.

REGINE: Aber du mußt es ja schließlich gemerkt haben. Ein einziges Mal habe ich dir kräftig entgegnet, sonst habe ich meinen Mund gehalten.

ANNA: Warum denn?

REGINE: Weil ich das nicht gut bringen kann. Ich gehe solchen Auseinandersetzungen irgendwie unbewußt wahrscheinlich aus dem Weg, weil ich die hasse wie die Pest. – Heute zum Beispiel fand ich es sehr gut, daß du das jetzt in normalen, ruhigen, sachlichen Worten bringst. Natürlich bist du gefühlsmäßig beteiligt, aber du kannst es immerhin ruhig sagen, ohne Spitzen zu bringen. Das kannst du ja sonst ganz gut . . .

ANNA: Aber daß du mir jetzt nichts entgegnen kannst, finde ich von dir auch als ein Mittel, um zum Beispiel Mitleid zu erregen, weißt du? Du zeigst dann, wie sehr du verletzt bist, indem du dich hinsetzt und irgendwie demonstrativ nichts mehr sagst.

REGINE: Ja, du empfindest das als demonstrativ – von mir aus ist das aber einfach nicht demonstrativ; sondern das tut mir so weh, daß ich eben nichts mehr bringen kann.

ANNA: Ja, das ist doch aber auch ein Mittel, finde ich.

REGINE: Für mich ist das kein Mittel. Ich will damit nichts bezwecken.

ANNA: Tust du aber.

REGINE: Mag sein, aber ich will das auf keinen Fall.

ANNA: Das ist dir nicht bewußt?

REGINE: Nein, ist eine unbewußte Reaktion. Ich mag dann halt nicht entgegenschießen, weil ich das eben nicht als Lösung ansehe. Und ich bin in dem Moment so . . . gekränkt oder was weiß ich, wie man es ausdrücken soll, daß ich dann bestimmt nicht ruhig entgegnen könnte.

Pause.

ANNA: Ja, was machen wir denn jetzt? Für mich ist es noch keine angstfreie Situation. Ich kann jetzt nichts sagen von mir. Ich habe richtig Angst. Ich muß mich mords überwinden.

Es geht um eine Problematik in der Beziehung zwischen ANNA und REGINE, die sich vorher schon einmal in einem Café getroffen haben. Das Problem selbst bleibt im Hintergrund. Zunächst geht es den beiden um die Art ihres Verhaltens, um den Umgang mit ihrer problematischen Beziehung. REGINE hat es schwer, aggressiv zu sein. Sie haßt Auseinandersetzungen. Sie hat Angst vor Kränkungen. Sie gibt Hinweise, wie ANNA mit ihr sprechen könnte, damit das Gespräch produktiv wird. ANNA aber hält das auch für ein Mittel, sich zu entziehen, gleichsam über Mitleidserregung zu blockieren. REGINE gibt zu, daß das so sein könnte, sie fühlt sich aber auch wirklich verletzt. Nachdem die beiden sich soweit ausgetauscht haben, kann es einen Schritt weiter gehen: ANNA spricht offen an, daß die Beziehung für sie ängstigend ist. Wir können hieran erkennen, daß REGINE und ANNA aufgrund ihrer klärenden Aussprache eine neue, verständnisvollere Beziehung zueinander gewinnen konnten. Auf diesem sozusagen sicheren Boden, auf dem Hintergrund eines neuen Beziehungsmusters also, kann ein Stück der konflikthaften und belastenden Beziehung aufgedeckt und riskiert werden.

REGINE: Ja, und warum?

ANNA: Ich weiß nicht. Das kann ich jetzt nicht genau sagen. Ich hatte gedacht, wenn ich mal mit dir sprechen kann, geht's besser. Vielleicht liegt es auch daran, daß wir jetzt darüber gesprochen haben.

REGINE: Das mag sein.

ANNA: Statt angstfrei wird es nun doch wieder ängstigend.

REGINE: Ich war jetzt mehrere Male nicht da. Hast du dann weniger Angst gehabt? Ich meine, wäre es für dich leichter, was zu sagen, wenn ich jetzt nicht da wäre?

ANNA: *(heftiger)* Nein, ich habe ja gerade darauf gewartet, daß du da bist. Ich habe gedacht, vielleicht kann ich da was klären.

REGINE: Du sagst aber, du kannst jetzt trotzdem nicht von dir reden. Beantworte doch mal meine Frage, ob du leichter sprechen könntest, wenn ich jetzt nicht da wäre.

ANNA: *(stöhnt)* Ach, das weiß ich nicht. Vielleicht, vielleicht.

Im Augenblick bin ich gar nicht ruhig. Und das wird wahrscheinlich auch eine Weile dauern. Wenn es rauskäme, würde ich vielleicht auch so zehn Minuten brauchen. Vielleicht auch noch länger. Vielleicht eine halbe Stunde.

REGINE: *(zur Gruppe gewandt)* Ja, sagt ihr doch mal was. Ich komme jetzt auch nicht weiter.

Kleine Pause

REGINE versucht, die Selbstklärung von ANNA in Gang zu bringen («Und warum?»). Es stellt sich heraus, daß die Beziehung zu ihr den Konflikt darstellt. ANNA meidet diese Belastung nicht. Im Gegenteil: sie ist gekommen, *weil* sie Angst davor hatte. Sie konfrontiert sich selbst. Sie zieht aus, um das Fürchten zu lernen und damit auch zu überwinden. REGINE versucht Nachweise zu sammeln, ob tatsächlich die Beziehung zu ihr oder zum Beispiel die Gruppensituation Angst macht. ANNA wird schließlich ärgerlich – wie immer, wenn ein anderer zu intensiv oder vorzeitig an der Abwehr rüttelt und damit – ahnungslos oder ungeschickt – die Angstdosierung stört. Doch gibt ANNA auch Hinweise auf ihre innere Lage («Zehn Minuten . . . eine halbe Stunde»). Sie verschließt sich nicht, vielmehr hält sie die Entwicklung offen. Da die Beziehung zwischen REGINE und ANNA das Problem ist – oder anders gesagt: da sich das Problem, das die Gruppe durcharbeitet, zur Zeit zwischen REGINE und ANNA abspielt – ist sie vermutlich mehr mit unbewußten als mit bewußten Gefühlen geladen. Diese emotionale Intensität ist wesentlicher als ein reichhaltiger Wortwechsel. Sie zeigt an, daß hier etwas auch aus unbewußten Schichten hochkommt und wieder lebendig wird. – Weil REGINE in die Konfliktsituation zu sehr selbst einbezogen ist, hilft hier die Gruppe als Katalysator der Selbstentdeckung.

JOCHEN: *(zu ANNA)* Ja, warum hast du überhaupt vorher mit der Regine darüber geredet im Café? Wolltest du da Mißverständnisse ausräumen?

ANNA: Ja, da hat sie mich gefragt. Sie wollte gern etwas mehr über mich wissen. Da habe ich irgendwie gemerkt, ich hab im

Moment keine Aggressionen gegen sie. Ich habe mich gefreut darüber und hab ihr das gesagt.

REGINE: Ich habe mich gewundert. Du hast unheimlich viel über dich geredet, eigentlich die ganze Zeit.

ANNA: Das hab ich gemerkt. Ich hab das dann aus lauter Angst gemacht. Das ist die reinste Hingabe. Dann mache ich Sachen . . . überfreundlich und aus purer Angst. Ja, da habe ich praktisch mein bisheriges Leben erzählt. Und das geht mir ziemlich gegen den Strich.

REGINE: Ja, aber Anna, wenn du es nicht gebraucht hättest, hättest du es auch nicht erzählt. Ich hab dich nämlich so nicht gefragt.

ANNA: Doch, du hast dahin gelenkt.

REGINE: Nein, ich möchte nur mal sagen, wie es gelaufen ist von meiner Seite: Du hast unheimlich viel über dich geredet, und das war zum Beispiel für mich unheimlich belastend. Ich hab mir hinterher noch gedacht: «Mensch, ja, jetzt kann ich so in etwa nachempfinden, was die empfindet, wenn ich halt mal lange rede, und sie nichts sagen kann.» So ging es mir das letzte Mal.

ANNA: Das ist es ja gerade. Dabei wollte ich gar nichts sagen. Ich habe dir etwas gesagt, was ich gerade nicht erzählen wollte. Ich hätte dir andere Sachen erzählen müssen. Du hattest ja gefragt, was ich von Beruf bin oder so, gell?

REGINE: Ich hab gesagt, von den anderen weiß ich es in etwa, von dir weiß ich noch nicht mal das. Geschweige denn andere Sachen.

ANNA: Ja, ja, genau. Und das ist es nämlich, «die anderen Sachen». Dagegen habe ich mich unheimlich gewehrt. Und gerade das habe ich dir erzählt. Ich habe das auch woanders schon mal durchgemacht. Wenn ich ein bißchen Angst kriege, dann läuft regelrecht ein Mechanismus ab. Das ist mir nachher klar geworden. Immer wenn ich in eine Situation komme, in der ich mich sehr unsicher fühle, dann läuft es ab.

REGINE: Du hast mich nicht mal Luft holen lassen. Du fingst an, über deine Mutter zu sprechen, und ich hätte da noch, als du im Erzählen warst, gerne eine Frage gestellt. Das war aber gar nicht möglich, weil du so drin warst. Ich hab gedacht, das braucht sie halt, und habe dich reden lassen. Und dich eine Stunde angehört.

ANNA: (*redet dazwischen*) Das ist genau das. Aber es ist nicht nur das. Es kommt auch auf den Inhalt an.

JOCHEN: (*zu ANNA*) Hast du das Gefühl gehabt, ihr auf ihre Frage hin einen Gefallen tun zu müssen?

ANNA: Ich weiß nicht, was da passiert. Ich hatte das Bedürfnis, ihr mal etwas Nettes zu sagen. Und dann fragte sie mich: «Ich weiß ja nichts von dir.» Und dann ging's los.

HERMANN: Anna, du warst doch am Freitag auf einmal sehr traurig; hatte das damit was zu tun?

Die Gruppenhilfe stellt sich ganz in den Dienst des Selbsthilfeprinzips. JOCHEN fordert ANNA zur Selbstklärung auf: was ging in ihr vor, als sie im Café mit REGINE sprach? Die Lage ist damit entschärft. Es geht nicht mehr direkt um die gegenwärtige Beziehung zwischen REGINE und ANNA, sondern um eine etwas entferntere Situation (statt «hier und jetzt», «dort und dann», wie Gruppendynamiker scherzhaft sagen). Das ist angstmildernd und erlaubt eben deswegen einen Fortschritt. Es geht in der Gruppe ja immer darum, den optimalen Angstpegel zu finden.[2] Ist die Angst zu niedrig, dann bleibt die Entwicklung zu matt, ist sie zu stark, wird sie gehemmt. Es stellt sich nun heraus, daß ANNA beim Zusammensein mit REGINE in einen Verhaltensautomatismus hineingeraten ist. Sie hat das Gefühl, sich unnötig preisgegeben zu haben, als REGINE sie nur fragte, wer sie denn eigentlich sei. Das hat mit einem Angsterlebnis und einer reaktiven Willfährigkeit zu tun. Das Verhalten läuft gegen ihren Willen ab. Sie ist also durch unbewußte Kräfte stark gesteuert. Sie kennt diesen Automatismus auch sonst aus Situationen der Unsicherheit. Ihr Verhalten REGINE gegenüber wird dadurch aus der ganz persönlichen Beziehung herausgelöst. Es geht nun um ein Verhalten als Symptom einer noch ungeklärten Störung. Der hintergründige Druck wird deutlich: etwa eine Stunde ununter-

brochenen Redens. Wir können im Zuge dieser Selbstklärung die
Verwandlung der Gefühle erkennen: die Aggression am Anfang
stellte sich als Angstabwehr dar. Jetzt kommt noch ein Gefühl
auf, das hinter der Angst zu stehen scheint: Traurigsein. Hermann, der vorher querschoß, hatte das gespürt, erinnert sich nun
und bringt es wieder spontan in die Gruppe.

Anna: Och, das hat alles was damit zu tun. Ich wollte zum
Beispiel heute abend auf eine Veranstaltung. Da wäre ich ganz
gerne hingegangen. Ich konnte da nicht hingehen, weil ich
einfach immer noch nicht genau weiß, wer ich bin. Du hast
gefragt, wer ich bin. Du hast gefragt, was ich für ein Leben
gehabt habe. Und ich habe geantwortet. Aber ich will das
nicht mehr sein, weißt du. Deswegen wehre ich mich so sehr
dagegen. Das hat mich so fertiggemacht.
Regine: Das kann ich gut verstehen. Mir geht es ja ähnlich. Ich
will auch nicht mehr so sein, wie ich die ganzen Jahre war.
Weil ich das auch ablehne. Es sind ähnliche Gedanken, die ich
auch habe. Nur vielleicht erlebe ich es nicht so als Bruch,
zumindest nicht so sehr wie du.
Schweigen
Anna: Ich weiß nicht, welche Rolle ich als Frau spiele. Ich weiß
das nicht. Ich weiß es einfach nicht. Ich habe überhaupt keine
Orientierung.
Regine: (*zustimmend*) Ja, das weiß man manchmal nicht mehr.
Du hast es irgendwann einmal gewußt. Und jetzt lehnst du das
ab, daß du so reagierst, wie du damals reagiert hast, nicht?
Denn irgendwann hast du ja mal ganz unkompliziert reagiert.
Ganz naiv.
Anna: Ja – aber das war eigentlich so . . . krankmachend, würde
ich sagen.
Regine: Wen krankmachend? Dich oder den anderen Partner?
Anna: Mich. – Die anderen aber auch.
Regine: (*etwas lachend*) Ja, da bist du schneller dahintergekom-
men als ich.
Hermann: Wohinter denn?

REGINE: *(lacht)* Hinter die bösen Männer.

ANNA: Die sind gar nicht böse, hab ich jetzt festgestellt.

REGINE: Das finde ich ja unheimlich positiv, erzähl mal.

ANNA: *(setzt an, wird unterbrochen)* Ja, hm . . .

HERMANN: Jedenfalls nicht nur *(lacht)*. Oder nur manchmal?

ANNA: *(setzt an, wird unterbrochen)*: Nee . . .

WOLF: Oder etwa gar nicht?

ANNA: Nee, zum Beispiel . . . ich hatte doch erst so einen Haß auf meine Mutter. Und damit habe ich mich jetzt irgendwie auseinandergesetzt.

REGINE: Den Haß hattest du aber am letzten Freitag noch ganz gewaltig, du.

ANNA: Nee, ich habe nur erzählt, daß die mich auch in so einen Mechanismus reinbringt. Aber – *(zögert)* ich kann das nicht sagen.

WOLF: Jetzt nicht oder überhaupt nicht?

ANNA: Nee, jetzt nicht. Ich fühle mich einfach nicht ernstgenommen.

Pause mit kleinem Geplänkel

ANNA: Ich könnte das vielleicht unter vier Augen sagen. Oder vielleicht, wenn man zu dritt wäre, aber . . . ich finde auch, daß es jetzt reicht, ich habe jetzt genug Zeit beansprucht.

REGINE: Warum?

ANNA: Es sind ja noch andere Leute da *(lacht)*.

JOCHEN: Ja, ja, die Gruppe ist schon sehr gewichtig.

BUTZ: Ich hab eher den Eindruck, es wird dir jetzt zu brenzlig.

Der Prozeß der Selbstklärung kommt jetzt stärker in Gang. Es wird deutlich, worum es geht: ANNA will nicht mehr so sein wie früher. Sie weiß noch nicht, wer sie ist. Sie erlebt eine starke Identitätsveränderung. An REGINE wird die teilnehmende (identifikatorische) Resonanz (siehe Seite 143) anschaulich: Sie erlebt den gleichen Identitätskonflikt. ANNA nimmt also unbewußt das Thema der Gruppe wieder auf, das BUTZ mit seinem Buchlesen anfangs schon inszeniert hatte: die Identitätssuche. ANNA hat zur Zeit keine Orientierung. Sie ist also in der Beziehung zu sich selbst irritiert. Aber auch die Beziehungen zu anderen verändern sich. Die «bösen Männer» hat sie offensichtlich überwunden, REGINE noch nicht. Offensichtlich fühlen sich die Männer angesprochen. Sie reagieren mit kurzen Einsprengseln. – ANNA stellt übrigens erstmals einen Bezug her: der Mutter gegenüber gerät sie auch in einen solchen Automatismus wie REGINE gegenüber. Sie will aber offensichtlich noch über etwas anderes reden (über den Vater und die Männer). Doch geht es hier nicht weiter. Bei ihr tritt ein Widerstand auf. Er ist natürlich nicht zufällig. Vielmehr enthält er den Konflikt selbst: sie fühlt sich von der Gruppe nicht ernstgenommen und kann deswegen nicht weiter sprechen. Psychoanalytisch gesehen hat sie eine Übertragung auf die Gruppe entwickelt, die sich nun als Widerstand gegen eine weitere Bearbeitung der Konfliktlage auswirkt. Zweierlei ist zu vermuten: Entweder geht es tatsächlich um die Männer und damit letztlich um ihre Vaterbeziehung; denn dem Vater gegenüber kamen auch schnell Gefühle auf, nicht ernstgenommen zu werden. – Oder aber es geht um eine Mutter-Übertragung, das heißt um eine in der Beziehung zur Gruppe sich wiederbelebende Ablehnung durch die Mutter. Was sie mit REGINE außerhalb der Gruppe im Café und zum Teil jetzt innerhalb der Gruppe selbst erlebt (Spannung, Auseinandersetzung), spielt sich – so interpretiert – auch in der Beziehung zur Gruppe ab. Gruppentherapeuten dürften in einem solchen Falle zu einer Deutung neigen. Die Selbsthilfegruppe geht ähnlich vor. Es genügen einige entlastende, scherzhafte Bemerkungen und ein deutender Hinweis (es werde ihr jetzt zu brenzlig), um ANNA weiterzuhelfen.

ANNA: Ja, sicher wird es mir zu brenzlich.
   Kleine Pause
   Ja, ich habe zum Beispiel rausgekriegt, was mit mir und meinem Vater war, den ich bis vor kurzem immer so verehrt habe. Ganz verrückt. Hätte ich nie gedacht.
REGINE: Ja, was hast du rausgekriegt?
ANNA: Ich habe doch erzählt, daß ich immer so ein Gefühl hatte,

daß ich mich anderen gegenüber anstrengen muß. Und da hat es einen Schlag getan und auf einmal war dieser Ehrgeiz weg und auch das Gefühl, daß ich mich anstrengen kann. Das war nicht mehr da. Und ich lebte irgendwie so – ganz einfach ohne Ehrgeiz, ohne Anstrengung; es ging automatisch, alles. Mehr habe ich nicht mitgekriegt. Ich konnte mich einfach nicht mehr anstrengen. Ach ja, und dann habe ich noch gemerkt: wenn mir die männlichen Wesen imponiert haben, dann konnte ich mich auch bei denen nicht mehr anstrengen. Das war unheimlich schmerzhaft, weil ich gedacht habe, jetzt bist du eine Null für die. Jetzt kannst du da nichts mehr. Vor kurzem merkte ich auf einmal, daß ich das Gefühl, daß ich mich anstrengen muß, schon früher hatte; ganz besonders, als ich so elf, zwölf, dreizehn war. Da war nämlich mein Vater zu Hause, der war krank und konnte nicht arbeiten. Der hat sich da ganz besonders mit mir beschäftigt, hat sich stundenlang mit mir unterhalten. Ich habe die Gelegenheit genutzt und habe gedacht: «Ha, ha, hier hast du einen Vater als Gesprächspartner vor dir» *(lacht)*. Ich war enorm stolz und dachte: «Jetzt mußt du dich aber anstrengen, damit du auch gewichtig genug bist.» Ich habe mich auch ein bißchen verliebt in meinen Vater, wie ich nachher rausgekriegt habe. Das habe ich damals gar nicht gemerkt. Ich habe ihn unheimlich verehrt. Und, na ja, ich hatte später Männern gegenüber immer das Gefühl: Wenn du von denen akzeptiert werden willst, mußt du dich anstrengen. Zum Beispiel gehörte dazu mein Hang, technische Dinge zu begreifen und naturwissenschaftliche Sachen. Das fand ich das Tollste, was es gibt. Chemie, Physik und so was. Auf einmal aber stand ich mit Abneigung dagegen. Wußte aber nicht, warum. Jetzt sind mir die Zusammenhänge klar geworden. Ich wollte einfach Männern auf diese Weise imponieren. Das war eine ganz neue Entdeckung. Ich habe da praktisch meinem Vater gegenüber gesessen. Er hat mir erzählt, und ich habe gedacht: «Hier mußt du dich jetzt anstrengen, damit du ernst genommen wirst.» Also ich wollte so sein wie er. Ja, und da hatte ich halt irgendwie eine falsche Rolle gespielt. Ich glaube, ich habe mich männlich verhalten. Oder wollte so sein, um als Partner ernst genommen zu werden. Ich habe immer das Gefühl gehabt: Du mußt dich anstrengen. Und dann war das halt weg. Und jetzt, ja jetzt ist auch meine Rolle, die ich bisher als Frau gespielt habe, weg. Und jetzt muß ich eine neue aufbauen. Und da das noch nicht funktioniert oder ich es noch nicht weiß, muß ich mich orientieren. Ich habe das Gefühl, ich muß mich an Frauen orientieren, um überhaupt mal zu sehen, wer ich sein kann. Deswegen bin ich überall so schrecklich unsicher. Und vor Männern habe ich manchmal Angst, weil ich nicht weiß, wer ich bin. Weil das noch so neu ist. Ich weiß nicht, wie ich Männern gegenüber dastehen soll.

Es geht um ein neues Verständnis ihrer Vaterbeziehung. Aufgrund eines plötzlichen inneren Ereignisses («Schlag»), den ich als eine unbewußte Einsicht auffasse, waren ihre Beziehungen zu anderen wie verwandelt: sie mußte sich zum Beispiel nicht mehr anstrengen. Das ganze Beispiel zeigt, wie sich therapeutische Prozesse auch unter Verarbeitung unbewußter Vorgänge im Alltag abspielen. So beruhen auch die sogenannten «Spontanremissionen» (Rückgang seelischer Störungen ohne offizielle Therapie) auf erfolgreicher individueller und gemeinsamer Selbsthilfe.[1] Sie sind also keinesfalls spontan, sondern Leistungen einer seelischen Eigenbehandlung. – Im mehr oder weniger alltäglichen Ausmaß hat nun ANNA durch Selbsterforschung neue Zusammenhänge entdeckt – und sich selbst damit auf eine neue Weise verstanden. Ihre unbewußte, mit dem Vater oder seinen Erwartungen identifizierte männliche Rolle ist ihr klar geworden. Diese Rolle will sie nicht mehr. Sie möchte sich jetzt zum Beispiel eher an Frauen orientieren.

REGINE: Seit wann ist denn das so?
ANNA: Seit der Krise, als ich das Gefühl verloren hatte, mich anstrengen zu müssen. Als da diese schlimme Sache war.
REGINE: Wann war das etwa?

ANNA: Als ich hierher kam, als wir anfingen, da war das ganz extrem. Da war also der große Schlag. Jetzt ist das mehr die Entwicklung. Jetzt suche ich Halt. Ich kann gar nicht richtig unter Leute gehen. Ich möchte dann auch nicht in irgendeine Faschingsveranstaltung heute abend.

REGINE: Ach Gott, ja.

ANNA: Ich meine, wenn ich selbst nicht weiß, wer ich bin. Es fällt mir so schwer; ich möchte gern ich sein. Ich möchte das gern rausfinden, wer ich bin. Was haben die anderen für ein Verhältnis zu mir? Wie reagieren die auf mich und so? Es ist alles so neu.

REGINE: Das kann ich gut verstehen. Zum Beispiel mit Fasching. Das stinkt mir auch gewaltig. Aber ich muß jetzt auch zum Fasching gehen. Und aus dem gleichen Grund will ich nicht mehr. Ich habe mir auch überlegt: «Mensch, du kannst eigentlich gar nicht.» Ich kann nicht mehr sicher reagieren anderen Menschen gegenüber. Es wird immer schlimmer. Das habe ich auch festgestellt. Von allen wird erwartet, daß man recht lustig ist, nicht? Und möglichst noch rumflachst und flirtet.

ANNA: (*zustimmend*) Hm, ja. Vielleicht setze ich mich mit dir so auseinander, weil du ja manchmal so ähnlich wirkst wie meine Mutter auf mich. Das hat auch irgendwas damit zu tun. Verstehst du? Mit dem Gefühl, das ich da verloren habe . . .

REGINE: Ja, du hattest doch ein gutes Verhältnis zu deiner Mutter.

ANNA: Nee, eben nicht.

REGINE: Ich hatte angenommen, daß du in deiner Ehe ein ähnliches Rollenspiel gemacht hast wie ich. Und daß du eben nur halt ein bißchen schneller erkannt hast, daß es nicht das Wahre ist.

ANNA: Nein, das war anders. So einige Rollenspiele habe ich zwar schon gespielt.

REGINE: Also, ähnliche Rollen wie ich, meinst du jetzt.

ANNA: Ja.

REGINE: Das hätte ich zum Beispiel nicht gedacht. Ich hatte dich da anders eingeschätzt. Was du eben gesagt hast, das paßt nicht so ganz da rein. Für mich jedenfalls nicht. Ich habe gedacht, daß du da gleichwertig bist, weil du versuchst, dem Mann oder den Männern zu beweisen, daß du genausoviel auf technischem, naturwissenschaftlichem Gebiet leisten kannst. Daß du da eben nicht diese Traumrolle gespielt hast.

ANNA: Doch, weil ich wahrscheinlich immer das Gefühl hatte: Die können was Besonderes. Wahrscheinlich habe ich das auf die irgendwie übertragen, was ich meinem Vater gegenüber für Gefühle entwickelt habe. Der war ja auch überlegen. Nur Leuten, die überlegen sind, denen gegenüber muß man sich anstrengen, um gleichwertig zu sein. Das ist dann praktisch wie eine Minderwertigkeit für mich. Das ist aber jetzt weg. Jetzt ist aber gar nichts mehr da. Jetzt weiß ich überhaupt nicht, was ist. Das heißt, ein bißchen ist schon wieder da. Nur bin ich einfach noch nicht sicher. Ich weiß überhaupt nicht, wie ich mich verhalten soll. Ich habe noch gar keine Erfahrung. – Ja, das war es eigentlich.

REGINE: Das war's eigentlich? Gerade, wo es anfängt!

Durch eine Anfrage von REGINE wird zweierlei deutlich: der «Schlag» war mit einer Krise verbunden. Die Krise war also erstens auch hier wie so oft eine positive Wende. Und zweitens führte diese Krise in die Selbsthilfegruppe. ANNA kommt auf ihre aktuelle Identitätsunsicherheit und deren Folgen zurück. Wieder zeigt REGINE eine typische teilnehmende Resonanz, allerdings ohne dieses Thema für sich weiter zu vertiefen. ANNA erkennt jetzt deutlich eine Übertragung: sie erlebt REGINE wie ihre Mutter. ANNA und REGINE versuchen, sich wechselseitig selbst besser zu verstehen, was die Einfühlungsfähigkeit erhöhen und die künftige Gruppenentwicklung positiv beeinflussen dürfte. Sie erörtern kurz ihre Eherollen und ihre Beziehungen zu Männern. Auch hier spricht ANNA deutlich Übertragungen an. Unbewußte Phänomene, vor allem Übertragung und Widerstand, können also in der Selbsthilfegruppenarbeit durchaus aufgegriffen und erkannt werden.

JOCHEN: (*zu ANNA*) Was mich interessiert: du hast ja schon öfters gesagt, du wolltest deine Rolle als Frau neu definieren. Es scheint ein sehr starkes Gefühl von dir zu sein. Jetzt möchte ich mal wissen, wie du sie definieren willst. Willst du die definieren am Schreibtisch, indem du theoretisch überlegst . . .

ANNA: Gar nicht.

JOCHEN: . . . Meine Bedürfnisse und Interessen sind so und so, und ich will den und den Standpunkt einnehmen. Ich habe die und die Ziele . . .

ANNA: Nein, nein, so nicht.

JOCHEN: . . . Und so und so will ich das verwirklichen. Oder willst du dich finden, indem du bestimmte Leute nachahmst, von denen du meinst, die könntest du auf bestimmten Gebieten imitieren?

ANNA: Nein, das auch nicht. Dann würde ich es ja wieder wie früher machen.

JOCHEN: Warum? Das wäre doch gar nicht so schlecht. Das wäre doch eine Alternative.

ANNA: Nein, imitieren nicht, dann bin ich ja nicht ich selbst. Dann imitiere ich ja.

JOCHEN: Du brauchst ja die Frau, die du gut findest, nicht pauschal gut zu finden, sondern nur auf bestimmten Gebieten. Dann suchst du dir eine andere und imitierst sie auf einem anderen Gebiet. Du willst doch deine Identität finden.

ANNA: (*zustimmend*) Hm, hm.

JOCHEN: Und die Identität besteht ja aus verschiedenen Faktoren. Wenn du ablehnst, das theoretisch für dich zu definieren, indem du meinetwegen Bücher liest. Und wenn du in bestimmten Gestalten, die in den Büchern vorkommen, deine Identität nicht finden kannst, dann mußt du das doch anders machen. – Warum lehnst du das so stark ab, jetzt auf einmal?

ANNA: Weil ich denke, ich kann das irgendwie gefühlsmäßig schaffen. Einmal, indem ich jetzt versuche rauszufinden, was ich für Gefühle bei Frauen habe. Und daß ich darüber auch irgendwie weiterkomme. Daß ich dann auch irgendwie mer-

ke, was für Gefühle ich Männern gegenüber habe. Das wäre das eine. Daß ich mich da auf der gefühlsmäßigen Basis orientieren kann. Rein gefühlsmäßig. Ich mache das ganz bewußt. Ich setze mich hin und sage mir: «Was empfindest du jetzt, wenn du an die und die oder an den und den denkst.» Und versuche zu spüren, was da rauskommt. Und zum anderen stärke ich praktisch mein Ich oder mein Selbstbewußtsein. Da mache ich jetzt besondere Sachen. Ich gehe zum Beispiel arbeiten, drei Tage in der Woche. Im Labor, in dem ich im Sommer war. Da kann ich ja eigentlich ganz schön was. Und dann passiert's. Da ist zum Beispiel passiert, daß da der Lehrling kommt und sagt: «Hier, guck doch mal, wie mache ich denn das jetzt, damit ich das wieder hinkriege?» Und dann merke ich: «Mensch, das ist ja unheimlich angenehm. Du bist ja gar nicht so minderwertig.» Ich suche mir irgendwie Bestätigung. Und dann mache ich es noch so, daß ich mehr auf meine Bedürfnisse achte. Das konnte ich zum Beispiel früher auch nicht. Daß ich ganz deutlich gemerkt habe, was mir gefällt, was für Wünsche ich habe, was ich gerne mag. Das konnte ich nicht. Ich wußte gar nicht, was ich wollte. Ich habe gar nicht rausfinden können, was mir gefällt. Das kann ich jetzt. Und das mache ich auch. Ich mache mir so richtig Genüsse. Und daran freue ich mich. Und da denke ich, daß ich mich damit irgendwie stärke, daß ich dann wieder zu einer Persönlichkeit werde. Das ist mein Konzept.
Schweigen

In diesem Abschnitt werden konkrete Schritte der Alltagsselbsthilfe erörtert. JOCHEN fragt, wie ANNA ihre eigene Identität denn verändert. Er selbst beschreibt für den Alltag jene kleineren Identifikationen anhand von «Modellen», die man für die eigene Identität benötigt. Ähnlich und wahrscheinlich in einer verdichteten Form wirken sie im therapeutischen Prozeß der Selbsthilfegruppen. ANNA schildert ihr «Konzept» der Selbstbehandlung: Zum ersten erforscht sie sich auf eine ganz gefühlsmäßige Weise in der Beziehung zu Frauen und Männern selbst. Sie versucht also, ihre Empfindungen wahrzunehmen. Zum zweiten sorgt sie für die Stärkung ihres Selbstbewußtseins durch Aktivitäten. Und zum dritten achtet sie mehr auf ihre eigenen Bedürfnisse. Sie schafft sich «Genüsse». Daß sie dazu in der Lage ist, ist natürlich schon ein günstiges Zeichen für ihre innere Verfassung. Die Fähigkeit, zu genießen, sehe ich als das erste, einfachste und eindeutigste Zeichen seelischer Gesundheit an.

ANNA: Da ändert sich auch dauernd das Konzept. Das heißt, es kommt dann mehr dazu. Wenn ich das und das bewältigt habe, dann merke ich, jetzt kann ich die nächste Hürde nehmen. Zum Beispiel heute: die Faschingsveranstaltung geht noch nicht.

REGINE: Wie merkst du denn das? Wirst du da unsicher?

ANNA: Ich habe dann Angst. Ich wollte zunächst unbedingt hingehen. Heute Mittag war ich im Kaufhaus und wollte irgendwas zur Verkleidung suchen. Da habe ich gemerkt, ich finde nichts. Ich konnte absolut nichts finden. Und da habe ich gedacht: «Woher kommt denn das? Du hattest doch die Sache überwunden und konntest dich doch wieder entscheiden ... Vielleicht willst du gar nicht da hingehen?» Und dann dachte ich: «Heute abend ist ja Gruppe. Du hattest dich doch gleich dagegen gewehrt, an diesem Abend zum Fasching zu gehen. Ach,» dachte ich, «du willst ja gar nicht.» Und dann habe ich ganz deutlich gemerkt: ich will da gar nicht hin. Ich fand es recht angenehm, als ich mich entschlossen hatte, da nicht hinzugehen. Und ich bin dann nicht hingegangen.

REGINE: Ach, da beneide ich dich richtig, daß du dich entscheiden kannst, da nicht hinzugehen. Mensch, was machst du, wenn du gezwungen wirst – praktisch, um jemanden nicht zu verletzen –, mitzugehen?

Beinahe wie eine Illustration zu den theoretischen Ausführungen (siehe Seite 206 unten) beschreibt ANNA hier, daß sich ihr Konzept im Laufe der Selbsthilfegruppenarbeit ständig ändert. Die Konfliktlösung erfolgt Schritt für Schritt.

Im Zusammenhang mit der Konfliktlösung fragt REGINE, wie
ANNA ihre Identitätsunsicherheit wahrnimmt. ANNA schildert,
wie sie anhand einer alltäglichen Schwierigkeit (Unschlüssigkeit
beim Einkaufen) diese Identitätsunsicherheit entdeckte. Ihr Verhalten ist schon sehr stark von spontaner Selbsterforschung
geprägt.

ANNA: Aber was mich mal interessieren würde, wie war denn das
   jetzt eigentlich, oder kannst du es noch nicht sagen? Wie hat
   das Ganze hier auf dich gewirkt? War das genauso, so ein
   bißchen unangenehm wie im Café?
REGINE: Nein, das war vollkommen anders. Du warst im Café so
   hektisch . . . wie gesagt, du hast kaum Luft geholt. Man konnte ja auch gar nicht auf dich eingehen. Du hast einem nicht die
   Möglichkeit gegeben. Die gibst du ja jetzt. Du möchtest ja
   auch hören, wie die anderen darauf reagieren. Ich sehe das als
   einen Versuch an, zumindest ein kleines bißchen von dir zu
   zeigen. Der erste Schritt sozusagen.
ANNA: Ja, mir hilft das ganz enorm weiter, wenn ich das hier
   sage. Ich sehe das ganz deutlich als Entwicklung an, weißt du?
   Das, was ich jetzt erzählt habe, ist mir jetzt vor zwei Tagen
   klar geworden. Und daß ich das jetzt gerade dir erzähle, oder
   ich meine, allen erzähle, aber speziell im Zusammenhang damit, daß du jetzt was gesagt hast, das bringt mich irgendwie
   weiter.
JOCHEN: Inwiefern?
ANNA: Erstens: daß ich das erkannt habe, das war ja eine ganz
   tolle . . . das ist wirklich eine Erkenntnis. Die hätte mich
   eigentlich umhauen sollen. Aber es war mir auf einmal klar.
   Und zweitens: daß ich daraufhin mir erst mal sage: «Jetzt
   mußt du mal sehen, daß du das der Regine begreiflich machst.
   Es wäre irgendwie ein Weg, ihr näherzukommen.» Vielleicht
   war es auch eine ganz besondere Hemmung, die ich da überwinden mußte, und daß ich die jetzt überwunden habe. Ich
   meine, das sind Sachen, die übertrage ich wahrscheinlich jetzt
   auch weiter in andere Situationen.

REGINE: Ich komme nicht damit zurecht, was das jetzt mit mir zu tun hatte.

ANNA: Für mich ist das irgendwie ein Schritt weiter. Gerade, weil ich doch eigentlich vor dir ziemlich viel Angst gehabt habe (*lacht*). Du bist zufälligerweise meinem empfindlichen Punkt nahegekommen. Zufälligerweise, weißt du?

REGINE: Durch mein Verhalten?

ANNA: Ja. Dafür kannst du gar nichts. Das ist Zufall. Ja, und daran kann ich mich zum Beispiel orientieren. Da kann ich sehen, wie weit ich das verstehen und überwinden kann.

Ausnahmsweise kommt hier einmal ein Feedback, eine Rückmeldung zum Zuge, die in Selbsthilfegruppen eher selten anzutreffen ist[3] (siehe Seite 148). ANNA vergewissert sich, ob tatsächlich eine Wandlung in der Beziehung zu REGINE eingetreten ist, oder ob sie nur den alten Automatismus wiederholt hat. Sie wird von REGINE in ihrer Auffassung bestätigt, daß eine wirkliche Entwicklung stattgefunden hat. ANNA versucht das weiter auszuführen: es handele sich um eine emotional sehr tiefgehende Erkenntnis («Die hätte mich eigentlich umhauen sollen») und es sei wesentlich, daß sie diese Erkenntnis innerhalb der Beziehung zu REGINE (also im Rahmen der Mutterübertragung) hat aussprechen können. Dabei dienen ANNA die «empfindlichen Punkte», die in einer Beziehung mehr oder weniger «zufällig» aufkommen, als Orientierung. Mit anderen Worten: die verdrängten Konflikte, die sich in den Beziehungen zu den Gruppenmitgliedern als Übertragung wieder inszenieren, steuern ihrer Meinung nach den therapeutischen Prozeß.

Es bleibt noch anzumerken, daß Ausschnitte zu dem falschen Eindruck führen könnten, der Gruppenprozeß beschränke sich auf einzelne Mitglieder. ANNA spricht zwar für sich, gleichzeitig ist dieses Sprechen aber wie erwähnt durch den ganzen Gruppenprozeß möglich geworden, der durch alle bewußten und unbewußten Beziehungen in der Gruppe gestaltet wird. Der Gruppenprozeß entspricht dem, was ANNA in dieser Phase scheinbar nur für sich selbst äußert. So spricht ANNA auch für die ganze Gruppe. Über ihre Äußerungen geht der Prozeß weiter. Ich hatte ja schon darauf hingewiesen, daß BUTZ' demonstratives Buchlesen ebenfalls dasselbe Thema der Identitätssuche enthielt – und zwar zu einem Zeitpunkt, als ANNA noch gar nicht in der Gruppe war. Der therapeutische Prozeß wird hauptsächlich durch die unbewußte Kommunikation (durch unbemerkte Signale und gefühlsmäßig oft nur schwer faßbare Beziehungen) gesteuert. Die unbewußten Abläufe sind um ein Vielfaches schneller und wohl auch komplexer als die bewußten Vorgänge. Gegenüber dem Unbewußten kann man das Bewußtsein geradezu träge nennen.[4] Es erfaßt jeweils nur Bruchteile von dem, was wirklich vorgeht. Das ist weniger ein Grund zur Besorgnis. Darauf kann man sich auch verlassen.

Krach und Wonne

Im folgenden Gesprächsausschnitt geht es um die Sitzung einer Paarselbsthilfegruppe. Drei Paare und eine Frau, die sich von ihrem Partner getrennt hatte, arbeiteten bereits zwei Jahre nach Abschluß einer professionellen Paargruppenanalyse allein zusammen. Sie hatten sich kurz nach Behandlungsende zunächst nur vierzehntägig getroffen, dann aber erkannt, daß diese Frequenz zu niedrig war. Den Entschluß, selbständig weiterzumachen, trafen sie ohne Wissen und (überblickbaren) Einfluß ihres Therapeuten. Die Fortschritte wurden auch empirisch überprüft. Sie waren sehr ermutigend.

Es handelt sich um eine Tonbandaufzeichnung aus einer Serie von zehn Sitzungen. Die drei Paare, KONSTANZE und FRED, NELE und RUDOLF, UTE und HANS sowie RENA sind zwischen dreißig und fünfzig Jahre alt und fast alle in sozialen Berufen tätig. Nur RUDOLF hat gerade sein Staatsexamen in Angriff genommen.

Der Abend beginnt mit zwei großen Aufregungen: RUDOLF, der lange Zeit unter schweren Arbeitsstörungen litt, hatte in letzter Zeit zwar gut arbeiten können, geriet aber mit einem

Studienkollegen in schwerste Konflikte. Er fühlte sich – wohl auch berechtigterweise – von ihm hintergangen. Schließlich war RENA erst vor einigen Wochen zusammen mit ihrem neuen Freund in eine Wohnung gezogen. Sie hatten allerdings einen weiteren Mieter akzeptiert, einen «guten Kumpel» (HORST), mit dem sie sich die Wohnungskosten teilten. Plötzlich hatte der nun «die Nase voll». Das kam aus heiterem Himmel – jedenfalls für RENA. Die Gruppe war etwas anderer Meinung. Es geht sehr heftig hin und her. Der Ausschnitt beginnt, als UTE bemerkt, daß NELE schon lange still dasitzt und «irgend etwas hat». Auch bei den folgenden vier Abschnitten können sich meine Kommentare natürlich nur auf einen Bruchteil des ganzen Geschehens beziehen.

UTE: Moment, darf ich mal eben unterbrechen. Also Nele, sag mal bitte laut, was du hast. Du bist so unruhig.

NELE: Ja, ich fühle mich furchtbar unwohl bei dem Thema.

RENA: Wir können es auch ruhig abschließen.

FRED: Nein, was ist denn bei dir da dran?

NELE: Mh . . . ich . . . ich finde, wir reden hier und reden und reden und sehen dabei nie irgendeinen Kern. Also ich finde den jedenfalls nicht.

Längere Pause

RENA: Ich weiß es auch nicht genau. Ich bin auch ziemlich ratlos in der ganzen Angelegenheit. Ich war halt nur noch so durcheinander und dachte, hier wäre mal der Ort, wo ich das abladen könnte.

KONSTANZE: Ja, hast du denn jetzt das Gefühl, daß du alles los geworden bist?

RENA: Ja, ja, vor allen Dingen . . . so ein paar Sachen, die ihr gesagt habt. Die könnte ich bestimmt ganz gut mal in mir wuchern lassen.

FRED: Ich will nur noch meinen Eindruck nachtragen, den du mir vermittelt hast von dem Horst. Ich habe so das Gefühl gehabt, daß der Horst von dir als so ein idealer Kumpel geschildert wurde.

NELE: Ja.

FRED: Der nicht viel Umstände macht, mit dem man umgehen kann. Der also so ganz prima ist.

Pause

FRED: Aber Idealisieren ist ja nicht das, was auf die Dauer tragfähig ist.

UTE: Ich will auch noch was sagen. Für mich persönlich war das, was du gesagt hast, sehr plausibel. Du bist in einer großen Familie groß geworden, und von daher wird es verständlich, daß du vor so einer Zweisamkeit und so einer Minifamilie tatsächlich auch irgendwie Angst hast. Und ich habe immer gedacht: «Mensch, wie kann man nach so negativen Erfahrungen freiwillig sich ausliefern an einen Dritten, so daß man wirklich abhängig wird?» Weil, das finde ich sehr einleuchtend, das einfach davon abhängt, wie unsere früheren Familien sind. Das wollte ich nur noch sagen. Das war für mich richtig ein «Aha-Erlebnis».

NELE: Ja, ich muß jetzt mal was sagen. Du machst zwar nicht den Eindruck wie jemand, der jetzt im Moment Kritik ertragen könnte, aber was mich irgendwo unheimlich stört an dem Ganzen, ist deine Art und Weise – wie es der Fred sagte – zu idealisieren, und nach sieben Wochen kommt dann der Katzenjammer. In dem Moment, als du sagtest: «Wir haben eine Wohnung gefunden, und wir ziehen da zu dritt ein», da habe ich gedacht: «Oh, du lieber Himmel, wie lange geht denn das gut?» Und ich sah wirklich den Moment, wo alles zusammenkracht, weil ich das Gefühl hatte, Werner und du, ihr seid euch nicht klar, was ihr wollt. Wollen wir in eine Wohngemeinschaft ziehen, das heißt also unsere Zweierbeziehung noch möglichst offen halten? Oder wollen wir uns entscheiden und sagen, wir ziehen jetzt zusammen und probieren das mal aus? So ganz nur wir und das Kind. Da gibt es ja genug Probleme. Das war mir nicht hundertprozentig klar. Und selbst, wenn es klar gewesen wäre zu sagen, also wir wollen noch nicht so richtig Mann und Frau in einer Wohnung sein, das ist uns noch zu eng, dann finde ich es aber immer noch bezeichnend, daß da der dritte Mann ein einzelner war. Das heißt also, von vornherein waren für mich so viele Faktoren da, die das ganze Schiff zum Untergang bringen mußten, daß ich also jetzt nur sagen kann: Himmel noch mal, warum siehst du das denn nicht vorher?

Pause

RENA: Also erst mal ist das für mich überhaupt nichts – ich meine dieses «wir wollen es mal versuchen als Mann und Frau und Kind» – das ist für mich überhaupt nichts Verlockendes, weißt du? Ich finde es nicht toll. Weil – ich finde das im Gegensatz zu euch, daß zwei Leute sich gar nicht soviel geben können. Und deshalb habe ich gar nichts dagegen, daß welche dazu kamen. Und weshalb es ein einzelner ist? Wir sind halt nur von einzelnen gefragt worden. Wir haben von uns aus niemanden angegangen. Ich war nicht wild auf eine Wohngemeinschaft, wegen der miesen Erfahrungen, die ich da gemacht habe. Aber als sich die Gelegenheit bot, war es gut. Es gab halt nur die Möglichkeit, entweder in der Nähe von unseren vielen Freunden zu bleiben und dann alleine zu wohnen, oder, wenn wir so weit weggehen, daß wir schon durch äußerliche Bedingungen ziemlich alleine sind, dann jedenfalls nicht ganz allein zu leben.

Pause

In diesem Ausschnitt ging es unter anderem um die idealisierende Beziehung von RENA zu ihrem zusätzlichen Einmieter, dem «problemlosen Kumpel». Hier wiederholte sich ein Konflikt, den RUDOLF mit seinem Arbeitskollegen erlebt hatte: auch er hatte ihn zu positiv gesehen, das heißt idealisiert. Die Gruppe hatte vorher den Zusammenhang erkannt. Sie sprach in beiden Fällen von «Einbrüchen». Damit war zweierlei gemeint: eine Sache bräche ein, das heißt zusammen – und jemand bräche ein und nehme einem etwas weg. Die Gruppe konfrontiert RENA mit ihrer Illusion. UTE sieht einen Zusammenhang zwischen der großen Ursprungsfamilie von RENA und ihrer Abneigung gegen «Minifamilien». Sie spricht hier gleichsam eine Art Übertragung an. NELE – die vorher aus ihrer Stummheit geholt wurde – greift jetzt energisch ein. Die Gruppe will mit den Problemen von RENA abschließen. RENA hatte einigen Gewinn davon. Wir ahnen in diesem Gesprächsstück das mehr oder weniger unbewußte Thema der Gruppe, den «roten Faden»: der «Einbruch» einer (oder in eine) Beziehung.

KONSTANZE: Frage an dich, Nele: Erstens ist mir aufgefallen, daß du jetzt, wo du so gewichtig was gesagt hast, auch wieder die negative Seite rausstellst. Genau wie beim letztenmal, als du die Gruppensituation negativ gesehen hast. Frage an dich, ob das nun dein Gefühl ist, oder ob du selber noch was Besonderes hier gern einbringen willst? Oder ob du hier gerne so sein willst, wie du jetzt bist?

NELE: Mh . . . ich wollte überhaupt nicht hierherkommen (*schluckt*).

KONSTANZE: Willst du darüber sprechen?

NELE: Mh . . . ich wollte auf alle Fälle der Gruppe noch mal sagen, wie ich das letzte Mal erlebt habe. Das haben wir am Telefon ganz kurz besprochen. Als ich das letzte Mal in die Gruppe kam, nachdem ich drei Wochen nicht da war, hatte ich das Gefühl, draußen zu sein. Es war mir sehr wichtig, da wieder reinzukommen, und zwar möglichst auf eine nette Art und Weise. Dann sind aber zwei Dinge gewesen, zusätzlich zu meiner aggressiven Neigung. Das eine waren Teile vom Tonband, die ich gehört habe. Aber das Wichtigste von dem Ganzen habe ich an dem Abend nicht erzählt. Das war, daß der Rudolf sagte, er hätte so einen tollen Traum gehabt in der Nacht, nachdem die Sitzung gewesen war. Das war also unheimlich . . . (*Zu Rudolf*): Soll ich ihn erzählen?

RUDOLF: Bitte.

NELE: Da hat er erzählt, es wäre also wahnsinnig schön gewesen. Er hätte da nackt gelegen, zwei Frauen hätten ihn gestreichelt, er hätte einen Orgasmus gehabt. Und da habe ich spontan gesagt: «Das war der Traum nach der Gruppensitzung.» Das hat er dann auch bestätigt. Da war ich wahnsinnig eifersüchtig und dachte, hier was verpaßt zu haben. Und, wenn ich jetzt käme, habt ihr so eine in-group, und ich gehöre da nicht mehr rein. Also, da hatte ich unheimlich Schiß. Und da es mir darum ging, wieder mit euch näher in Kontakt zu kommen, habe ich das Mittel genommen, über das ich verfüge, das ist Aggression, denn mit Aggression kann man sich's ja auch eng machen. Und heute abend hatte ich mir eigentlich vorgenommen, das anders auszudrücken, weil es mir nach wie vor noch sehr darum geht, Zuneigung zu bekommen und Verständnis. Weil ich das Gefühl habe, daß es – finde ich jedenfalls – ständig schlimmer wird mit mir und meiner Situation zu Hause, und dann kam noch die Sache heute mit dir, Rudolf, dazu. Also irgendwie war die Stimmung hier auch nicht danach, und dann war ich auch so unruhig, weil ich dauernd das Gefühl hatte, es läuft alles völlig anders, nicht am Kern des Problems. Und da habe ich mal wieder mich von der sehr destruktiven Seite gezeigt. So hast du das ja auch eben sagen wollen.

Rena: Du bist eigentlich ganz gut auszuhalten, so. Du bist gar nicht so destruktiv, wie du denkst.

Nele: Mh . . . nee.

Konstanze: Gegen sich selber; gegen dich bist du es aber.

Nele: Ja.

Konstanze: Das ist bei mir das stärkere Empfinden. Ich kann dich auch gut ertragen, das habe ich dir ja auch gesagt, nicht?

Nele: Mh (*zustimmend*).

Konstanze: . . . das letzte Mal. Aber ich habe sehr stark das Gefühl, daß du dir selber damit keinen Gefallen tust.

Nele: Ich tu mir damit keinen Gefallen, ja. – Ich habe das euch furchtbar übelgenommen, daß ihr auf das eigentliche Problem nicht gekommen seid, worum es mir ging. Aber ich meine, das war wirklich klar, wenn einer den anderen so hochschaukelt und mit solchen Böllerschüssen kommt, als ich letztes Mal gekommen bin – da ist es klar, daß da nicht mehr viel produktive Arbeit zu erwarten ist.

Pause

Rena: Na, ist denn Zuwendung produktive Arbeit?

NELE: Ich fühlte mich nicht verstanden. Das war im Auto dann anders. Da habe ich dann die Konstanze gestreichelt oder damit angefangen. Dann hat mich die Konstanze gestreichelt, und da dachte ich: «Na, der Abend endet doch noch ein bißchen positiv.» Aber das, was da so lief, habe ich nicht schätzen können. Weil ich auch das Gefühl hatte, mir kommt es auf was anderes an, und das habe ich nicht gesagt gehabt und habe es – glaube ich – auch nicht gekriegt.

KONSTANZE: Ja, genau so. Ich hatte nachher im Auto auch das Gefühl, jetzt ist Nele mit dem, was sie wirklich bewegt, doch noch rausgekommen. Darüber war ich ganz froh. Da hatte ich das Gefühl: Nun ist es richtig.

NELE: Mh (*zustimmend*).

KONSTANZE: Aber ich meine, vorher lief das andere hier hin und her, und ich war da selbst auch mit befaßt. Aber ich finde das gut, daß du dich im Auto selber gemeldet hast mit dem, was du wirklich willst.

NELE: Mh (*zustimmend*).

KONSTANZE: Das kam direkt. Es kann sein, daß es dir hier unter den vielen Leuten, wo so viele verschiedene Strömungen sind, noch ein bißchen schwerer wird.

NELE: Mh (*zustimmend*).

KONSTANZE: Den Schritt kannst du dann noch mal machen. Ich meine, du hast es ja heute wenigstens schon mal mit Worten ausgedrückt.

KONSTANZE stellt NELE eine klare, einfühlsame Frage. Sie trifft ins Schwarze. Tatsächlich hat NELE ein größeres Problem. Wieder geht es um den «Einbruch einer Beziehung». NELE hat drei Wochen die Gruppe unterbrochen. Sie spürt einen empfindlichen Abstand und möchte wieder hereinkommen. Die Kontinuität der Beziehung zwischen NELE und der Gruppe war eingebrochen. Dieser Vorfall zeigt, wie empfindlich ein Gruppenmitglied auf die Unterbrechung reagiert – auch, wenn es diese Unterbrechung selbst gewollt hat. Um Anschluß zu gewinnen, macht NELE große emotionale Anstrengungen.

Im Zusammenhang mit dem Fortbleiben NELES kommt nun aber das zentrale Problem auf: ihre Eifersucht wegen des erotischen Traumes von RUDOLF. Beide verstehen sofort, daß es hier um die Beziehung zur Gruppe geht. NELE hatte ja wegen dieses Themas das Gefühl, etwas verpaßt zu haben. Sie empfindet sich eben deswegen als ausgeschlossen.

Vielleicht geht es um sogenannte ödipale Konflikte. Das ist aber nur aus dem großen Prozeß der Gruppe zu schließen. Jedes Detail – wie zum Beispiel dieser Gesprächsausschnitt – erhält seine Bedeutung erst durch den Stellenwert innerhalb der Gesamtsituation. Wir müssen diese Szene also in Zusammenhang sehen mit der Serie vorangegangener Sitzungen und besonders mit den Ereignissen in der Gruppe selbst. Wir wissen, daß die Gruppenteilnehmer schon sehr lange miteinander arbeiten. Das allein läßt eher (wenn auch nicht unbedingt) auf die Verarbeitung «späterer», «reiferer» Konflikte schließen, zu denen ödipale Auseinandersetzungen gehören. Die sexuelle Färbung des Problems läßt das vermuten. Aber auch das vorangehende Gruppengeschehen spricht dafür: RUDOLF mußte sich plötzlich mit einem Rivalen auseinandersetzen – im Zuge seines Staatsexamens als einem Initiationsritus beziehungsweise eines Übergangs zur erwachsenen Männlichkeit.[5] Im Falle von RENA ging es um eine Dreieckssituation. Diese liegt auch hier vor: RUDOLF – die Gruppe in Gestalt der beiden Frauen im Traum – NELE.

NELE möchte wieder Anschluß gewinnen und enthüllt ihre Methode, «es sich mit Aggression eng zu machen». Sie reflektiert damit ihr Verhalten in der vorangehenden Gruppensitzung, in der sie nach ihrem Fehlen erstmals wieder anwesend war. So stellt sich auch auf bewußter Ebene die Kontinuität schnell von selbst her. Die Gruppe macht sie auf die Aggression aufmerksam, die sie gegen sich selbst richtet. Sie hat selbst verhindert, was sie erreichen wollte. Erst im Auto kam KONSTANZE gegenüber ihr Bedürfnis nach Zuneigung und Zärtlichkeit offen durch. Doch ist es eben ein Unterschied, ob das Bedürfnis nach liebevoller Nähe stellvertretend in einer Zweierbeziehung und außerhalb der Gruppe gelebt wird oder direkt dort geäußert wird, wo es hingehört: in der Gruppe. Konstanze erkennt das richtig. Sie spricht vom ersten und vom zweiten Schritt. Es wird als wesentlich empfunden, daß die Gefühle in die Gruppe hereinkommen, im Hier und Jetzt geäußert werden.

Rena: Aber die Ute hat sich da auf das bezogen, was wir mal bei euch besprochen hatten. Wie sehr du immer dieses Gefühl hast, nichts wert zu sein, nicht geliebt zu werden. Und da hast du «ja, ja» gesagt, und aus war es. Und da weiß ich noch, da habe ich in meiner Ecke gesessen und bin so innerlich zusammengezuckt und habe gedacht: «Na ja, wenn man das so akzeptiert hat und so schnell wieder abtut, dann kann man das ja überhaupt nicht problematisieren; dann kann man ja überhaupt nicht von anderer Seite einsteigen.» Verstehst du? Das war so eine ganz typische Situation, wo du einem die Tür voll wieder in die Fresse geklatscht hast.

Nele: Wann? Das letzte Mal?

Rena: Ja. Da ist die Tür sozusagen aufgemacht worden – von Ute. Ute wollte mit dir genau darüber sprechen: Wie ist denn das nun mit der Liebe, die du willst?

Nele: Ja, das hing damit zusammen. Da war bereits ein Klima ... Da war ein Umschwenken nicht mehr möglich. Ich erinnere mich zum Beispiel, daß die Eifersucht letztes Mal für mich ein ganz großes Problem war, und da sagtest du so triumphierend: «Da hast du aber allen Grund dazu.» Spätestens ab da habe ich Rudolf gebeten, sich doch mal zu fragen, wenn ich aggressiv bin, ob das überhaupt Aggressivität ist, oder aus welchem Grund die überhaupt kommt, und nicht voll Rohr immer gleich zu reagieren. Es wäre zum Beispiel möglich, dann einfach zu sagen: «Ach, du willst im Grunde genommen was ganz anderes.» Aber so gewitzt seid ihr auch nicht. Und das ist eben nicht gekommen. Und ich habe sowieso meinen Trotzkopf da nicht abgelegt und habe dann erst später im Auto den Sprung gefunden.

Konstanze: Ja, ich meine, wahrscheinlich haben wir alle mehr oder weniger unsere Probleme mit Aggressivität ...

NELE: Mh (*zustimmend*).

KONSTANZE: Und ich würde es mir überhaupt nicht zutrauen, wenn ich attackiert werde, zu überlegen: «Warum macht der das jetzt?»

NELE: Mh (*zustimmend*).

KONSTANZE: Dann habe ich alle Hände voll zu tun, selber damit irgendwie zu Rande zu kommen.

RENA: Das finde ich auch unheimlich viel verlangt, denn das würde ja bedeuten – und das ist immer der kritische Punkt –, daß der Aggressive sich auch nicht ernst genommen fühlt mit seinen Aggressionen, denn das ist ein ganz dünner Grat. Wenn du diese Aggressionen anfängst zu hinterfragen, dann kann ein einziges Wort oder so die Sache in eine Richtung drängen, wo der sich da nicht ernst genommen fühlt. Und dann hast du den Tanz erst recht laufen.

NELE: Wenn du aber davon ausgehst – und davon muß man allerdings ausgehen –, daß Aggressionen unter Umständen ein intensives und intimes Verhältnis schaffen können, dann heißt das: «Da befaßt sich einer mit mir.» Alles ist mir lieber, als nur einfach wie ein Stück Möbel empfunden zu werden. Dann ist es nicht mehr das Gefühl: Ich werde nicht ernst genommen mit meinen Aggressionen. Wenn ich allerdings unheimlichen Zorn habe, weil mir jemand was weggenommen hat oder weil jemand eine Vereinbarung nicht eingehalten hat, und dann kommt und sagt: «Du bist ja wegen was ganz anderem sauer», das ist natürlich nicht richtig. Aber daß man mal von vornherein die Aggression in Frage stellt und sagt: «Könnte da nicht eventuell noch was anderes dahinterstehen . . .?»

RENA: Weißt du, was ich bedauert habe? Ich habe bedauert, daß Konstanze nicht zurückgeschossen hat, als du sie so scharf angegriffen hast. Und da habe ich mir überlegt, wann die Konstanze endlich mal so weit ist, daß sie außer dem Fred auch noch mal irgendeinem anderen in der Gruppe Stachel zeigen kann. Aber das muß sie ja selbst entscheiden.

Aber da habe ich für mein Gefühl was vermißt. Das war nämlich deine Eifersucht, und zwar als du gesagt hast: «Die verbietet dem Fred dauernd Dinge, die sie sich selbst gestattet.» Da bist du ja wirklich drauf rumgeritten, und dann hast du das auch noch so ausgemalt. Und da habe ich noch gedacht: «Ich würde mir so wünschen, daß die Konstanze mal zurückschießt und sagt: ‹Verdammt noch mal, was fällt dir eigentlich ein! Was soll das überhaupt?› Und dich mal auf die Hörner nimmt.» Und insofern bin ich da sicherlich sehr unfähig, mich richtig einzufühlen, da ich mich selbst über Aggression in weiten Bereichen durchaus ausdrücke und das auch für was ganz Normales halte. Ich nehme das immer erst mal voll Rohr an.

UTE: Na ja, man muß aber sehen, und das kenne ich als Gefühl auch, daß die Nele im Grunde genommen genau das Gegenteil wollte. Sie wollte nicht Aggression provozieren und mal richtig einen Krach haben, sondern sie wollte Liebe haben. Und das Gefühl kenne ich auch von der Beziehung zum Hans. Daß ich immer dann, wenn es mir am schlechtesten geht, verflucht am wenigsten kriege, was ich haben will. Das muß irgendwie daran liegen, daß man das so darstellt, daß der andere darauf nicht so eingehen kann, wie man will. Ich habe das Gefühl, wenn es mir richtig schlecht geht, dann kriege ich noch einen Tritt dazu.

RENA: Aber ich finde es viel wichtiger, daß es jetzt – obwohl es für sie ein bißchen schmerzhafter war und länger gedauert hat – daß es jetzt ihre Aktivität war, dieses Thema noch einmal einzubringen und die andere Seite davon darzustellen, als wenn irgend so ein Superschläuling aus der Gruppe gesagt hätte: «Patsch, patsch, patsch, komm mal, ich erzähle dir mal, was jetzt eigentlich mit dir los ist.» Weil das nämlich im Grunde genommen diese Verstricktheit – so phantasiere ich jetzt – eher noch verstärken könnte. Ich finde das viel wichtiger, daß der Druck mal so stark war, daß du das jetzt so offen hast sagen können. Erst einmal wird es dadurch wahrer, weil du es selbst gesagt hast und weil es dir nicht auf den Kopf zugesagt wurde. Und zum anderen bietest du auch so eher die Möglichkeit, für dich selbst das Muster zu durchbrechen und es nicht den anderen zuzuschieben.

NELE: Ich wollte es niemandem anderen zuschieben, sondern ich wollte damit nur sagen, es ist ein Problem von mir, was ich unter Umständen nicht alleine lösen kann. Oder was leichter zu lösen ist, wenn ein anderer überhaupt sieht, daß ich da ein Problem habe, und nicht dankbar sein Schemelchen nimmt und sagt: «Da ist einer aggressiv. Na, dann kann ich ja den Schwanz einziehen und weggehen.» Das heißt also, daß einer das auch mal aus einer anderen Perspektive – aus meiner Sicht sieht.

Hier greift RENA zunächst das schroffe Verhalten von NELE auf. NELE erläutert den Hintergrund und empfiehlt – was für die Selbsthilfe zentral ist –, Verhaltensweisen nicht nur einfach so zu nehmen, wie sie sind, sondern sie nach ihren Hintergründen zu befragen. Sie betont also die Notwendigkeit der reflektierenden Beobachtung. Natürlich öffnet sie sich damit auch selbst. Das Problem wird von einem konkreten persönlichen Einzelereignis nunmehr auch auf der bewußten Ebene zum Gruppenproblem: «Wir alle haben unsere Probleme mit Aggressivität.» Das ist das Ergebnis der teilnehmenden, identifikatorischen Resonanz der Mitglieder. Die Gruppe klärt jetzt gemeinsam, wie schwierig es ist, stark gefühlsbetonte Beziehungen, zum Beispiel eine aggressive Attacke, so überlegt zu handhaben, wie NELE es vorschlägt. Dabei kommen andere Gruppenmitglieder und auch Paarbeziehungen (KONSTANZE und FRED zum Beispiel) zur Sprache. Ein sehr typisches Beispiel für eine teilnehmende Resonanz zeigt sich in den Worten von UTE: in ihr lebt der gleiche Konflikt in der Beziehung zu ihrem Mann HANS auf. RENA kommentiert das Verhalten von NELE. Ihre Sätze sind eine geradezu beispielhafte Erläuterung des Selbsthilfeprinzips. Wenn die Gruppe in ihren Worten auch fast theoretisch zu werden scheint, die Bemerkungen gehören zu dem ebenfalls notwendigen «Normbildungsprozeß» einer Gruppe. Hier wird unter anderem spontan und radikal das Fremdhilfeprinzip abgelehnt: sie findet die selbständige therapeutische Aktivität von NELE besser, «als wenn so ein Superschläuling aus der Gruppe gesagt hätte: ‹Patsch, patsch, patsch, komm mal, ich erzähl dir mal, was jetzt eigentlich mit dir los ist›.» Die Selbstbestimmung hat deutlichen Vorrang: sie ist wahrer *und* wirksamer.

KONSTANZE: Moment, ich sehe jetzt zwei Sachen darin. Also einmal das, was du gesagt hast, daß du selber aktiv geworden bist, um das zu kriegen, was du willst. Du hast das im Auto schon gemacht, und das machst du heute, indem du das Thema einbringst. Aber auf der anderen Seite redest du immer noch über etwas, anstatt es direkt zu tun. Denn du fichtst ja was mit dem Rudolf aus.

NELE: Mh (*zustimmend*).

KONSTANZE: Ja, kannst du das jetzt bitte mal in Worte fassen?

NELE: Nein, ich . . . äh . . .

KONSTANZE: Ja, ja, da hatte ich auch das Gefühl, daß du da raus willst. Und das wäre doch jetzt gut, wenn du das jetzt auch mal direkt aussprechen würdest.

NELE: Ja, ich . . . äh . . . also: Einerseits habe ich auch einen Partner ganz gerne, der mir meine Aggressionen voll zurückschlägt. Das hat Rudolf stellenweise auch, das hast du ja auch schon mitgemacht. Und hast dann auch gebrüllt und geschrien und dich verteidigt und . . . (*lacht*), da flogen stellenweise die Fetzen. Aber die andere Seite ist auch an dir, bei Aggressionen meinerseits eventuell zurückzustecken und dann gleich zu sagen: «Das hat überhaupt keinen Sinn. Ich brülle da doch nur herum und bin zwar im Recht, aber ich mache jetzt einmal nichts.» Oder, je nachdem. Also, es ist so, daß er sich eher sagt: «Es ist doch nicht alles verloren, eventuell wird es was ganz anderes.»
Längere Pause
Und dazu kommt, daß ich jetzt in dieser vergangenen Woche bereits zweimal gesagt habe: «Nimm mich mal ganz fest in die Arme.»

RUDOLF: Mh (*zustimmend*).

NELE: Das war ein Satz, den ich noch nie vorher gesagt habe.

KONSTANZE: Das finde ich aber gut, daß du den gesagt hast.

NELE: Mh (*zustimmend*).
KONSTANZE: Und? Hast du sie da ernst genommen?
RUDOLF: Mh, mh (*zustimmend*).
UTE: Ernst genommen oder in den Arm genommen?
KONSTANZE: Hoffentlich beides (*lacht*).
NELE: Beides.
RUDOLF: Ach doch, ich glaube eigentlich schon, das hat so in der letzten Zeit ganz gut geklappt. Und es hing auch – glaube ich – damit zusammen, daß ich endlich mal an der Arbeit bin – so richtig. Wir gehen jetzt, glaube ich, ganz gut aufeinander ein. Das würde ich schon so sehen.

KONSTANZE vermißt die direkte Beziehung von NELE zu RUDOLF. Sie hat gespürt, daß doch noch etwas herausgehalten wird. In KONSTANZE wird die Bedeutung der Gruppe als Anreger, Erleichterer und Katalysator für den Selbstklärungsprozeß – in diesem Falle einer Paarbeziehung – recht anschaulich. Erst dadurch wendet sich die ganze Situation: nachdem die Gruppe das aggressive Verstellungsmanöver mit einigen Problemen, die sekundär dadurch entstehen, durchgesprochen hat, kann NELE endlich ihren stets nur indirekt angedeuteten Wunsch offenbar machen. Daß sie ihn vor der Gruppe ausspricht, ist das therapeutisch wesentliche Geschehen. Es wird nun einerseits die entlastetere Beziehung zwischen RUDOLF und NELE deutlich. Andererseits stellt dieses Ereignis gleichzeitig wohl auch symbolisch den erwünschten Anschluß von NELE dar, die Versöhnung nach der Eifersucht, die Überwindung des Getrenntseins von der Gruppe, kurz: die Wiederherstellung der Kontinuität.

Die Ausschnitte bieten nur einen kleinen Einblick in den Prozeß der Selbsthilfegruppen. Die knappen Kommentare könnten manche zur Auffassung verleiten, man müsse doch sehr viel ins Bewußtsein heben bzw. erkennen, damit der therapeutische Prozeß wirksam werde. Das ist jedoch unnötig. Die Selbsthilfegruppenarbeit beruht – wie jeder psychodynamische Prozeß – auf dem Erleben, nicht auf dem Denken. Natürlich geht es um den Gewinn von Einsicht und Selbsterkenntnis. Dazu aber ist das bewußte Nachvollziehen jedes einzelnen Schrittes nicht erforderlich. Vielmehr kommt es darauf an, daß ANNA in der Beziehung zu REGINE ihre Beziehung zur Mutter erkennt, also eine Übertragung aufschlüsselt, und daß NELE ihr ganzes aggressives Manöver aufdeckt und fähig wird, direkt und offen ihre Liebeswünsche zu äußern. Auf diese Weise verstehen sie ihre krisenhaft zugespitzten, konfliktgeladenen Alltagsbeziehungen besser und finden zu einem angemesseneren Selbstverständnis.

Die Szenen haben vielleicht auch deutlich gemacht, daß der therapeutische Prozeß im wesentlichen (wenn auch nicht nur) ein Selbstklärungsprozeß ist, den das Gruppenmilieu leichter macht. Wenn man will, versieht die Gruppe als Ganzes oder in Gestalt ihrer einzelnen Stellvertreter jene katalysatorische Funktion, die in der professionellen psychoanalytisch orientierten Behandlung dem Therapeuten zukommt. Sie sorgt aber auch für ein haltgebendes Milieu, in dem die Selbstentdeckung sich gut entwickeln kann.

Zum therapeutischen Verhalten in Selbsthilfegruppen

Es gibt keine Vorschriften, wie man sich in der Selbsthilfegruppe zu verhalten habe. Jeder gibt sich in der Gruppe zunächst so, wie er auch sonst im Alltag ist. Dennoch hat sich gerade in erfahrenen Selbsthilfegruppen eine Umgangsform entwickelt, die für die Konfliktarbeit günstig ist. Diese Art und Weise, miteinander umzugehen, kann man als therapeutisches Verhalten bezeichnen. In Selbsthilfegruppen ist es identisch mit der «Behandlungstechnik», weil hier jeder «Patient» und «Therapeut» zugleich ist. Das therapeutische Verhalten ist geprägt von den Wertvorstellungen, zum Beispiel nach Möglichkeit offen und echt zu sein, und von den Therapieprinzipien (s. Kapitel 7). Jede therapeutische Bedingung ändert direkt oder indirekt etwas am Verhalten. Das Therapieziel, die eigenen Konflikte zu bearbeiten, setzt zum Beispiel Gefühle wie Scheu, Unbehagen und Angst unbewußt viel stärker in Gang als das Alltagsleben. Konflikte sind aus Angst verdrängt. Jede Konfliktarbeit ist daher Angstarbeit. Experten können an dem therapeutischen Verhalten in Selbsthilfegruppen Momente wiederentdecken, die mit bestimmten Fachbegriffen belegt auch für die professionelle Therapie zentrale Bedeutung haben. JUTTA machte zum folgenden Text einige Anmerkungen, die ich eingefügt habe.

Leidensdruck und Zielbindung

Es mag auf den ersten Blick merkwürdig scheinen, daß ich Leidensdruck, also das, was es zu beheben gilt, als therapeutisches Verhalten ansehe. Das Wahrnehmen von Leidensdruck wird aber bereits als therapeutisches Verhalten angesehen, wenn man ihn als den stärksten Beweggrund zu jeder Form der Psychotherapie auffaßt. Er ist aber noch in einem anderen Sinne ein therapeutisches Moment. Der Leidensdruck ergibt sich nämlich aus der Wechselwirkung zwischen der Schwere bzw. der Art der seelischen Störung einerseits und der Fähigkeit des einzelnen andererseits, diese schmerzliche Störung anzuerkennen, zuzulassen und zu empfinden. Der Leidensdruck ist damit auch ein Maß für den Grad der Offenheit gegenüber der eigenen Störung, ein Zeichen für intrapsychische Wahrnehmung und für emotionale Durchlässigkeit. Die typische, eher verleugnende Krankheitseinstellung der Männer und die aufgeschlossenere Haltung den eigenen Konflikten gegenüber bei Frauen ist dafür ein bekanntes Beispiel. Treffend formulierte DIETER BECKMANN, daß die Männer sich für gesünder halten, obwohl sie kränker sind, die Frauen sich dagegen für kränker ansehen, obwohl sie gesünder sind.[6] Insofern ist der Leidensdruck ein Maß für die Leidensfähigkeit.[7] Diese wiederum ist eine Form der Selbsthilfefähigkeit, da sie über die Selbstkonfrontation mit dem Leid und über die Annahme des Leidens auf die Aufhebung dieses Leidens drängt. Das dürfte zu den günstigeren Ergebnissen der Selbsthilfegruppenarbeit bei Frauen beitragen.[8] Deshalb ist auch die Formulierung treffend: «Gesund ist, wer noch krank werden kann.»[9] JUTTA bemerkt dazu: «Das, was uns regelmäßig in der Selbsthilfegruppe zusammenführt, ist die Einsicht, den persönlichen Störungen und Problemen gegenüber machtlos geworden zu sein, und die Unfähigkeit, das Leben weiterhin alleine meistern zu können. Mit diesem Eingeständnis, wir nennen es ‹die Kapitulation›, begann bei mir im Grunde schon der Genesungsprozeß. Denn mit der vorbehaltlosen Zugabe meiner Machtlosigkeit ließ ich gleichzeitig alle unrealistischen Ansprüche, Erwartungen, Anklagen, Bedingungen und alles Selbstmitleid fahren. Ich gab letztlich das Stück von mir auf, was mich bis hierhin gehindert hatte, gesund (erwachsen) zu werden. Ich war bereit geworden, auf allen Gewinn, den ich bisher aus meiner Krankheit gezogen hatte, zu verzichten – und zwar erstmalig, *ohne* zu wissen, was folgen würde. Ich *mußte* aufgeben.»

Eines allerdings wissen Selbsthilfegruppenteilnehmer doch: sie *wollen* sich ihren Problemen stellen und sie bearbeiten. Mit dem Leidensdruck ist also gleichzeitig auch die Zielsetzung eingeleitet. Beide bedingen sich. In der Anfangszeit bestanden zum Beispiel einige Gießener Selbsthilfegruppen aus interessierten Studenten ohne großen Leidensdruck. Sie konnten sich kein Ziel setzen, weil sie einen eigenen Leidensdruck bei sich nicht feststellen konnten. Sie sahen das Leid allenfalls draußen. Sie wollten am ehesten noch in Initiativgruppen anderen helfen. Es dürfte nicht zufällig sein, daß dazu viele gehören, die sich später zum Therapeuten ausbilden lassen wollen. Konnten diese Gruppen ihre eigenen Konflikte nicht wahrnehmen, so hingen andere an einer anderen Krankheitstheorie: sie sahen zwar ihr eigenes Leid, hielten aber die sozialen Bedingungen für die alleinige Ursache.[10] Soweit sie wirklich an seelischen Konflikten litten, verfehlten sie wegen dieser Wendung nach außen eine angemessene Zielsetzung. An diesem Beispiel wird vielleicht deutlich, daß auch die Zielsetzung der Selbsthilfegruppen, nämlich an sich selbst zu arbeiten, um die eigenen Konflikte zu lösen, ein wesentliches Element des therapeutischen Verhaltens ist.

Im Verlaufe der therapeutischen Arbeit wird es dann entscheidend, wie sehr man sich dieser Zielsetzung auch verpflichtet fühlt. Der Grad der Zielbindung wird ausschlaggebend. Selbst-hilfegruppenmitglieder weisen in ihren Sitzungen oft sehr ener-gisch auf die Notwendigkeit dieser Zielbindung hin. Sie neigen dazu, Teilnehmern, die gleichsam unverbindlich kommen, das Verlassen der Gruppe zu empfehlen.

In einem detaillierten Vergleich mit professioneller Gruppen-therapie wird das hohe Zielbewußtsein in den Selbsthilfegrup-pen betont.[11] Persönliche Zielsetzung war ein wichtiger Befund einer Untersuchung über das Verhalten in Selbsthilfegruppen.[12] Ja, der Status eines Mitgliedes in der Gruppe wird daran gemes-sen, inwieweit es sich dem gemeinsamen Ziel angenähert hat.[13]

Diese Zielbindung hat in Selbsthilfegruppen deswegen eine wesentliche Funktion, weil sie erstens wie jede andere Aufgabe die Gruppenbindung verstärkt und weil zweitens Zusatzbin-dungen an das therapeutische Ziel in Selbsthilfegruppen nicht existieren, wie sie zum Beispiel in Expertengruppen gegeben sind, etwa durch die Beziehung zum Therapeuten als Garanten der Heilung oder durch andere Vereinbarungen wie beispiels-weise die Kassenregelung. Leidensdruck und Zielbindung legen im übrigen den therapeutischen Prozeß im Sinne einer emotio-nalen Erfahrung und einer Konfliktarbeit fest.

Empirisch ergab sich bei Selbsthilfegruppen ein ebenso hoher Leidensdruck wie bei Therapiegruppen.[14] ACHIM BORMUTH konnte bei der Untersuchung einer Selbsthilfegruppe feststellen, daß diejenigen, die einen geringen Leidensdruck erleben, eher dahin tendieren, die Gruppe zu verlassen, während die mit höhe-rem Leidensdruck bleiben.[15] Die hohe Zielbindung spiegelt sich ebenfalls in empirischen Ergebnissen wider. So haben es Mitglie-der von Selbsthilfegruppen leichter, ihre Probleme auszuspre-chen, weil die Gruppe ihnen Mut macht, die Konflikte zu äu-ßern. Bei Expertengruppen ist diese Ermutigung deutlich nied-riger.[16]

Spontaneität und Selbstbeobachtung

Spontanes Verhalten während der Selbsthilfegruppensitzung ist für viele Teilnehmer schon zu Beginn einer neuen Gruppe unausgesprochenes Leitbild. Das hängt mit der Wertvorstellung der Echtheit zusammen. Je länger eine Gruppe zusammen ist, desto stärker entwickelt sich die Spontaneität. Sie stellt die größte Annäherung an das psychoanalytische Prinzip der freien Assoziation[17] und an das gruppenanalytische Prinzip der freien Interaktion[18] dar. Unbewußte Prozesse werden bei spontanem Verhalten am ehesten deutlich. Hauptmerkmal der Spontaneität ist die geringe Kontrolle oder die verminderte Abwehrbereitschaft. Wer spontan ist, hebt also teilweise seine Verdrängung auf. Er konfrontiert sich und die Gruppe mit dem, was normalerweise eher abgesperrt ist. Damit werden auch Übertragungen und Widerstände klarer. Wer spontan ist, ist offener nach innen und nach außen. Er trägt deswegen zu einer kreativeren Auseinandersetzung mit sich und den anderen bei. Spontanes Verhalten ist nur möglich, wenn die Beziehungen authentisch und offen sind. Wer spontan ist, ist echter – auch echter in seiner neurotischen Verzerrung oder in seinen Defekten.

Das Prinzip der Spontaneität verträgt sich schlecht mit den üblichen Programmen zur Strukturierung von Gruppenarbeit. Programme haben meist die Nebenwirkung, daß sie die Abwehr stärken und an der aktuellen psychodynamischen Situation vorbeigehen müssen. Eine Ausnahme wären natürlich Anweisungen, die eigens die Entwicklung der Spontaneität beachten.[19+20]

Das spontane Verhalten führt – psychoanalytisch gesprochen – zu einem Wiederholen oder Agieren der konflikthaften Beziehungen, aber auch zur Aufnahme neuer Beziehungen, die eine Gegenkraft zu den neurotischen Verzerrungen darstellen.[21] Sie führt also zu den in jedem therapeutischen Prozeß aufkommenden neuen vorbildhaften und alten mißlungenen Beziehungen. Zur Spontaneität als der entwerfenden, inszenierenden, wiederholenden und innovierenden Ich-Funktion gesellt sich nun noch eine beobachtende, verarbeitende, abschätzende, zuordnende, bewahrende Ich-Funktion: die Reflexion. Dazu gehören die Klärung psychischer Situationen und das schrittweise neue Selbstverständnis. Hier wird deutlich, daß die Kombination zweier therapeutischer Momente deren Wirkung steigert und ihnen eine neue Qualität verleiht. Es geht ja nicht allein um die eingefahrene Verhaltensweisen durchbrechende, Normen und Abwehrstrategien abschüttelnde, extravertierte Spontaneität, um das direkte Erleben und um emotionale Expressivität, die Verschüttetes freilegt und von den Alltagsfesseln befreit. Es geht auch nicht nur um die grüblerische Selbstbesinnung, um sorgfältiges Abwägen der inneren Widersprüche, um selbstkritische Reflexion und um geduldige und genaue Überprüfung des eigenen Verhaltens, kurz, um eine Wendung nach innen. Es geht vielmehr um diese *beiden* Verhaltensweisen *zugleich*: die Expressivität öffnet das Innere, d. h. die Stereotypien und Fixierungen ebenso wie die vielfältigen verborgenen Möglichkeiten. Die Reflexion verarbeitet sie. Sie nutzt diese Chance zu einer neuen Einsicht. Beides – der spontane Ausdruck *und* die umsichtige Selbstbetrachtung – führt erst zu einem neuen Selbstverständnis. Natürlich ist dieses therapeutische Verhalten für die meisten anfangs nur schwer möglich. Die Öffnung nach innen und die reflektierende Betrachtung sind selbst auch Fähigkeiten, die sich im Laufe des therapeutischen Prozesses entwickeln. Dennoch scheinen empirische Untersuchungen zu belegen, daß in Selbsthilfegruppen durch stärkeres Vertrauen, durch wechselseitige Anerkennung und Ermutigung sich schneller eine größere Spontaneität entwickelt als in Expertentherapiegruppen.[22] Hier wäre auch die Bemerkung von GEORGE C. HOMANS zur wechselseitigen Abhängigkeit von Interaktion und Gefühl zutreffend: Je mehr die Mitglieder einer Gruppe als Gleiche in Interaktion treten, um so größer wird die Zuneigung zueinander und umgekehrt.[23]

Selbstverwirklichung und Sprache

Das spontane und reflektierende Verhalten hat eine Thematik, an die es gebunden ist: es geht um die eigenen Konflikte, genauer gesagt um das eigene Selbst mit der ganzen noch undurchschau-baren, unerklärlichen Konflikthaftigkeit. Es geht gleichzeitig ständig um die Art, wie ich damit umgehe, wie ich mich betrach-ten kann, wie ich mich fasse, wie ich mich darstellen und wie ich mich mit mir selbst konfrontieren kann. Das ist ein ständiger Prozeß der Selbstgestaltung. Dazu gehört eine Fähigkeit, sich selbst zu aktivieren, sich selbst zu verwirklichen bzw. nicht in Ich-Einschränkung oder phobischer Vermeidung zu verharren. Das Klima der Selbsthilfegruppen beruht ja gerade auf dieser Selbstmobilisierung. Die Richtung der Spontaneität und der Selbstbeobachtung ist die der zunehmenden Selbstverwirkli-chung. Das geschieht im wesentlichen – wenn auch nicht nur – über die Sprache. Trotz zahlreicher Versuche, andere Kommu-nikationsformen oder einfach nur gemeinsame Aktivitäten in Selbsthilfegruppen anzuwenden, bleiben die Gruppen eben doch im wesentlichen beim Gespräch.

Dem Sprechen wird eine kathartische Wirkung zugeschrie-ben. Es ist aber eine Frage, inwieweit es Katharsis, also reine Entlastung von Spannung, ohne folgende Änderung überhaupt gibt. Tiefere Analysen sogenannter kathartischer Vorgänge zei-gen, daß sie immer gleichzeitig aktive Neugestaltung der seeli-schen Phänomene sind.[24] Im Sprechen gewinnen Probleme oft erstmalig Gestalt. Sie werden überhaupt erst sichtbar. Sie kön-nen dann auch in der Sprache festgemacht werden. Sie werden damit zugeordnet. Die Verbalisierung ist damit zugleich auch eine Psychologisierung. So werden Körperbeschwerden zu emotionalen Beziehungskonflikten. Der Wert der Sprache im Vergleich zu anderen Kommunikationsformen liegt darin, daß sie vielleicht das am stärksten eingeübte, differenzierteste und vielseitigste Instrument ist, das jeder Mensch – auch der Angehö-rige der Unterschicht – zur Bewältigung und Verarbeitung seiner Konflikte hat. Das Aussprechen hat seinen großen therapeuti-schen Effekt wegen der gleichzeitigen aktiven Gestaltung und der damit erfolgenden Distanzierung der Konflikte.

Natürlich wäre hier eine umfassendere Darstellung alles des-sen nötig, was Sprache und Gespräch vollbringen. Das Gespräch bezieht sich ja keinesfalls etwa nur auf die Konflikte. Es schafft nicht nur meine subjektive Identität, sondern auch die Identitäten der anderen, ohne die meine nicht zu denken, d. h. abzugrenzen wäre. Schließlich stiftet sie die subjektive Wirklichkeit überhaupt. Alles, was in mir und außer mir geschieht und alle Bedeutungen, die diesen Ereignissen zukommen, werden durch dieses vielfältigste und komplizierteste Zeichen- und Symbolsystem des Menschen greifbar gemacht, vergegenständlicht. Insofern verwirkliche und bestimme ich mich selbst erst, indem ich spreche, mich dadurch gleichzeitig auch hören kann und eben auf diese Weise mir selbst gegenüberstehe – auch wenn ich nur über mich nachdenke, d. h. nur innerlich spreche. Sprache ist wegen dieser seltenen Eigenschaft, daß sie der Sprechende in gleicher Weise hört wie der, zu dem man spricht, gleichsam von selbst reflektiv. Sie ist also stets auch ein akustischer Spiegel. Wer spricht, ist stets sein eigener Zuhörer. Die Sprache wirkt immer zurück auf den, der sie ausspricht. Deswegen ist sie der Hauptträger der Identität und das Hauptinstrument des Identitätswandels. Die ausgesprochene Sprache, das Gespräch aber, in dem ich mit mir selbst ständig in Beziehung bin, versetzt auch den anderen gleichzeitig in die Lage, zu mir dieselbe Beziehung aufzunehmen – und umgekehrt. Diese Wechselseitigkeit (Reziprozität)[25] macht die überragende Eignung des Gesprächs für alle therapeutischen Prozesse aus. Meine Gestik kann ich selbst nicht so wahrnehmen wie der andere. Sie kann auch nur wenig Bedeutung und Sinn vermitteln. PETER BERGER und THOMAS LUCKMANN sind auf die zentrale Funktion der Sprache für die gesellschaftliche Konstruktion der Wirklichkeit eingegangen.[26] Jede Psychotherapie bietet eine neue subjektive Wirklichkeit, auch die Selbsthilfegruppen. Trotz aller Gefahren, die in einem reinen Verbalisieren, in einem folgenlosen verbalen Agieren und im Intellektualisieren usw. auch gegeben sein können, trotz der Tatsache also, daß das Gespräch allein nicht alles ist, dürfte es doch aufgrund seiner «wirklichkeitsstiftenden Macht»[27] das wesentlichste Instrument aller psychotherapeutischen Vorgänge bleiben. Allgemein steigert die Häufigkeit des Gespräches seine wirklichkeitssetzende Kraft. Kontinuität und Frequenz der Gruppensitzungen haben also auch in diesem Zusammenhang ihre zusätzliche Wirkung.

Verändernde Einsicht durch teilnehmende Resonanz

Das Selbsthilfeprinzip und das Gruppenprinzip sind ausschlaggebend für ein mir wesentlich erscheinendes Phänomen, das ich *identifikatorische Resonanz* genannt habe.[28] In ihm zeigt sich die große Bedeutung der wechselseitigen Identifikationen[29] in den Beziehungen der Gruppenmitglieder untereinander. Mit einer etwas anderen Akzentuierung kann man es auch – weniger fachsprachlich – *teilnehmende Resonanz* nennen. Ich sehe es als Äquivalent der Deutung an, weil es zur verändernden Einsicht führt. Im Gegensatz zur Auffassung einiger Autoren, daß in Selbsthilfegruppen Einsicht nicht angestrebt werde und auch nicht vorkomme – was mir auch theoretisch unhaltbar scheint –, ergab die sorgfältige empirische Untersuchung von LIEBERMANN und BOND sogar ein ganzes Bündel von Verhaltensweisen, die zusammen den Faktor «Einsicht» ausmachten.[30] Unter ihnen ausdrücklich: Einsicht in die Gründe und Ursprünge der Probleme gewinnen. Die Autoren heben hervor, daß Einsicht eine Veränderung der Persönlichkeit («*reconstructing the inner person*»[31]), eine Korrektur von Fehlverhalten und eine angemessenere Gestaltung der zwischenmenschlichen Beziehungen bewirkt.

Die teilnehmende Resonanz ist einer unter mehreren Wegen zur Einsicht. Aus der stillen Beobachtung von Selbsthilfegruppensitzungen möchte ich zwei Beispiele bringen.

Das erste Beispiel: Ein Selbsthilfegruppenmitglied berichtet in der Gruppe von einer Kränkung durch einen geringfügigen Vorfall: ein Kollege habe ihn beim Vorbeigehen nicht gegrüßt. Statt sich nun helfend auf das Mitglied zu stürzen, sozusagen Fremdhilfe zu leisten, ist gemäß dem Selbsthilfeprinzip folgendes therapeutische Verhalten typisch: Jeder fügt aus der eigenen Erfahrung einer ähnlichen Konfliktsituation etwas hinzu, er bringt sich also selbst mit ein und versucht zu verstehen, was da mit ihm selbst vorgegangen sein könnte. So berichtet ein anderer, daß er auch einmal sehr gekränkt war, als ihn seine Freundin nicht beachtete. Das sei allerdings zu einer Zeit gewesen, als er heimlich mit anderen Frauen zusammen war. Er habe gemerkt, daß er so gekränkt gewesen sei, weil er Schuldgefühle hatte. Andere berichten dann von Wut, zum Beispiel auf Kollegen – von der Unfähigkeit, zu sich selbst zu stehen und das zu tun, was man wirklich möchte – von der Abhängigkeit vom Urteil anderer – von homosexueller Zuneigung, mit der man es schwer habe – von der Angst, verlassen zu werden usw. Alle fühlen sich also – bewußt, vorbewußt oder unbewußt – in irgendeiner jeweils unterschiedlichen Weise angesprochen. Unwillkürlich versetzen sie sich in die Lage derjenigen, die vor ihnen berichtet haben. Sie fühlen sich damit in die anderen ein. Sie bleiben aber nicht bei den anderen. Vielmehr identifizieren sie sich selbst mit einer Reihe von Situationen. Mit dieser Identifikation wird in jedem eine Resonanz spürbar. Vorstellungen und Empfindungen kommen auf, die jeweils der aktuellen Situation in der Gruppe, der persönlichen Struktur, der eigenen latenten Konfliktlage und der individuellen Abwehrorganisation entsprechen. Sie passen aber zu dem aufgekommenen Thema. Sie bieten eine neue Facette der Situation, ein Verständnisbruchstück.

Das zweite Beispiel: Ein Gruppenmitglied berichtet über seine nachts aufkommende Angst, überfallen zu werden. Die anderen Teilnehmer, die diesen Bericht hören, werden von dieser Gefühlssituation angesteckt, d. h. sie identifizieren sich unwillkürlich damit. Jedes Gruppenmitglied hat seine je individuelle Assoziation ähnlicher Ängste, seine spezielle Verarbeitung dieser Befürchtungen, seine dagegen gerichteten Abwehrformationen. Zahlreiche Mitglieder antworten nun auf diese vorgebrachte Angst. In den Äußerungen wird diese Angst mit anderen, benachbarten Inhalten verknüpft. So kommt ein Mitglied auf die Angst vor brutalen Menschenmengen, ein anderes auf die Furcht, vergewaltigt zu werden, ein anderes auf Ängste vor einer sexuellen Beziehung oder vor einer Elternfigur. Zusammengefaßt bildet die Gesamtresonanz aus zahlreichen Variationen und Assoziationen einen Bedeutungsraum, der das ursprüngliche Problem (die Angst, überfallen zu werden) unwillkürlich erläutert. Das Gleiche kann sich nun auch direkt in den Interaktionen zwischen einzelnen Gruppenmitgliedern darstellen, d. h. durch Erlebnisaspekte der aktuellen Beziehung ergänzt werden: So spürt ein Mitglied plötzlich Aggressivität oder Angst vor einem anderen usw. Das Phänomen wird auf diese naive Weise sozusagen gedeutet. Das aufkommende Problem, das sich zunächst außerhalb der Gruppe im Alltag und in der Vergangenheit befand, inszeniert sich nun innerhalb der Gruppe – im Hier und Jetzt, in der Übertragung-Gegenübertragung. Der Prozeß bleibt ganz auf der unmittelbar emotionalen Ebene. Auf diese Weise dringt schließlich das Verdrängte durch die Verdrängung.

Aus der gesamten identifikatorischen Resonanz der Gruppenmitglieder ergibt sich eine spezifische Antwort auf die aufgekommene Thematik. Ein Problem wie die genannte Kränkung oder Angst wird auf eine ganz unmittelbare, mit dem eigenen Erleben eng verbundene, gefühlsnahe Weise ergänzt und nicht rationalisierend interpretiert. Diese identifikatorische oder teilnehmende Resonanz wird durch das therapeutische Arrangement, namentlich durch das Selbsthilfeprinzip, besonders gefördert. Sie entspricht der «Deutung» in der professionellen Psychotherapie. Sie bleibt allerdings stärker im emotionalen Bereich, entspräche also einer affektiv gefärbten und damit natürlich auch Affekte mobilisierenden Interpretation.

Dieser Auffassung entspricht der Hinweis von S. H. FOULKES, daß Bemerkungen der Gruppenmitglieder stets unbewußte Interpretationen beinhalten.[32] Nach der gruppenanalytischen Theorie entspräche die identifikatorische Resonanz einer speziellen Form der sogenannten «reaktiven Assoziationen» (*reactive associations*), die zu den «gruppenspezifischen Antworten» gehörten.[33] Zeitweise stellt sie gleichsam ein Carom dar, das noch nicht bewußt geworden ist. Unter Carom versteht man beim Billard die Tatsache, daß der gespielte Ball nacheinander mehrere andere anstößt. Auch sie gehört zu den gruppenspezifischen Antworten. S. H. FOULKES hält die Resonanz in der Gruppe stets für selektiv und spezifisch, nie für allgemein.[34]

Eine Fülle solcher Abläufe führt Einsicht in bisher unverstandene, ja unbemerkte konflikthafte Vorgänge herbei. Natürlich setzen hier die Widerstände ein, etwa im Gefühl, das alles habe nichts miteinander zu tun, im Versuch, mit Psychotherapieformeln herumzudoktern, und mit vielem anderem mehr. Wie bei jeder therapeutischen Gruppe haben auch bei Selbsthilfegruppen alle Reaktionen homöostatischen Charakter, d. h. sie bewahren das Gruppengleichgewicht und damit jeweils auch das Angstniveau, das die Gruppe im Augenblick ertragen kann.[35] Doch besteht ja der ganze therapeutische Prozeß aus assoziativen, erlebnisnahen Vorgängen. Die Widerstände werden also zu gegebener Zeit oder in einem anderen Kontext auf diese Weise auch überwunden werden können. Es wirken also auch Selbsthilfegruppen therapeutisch verändernd durch die neue Einsicht, die auf diesem Wege der unmittelbaren Kombination verschiedener Erlebnisweisen gewonnen wird.

Fähigkeiten zur Gruppenselbstbehandlung

Was bisher zum therapeutischen Verhalten gesagt wurde, läßt schon einige Fähigkeiten zur Gruppenselbstbehandlung erkennen: die Fähigkeit, eigene Konflikte anzuerkennen; die Fähigkeit zu leiden; die Fähigkeit, sich ein Ziel zu setzen und sich daran zu halten; die Fähigkeit, über ein Minimum an Spontaneität und Selbstbeobachtung zu verfügen; die Fähigkeit und der Wunsch, sich selbst zu entdecken und eigene Empfindungen zur Sprache zu bringen; die innere Bereitschaft, sich wirklich zu ändern.

Aus den vier Wertvorstellungen und den drei therapeutischen Prinzipien (vgl. Kap. 7) lassen sich ableiten: eher seine Dinge selbst in die Hand zu nehmen, aktiv zu sein, statt sie anderen zu überlassen; sich selbst helfen zu wollen; wenigstens zu versuchen, echt und offen zu sein; sich zur Hoffnung entschließen zu können; Beziehungen zu anderen in solidarischer Weise aufnehmen zu wollen; in einer Gruppengemeinschaft mitwirken zu können und in einem Mindestmaß zu kontinuierlicher Teilnahme bereit zu sein.

Wir müssen dabei beachten, daß diese Fähigkeiten am Anfang nur schwach vorhanden sind. Durch die einfache Tatsache, daß sie therapeutisch gefordert werden und tatsächlich am besten voranhelfen, verstärken sie sich jedoch selbst. Sie werden also mehr und mehr gelernt. Sie sind nur zu einem vermutlich meist vorhandenen Minimum Voraussetzung und entfalten sich nach und nach in ständiger Erprobung.

Nach RICHARD ALMOND sind zwei Momente entscheidend: die Gruppenfähigkeit und das Bedürfnis nach einem neuen Inhalt, nach einem neuen Verständnis der eigenen Situation. Sie ergäben sich jedoch schon aus einem ursprünglichen menschlichen Beziehungsbedürfnis und untrennbar davon auch aus dem Verlangen nach einem neuen Ideenmuster («*new set of or new relation to ideas*»). ALMOND nennt ferner die Fähigkeiten, loszulassen, sich in eine andere Welt hineinzubegeben und sich zu verändern.[36]

Einige Untersuchungen bieten empirische Befunde. LIEBERMANN und BOND[37] konnten fünf bedeutsame Prozesse in den Frauenselbsthilfegruppen unterscheiden. Ihnen sind folgende Gruppenselbstbehandlungsfähigkeiten zu entnehmen: Gemeinsamkeiten mit anderen austauschen zu können (Faktor 1: *sharing commonalities*); sich in die Gruppe eingeben zu können (Faktor 2: *involvement*); etwas von sich preisgeben und in der Gruppe Neues erproben zu können (Faktor 3: *risk taking*); unerwünschte Dinge bei sich selbst sehen und negative Gefühle ertragen zu können (Faktor 4: *insight*); die eigene Rolle überprüfen zu können (Faktor 5: *role analysis*).

Die umfassendste Untersuchung zum Selbsthilfeverhalten in der Gruppe ist soeben von LEON LEVY und Mitarbeitern beendet worden.[38] Sie untersuchten 28 hilfreiche Verhaltensformen bei typischen psychologisch-therapeutischen Selbsthilfegruppen (AA, TOPS, EA, Parents Anonymous, Parents without Partners, Overeaters Anonymous, Make Today Count)

Die zehn häufigsten waren:
1. sich einfühlen, die Gefühle anderer verstehen und teilen;
2. sich wechselseitig achten und anerkennen;
3. etwas erläutern und erklären;
4. teilnehmen lassen am eigenen Erleben;
5. anderen versichern, daß sie ihre Probleme eines Tages durchgearbeitet haben;
6. sich selbst enthüllen, sich öffnen;
7. andere bestärken, wenn ihnen etwas gelungen ist;
8. sich selbst Ziele setzen;
9. Gefühlen offen Ausdruck geben;
10. andere ermutigen, Probleme ausführlicher darzulegen.

Am wenigsten traten auf:
1. andere bestrafen;
2. andere in fordernder oder gar bedrohlicher Weise konfrontieren;
3. Rückmeldung (*feedback*) erbitten, wie andere einen erleben;
4. das gestörte Verhalten (psychodramatisch) der Gruppe vorführen;
5. Rückmeldung geben.

Es ist auffällig, daß die ersten zehn im Vergleich zu den letzten fünf Verhaltensweisen in keiner Weise streng oder fordernd sind, sondern eher teilnehmend, sich öffnend, stützend und die Eigenart des anderen achtend. Unter den letzten erstaunt vor allem die geringe Bedeutung des Feedbacks, das von den Gruppendynamikern so sehr geschätzt wird. Hier wird noch einmal deutlich, wie sehr Expertenprogramme für Selbsthilfegruppen an dem Charakter der Selbsthilfegruppen vorbeitrainieren können. SCHWÄBISCH und SIEMS zum Beispiel haben eine eigene Übung zum Feedback angeboten. Einige Gruppen in Gießen beginnen mit diesem Programm. Die Feedback-Übung paßt aber offenbar wenig in die Art und Weise, wie Selbsthilfegruppen spontan miteinander umgehen.

Zu den genannten Verhaltensweisen muß man auch in der Lage sein, wenn man zu einer Selbsthilfegruppe gehört. Fast alle kann man als Fähigkeiten zur Gruppenselbstbehandlung ansehen. Für den einsichtsgewinnenden Prozeß, den ich als teilnehmende Resonanz beschrieb, dürften vor allem entscheidend sein: sich einfühlen bzw. die Gefühle anderer verstehen und teilen (1); andere am eigenen Erleben teilnehmen lassen (4); sich selbst enthüllen (6) und den Gefühlen Ausdruck geben (9).

Überraschend war, daß sich die Selbsthilfegruppen in diesen Verhaltensweisen kaum voneinander unterschieden haben. Vielleicht handelt es sich um ein ganz allgemeines, verbreitetes Alltagsselbsthilfeverhalten, vielleicht aber auch um eine große innere Verwandtschaft trotz der voneinander so entfernt scheinenden Probleme wie die der Krebskranken und ihrer Familien in Make Today Count und die der Übergewichtigen in den TOPS. Wahrscheinlich kommen hier beide genannten Momente zusammen. Jedenfalls vermuten die Autoren, daß diese hilfreichen Aktivitäten deswegen zustandekommen, weil sie fundamentalen menschlichen Bedürfnissen entsprechen – nach Einfühlung, nach Anerkennung, nach dem Sinn des eigenen Erlebens, nach Beziehungen zu anderen und nach Hoffnung.

Im Kontrast zu professionellen Therapien, bei denen der affektive Prozeß die entscheidende Rolle spielt, ist bei Selbsthilfegruppen nach Meinung der Untersucher eine stärkere Verbindung von Denken und Fühlen zu verzeichnen. Meiner Meinung nach übersahen die Autoren jedoch, daß dem therapeutischen Verhalten der Selbsthilfegruppen in der professionellen Therapie zweierlei entspricht: sowohl das konfliktdarstellende und inszenierende Verhalten des Patienten als auch die Behandlungstechnik und das Verhalten des Therapeuten. In dieser Sicht ist dann die Differenz nicht mehr so groß, weil zu dem affektiven Prozeß der Konfliktentfaltung der erkennende Prozeß der Einsicht, also das geistig-seelische Verstehen, hinzukommt, das ja auch in der professionellen Therapie als eine Integration von Denken und Fühlen angesehen wird.

Im übrigen muß man bei der Untersuchung von Levy und seinen Mitarbeitern doch sehr genau auf die Formulierungen achten, die den Teilnehmern vorgegeben waren. Konfrontation hatte hier zum Beispiel eine sehr strenge, harte Bedeutung und

tauchte deswegen selten auf, während sie bei den Frauenselbsthilfegruppen im Sinne einer Herausforderung zur Selbstentdek-
kung mehr im Vordergrund stand.[39] Man meint darin die Selbst-
hilfegruppenvorstellung der Untersucher durchzuspüren. Über
solche Bedeutungsverschiebungen zwischen ähnlichen Begriffen
realisiert sich der ROSENTHAL-Effekt[40]: die Auffassung oder
Gegenübertragung des Untersuchers bestimmt die Ergebnisse
auch einer «einwandfreien» Forschung.

Einen ähnlichen «Formulierungseinfluß» zeigt ein weiteres
Beispiel: Es wurde auch die wechselseitige Modellbildung (*mo-
deling*) in der Gruppe erfragt. Die gelungene umgangssprach-
liche Erläuterung bezeichnet aber einen so merkwürdig formel-
len, beinahe steifen Vorgang, daß man sich nicht wundert, ihn
schließlich nur selten angegeben zu sehen. Statt einer ganz spontanen, unwillkürlichen Modellwirkung einer teilnehmenden Resonanz ist hier nämlich ein sehr umständliches Fremdhilfever-
fahren erfragt, in dem ein Mitglied das Problem eines anderen
bewußt aufgreift und die Lösung vor der Gruppe demonstriert.

Über diese Einzelfälle hinaus geht es um ein generelles For-
schungsproblem: Wenn Experten etwas vorgeben, besteht leicht
die Gefahr, daß sich doch die professionell gewohnte Fremdhil-
femethode, die wissenschaftliche Bewußtheit und die erklärte
therapeutische Absicht jeder einzelnen Handlung einschleichen.
Die Eigenart des Selbsthilfeverhaltens, das sich in der Regel
spontan und weitgehend unbewußt vollzieht, kann dann gar
nicht erfaßt werden.

In einer unserer Untersuchungen verglich DIETER STÜBINGER
acht Selbsthilfegruppen mit acht Therapiegruppen.[41] Der Vorteil
liegt darin, Besonderheiten des Selbsthilfegruppenverhaltens gegenüber dem Patientenverhalten in der professionellen Gruppentherapie erfassen zu können. Allerdings war der von uns
entworfene Fragebogen mit 30 polarisierten Entweder-Oder-
Angaben vor allem auf die Einstellung zur Gruppe bezogen.
Doch ergeben sich auch einige deutliche Hinweise auf das unterschiedliche therapeutische Verhalten und damit auf die Gruppenselbstbehandlungsfähigkeit.

Zunächst erleben Selbsthilfegruppenmitglieder ihr Verhalten in der Gruppe ähnlich wie ihr übliches Verhalten Freunden gegenüber. Bei den Gruppenpatienten ist der Unterschied deutlicher. Die Alltagsnähe ist also nicht so groß, vermutlich aufgrund des professionellen therapeutischen Arrangements, das klarer abgegrenzt, spezifizierter, anders und fremder ist. Das Selbsthilfegruppenverhalten gleicht also dem normalen Alltagsverhalten mehr. Es ist weniger durch das therapeutische Arrangement verändert. Darin bestätigt sich die Auffassung der meisten Autoren, daß Selbsthilfegruppen der alltäglichen Wirklichkeit näherstehen als professionelle Therapiegruppen. Das Resultat widerspricht allerdings PAUL ANTZES Vermutung, daß Selbsthilfegruppen sehr spezielle Techniken entwickeln.[42]

Der weitere Vergleich des therapeutischen Verhaltens bei Selbsthilfegruppen- und Therapiegruppenmitgliedern ergab nun, daß die Gruppenselbstbehandlungsfähigkeit (Faktor: Selbsthilfefähigkeit) bei Selbsthilfegruppen höher ist. Dazu gehört:

☐ die Teilnehmer geben sich aufgeschlossener, offener;
☐ sie fühlen sich von der Gruppe stärker ermutigt (was gleichzeitig bedeutet, daß sie auch die anderen stärker ermutigen);
☐ sie empfinden sich als aktiver;
☐ sie vertrauen der Gruppe mehr, sie fühlen sich geborgener (was auch bedeutet, daß sie anderen Geborgenheit geben);
☐ sie empfinden sich als hilfreicher für andere Gruppenmitglieder;
☐ sie haben eine engere Beziehung zu den anderen Gruppenmitgliedern.

Außerhalb dieses Faktors Selbsthilfefähigkeit zeigte sich noch:

☐ sie meinen, die anderen Gruppenmitglieder mögen sie mehr.

Aus einem Persönlichkeitstest (Gießen-Test) ergab sich:

☐ sie empfinden sich als phantasievoller
☐ sie sind emotional offener bzw. ausdrucksfähiger.[43]

Auch hier sind die Befunde über die Fähigkeit zur Gruppenselbstbehandlung ebenso Voraussetzung wie schon Ergebnis der

Selbsthilfegruppenarbeit. Insofern wäre es nicht uninteressant zu wissen, wie es bei den Anfängern in beiden Gruppen aussieht, also bei Mitgliedern, die weniger als ein Jahr in der Gruppe waren. Hier ergab sich, daß Selbsthilfegruppenteilnehmer schon zu Beginn – wenn auch nicht so ausgeprägt wie später – über mehr Selbsthilfegruppenfähigkeit als Gruppenpatienten verfügen. Auch die neueren Selbsthilfegruppenteilnehmer sind offener und aktiver. Sie halten sich für phantasievoller. Sie erleben ihre Gruppe – aber auch ihren Freundeskreis – als befriedigender. Das spricht für ihre Beziehungsfähigkeit. Tendenziell sind sie auch dominanter (eine Persönlichkeitsdimension des Gießen-Tests, die sich aus sechs Angaben ergibt) – oder umgekehrt gesagt: die Gruppenpatienten sind etwas gefügiger. Selbsthilfegruppenteilnehmer unterscheiden sich also in ihren Verhaltensweisen schon recht früh von Gruppenpatienten. Das dürfte einerseits durch die Auswahl und den unterschiedlichen Aufforderungscharakter der Gruppen, andererseits durch die Arbeit im ersten Jahr zu erklären sein. Doch darf man über diesen Unterschieden nicht vergessen, daß die Ähnlichkeiten im großen und ganzen erheblich sind. Auch in dem erwähnten Persönlichkeitstest ergab ja nur eine von sechs Skalen einen tendenziellen Unterschied. In den übrigen fünf Skalen glichen sich Selbsthilfegruppenteilnehmer und Gruppenpatienten weitgehend.

Es bleibt also noch genau zu erforschen, ob es besondere Fähigkeiten gibt, die man für eine Selbsthilfegruppe benötigt. Nach allen bisherigen Untersuchungen kann man die Gruppenselbstbehandlungsfähigkeit in folgende drei Schwerpunkte gliedern:

1. eine aktivere Einstellung (zu sich selbst, zu anderen, zu den eigenen Konflikten und dem eigenen Selbsthilfepotential);
2. Beziehungsfähigkeit;
3. emotionale Ausdrucksfähigkeit.

Zur *aktiveren Einstellung* dürften die meisten Angaben in den beiden vorangegangenen Untersuchungen heranzuziehen sein, obwohl sie keine Vergleiche mit Therapiegruppen bieten. Zum Beispiel «Risiko auf sich nehmen» (Faktor 3: *risk taking*) bei den

Frauenselbsthilfegruppen oder «sich selbst Ziele setzen» bei den verschiedenen psychologisch-therapeutischen Selbsthilfegruppen. Unter den Anonymen Alkoholikern finden sich dementsprechend mehr Ängstliche als Depressive, eher selbstgenügsame («*selfsufficient*»), nicht aber unbedingt ich-starke Personen.[44]

Zur *Beziehungsfähigkeit* gehören bei den Frauenselbsthilfegruppen zum Beispiel «teilen von Gemeinsamkeiten» (Faktor 1: *sharing of commonalities*) und «sich in die Gruppe eingeben» (Faktor 2: *involvement*). In der Untersuchung von LEVY und Mitarbeitern sind es unter den ersten zehn: «sich einfühlen, andere anerkennen, am eigenen Erleben teilnehmen lassen, andere bestärken und ermutigen». Bei den Anonymen Alkoholikern gehören dazu die erhöhten Bedürfnisse, sich an andere anzuschließen und sich mit anderen auszutauschen.[44]

Auch die *emotionale Ausdrucksfähigkeit* ist durchgehend erkennbar. Zu ihr gehört die Leidensfähigkeit, die nach unseren Untersuchungen im übrigen mit der von Gruppenpatienten gleich ist. Der Leidensdruck spielt auch bei den Anonymen Alkoholikern eine erhebliche Rolle. Hinzu kommt dort noch das Bedürfnis, die eigenen Gefühle mit anderen zu teilen.[44] Emotionaler Ausdruck gehört bei den Frauenselbsthilfegruppen (Gefühle teilen, sich selbst enthüllen, stark aufgeregt sein, intensiv negative Gefühle erleben) und bei dem von LEVY und Mitarbeitern untersuchten psychologisch-therapeutischen Selbsthilfegruppen (Gefühle der anderen teilen, andere an eigenen Empfindungen teilnehmen lassen, sich öffnen, Gefühlen Ausdruck geben) offensichtlich zu den vorrangigen Fähigkeiten.

Trotz der Schwierigkeiten, unterschiedliche Gruppen und Untersuchungen miteinander zu vergleichen, sind diese drei Dimensionen für Selbsthilfegruppen wohl als charakteristisch zu beachten. Es bleibt offen, ob sie für professionelle Gruppentherapiepatienten nicht ebenso erforderlich sind. Doch ist das eine Frage, die für die Praxis der Selbsthilfegruppe zunächst von geringerer Bedeutung ist.

Die Aufstellung der Fähigkeiten zur Gruppenselbstbehandlung läßt zunächst Bedenken aufkommen, was die Bildung von

Selbsthilfegruppen bei jenen betrifft, die über diese dreifache Fähigkeit zu Aktivität – Beziehung – Gefühlsausdruck weniger verfügen.

Hier scheinen drei Bemerkungen angemessen:

1. Jeder Mensch verfügt in einem gewissen Maße über diese Fähigkeiten.

2. Die Fähigkeiten steigern sich, sowie sich der Einzelne in der Gruppengemeinschaft befindet. Man darf also nicht die manifesten Fähigkeiten eines oft isolierten Individuums zum Maßstab nehmen.

3. Die Fähigkeiten werden schon allein durch die Aufforderung zur solidarischen und offenen Mitarbeit in einer Selbsthilfegruppe mobilisiert, erst recht aber im Verlauf der Gruppenselbstbehandlung zur Entfaltung gebracht. Als Beispiel mag der Gewinn an Kontaktfähigkeit schon in der Anfangsphase der Selbsthilfegruppenarbeit gelten.[45]

Treffender kann demnach als Voraussetzung für die Selbsthilfegruppen die Bereitschaft gelten, sich zur Gruppenselbstbehandlung (d. h. zur aktiven Einstellung, zur intensiveren Beziehung und zum emotionalen Ausdruck) befähigen zu lassen.

Ein Kontrast zu den Voraussetzungen der professionellen Therapie sollte in diesem Zusammenhang hervorgehoben werden. Eine berühmt gewordene Untersuchung von W. SCHOFIELD ergab für die Patienten der professionellen Psychotherapie das sogenannte YAVIS-Syndrom.[46] Es faßte die Standardeigenschaften geeigneter Patienten zusammen: Young, attractive, verbal, intelligent, successfull – jung, attraktiv, sprachgewandt, intelligent, erfolgreich. Ähnliches konnten DIETER BECKMANN und JÖRN W. SCHEER[47] am Gießener Zentrum für Psychosomatische Medizin ermitteln. Nicht von ungefähr kann man den Eindruck gewinnen, daß die Gesunden noch gesünder gemacht werden – ein pikanter Kontrapunkt zur heimlichen Stigmatisierung der Psychotherapiepatienten, die so gesehen eher als Neidreaktion erscheint. Die Mitgliedschaft bei Selbsthilfegruppen folgt nicht dem YAVIS-Syndrom.[48+49] Das ergibt sich allein schon aus der unbeschränkten Zulassung. Insofern mag man Selbsthilfegruppen als eine Gegenkultur zu den herrschenden Idealen auffassen.

Die Eignung des Einzelnen und der Gruppe

Das therapeutische Verhalten kann nicht als eine Anhäufung isolierter Interaktionen aufgefaßt werden, wie sie hier aus Gründen der Übersicht und der Erhebungsmethodik beschrieben werden mußten. Erst die Kombination und die Wechselwirkung in der Gruppe macht die eigentliche Kraft und Bedeutung des therapeutischen Verhaltens aus. Es ist folgendes zu bedenken: weil das Verhalten des Einzelnen durch die Gruppe bedingt ist, weil er eben wirklich Gruppenmitglied ist, erfassen wir mit dem individuellen Verhalten des Teilnehmers letztlich Gruppenaspekte.

Nicht der einzelne Teilnehmer, sondern die einzelnen Gruppen als Ganzes geben mit ihrem Verhalten Aufschlüsse über die Selbsthilfegruppenarbeit. In den Gruppen sind nämlich verschiedene Formen des Verhaltens so gemischt, daß sie sich wechselseitig in einem bestimmten Verhältnis stabilisieren. Übernimmt etwa ein Teilnehmer oder eine Untergruppe den einen Part (zum Beispiel die Herausforderung), so ergreifen andere einen weiteren Part in diesem Zusammenspiel (zum Beispiel Schutz und Schonung). Aus den bisherigen Untersuchungen kann diese Wechselwirkung nicht deutlich werden. Wenn wir die Gruppenselbstbehandlungsfähigkeiten aufzählen, fehlt uns das Gruppenbild. Von der ständigen situativen und phasenspezifischen Veränderung einer Gruppe kann in den Befunden erst recht nichts zu spüren sein.

Die Veränderung des Einzelnen in der Gruppe kann man als Sozialisation auffassen. Wenn die ganze Gruppe ein Verhaltensgemisch bietet, kann dieses Gruppenverhalten von einzelnen auch nach innen genommen werden. So ist zu erwarten, daß sich nach einiger Zeit das persönliche Verhalten des Einzelnen in einer Richtung verändert, die dem Verhältnis von Herausfordern und In-Ruhe-Lassen, von Angriff und Beschützen, von Passivität und Aktivität usw. in der Gruppe entspricht (vorausgesetzt, es kommt nicht zu Rollenfixierungen). Die ganze Gruppe kann insofern das Modell für den Einzelnen werden. So hört man denn im Gesamttreffen beispielsweise: «Wir machen das aber anders . . .». Hier hat die Identifikation des einzelnen mit dem Gruppenverhalten, dem «Wir», meist schon stattgefunden.

Maßgebend ist also die Gesamtheit, der Prozeß und die Richtung der Gruppe. Sie legen jene Verhaltensmischung fest, die für das Erreichen des Ziels günstig ist. Das bewußte Ziel ist die Bearbeitung der Konflikte. Ein weniger bewußtes Gruppenziel dürfte hinzukommen: nicht die möglichst schnelle Heilung eines einzelnen, also eine isolierte Spitzenleistung unter Umständen auf Kosten der anderen, sondern die möglichst gleichmäßige Verteilung des therapeutischen Fortschritts auf alle. Das entspricht der Gleichgewichtstendenz und dem Reziprozitätsgesetz. Eine Gruppenkette ist also so stark wie ihr schwächstes Glied. Demnach wird auch das schwächste Glied am ehesten gefördert. Trotz dieser Ausgleichstendenz, die für eine insgesamt maximale, aber verteilte therapeutische Wirkung sorgt, bleiben die Unterschiede zwischen den Einzelnen natürlich erheblich.

Die hier skizzierten Momente könnten erst in detaillierten Gruppensitzungsanalysen genau überprüft werden. Wir erforschen das zur Zeit schwerpunktmäßig.

Aus dem sozialen Verhalten bei Tieren ist der Vorrang der Gesamteignung vor der individuellen Eignung bekannt. Zwar geht es bei Tieren um ein anderes Gruppenziel (Genverbreitung), doch lassen sich die Gesetzmäßigkeiten gut übertragen. Der bisherige Ethologenstreit, ob zum Beispiel vollstreckte Vernichtung, nur Drohen und Nachgeben oder friedliche Kooperation von größerem Vorteil für die Selektion sei, ging gerade an der geschilderten Gruppenperspektive vorbei: entscheidend war nicht entweder dieses oder jenes allgemeine individuelle Verhalten, vielmehr das Mischungsverhältnis der Verhaltensweisen in der für die jeweilige Art typischen Sozialgruppe. Dieses Mischungsverhältnis war nun aber keinesfalls irgendwie von den persönlichen Eigenarten der einzelnen Individuen her bestimmt. Vielmehr war für die Mischung etwa zwischen destruktiven Beschädigungskämpfern und nichtverletzenden Kommentkämpfern allein das Gruppenziel, d. h. die Gesamteignung im Sinne einer maximalen Artverbreitung entscheidend. Nicht die individuelle Eignung, sondern die Gruppeneignung entscheidet also im Kampf ums Ziel, hier ums Dasein.[50] Die Gruppeneignung beruht nicht zuletzt auf «evolutionsstabilen Strategien».[51] Diese Prinzipien dürften – in einer angemessenen Übersetzung – auch für die therapeutischen Gruppenvorgänge gelten. Hier sind natürlich durch die weitgehende Vorprägung (Kindheitsentwicklung und Persönlichkeitsstruktur) andere Ausgangsbedingungen gegeben.

Ein sehr wesentlicher Gesichtspunkt gerät über allen instrumentellen Einzelheiten aus dem Blick. Die therapeutischen Erfolge der Selbsthilfegruppen beruhen letztlich auf Einsicht, d. h. auf der Entdeckung neuer Sinnzusammenhänge, auf einem neuen Verständnis seiner selbst und der subjektiven Wirklichkeit. Darin gleichen sie allen psychodynamischen Psychotherapien. Sie bewirken also eine Heilung durch eine neue Definition der eigenen Identität und Lebenswelt. Bisher ist nicht einmal der Versuch gemacht worden, solche komplexen seelischen Gebilde zu erfassen. Sie machen jedoch den Sinn der Selbsthilfegruppen aus. Deswegen kommt immer wieder Unbehagen am Namen «Selbsthilfegruppen» auf. Er umfaßt zu wenig. Im Verlauf der Jahre haben wir immer wieder eine bessere Bezeichnung zu finden gesucht: Selbstentwicklungsgruppen, Selbstentdeckungsgruppen, Selbsterfahrungsgruppen, Selbstverwirklichungsgruppen wären ebensogut oder vielleicht sogar treffender. Doch führt auch hier die Gewöhnung an den alten Namen zu einer stillen Sympathie.

5.
Gruppenbildung

Der erste Schritt: sich orientieren

Ob ein Teilnehmer interessiert ist, eine Gruppe aufzubauen, oder ein Experte in seinem Bereich Selbsthilfegruppen anregen möchte – der allererste Schritt ist die Orientierung: Gibt es in der näheren Umgebung bereits Selbsthilfegruppeninitiativen oder selbsthilfeinteressierte Experten? Ein entsprechender Kontakt könnte den Beginn erheblich erleichtern.

Hier ist zu beachten, daß die Verbreitung von Selbsthilfegruppen fast immer unterschätzt wird. Das hat zwei Gründe: zum einen arbeiten die Gruppen oft relativ isoliert und halten wenig Außenkontakt. Zum anderen führt die Distanz zwischen Selbsthilfegruppen und Experten dazu, daß die meisten beruflichen Helfer und offiziellen Stellen über die Existenz von Selbsthilfegruppen nicht ausreichend informiert sind.

Wenn man sich über diese Situation klar ist, muß die Aufforderung zur Orientierung durch eine Aufforderung an die bestehenden Selbsthilfegruppen ergänzt werden: sie sollten sich von Anfang an der Notwendigkeit bewußt bleiben, sich selbst für andere Betroffene auch tatsächlich zugänglich zu machen. Richard Almond betont deshalb mit Recht, daß eine therapeutische Gruppierung «fähig sein muß, ihre Energie auch nach draußen zu richten, indem sie Beziehungen zu den Leidenden aufnimmt»[1]. Es gibt Selbsthilfegruppen, die sich so sehr auf sich selbst konzentrieren, daß sie die potentielle Gemeinschaft mit den anderen Betroffenen aus den Augen verlieren und in dieser Selbstisolation langfristig auch für die eigene Auslöschung sorgen. Auf diese *Außenbeziehungsfähigkeit* sollte jede Gruppe achten. Sie sollte an jene denken, die an einer Gruppenselbstbehandlung interessiert wären (vergleiche auch unten «erste Kontaktsuche» Seite 185), aber noch isoliert sind.

Jeder kann sich an die *Deutsche Arbeitsgemeinschaft Selbsthilfegruppen* wenden (Adresse auf Seite 417). Sie ist eine informelle, unbürokratische Ad-hoc-Organisation, deren einzige Aufgabe es ist, zu informieren, zu orientieren und die Beziehungen untereinander zu erleichtern. Sie sammelt die Anschriften aller

Beteiligten, Interessenten, Gruppen oder Organisationen. Jeder kann ohne weiteres Mitglied werden. Es ist zu erwarten, daß sich bei steigendem Umfang der Adressenliste aus den lokalen Selbsthilfegruppen auch regionale Länder-Arbeitsgemeinschaften bilden.

Im Anhang sind ferner eine *Gesamtliste aller deutschen Selbsthilfegruppen* und einige Kurzbeschreibungen angegeben, soweit sie auf eine Umfrage Mitte 1978 geantwortet haben.

Die Deutsche Arbeitsgemeinschaft versendet wenigstens einmal im Jahr ein *Rundschreiben* mit Listen der Adressen von Einzelpersonen und Gruppen, mit einer Literaturübersicht, mit einem Terminkalender zu Tagungen und interessierenden Berichten in den Medien, soweit sie uns bekannt gemacht werden.

Als regelmäßige *überregionale, bundesweite Treffen* sind zur Zeit die jährlichen Tagungen des MANNHEIMER KREISES und der DEUTSCHEN GESELLSCHAFT FÜR SOZIALE PSYCHIATRIE vorgesehen, zu denen jeder kommen kann. Dort ist eine *Ständige Arbeitsgruppe «Selbsthilfegruppen»* eingerichtet.

Da die Selbsthilfegruppen in der Bundesrepublik Deutschland zur Zeit noch nicht so differenziert sind wie in den Vereinigten Staaten, erschien es mir günstig, auch *alle amerikanischen Selbsthilfegruppenorganisationen nach ihren Hauptadressen* anzugeben. Wie JUTTA schilderte, ist es ohne weiteres möglich, sich von dort Informationsmaterial zusenden zu lassen. Eine solche Anfrage kann ruhig in fehlerhaftem Englisch oder auch auf deutsch verfaßt sein. Aufgrund einer solchen Einzelinitiative hat JUTTA die zur Zeit sechzig Emotions Anonymous-Selbsthilfegruppen in Deutschland ermöglicht.

Die Adressen der *zentralen Kontaktstellen von Emotions Anonymous und den Anonymen Alkoholikern* sind ebenfalls im Anhang angegeben. Dort kann man sich ebenfalls erkundigen.

Hie und da haben sich regionale Zeitungen bereit erklärt, Treffpunkte und Zeiten der Selbsthilfegruppen kostenlos in ihren Veranstaltungskalender zu übernehmen. Ein Blick auf ihn kann also hilfreich sein. Andererseits kann man auch selbst durch eine Kleinanzeige versuchen, nach Selbsthilfegruppen zu fragen, die sonst nicht bekannt sind.

Die hier gegebenen Hinweise bieten auf alle Fälle eine ausreichende Anfangsorientierung für das Bundesgebiet. Welche persönlichen Aktivitäten darüber hinaus günstig sind, kommt noch zur Sprache.

Publikumsdiskussion mit Freiburgern

Die folgenden Ausschnitte aus der Diskussion mit einem Freiburger Publikum nach einem öffentlichen Vortrag über Selbsthilfegruppen[2] helfen vielleicht, die vielfältigen Anfangsprobleme anschaulich zu machen.

Vor einem größeren Publikum sprach ich etwa eine Stunde über Selbsthilfegruppen und skizzierte alle meines Erachtens wesentlichen Probleme. Zu Beginn hatten wir vereinbart, uns nach dem Vortrag in kleine Gruppen von etwa je sechs Sitznachbarn aufzuteilen und nur ein Thema zu erörtern: Welche Probleme sieht jede/r persönlich vor sich, wenn er/sie für sich selbst eine Gruppe ins Leben rufen möchte? Wir hatten eine halbe Stunde für diese Kleingruppendiskussion Zeit und wollten dann die Anfragen der einzelnen Gruppen erörtern. Natürlich konnten die Zuhörer nicht alles erfragen, und meine Antworten sind auch keinesfalls ausreichend gewesen. Doch bietet sich in dieser Form die Gelegenheit, zu erfahren, was für den Beginn als wichtig angesehen wird. Es folgen die Diskussionsausschnitte nach einem Tonbandprotokoll. Ich habe den Redestil bewußt nicht ins Schriftdeutsch gebracht.

FRAGE: Ich kann mir sehr schlecht vorstellen, obwohl ich auch schon ein bißchen Erfahrung habe, wie das ohne irgendwelche strukturellen Hilfen funktionieren soll. Irgendwo muß da meines Erachtens eine Leitschiene sein. Sie sind doch ziemlich wenig darauf eingegangen, wie dieser Entwicklungsprozeß, der gruppendynamische Prozeß, abläuft.

M.: Können Sie näher beschreiben, was Sie sich unter «Leitschiene» vorstellen?

FRAGE: Beispielsweise, daß man sich bestimmte Themen vornimmt und sich darauf einigt. Oder daß man irgend etwas vorgibt, zum Beispiel bestimmte Vorstellungen über den Gruppenprozeß. Oder daß Psychoanalytiker in diese psychotherapeutischen Gruppen irgendwelche Vorstellungen einbringen.

M.: Das ist meines Erachtens eine sehr wichtige Frage, die man intensiv besprechen sollte. Ich kann nur sehr kurz antworten. Jede Gruppe muß ein Ziel haben. Wenn sie kein klares Ziel hat, funktioniert sie nicht. Das klare Ziel der Selbsthilfegruppe ist: Wir wollen versuchen, unsere Konflikte, die wir persönlich haben, zu äußern, zu verstehen, unter Umständen zu lösen, zumindest aber lernen, besser mit ihnen umzugehen. Dazu gehört, daß man die Konflikte anerkennt und zugibt. Das ist natürlich schon außerordentlich schwer. Keiner von uns kann seine Konflikte am Anfang voll zugeben. Man kann sie immer nur stückweise zugeben. Im Laufe des Gruppenprozesses wird zunächst der Anfangskonflikt deutlicher. Dann kommt eine ganze Menge von anderen Problemen hinterher. Wenn man eine «Leitschiene» möchte, läuft man Gefahr, daß man sich auch sehr einschränkt. Man bewegt sich dann in der Gruppe ein bißchen mit Scheuklappen. Wir hatten zum Beispiel in den Anfangsjahren häufiger Gruppen, die sich ein ganz bestimmtes Thema vornahmen. Eine Gruppe widmete sich Kontaktschwierigkeiten, eine andere Arbeitsstörungen, eine dritte Gruppe Partnerkonflikten. Alle diese Gruppen haben nach etwa einem Vierteljahr die Themenbezogenheit wieder aufgegeben, weil sie gesagt haben ‹Es ist völlig unmöglich, Arbeitsstörungen oder Partnerkonflikte isoliert zu betrachten. Diese Probleme hängen mit Ängsten, Depressionen usw. zusammen. Das ist alles sozusagen *eine* Gestalt.› Vielleicht hilft diese Antwort, diese Erfahrung etwas. Das Entscheidende ist, daß nicht die Leitschiene das wichtigste ist, sondern eben gerade im Gegenteil das offene und freie Gespräch. Dieses unstrukturierte Gespräch steuert sich gruppendynamisch tatsächlich von selbst. Diese Erfahrung hat jeder gemacht, der einmal kontinuierlich in Gruppen war. Es gibt ganz bestimmte Abläufe und Muster, also bestimmte Gruppenphasen. Aber darauf können wir jetzt nicht eingehen.

FRAGE: Die Frage in unserer Diskussionsgruppe war: Wie kommt es zu dem Klärungsprozeß am Anfang, welche Leute bleiben da bzw. welche Leute gehen weg? . . .

M.: Ja, das ist ebenfalls ein wichtiges Problem – übrigens nicht nur in Selbsthilfegruppen, sondern in jeder Psychotherapie.

FRAGE: (*fortgesetzt*) . . . Sie haben ja während Ihres Vortrages gesagt, nach einem Vierteljahr tut sich noch nichts, nach einem Jahr ist es schon recht gut. Aber ich finde ein Jahr ungeheuer lang. Wenn ich konkrete Probleme habe und ein Jahr lang darauf warten muß, könnte ich mir vorstellen, daß ich die Geduld verliere. Die Frage also lautet: Wodurch wird man motiviert, die Sache durchzuhalten?

M.: Wenn Sie ein Vierteljahr in eine Gruppe gehen, ist es nicht etwa so, daß sich nichts tut. Da tut sich im Gegenteil sehr viel. Aber es ändert sich am Leidensdruck nur wenig. In der Psychoanalyse und in jeder psychodynamischen Therapie ist eines der entscheidendsten Motive, das einen dazu bringt, sich mit den eigenen Konflikten zu konfrontieren, d. h. letztlich sich zu ängstigen, die Tatsache, daß man einen starken Leidensdruck hat und den gern loswerden möchte. Dieser Leidensdruck einerseits und zum anderen eine bestimmte Grundeinstellung der Selbsthilfegruppenmitglieder motivieren dazu, dabeizubleiben. Dazu gehört zum Beispiel die Hoffnung. Ich sehe sie als einen Grundwert der Selbsthilfegruppen an. Sie bedeutet letztlich, daß man trotz aller Verzweiflung und trotz der schwierigen Lage dennoch glaubt, daß einmal etwas besser werden könnte. Das hört sich vielleicht für einige phantastisch an. Man könnte argwöhnen, mit irgend etwas vertröstet zu werden. Die Hoffnung aber wirkt bei uns allen in jeder alltäglichen Situation. Sie wirkt im übrigen ebenso in der Expertentherapie. Wenn Sie einen Psychoanalytiker aufsuchen und Ihren Konflikt bearbeiten wollen, können Sie auch nicht genau wissen, ob der Therapeut Ihnen helfen kann. Sie hoffen es aber.

FRAGE: Vielleicht baue ich aber auch auf irgendwelche Untersuchungsergebnisse oder Veröffentlichungen, soweit darüber geschrieben worden ist, und vertraue darauf, daß die Erfolge der Psychoanalyse etwas länger dauern, so wie Sie es auch von Selbsthilfegruppen gesagt haben. – Nur fehlen bei denen eben bisher die Berichte.

M.: Ich habe doch den Eindruck, daß Sie meinen, der Psychoanalyse könnten Sie mehr vertrauen. Sie habe sich schon seit langem durchgesetzt. Es gäbe viele Leute, die das machen, und dann werde die Sache schon stimmen. Wenn Sie aber tatsächlich selbst einmal mit der Psychoanalyse beginnen und mit Ihren Konflikten in Kollision geraten, dann werden Sie staunen, welche Gefühle und Vorstellungen in Ihnen außerdem noch aufkommen. Da hören Sie plötzlich von Verhaltenstherapie, dann hören Sie von Psychodrama, von Medikamenten usw., und dann gibt's eine Fülle von anderen Dingen, die unter Umständen auch viel helfen könnten. Da haben Sie dann auch in der psychoanalytischen Therapie genug Stoff zum Zweifeln.

FRAGE: Wie kommen Selbsthilfegruppen zustande?

M.: Diese Frage hat verschiedene Ebenen. Meinen Sie, warum gerade in der heutigen Zeit Selbsthilfegruppen entstehen?

FRAGE: Nein, wenn ich das Gefühl habe, ich brauche eine Gruppe, wie kommt es dann zu einer Gruppe?

M.: Bei uns war das ungefähr so. Eine Seite war die Expertenseite. Wir haben erlebt, daß die psychotherapeutische und psychosomatische Versorgung völlig unzureichend ist. Wir können nur einen Bruchteil versorgen. Die Versorgung wird nie wirklich voll funktionieren, da sie nie ausreichend sein wird. Inzwischen habe ich diesen Standpunkt längst überwunden, weil er ein nur quantitativer Gesichtspunkt ist. Ich meine jetzt nicht mehr, daß Selbsthilfeversorgung nur da sein muß, weil die professionelle Versorgung nicht ausreicht. Vielmehr meine ich, daß auch die Qualität der Gruppenselbstbehandlung im Vergleich zur professionellen Versorgung beachtenswert ist. Ich glaube, Gruppenselbstbehandlung und professionelle Versorgung sind wahrscheinlich zwei verschiedenartige, doch gleichberechtigte Wege, Konflikte zu lösen. Auf seiten der Selbsthilfegruppenmitglieder ist es nun so gewesen, daß sich unabhängig von unserem Impuls in Gießen wenigstens eine Selbsthilfegruppe gebildet hatte. Sie bestand aus ehemaligen psychiatrischen Patienten, die mehrere Wochen lang stationär behandelt worden waren und dann das übliche Schicksal erlebten, von dem Sie sicherlich schon gehört haben: Während einer stationären Behandlung, die meist medikamentös orientiert ist, entstehen ja auch zahlreiche menschliche Beziehungen. Plötzlich werden sie entlassen, sie werden einfach nach draußen gesetzt. Es gibt Überlegungen, ob diese abrupte Trennungssituation, die nach der stationären psychiatrischen Versorgung eintritt, nicht einen Zustand hervorruft, der viel schlimmer ist als der Zustand, mit dem die Patienten in die Psychiatrie hineingekommen sind. In Gießen und auch anderswo haben sich nun entlassene Patienten zusammengetan und sich gesagt: jetzt machen wir eine Gruppe, sprechen miteinander und sehen, wie wir irgendwie zu Rande kommen. Damals gab es hie und da in der Bundesrepublik schon ähnliche Gruppen, zum Beispiel die Anonymen Neurotiker, jetzt EA-Selbsthilfegruppen für seelische Gesundheit. So haben sich Selbsthilfegruppen spontan gebildet.

Konkret haben wir mit Mundpropaganda begonnen. Wir haben gesagt, wir wollen jetzt Selbsthilfegruppen anregen. Das ist verbreitet worden. Wir haben auch mit Aushängen auf uns aufmerksam gemacht, zum Beispiel mit DIN A 4-Blättern, die wir getippt hatten. Sie hingen im Arbeitsamt, beim Friseur, bei einem Bäcker, in der Universitäts-Mensa. Da haben wir draufgeschrieben, wir wollten versuchen, Selbsthilfegruppen zu bilden, wer Interesse habe, da mitzumachen, könne uns treffen an jedem Donnerstag zu einer bestimmten Zeit an einem bestimmten Ort. Das erwies sich als relativ günstig.

FRAGE: Können Selbsthilfegruppen sämtliche Funktionen des

Experten übernehmen? Das heißt, sind Experten auf die Dauer überhaupt erforderlich? Oder gibt es Erkrankungen und Probleme, für die ein Experte nötig ist?

M.: Die Antworten auf diese Fragen muß die Zukunft ergeben. Ich persönlich habe zwar im Augenblick einen Standpunkt gewonnen, würde ihn aber jederzeit revidieren. Ich meine, daß es bestimmte Erkrankungsformen geben wird, bei denen Experten nötig sind. Nicht aber, weil Experten so viel wissen, sondern weil die Arzt-Patient-Beziehung eine ganz bestimmte Beziehungsstruktur herstellt, also zum Beispiel ganz besonders gut geeignet ist, um frühkindliche Konflikte zu bearbeiten. Oder zum Beispiel, weil einige Menschen sehr starke Abhängigkeitswünsche bzw. Passivitätswünsche haben. Dieser Personenkreis würde sich nie einer Selbsthilfegruppe anschließen. Sie würden eher sagen, ich brauche einen Arzt, der viel weiß; nur der kann mir helfen. Den Hintergrund bilden psychoanalytisch gesehen die Abhängigkeitswünsche. Daher ist es ja auch so schwierig, innerhalb der professionellen Versorgung Selbsthilfegruppen anzuregen. Wir haben versucht, mit einhundertfünfzig niedergelassenen Ärzten in unserem Gießener Raum in Kontakt zu kommen. Wir haben sie ausführlich über die Selbsthilfegruppen informiert. Die Ärzte konnten per Karte Informationsblätter anfordern. Wir standen jederzeit telefonisch zur Verfügung, um zu klären, wie Selbsthilfegruppen arbeiten. Das klägliche Ergebnis war: von den einhundertfünfzig angeschriebenen Ärzten haben sich zwar in einem zweiten Versuch sechzig gemeldet und für ihren Warteraum Informationsblätter angefordert. Aber nur fünf waren wirklich bereit zu kooperieren. Insgesamt sind nur fünf Patienten zu unserem Gesamttreffen gekommen. Jetzt kann man sich überlegen, wie diese schwache Reaktion zu verstehen ist. Es war sicherlich nicht – wir haben das einmal diskutiert – eine unglückliche Art, den Brief zu formulieren oder die Antipathie gegenüber der Universität – die ja bei niedergelassenen Ärzten oft anzutreffen ist. Vielmehr war es die Tatsache, daß wir gegen eine festeinsitzende traditionelle

Vorstellung von Behandlung nicht ankamen. Der Schreck der Ärzte war der: «Um Gottes willen, meine Patienten, die ich hier betreue, die sollen jetzt gemeinsam in der Gruppe sitzen und sollen sich nun selbst helfen. Das glauben Sie doch wohl nicht im Ernst.» Das ist der Grund. Natürlich sind da auch Ängste, daß die Patienten ihnen ausgespannt würden. Das ist natürlich unsinnig. Wir hatten bereits im Brief erläutert, daß wir nicht daran denken, die Patienten aus der Betreuung durch den Arzt herauszunehmen. – Das ist aber nur die Seite der Experten. Man darf nicht vergessen, daß die Patienten dieselbe Vorstellung von Behandlung haben. Auch sie haben ein festes Verhältnis zu ihrem Arzt. Auch sie haben meistens das Bedürfnis, ihre Beziehung zum Arzt zu lassen, wie sie ist. Sie würden also auch von sich aus nicht in eine Selbsthilfegruppe gehen. Die Barriere, in eine Selbsthilfegruppe zu gehen, ist also doppelt. Sie liegt beim Arzt ebenso wie beim Patienten.

FRAGE: Ich hatte den Eindruck, daß Selbsthilfegruppenexperten und Therapeuten dieselbe Funktion haben. Stimmt das?

M.: Auch das ist ein sehr wichtiges Thema. Die Antwort ist zunächst: nein. Wir haben in zahlreichen Seminaren für Fachleute ausführlich darüber diskutiert. Selbsthilfegruppenexperten und Therapeuten werden schnell verwechselt. Das geschieht besonders dann, wenn die Funktion des Experten als Selbsthilfegruppenberater nicht richtig geklärt ist. Die Funktion des Experten hat in keiner Weise etwas damit zu tun, daß er Selbsthilfegruppen gründet oder sogar Selbsthilfegruppen zusammenstellt oder seine Therapiekenntnisse beisteuert. Vielmehr ist zum Beispiel im Gesamttreffen unsere Funktion relativ passiv. Wir sind dort wie jeder andere und können das, was wir nun einmal wissen, auf Abfrage zur Verfügung stellen. Die Initiative geht also immer von den Selbsthilfegruppenteilnehmern aus. Die entscheiden dann auch, ob sie mit den Bemerkungen etwas anfangen können oder nicht, ob ihnen das also hilft oder nicht. Und selbst dann sind wir Experten noch unsicher. Wenn ich als Psychoanalytiker im Gesamttreffen zum Beispiel sage, wir kennen dieses Phänomen, zum Beispiel den Sündenbockmechanismus, aus der Gruppenpsychotherapie, dann weiß ich gar nicht, ob es so besonders gut ist, das zu sagen. Ich komme ja aus einem anderen Zusammenhang. Die Bedingungen der Expertengruppentherapie sind anders.

FRAGE: Ist die therapeutische Beziehung in Selbsthilfegruppen nicht auch ganz anders als in einer professionellen Behandlung?

M.: Ja, die therapeutische Beziehung in Selbsthilfegruppen ist gleichgestellt, in der professionellen Therapie überwiegend hierarchisch. Die unmittelbare und direkte Zuwendung, die Teilnehmer sich in einer Selbsthilfegruppe wechselseitig geben, ist sehr stark und sehr heilend. In der Expertentherapie wird dagegen eine mächtige Beziehung eingerichtet und in bestimmter Weise gehandhabt. Dadurch kommt oft ein distanzierendes Moment hinein. Zudem zahlt man ja auch noch dafür. Es ist also keine reine wechselseitige menschliche Beziehung im ursprünglichen Sinne, sondern tatsächlich eine Beziehung, die man sich kaufen kann. Insofern kann sie einen Warencharakter annehmen. Aber ich meine, daß dieses Thema hier nicht auszuloten ist. Ich will nur sagen, daß in der Selbsthilfegruppe die neue therapeutische Beziehung, von der ich vorhin sprach und auf die ich nicht eingehen konnte, unter anderem darin besteht, daß es sich nicht um eine bezahlte Beziehung handelt, sondern um eine reine wechselseitige Beziehung, und daß dieser Unterschied eine sehr große Rolle spielt.

FRAGE: Woran scheitern Selbsthilfegruppen? Könnte das nicht auch auf verschiedene Kommunikationsebenen zurückzuführen sein?

M.: Es ist eine Wissenschaft für sich, alles zu analysieren, woran Selbsthilfegruppen scheitern. Wir haben zunächst eine sogenannte kleinere drop-out-Forschung durchgeführt. Wir haben versucht, herauszubekommen, wer denn eigentlich diejenigen sind, die in der Anfangszeit aus den Gruppen herausgehen. Wir hatten die Vorstellung, daß diejenigen, die ganz besonders schwer leiden, in der Gruppe nicht richtig integriert werden könnten, daß also diejenigen, die es am nötigsten hätten, aus der Gruppe ausscheiden. Das aber hat sich überhaupt nicht bestätigt. Vielmehr ist es so, daß diejenigen, die leichte Schwierigkeiten haben, also diejenigen, die den geringsten Leidensdruck haben am ehesten aus der Gruppe rausgehen. Außerdem haben wir ein zweites Merkmal gefunden: Diejenigen, die ausscheiden, haben nämlich die Vorstellung, sie müßten mit den Dingen ganz allein fertig werden. Diese beiden Momente – «ich muß ganz allein mit etwas fertig werden» und «ich habe wenig zu leiden» – sind zum Beispiel Gründe, weshalb man aus der Gruppe ausscheidet. Das sind auch Gründe, weshalb sich eine ganze Gruppe auflöst. Der Leidensdruck ist einfach nicht ausreichend. Eine andere Möglichkeit für das Ausscheiden – da wird es schon etwas schwieriger – wäre der Sündenbockmechanismus. Dann passiert es zum Beispiel in einer Gruppe regelmäßig, daß von Zeit zu Zeit mal dieser, mal jener plötzlich in eine ganz negative Position hineinkommt. Alle hacken auf ihm herum. Alle finden nur Scheußliches an ihm oder an ihr. Das kann manchmal – wenn es unglücklich läuft – so weit gehen, daß der Betroffene schließlich nicht mehr mitmacht. Dieser Sündenbockmechanismus besagt gruppendynamisch gesehen, daß die Gruppe mit ihrer eigenen Aggression nicht fertig wird. Das könnte natürlich einmal passieren. Wir haben es jedoch konkret noch nicht beobachten können. Nun ist es aber so, daß solche Phänomene, die man aus der Expertengruppentherapie kennt, wohl auch viel häufiger in Expertengruppen auftreten. Und zwar aus zwei Gründen: weil einmal die Aggression dem Therapeuten gegenüber schwerer geäußert werden kann und auf ein Gruppenmitglied abgelenkt werden muß. Und weil zweitens die wechselseitige Ermutigung, wirklich mit den eigenen Gefühlen herauszukommen, in Expertengruppen geringer ist. Ob das nun von Vor- und Nachteil ist, kann ich nicht diskutieren. Jedenfalls sind die Auseinandersetzungen in Selbsthilfegruppen härter als in Therapiegruppen. Sie sind auf der einen Seite um einiges aggressiver, andererseits – weil die Selbsthilfegruppen insgesamt gefühlsoffener sind – auch sehr viel liebevoller.

Die meisten Zuhörer fühlten sich der «Freiburger Hilfsgemeinschaft» verbunden, die sich bemüht, die Isolation der psychisch Kranken aufzuheben. Deswegen hatte ich im Vortrag den Zusammenhang aufgezeigt zwischen der Abwehreinstellung gegenüber eigenen Konflikten, der Ablehnung der psychisch Kranken und den Vorbehalten gegenüber Selbsthilfegruppen. Die Passage aus dem Vortrag scheint mir auch für die Bildung von Selbsthilfegruppen wesentlich zu sein:

«Diejenigen, die in einer solchen Hilfsgemeinschaft mitwirken, versuchen, die isolierenden Schranken zu psychisch Kranken aufzuheben. Gleichzeitig geschieht damit aber auch in ihnen selbst etwas Neues. Die Beziehung zu sich selbst verändert sich, indem auch die Schranken zu den eigenen seelischen Konflikten, die wir alle in uns tragen, sozusagen zum psychisch Kranken in uns selbst, gelockert werden. Diese Lockerung der inneren Barriere, die *Verminderung der Abwehr*, ist nun eine *Voraussetzung für die Bildung von Selbsthilfegruppen.* Hier ist nämlich die herkömmliche Vorstellung, daß ein sogenannter Gesunder einem psychisch Kranken hilft, endgültig vorbei. Vielmehr besteht die Selbsthilfegruppe ja aus Personen, die alle selbst ihre eigenen seelischen Konflikte akzeptieren, alle selbst betroffen sind. Und gerade dieses erforderliche Eingeständnis, auch selbst an Konflikten zu leiden, stößt meist auf erheblichen inneren Protest, auf einen inneren Widerstand. So lange wir uns aber von unseren eigenen inneren Konflikten fernhalten müssen, müssen wir uns nach draußen von den psychisch Kranken fernhalten. Kurz: die Abwehr unserer eigenen Konflikte ist eine der mächtigsten Ursachen für die Isolation, die psychisch Kranke in der Gesellschaft erleben. Wir erleben das auch selbst, wenn wir einmal in eine psychische Krise geraten. Vielleicht wird durch diese Bemerkungen etwas deutlich: daß sich unvermeidlich bei uns allen auch gegenüber psychologisch-therapeutischen Selbsthilfegruppen ein Widerstand auftun muß. Ich möchte jetzt nur bemerken, daß dieser Widerstand oft moralisch schlechtgemacht wird. Diese Barriere, dieses Abstandnehmen dürfe nicht sein. Es sei ein Fehlverhalten. Ich glaube, daß eine solche eher moralische Einstellung dem Widerstand gegenüber unglücklich ist. Sie führt nicht weiter. Unser Widerstand entspringt ja immer einer Angst, die wir vor unseren eigenen seelischen Konflikten haben. Widerstand ist insofern eine Art Angstschutz. Es geht also vielmehr darum, daß wir zunächst lernen, diese Angst und unser Schutzbedürfnis vor ihr zu respektieren. Wir haben ein Recht auf diese Angst. Erst dann kann sich die Angst auch offener zeigen; erst dann können wir sie nach und nach verstehen oder gemeinsam besprechen und vielleicht erkennen, wie unangemessen, wie vorurteilhaft sie ist.»

Innere und äußere Anfangsschwierigkeiten

Die meisten Anfragen von Fachleuten und Betroffenen beziehen sich auf die Probleme der Gruppenbildung: Was macht man konkret, wenn man in einer Stadt allein ist, oder wenn man als Experte in irgendeiner Klinik, Beratungsstelle, Praxis usw. arbeitet?

Der Anfang ist äußerlich gesehen – wie oft erwähnt – geradezu anspruchslos einfach: sechs Personen müßten sich zusammenfinden, um eine Selbsthilfegruppe zu bilden. Sie benötigen dazu nur einen Raum an einem Abend in der Woche. Es gäbe also nur zwei äußere Problembereiche: die erste Kontaktsuche und die Raumfrage. Darauf gehe ich im folgenden ein. Die Situation der Betroffenen ist hier natürlich etwas anders als die der Experten.

Trotz der einfachen äußeren Voraussetzungen, die es wirklich jedem ermöglichen, auf der Stelle eine Selbsthilfegruppe ins Leben zu rufen, treten aber große innere Schwierigkeiten auf.

Wenn man sich selbst konkret daran macht, eine Gruppe zu bilden, dürfte der größte Anteil des Widerstandes gegen Selbsthilfegruppen überwunden sein. Doch ist der Widerstand damit nicht völlig verschwunden. Er behindert die ersten Schritte ebenso, wie er sich später gegen die Konfliktarbeit in der Gruppenselbstbehandlung wendet. Zu Beginn verfängt er sich in den Erwartungen und sorgt für eine beträchtliche Scheu.

Vier Anfangserwartungen

Jeder Behandlung, besonders aber einer Psychotherapie gegenüber, hegt man mehr unbewußt als bewußt besondere Erwartungen. Sie sind lange Zeit fast unbeachtet geblieben. In den letzten Jahren rückten sie allerdings in den Mittelpunkt des Forschungsinteresses. Man hat ihre sehr hohe Bedeutung für den Erfolg oder Nicht-Erfolg einer Therapie erkannt. Darüber hinaus sieht man sie jetzt als ein wichtiges Merkmal der Persönlichkeit an. Die Behandlungserwartungen hängen natürlich mit den persönlichen Vorstellungen über den Ursprung der eigenen Konflikte eng zusammen. Insgesamt stellen sie nur einen Ausschnitt eines persönlichen Lebenskonzeptes, sozusagen einer Art Weltanschauung dar. Die eigenen Ansichten über die Bedingungen und die Behandlung der Konflikte faßt man als individuelle Krankheitstheorie zusammen. Sie ist vielfach bedingt: Sie wurzelt in der Dynamik der eigenen Ursprungsfamilie und Lebensgeschichte, hängt von der Art der Erkrankung ab und ist stark beeinflußt durch allgemeine Normen, durch die eigene soziale Lage und gewohnte, institutionalisierte Verhältnisse.[3]

Die Erwartungen hinsichtlich der Gruppenselbstbehandlung sind noch nicht erforscht. Sie dürften bei Betroffenen und Experten unterschiedlich sein, vor allem natürlich wegen der unterschiedlichen Rolle, die beide im Rahmen der Selbsthilfegruppen zu spielen haben.

Eine *erste Erwartung* der Teilnehmer ist nicht anders als vor jeder psychotherapeutischen Behandlung. (Ich gehe weiter unten im Rahmen der Anfangsscheu ausführlicher darauf ein.) Sie bezieht sich auf die Tatsache, daß man sich den *eigenen Konflikten stellen* möchte. Diese Erwartung macht *Angst*. Die Angst gesteht man sich selten ein. Meist äußert sie sich indirekt in zahlreichen mehr oder weniger gut begründeten Vorbehalten oder Einwänden gegen die Selbsthilfegruppen. Sie stellt den «harten Kern» des Gesamtwiderstandes gegen Selbsthilfegruppen dar, der hier allerdings nicht so stark geworden ist, daß er von Selbsthilfegruppen völlig abhält.

Eine *zweite Behandlungserwartung*, die sich ebenfalls auf professionelle Therapien bezieht, ist heute zwar im Schwinden, aber immer noch häufiger, als man denkt: die Erwartung nämlich, daß *seelische Probleme* nur im Gespräch unter vier Augen und *nicht in der Gruppe* behandelt werden können. Damit hat jeder Therapeut zu tun, der seinem Patienten eine Gruppenbehandlung empfiehlt. Die Verbreitung der Gruppentherapie und die wissenschaftlichen Nachweise ihrer Wirksamkeit können diesen Vorbehalten am besten entgegenwirken. Meist verbirgt sich hinter ihr auch noch eine Angst vor den unbekannten anderen Teilnehmern und der vermeintlichen Öffentlichkeit (siehe Fremdenfurcht, Seite 177).

Eine *dritte Anfangserwartung* ist nicht weniger hinderlich. Sie dürfte Teilnehmer ebenso wie Experten ergreifen. Wir sind nämlich, wenn wir Hilfe erwarten, allzusehr gewohnt, daß diese Hilfe sozusagen «von oben» kommt: von jemandem, der es besser weiß, der über größere Fähigkeiten verfügt, der mächtiger ist als wir. In der Selbsthilfegruppe gibt es zwar oft auch erfahrenere Teilnehmer, im großen und ganzen aber handelt es sich doch um eine gleichgestellte Beziehung, die dieses *Verlangen nach einer höheren Person* nicht erfüllt. Dabei ist zu beachten, daß die gesamte medizinische Versorgung heutzutage auf einer asymmetrischen Beziehung zwischen Therapeut und Patient beruht, so daß diese Erwartungen in der professionellen Therapie wenigstens scheinbar erfüllt und im übrigen auch noch gefestigt werden. Es ist jedoch inzwischen nachgewiesen, daß diese Erwartungen seitens der Patienten in der Regel unrealistisch hoch sind: die Patienten überschätzen ihre Therapeuten. Offensichtlich im Zuge dieser Überschätzung neigen umgekehrt professionelle Experten dazu, ihre Patienten oder Klienten zu unterschätzen. *In der Regel* dürften also *Selbsthilfegruppen* von Teilnehmern und Experten in ihrer therapeutischen Wirksamkeit *unterschätzt werden*, weil sie den geradezu eingefleischten Vorstellungen davon, wie eine Behandlung auszusehen habe, direkt entgegenlaufen. Die wechselseitige Selbsthilfe ist noch eine ungewohnte Vorstellung für eine wirksame Therapie. Sie macht soviel Angst, daß wohl in jedem, ob Teilnehmer oder Experte, unwillkürlich die Frage aufkommt, wie eine solche Selbstbehandlung denn überhaupt funktionieren kann (vergleiche oben die Fragen des Freiburger Publikums). Daß sie es kann, ist ja empirisch nachgewiesen.

Die Erwartung nach einer «höheren Kraft» ist in das traditionelle Arzt-Patient-Verhältnis eingebaut. Eben deswegen ist gerade die übliche Arzt-Patient-Beziehung der mächtige Riegel vor den Selbsthilfegruppen – so lange, bis sich Betroffene und Experten des großen therapeutischen Potentials einer Gruppe bewußt geworden sind (vergleiche Seite 256: Gruppenprinzip). Die Anonymous-Organisationen bezeichnen die Selbsthilfegruppen in ihren «Zwölf Traditionen» als eine «Macht, größer als wir selbst». Das Verlangen nach einer höheren Person, dem Arzt, wird hier also ersetzt durch die Hoffnung auf die Kraft der Gruppe.

Eine *vierte Erwartung* möchte ich hier erwähnen, da sie eine erhebliche Rolle für die künftige Mitarbeit in Selbsthilfegruppen spielen dürfte. Unter den verschiedenen Krankheits- und Behandlungstheorien, denen man anhängen kann, gibt es die Vorstellung, daß man mit den persönlichen Problemen *ganz allein fertig werden sollte*. Diese Erwartung einer individualistischen Selbstbehandlung widerspricht der Gruppenselbstbehandlung. ACHIM BORMUTH[4] konnte, wie schon erwähnt, an einer kleinen Untersuchung zeigen, daß die Anhänger dieser Behandlungserwartung, besonders wenn ihr Leidensdruck gering ist, am ehesten wieder aus den Selbsthilfegruppen ausscheiden. Die Personengruppe, die von einer solchen Theorie überzeugt ist, dürfte sehr groß sein. Der Boom der Einzelselbsthilfeanleitungen in den USA spricht dafür.[5-13] Eine der gesicherten sozialpsychologischen und gruppendynamischen Erkenntnisse besagt jedoch, daß eine Gruppe in ihren intellektuellen und emotionalen Fähigkeiten den einzelnen in der Regel übertrifft.

Grundsätzlich aber dürften sich diejenigen, die sich heute einer Selbsthilfegruppe zuwenden, auch hinsichtlich ihrer Behandlungserwartungen ähnlich sein, zum Beispiel hinsichtlich der Hoffnung, daß eine solche Form der Therapie helfen kann (vergleiche Seite 212: Therapeutische Wahlverwandtschaft).

Anfangsscheu: Fremdenfurcht, Rollenveränderung, Konfliktabwehr, Stigmatisierungsangst

Die größte Anfangsschwierigkeit macht eine Gefühlslage, die man sich vielleicht nicht so leicht eingestehen kann: die Scheu, die Unsicherheit, ein gewisses Unbehagen, manchmal eine richtige Angst vor dem, was da auf einen zukommt.

Fremdenfurcht

Zunächst soll man ja mit Leuten zusammentreffen, die man gar nicht kennt. Das verursacht ein erstes Unbehagen vor dem Unbekannten. Dann soll man sich denen sogar noch anvertrauen. Davor scheut man verständlicherweise zurück. Dieses Problem beruht auf der bei allen Menschen mehr oder weniger ausgeprägten Fremdenfurcht, die sich nur durch näheres Bekanntwerden auflöst. Dieser Anteil der Scheu schwindet also in den ersten Sitzungen mit Sicherheit. Voraussetzung dafür ist natürlich, daß diejenigen, die sich zunächst fremd sind, es wagen miteinander zu reden. Humanethologen machen darauf aufmerksam, daß wir heute zu sehr darauf bedacht sind, uns vor der Fremdenfurcht zu schützen, statt sie durch verstärkte Chancen zu wechselseitigen Beziehungen zu verringern. So schirmt zum Beispiel die moderne Architektur[14] Menschen gegeneinander ab, verbunkert ihre Privatheit und garantiert ihre Isolation. So wichtig die Rückzugsmöglichkeit ist, sie darf nicht die einzige Reaktion auf die durch die anonyme Masse gesteigerte Fremdenfurcht sein. Durch die Erleichterung zu wechselseitigen Kommunikationen in der kleinen Gruppe wird sie am besten behoben.

Überwindung der passiven Patientenrolle

Es wird allgemein unterschätzt, wie schwer es für die meisten ist, die gewohnte Vorstellung von einer passiven Patientenrolle aufzugeben. Doch ist die Auflösung des fixierten Glaubens, nur wenn man den Weisungen eines Experten folge, werde man gesund, Voraussetzung für die Bereitschaft, an einer Selbsthilfegruppe teilzunehmen. Es geht letztlich um einen Verzicht. Die passive Patientenrolle befriedigt in hohem Maße Abhängigkeitswünsche. Wenn wir erkranken und uns als Patient verstehen, können wir regredieren, d. h. auf kindliche Positionen zurückgehen. Wir erwarten mehr oder weniger bewußt eine Befriedigung unserer sonst im aktiven Leben oft zu kurz gekommenen passiven Wünsche nach Umsorgtwerden, nach Ruhe und Geborgenheit. Unabhängig von allem Schmerz und allem Leid trägt somit der Krankheitszustand inmitten einer überaktiven Leistungsgesellschaft auch Züge einer passiven Gegenkultur. Der Sog, den die übliche Patientenrolle ausüben kann, ist groß. Es ist schwer, auf diese regressiven Positionen angesichts einer Sicherheit bietenden Idealfigur zu verzichten, angesichts des Therapeuten, zu dem man desto mehr aufschauen kann, je hilfloser und passiver man sich selbst versteht. Daß der Arzt mit weitem Abstand immer noch der angesehenste Beruf ist[15], dürfte dieses Bedürfnis anzeigen. Zahlreiche Untersuchungen zur Arzt-Patient-Beziehung haben die Überschätzung des Therapeuten durch die Patienten nachgewiesen. So sehr nun die Regressionshoffnungen eine seelische Realität sind, so illusionär sind sie doch angesichts der tatsächlichen äußeren Realitäten. Die Ärzte sind nicht so groß und allwissend. Das Versorgungssystem bietet nur noch selten Geborgenheit angesichts der Entfremdung zwischen Medizin und Kranken. Und schließlich ereignen sich die Krankheiten auch nicht als reine Zufügungen von außen. Aus dem Gemisch einer vorgeschriebenen Patientenrolle und dem starken Passivitätsbedürfnis resultiert ein großer Anteil des Widerstandes gegen Selbsthilfegruppen bei Laien.

Dieser Widerstand teilt sich in zwei veränderte Formen der Abwehr auf, wenn Personen doch zu Teilnehmern geworden sind und es nun um eine mögliche Kooperation mit Experten geht: zum einen kann sich ein mehr oder weniger ausgeprägter Antiprofessionalismus entwickeln, zum anderen kann es im Kontrast dazu zu einem hohen Bedürfnis nach Anleitung durch Experten kommen.

Der Antiprofessionalismus resultiert zum guten Teil aus den realen Enttäuschungen im Rahmen einer katastrophalen Lage der professionellen Versorgung. Im Zusammenhang mit Widerstand aber ist er auch als Schutz vor dem regressiven Sog in die traditionelle Krankenposition zu verstehen. Er ist sozusagen eine Gegenmaßnahme, um nicht angesichts von Therapeuten doch wieder den unbewußten Verlockungen einer passiven Patientenrolle zu erliegen.

Dieser Versuchung geben nun häufig noch unerfahrene, neue Selbsthilfegruppenmitglieder auf andere Weise nach, indem sie nämlich die Übernahme der Selbstbestimmung durch ihren Wunsch nach genauen Expertenanleitungen unterminieren. Auch darin zeigt sich dann ein Widerstand gegen das selbstverantwortliche therapeutische Handeln (vergleiche auch Seite 323 f: Helfer-Schützling-Kollusion).

Abwehr der eigenen Konflikte:
der grundlegende Widerstand gegen Selbsthilfegruppen
Der entscheidende Anteil des Gesamtwiderstandes bei Teilnehmern, sozusagen der harte Kern des Widerstandes, dürfte jedoch angesichts des Vorhabens mobilisiert werden, sich den eigenen Konflikten und Defekten zu nähern. Dieser Widerstand entspricht völlig dem bekannten Widerstand gegen eine psychoanalytische und aufdeckende Psychotherapie. Wir haben ja guten Grund gehabt, die Konflikte und Defekte, mit denen wir nicht fertig wurden, zu verdrängen oder abzuwehren. Sie machten Unbehagen und Angst. Wir schafften sie aus unserem Bewußt-

sein. Ich möchte hier nicht die ganze Komplexität von Konfliktabwehr darstellen, wie sie in der Psychoanalyse sehr differenziert herausgearbeitet wurde. Entscheidend ist die Tatsache, daß die Konflikte innerhalb der erlebten Realität der Ursprungsfamilie nicht geduldet schienen. Es konnte sich keine angemessene Konfliktbearbeitung entwickeln. Wir waren gezwungen, Defekte, Konflikte und Ängste mit mehr oder minder unbeholfenen Mitteln zu verstauen, sie abzuspalten und nicht in den üblichen Entwicklungsstrom zu integrieren. Dadurch ging uns zwar ein Anteil unserer Person verloren, aber wir waren auch die akuten Schmerzen los – jedenfalls so lange, bis sich diese Konfliktlösung eines Tages als labil erwies: sei es durch ein schweres Schicksal, sei es durch andere subjektiv bedeutsame Ereignisse, sei es durch eine eher unauffällige Aktualisierung im Leben oder sei es im Zuge einer chronischen Entwicklung. Es kommt nun darauf an, wie stark, wie vollständig und energisch unsere Abwehrorganisation standhält. Die Stärke des Widerstandes gegen Selbsthilfegruppen wie gegen jede professionelle Konfliktbearbeitung gleicht nun der Stärke, mit der wir unsere eigene Störung abwehren. Keiner von uns ist besonders beglückt, sich Ängsten, Unbehagen, Konflikten, Defekten, Kränkungen und Schuldgefühlen zu nähern. So ist die Abneigung gegen Konfliktarbeit nur zu gut zu verstehen. Es ist eine saure und harte Arbeit. Die negativen Gefühle (wie Zorn, Neid, Haß, Minderwertigkeitsempfindungen, Beschämungen usw.) spielen eine große Rolle. Warum nehmen einige die Strapazen dennoch auf sich? Die Antwort ist einfach: es gibt keinen anderen Weg. Wir erledigen Konflikte nicht dadurch, daß wir ihnen ausweichen. Vielmehr müssen wir ausziehen, das Fürchten zu lernen.

Gesundheitskitsch und Stigmatisierung
Zu diesem konfliktbedingten Widerstand gehört der Widerstand aus Stigmatisierungsangst. Weit verbreitet sind noch etwa Meinungen wie diese: «Wer sich mit seinen seelischen Konflikten befassen muß, ist doch nicht ganz dicht. Er ist schwächlich. Er schafft es wohl nicht alleine. Das habe ich nicht nötig.» Hinter

diesen Bemerkungen steckt die Stigmatisierungsangst. Viele Menschen leben in der Vorstellung, ein ideales, gesundes Leben sei konfliktfrei und ohne negative Empfindungen. Die konfliktlose Harmonie ist ihr Vorbild, nicht das konfliktfähige Leben. Die Gefährlichkeit dieses Gesundheitskitsches ist kaum zu überschätzen. Denn es ist diese unheilvolle Utopie der Konfliktlosigkeit, die dafür sorgt, daß unter denjenigen, die gesund genug sind, sich dennoch zu einer Bearbeitung ihrer seelischen Störungen zu entschließen, ein Großteil am liebsten Masken trüge, um nicht gesehen und verfemt zu werden, wenn sie zum Psychotherapeuten gehen. Das Ausmaß dieser Angst vor gesellschaftlicher Verleumdung kennt jeder Psychotherapeut, von Psychiatern ganz zu schweigen. Wir könnten diese Angst als eine Manifestation der Schuldgefühle und des übertriebenen Mißtrauens der Patienten analysieren. Dabei übersähen wir allerdings das große Verstärkerpotential der noch vorherrschenden Verleugnungshaltung in der Bevölkerung. Die Stigmatisierungsängste sind nicht nur in der eigenen Person, sondern tatsächlich in den Alltagsbegegnungen verankert. Die verstohlene Stigmatisierung der Personen, die eine Psychotherapie oder auch eine Selbsthilfegruppe aufsuchen, setzt schon vor jeder konkreten Entscheidung zur Selbsthilfegruppe bei potentiellen Teilnehmern einen starken Widerstand. Nicht zuletzt deswegen bezeichnen sich viele Selbsthilfegruppen als «anonym». Umgekehrt finden natürlich diejenigen, die ohnehin zu den Stigmatisierten gehören, diejenigen zum Beispiel, die an schweren Süchten, an chronischen psychiatrischen Erkrankungen, an entstellenden operativen Eingriffen oder Behinderungen leiden, in einer Selbsthilfegruppe einen großen Schutz vor der Stigmatisierung.

Um es noch einmal hervorzuheben: Es ist ein Zeichen seelischer Gesundheit, wenn man sich entschließt, die eigenen Konflikte tatsächlich durchzuarbeiten. Noch aber warten viele, bis sie nach einigen Jahrzehnten eine scheinbar triftige Entschuldigung in Form einer schweren körperlichen oder seelischen Erkrankung haben. Das ist die ärgste Folge von Gesundheitskitsch und Stigmatisierungsangst.

Produktivität der Ambivalenz

Wir alle haben etwas gegen und etwas für Selbsthilfegruppen. Selbst wenn wir in unseren Äußerungen und Überzeugungen klar dafür oder klar dagegen zu sein scheinen, heißt das nicht, daß wir in uns keine positiven oder negativen Gegenstimmen hätten. Unsere bewußte Einstellung gibt sozusagen nur das Überwiegen der fördernden oder gegnerischen Einstellungen wieder. Widerstand und Antrieb machen unsere Widersprüchlichkeit aus und sorgen für die Zwiespältigkeit, für die Ambivalenz gegenüber Selbsthilfegruppen. Von dieser Ambivalenz müssen wir bei uns allen ausgehen.

Nach den Erkenntnissen der Psychoanalyse ist die Ambivalenz ein allgemeines menschliches Phänomen. Wir sind sozusagen allem gegenüber ambivalent: Personen, Dingen, Orten und Ideen gegenüber. Die Ambivalenz gegenüber Selbsthilfegruppen ist also nur eine besondere Ausbildung dieser allgemeinen Tendenz. Das mag sich lähmend anhören. Tatsächlich gibt es, etwa in der Zwangsneurose, chronische ambivalente Zustände, in denen ein Mensch auf quälende Weise entscheidungsunfähig geworden ist. In der Regel aber ist es anders. Ja, im Gegenteil: die Anerkennung gegensätzlicher Kräfte in einem selbst befreit erst zu den wirklich konstruktiven Entscheidungen und Entwicklungen.

Denn erst, wenn man Antrieb *und* Widerstand gleichermaßen in sich akzeptiert, ist es möglich, in einen inneren Dialog zu kommen. Erst dann beginnt eine innere Auseinandersetzung. Erst dann läßt man die eigenen Konflikte in sich zu. Erst dann hat man die Chance, konfliktfähig zu werden.

Weithin ist heute statt einer solchen ambivalenzoffenen Einstellung eine ambivalenzverdeckende Haltung üblich. Das ist der Hintergrund des erwähnten Gesundheitskitsches. Ehegatten lieben ihre Partner, als ob sie nie zu Kritik Anlaß hätten. Familien sind von Harmonien durchtränkt, als ob es keine Konflikte auf der Welt gäbe. Manchmal ist es auch umgekehrt: zwei Menschen hassen sich, als ob sie nicht auch zärtliche Gefühle kennen. Auf diese Weise versucht man, der Ambivalenz zu entgehen. In Wirklichkeit aber verdrängt man einen Anteil in sich und staut die ganze Spannung auf. Damit handelt man sich einen vielfachen Verlust ein:

☐ Die Spannungen lassen sich nicht abbauen.

☐ Man lernt nicht, bewußt Spannungen auszuhalten, eine Fähigkeit, die zur seelischen Reife des Erwachsenen gehört.

☐ Man unterdrückt eine Seite in sich, die für eine volle Selbstverwirklichung nötig ist.

☐ Man verhindert eine innere Auseinandersetzung und damit eine Entwicklung, die gleichsam über das Pro und Kontra hinausgeht und eine neue Lebensform, eine neue Synthese schafft, zum Beispiel eine Zuneigung, die auch negative Gefühle verträgt.

☐ Indem man eine innere Auseinandersetzung verhindert, kann man nicht lernen, mit Konflikten umzugehen, man wird nicht konfliktfähig.

Diese Art von Harmonisierung der Verhältnisse durch Unterdrückung der Ambivalenz ist also die schnellste Form der psychischen Selbstvergiftung. Sie bringt zudem nicht mehr ein als einen momentanen Scheinfrieden.

Eine therapeutische List: das Ambivalenzgespräch

Unbehagen, Scheu, mißtrauische Empfindungen sind übliche Gefühle am Anfang. Sie gehören dazu. Es wäre eher verwunderlich, wenn sie nicht aufkämen. Was macht man nun aber mit diesem Unbehagen, hinter dem eine vielfache Angst steckt?

Es bleibt einem zunächst nicht viel mehr übrig, als in dieser Lage ehrlich und offen zu dieser Angst und zu den eigenen Vorbehalten zu stehen. Das wäre der entscheidende erste Schritt.

Es gibt keinen Weg unter den Widerständen hinweg, an ihnen vorbei oder über sie hinüber. Es gibt nur den Weg durch den Widerstand hindurch. Die entsprechende Auflösungsarbeit kann am besten in der gemeinsamen Reflexion geleistet werden. Gleichgültig also, wer mit wem spricht: Interessierte miteinander; Neulinge mit erfahrenen Teilnehmern; Experten mit Experten; Selbsthilfegruppenteilnehmer mit Therapeuten, die eine Gruppenselbstbehandlung an ihrer Institution fördern wollen; Therapeuten mit ihren Patienten im Hinblick auf eine Nachfolge-Selbsthilfegruppe; Sozialarbeiter und Krankenschwestern, wenn sie Selbsthilfegruppen als Element in ihrer Ausbildung erwägen; ein einzelner, der an einer Selbsthilfegruppe teilnehmen möchte, mit seinen Freunden; oder jeder im Zwiegespräch mit sich selbst — am günstigsten ist es, zuerst die Frage nach Bedenken, Befürchtungen, Hemmungen, Verhinderungen usw. zu stellen und so ausführlich wie möglich gemeinsam zu erörtern.[16] Erst dieses Ambivalenzgespräch gibt die Chance, die Gegenkräfte deutlich zu erkennen, sie mit den eigenen Antrieben in Beziehung zu setzen und sich in dieser Auseinandersetzung gemeinsam angemessener entscheiden zu können. Natürlich führt eine solche ambivalenzoffene Einstellung nicht immer zu einer vollen Zustimmung zu Selbsthilfegruppen. Doch ist das Gespräch über die Widerstände oder über die Ambivalenz der sinnvollste erste Schritt.

Was bringt das Ambivalenzgespräch?

1. Der erste Gewinn ist eine größere Klarheit über die sonst meist zurückgedrängten und versteckten Vorbehalte. Dabei sind die bewußten Anfangsängste ein vergleichsweise leicht aufzulösender Anteil des Gesamtwiderstandes.

2. Da sich der Widerstand gern in Bedenken über alle möglichen äußeren Belange kleidet, dient ein solches Ambivalenzgespräch meist gleichzeitig der ersten Information über Ablauf und Wesen der Gruppenselbstbehandlung.

3. Die Ambivalenzoffenheit verhindert fruchtlose Polarisierungen, deren emotionale Heftigkeit von der gemeinsamen Arbeit meist ablenken soll. Wer in sich selbst die bejahenden und verneinenden Stimmen gleichermaßen zuläßt, kann sich im Gespräch nicht mehr in Polarisierungen festfahren. Bei diesen Polarisierungen entstehen in einer Gesprächsgruppe zwei Fronten, zwei gegensätzliche Positionen, die jeweils dadurch verstärkt werden, daß die Befürworter alle kritischen Empfindungen in sich unterdrücken und unbewußt auf die Gegenseite projizieren,

während es umgekehrt die Gegner mit den eigenen Tendenzen ebenso machen. Hier liegt ein wechselseitiger Sündenbockmechanismus vor, der regelmäßig in Gruppen auftritt, die ihre Ambivalenz abwehren.

4. Mit der ambivalenzoffenen Einstellung gewinnt man den besten Zugang zur Gruppenselbstbehandlung oder – im Falle einer Selbsthilfegruppenkooperation mit Experten – zur Auflösung der Konflikte in der Zusammenarbeit. Sich mit den eigenen Widerständen auseinanderzusetzen, sich selbst gleichsam durch sie hindurch zu verstehen – zum Beispiel eine aufkommende Abneigung, zur Gruppe zu gehen, nicht verschämt zu verschweigen, sondern sich zu fragen, warum man jetzt verschämt und verschwiegen sein möchte, und womit die Abneigung zusammenhängen könnte – eine solche Haltung ist die beste Grundlage für das spätere therapeutische Verhalten und für eine fruchtbare Kooperation von Experten und Teilnehmern.

5. Der Entschluß, sich den eigenen Ängsten gegenüber zu öffnen, ermöglicht eine therapeutische List: indem man die Bedenken und die Scheu zum Thema des ersten gemeinsamen Gespräches macht, kann die Angst nicht mehr trennend wirken. Im Gegenteil: wenn man sie mit den ersten Bundesgenossen, die man gewonnen hat, bespricht, kann man erfahren, wie sehr gemeinsame Ängste auch verbinden können. Diese zwiespältigen Gefühle sind ja jedem bekannt. Der Widerstand bietet sich als natürlicher erster Gesprächsstoff an, weil er allen zu schaffen macht.

Äußere Schwierigkeiten: Erste Kontaktsuche und Raumfrage

Hat man sich die anfänglichen Ängste einmal eingestanden, wird alles weitere bedeutend leichter. Es geht nun um zwei Fragen: wie finde ich andere Menschen, die mitmachen können, und wie finde ich einen geeigneten Raum? Die jeweiligen Situationen können so unterschiedlich sein, daß die folgenden Hinweise nur eine Anregung geben können. Betroffene und Fachleute unterscheiden sich hier natürlich sehr in ihrem Vorgehen.

Erste Kontaktsuche

Wenn man allein ist und eine Selbsthilfegruppe ins Leben rufen möchte, ist es nach dem erwähnten Orientierungsversuch wohl am günstigsten, *in direktem Kontakt* aus dem Kreis von Bekannten ein oder zwei Personen für die Selbsthilfegruppenidee zu gewinnen. Zu zweit oder zu dritt geht die weitere Planung leichter. Es ist nicht unmöglich, aber erschwerend, wenn Personen eine Gruppe bilden, die im realen Leben eine engere Beziehung haben (wie Freundschaft, direkte Arbeitskollegen). Dadurch kann die Selbsthilfegruppe aus dem Gleichgewicht geraten. Allerdings zeigt Juttas Bericht, daß es auch einmal anders geht. Natürlich ist es möglich, mit Freunden oder Partnern gemeinsam mehrere Selbsthilfegruppen zu bilden, auf die man sich dann verteilen kann (siehe Kapitel 8: Gesamttreffen).

Leichter geht es vermutlich bei Paarselbsthilfegruppen. Hier kann man die ersten Schritte von Anfang an zu zweit erwägen. Für die gemeinsame Bearbeitung der Beziehungsprobleme scheinen nach unseren Erfahrungen drei bis fünf Paare optimal zu sein.

Sieht man keine Gelegenheit zu einem direkten Kontakt mit einem Betroffenen, kann man auch einen für viele einfacheren Weg wählen: man berät die Kontaktsuche zunächst mit jemandem, den man gut kennt, der aber nicht selbst mitmachen möchte. Hat man auf diese Weise den ersten Interessenten gefunden, kann man mit ihm allein weitersehen.

Wir haben in Gießen mit *einfachen Aushängen* begonnen. Wir hatten einen kleinen Text und eine Kontaktadresse mit Telefonnummer auf ein DIN A 4-Blatt getippt und an mehreren geeigneten Orten angebracht. Bei den Aushängen muß man etwas erfinderisch sein. Unser Zettel hing bei einem Bäcker, bei einem Friseur, beim Arbeitsamt, bei niedergelassenen Ärzten. Inzwischen haben wir sogar ein größeres Plakat mit einem Gruppenfoto.

Ein anderer Weg wäre über eine *Kleinanzeige* in der lokalen Presse, wie es oft von den Anonymen Alkoholikern gemacht wird.

Später kann man dann kleinere Interviews geben oder kleine *Berichte* in Zeitungen veröffentlichen. Auf diese Weise in Gießen kamen vor kurzem die ersten Paare zusammen, die eine Paarselbsthilfegruppe bildeten. Alle Medien, auch Rundfunk und Fernsehen, verhalten sich in der Regel Selbsthilfegruppen gegenüber sehr unterstützend. Die Anonymen Alkoholikergruppen der amerikanischen Streitkräfte lassen zum Beispiel regelmäßig im Rundfunk Gruppenzeiten und Treffpunkte durchgeben.

Kleine, einmal gefaltete *Handzettel* mit einer Kurzinformation sind oft die beste Lösung, da sie gezielt verbreitet und von den Interessierten längere Zeit bewahrt und bedacht werden können (siehe Beispiel im Anhang, Seite 439f).

Auf diese Weise kommt stets mindestens eine Gruppe von sechs Personen zusammen. Es ist dann nötig, ein gemeinsames Treffen an einem festen Ort zu vereinbaren – nicht nur wegen der beginnenden regelmäßigen Gruppensitzungen, sondern vor allem, um Neuen die Gelegenheit zu geben, direkt dorthin zu kommen.

Die *Anfangssituation für Experten,* die Selbsthilfegruppen anregen wollen, sieht etwas anders aus. Experten leiden natürlich genauso unter der Anfangsscheu wie die Teilnehmer. Die seelische Situation wird aber nicht besonders deutlich, weil sie nicht direkt betroffen sind und meistens auch eine andere Umgangsform mit ihren Ängsten haben. In der Regel sind Experten besser in der Lage, sich von ihrer beruflichen Position aus zu orientieren. Sie sollten das verstärkt versuchen. Auch für sie ist der Anfang mit interessierten Kollegen und bereits erfahrenen Selbsthilfegruppenmitgliedern einfacher. Das praktische Vorgehen ist dann aber gleich.

Der zweite Schritt wäre, daß die Fachleute (also Ärzte, Sozialarbeiter, Schwestern und so weiter) aus ihrer Klientel zunächst einige wenige Personen für die Selbsthilfegruppenidee gewinnen. Ist das geschehen, sollte *alles weitere durch die ersten Selbsthilfegruppenmitglieder geschehen, nicht durch den Experten.* Der Experte hat nur die Selbsthilfe-Initiative zu fördern, was nicht bedeutet, daß er eingreift, steuert, vorschreibt oder gar Aufgaben übernimmt, wie zum Beispiel den Kontakt zu weiteren potentiellen Selbsthilfegruppenmitgliedern. Es ist in diesem Zusammenhang sehr wesentlich, zu verstehen, daß die übliche professionelle Hilfe und volle Verantwortung, also das gesamte ärztliche Tun, insbesondere jede Unterstützung, eine fatale Nebenwirkung gerade für sich entwickelnde Selbsthilfegruppen haben: sie fördern die passiven Tendenzen, sie schwächen damit das Ich. Sie verhindern unbemerkt, was sie erreichen möchten: die eigenverantwortliche, wechselseitige Selbsthilfe. Sicher mag bei bestimmten Patientengruppen eine Unterstützung nötig sein. Sie sollte sich aber immer auf die optimale Aktivierung der Selbsthilfegruppenmitglieder beziehen. Die Dosierung, wieviel zuzumuten, wieviel abzunehmen ist, lehrt hier nur die eigene Erfahrung. Jedenfalls sollte bewußt bleiben, daß *professionelle Helfer im Abnehmen von Aktivität und Verantwortung ungewöhnlich schnell bei der Hand sind.* Das ist nun einmal unsere *déformation professionelle,* unsere *berufliche Verbogenheit.* Gerät man als Experte in eine allzu aktivierte Situation, ist es hilfreich, sich an eine allgemein als besonders passiv empfundene Krankengruppe zu erinnern: die Süchtigen. Hier ist fast jeder Experte zunächst geneigt, ihre passiven Tendenzen hoch, ihre Initiative nur sehr schwach einzuschätzen. Gerade diese Gruppen sind aber als Selbsthilfegruppen außerordentlich erfolgreich.

Wir haben die katalysatorische Funktion der Experten bei der Bildung der Selbsthilfegruppen auf einem psychotherapeutischen Seminar in Lindau 1975 das «Stiften von Selbsthilfegruppen» genannt. Dieses Stiften muß klar abgegrenzt werden vom «Gründen der Selbsthilfegruppen». Keinesfalls sollte der Experte die Gruppe zusammensetzen. Das würde dem Prozeß und der Psychodynamik der Selbsthilfe zuwiderlaufen. Der Experte würde damit eine Anfangsaktivität übernehmen, die für die Gruppenentwicklung essentiell wäre. Er passiviert die Teilnehmer, er überfremdet mit seiner Zusammensetzung die freie Wahl und die meist unbewußt ablaufende innere Abstimmung der Mitglieder, kurz: er schafft mit all dem dann doch wieder jene

Abhängigkeitssituation, die der alten Arzt-Patient-Beziehung entspricht. Die Diskussion über die paradoxe Forderung, daß Experten ausgerechnet Selbsthilfegruppen initiieren sollen, läßt sich klären, wenn man die Initiierung in diesem beschriebenen Sinne versteht. Sie setzt ein neues Rollenverständnis der Experten bereits voraus. In diesem Zusammenhang wird deutlich, daß die *innere Einstellung und die ständige begleitende kritische Introspektion des Experten wesentlicher ist als jede pragmatische Regel.* Stiftung von Selbsthilfegruppen heißt Anregung zur eigenständigen Gruppenbildung. Daher ist nur eine einzige Entscheidung des Experten nötig: mit wem er aus seiner Klientel im Hinblick auf Selbsthilfegruppen zusammenarbeiten könnte. Jede weitere Entscheidung sollte dann möglichst schon diesen neu gewonnenen Mitgliedern überlassen bleiben. Der Experte hätte nur Entscheidungshilfen beizusteuern. Die Vorstellungen der Mitglieder sollten richtungsweisend sein. Von ihnen sollten nach Möglichkeit Anfragen und Aktivität ausgehen. Kurz: das Hauptprinzip des Experten sollte darin bestehen, sich nach Möglichkeit überflüssig zu machen.

Zur Raumfrage

Für die Anfangszeit mag es nötig sein, private Räume eines Selbsthilfegruppenmitglieds zu nutzen. Sie sollten aber möglichst bald aufgegeben werden, da auch hier dieses Gruppenmitglied in eine besondere Position hineinkommt, die den Gruppenprozeß unbemerkt behindern kann. Wenn man private Räume nicht vermeiden kann, wäre es wahrscheinlich besser, einen privaten Raum von jemandem verwenden zu können, der nicht an derselben Gruppe teilnimmt. Eventuell könnte man einen Austausch von Räumen mit einer anderen Selbsthilfegruppe praktizieren, die in einer ähnlichen Lage ist.

Am günstigsten sind wohnliche, neutrale Räume. Es gibt in jedem Ort genug davon, zumal sie ja nur einmal in der Woche abends benötigt werden. Die Stadtverwaltung, insbesondere das Liegenschaftsamt, kann hier oft helfen. In Gießen finden diese Sitzungen an verschiedenen Abenden der Woche ab 20 Uhr statt.

So würde ein Raum für sechs Gruppen reichen (sonntags finden in der Regel keine Gruppensitzungen statt). Das Arbeitsamt, verschiedene Beratungsstellen, Kindergärten, Jugendzentren, Gemeinden, Schulen usw. verfügen oft über Räume, die abends frei sind. Meist kosten sie auch keine Miete. Aber auch geringe Mieten sind keine Hürde. Sie können durch freiwillige Spenden bei jeder Gruppensitzung leicht beglichen werden.

Für Experten kann es in der Anfangszeit nötig werden, Räume zur Verfügung zu stellen. Die Selbsthilfegruppenteilnehmer sollten aber möglichst bald selbständig ihre Räume finden.

Zu vermeiden sind alle Räume, die in irgendeiner Weise Anlaß zu besonderen Reaktionen bieten. Insbesondere sollten psychiatrische Institutionen gemieden werden, vor denen viele Menschen Angst entwickeln, ebenso streng kirchlich oder politisch ausgerichtete Organisationen, unter denen oft ein moralisierender Ton entsteht – ganz abgesehen von einem ebenfalls unerwünschten Druck in eine bestimmte religiöse oder politische Richtung.

Nützliche Hinweise

Inwieweit diese Hinweise wirklich nützlich sind, sollte in der eigenen Gruppenarbeit überprüft werden. Sie betreffen die häufige Frage nach der Art der Gruppenzusammensetzung, die einfachsten Aufgaben der Gruppe und die Notwendigkeit, von Anfang an die Außenbeziehung zu beachten. Ich komme dann auf ein vergleichsweise ungünstiges Verfahren, die Anfangsängste durch ein «gemütliches Beisammensein» zu lindern. Demgegenüber gibt es einige bewährte vorbeugende Maßnahmen für die in der Regel mühselige Anlaufzeit.

Zur Gruppenzusammensetzung

Zur Gruppenzusammensetzung gibt es einige Erfahrungen. Männer und Frauen sollten möglichst gleich verteilt sein, da sie sehr unterschiedlich mit Gefühlen umgehen. In der Regel ist es günstiger, wenn sich Personen zusammentun, die unterschiedliche Beschwerden haben: sogenannte gemischte (heterogene) Gruppen. Homogene Gruppen haben nur dann einen Vorteil, wenn sie ganz gezielt etwas bearbeiten wollen, zum Beispiel Übergewicht, Alkoholismus oder Medikamentenabhängigkeit. Bei homogenen Gruppen ist die Gefahr groß, daß sich die ganze Gruppe auf eine geschlossene Abwehr des gemeinsamen Konfliktes einigt.

Die Altersspannweite der Gruppe sollten die Mitglieder natürlich selbst festlegen. Eine kräftige Mischung von zwei bis drei Jahrzehnten ist keinesfalls nachteilig. Doch zeigen sich heute schon so erhebliche Unterschiede in den Altersklassen, daß eine Gruppe es auch vorziehen könnte, möglichst altersgleich zu bleiben. Ausschlaggebender sind hier wahrscheinlich die vom Alter abhängenden sozialen Situationen. So könnte es problematisch werden, wenn unverheiratete Studenten und Berufstätige mit Familien zusammen in eine Gruppe gehen, auch wenn sie gleichaltrig sind.

Wer erledigt die einfachen Aufgaben?

Jede Gruppe hat neben der Konfliktarbeit einige kleinere Aufgaben vor sich. Wenigstens das sollte von Anfang an klar sein. Sie werden jedoch meist vergessen, weil sie für vergleichsweise unwesentlich gehalten werden. So unscheinbar sie sind, können sie doch auch eine erhebliche gruppendynamische Bedeutung haben.

Am günstigsten wäre es, diese Aufgaben von Anfang an so aufzuteilen, daß jedes Mitglied auch eine besondere Funktion für die ganze Gruppe übernimmt. Ein Lastenausgleich ist nötig, damit diese Alltagsaufgaben nicht zu unterschiedlich wichtigen Rollen oder Belastungen führen.

Es erweist sich zum Beispiel als nützlich, wenn einer oder mehrere für Ort und Zeit der Gruppensitzung die Verantwortung übernehmen. Natürlich hat darüber die ganze Gruppe zu beschließen, doch treten immer wieder Kleinigkeiten auf, für die sich einer zuständig fühlen sollte. Eine weitere Aufgabe ist das Sammeln von Adressen und Telefonnummern der Teilnehmer. Manche arbeiten schon mehr als ein Jahr zusammen und wissen nicht, wie sie sich wechselseitig erreichen können. Das ist nicht nur für Krisensituationen oder für ein unerwartetes längeres Wegbleiben eines Mitgliedes wichtig, sondern für die ganze Kommunikation der Gruppe untereinander. Schließlich sollten einige sich bereit erklären, Gespräche mit den Neuen zu führen.

Von Fall zu Fall ergeben sich noch weitere einfache Aufgaben. Die Gruppe sollte sie zusammenstellen und besonders bei dem erhöhten Durchstrom von Mitgliedern in der Anfangszeit auf eine kontinuierliche Vertretung achten.

Jede Aufgabe ist ein Dienst an der ganzen Gruppe. Sie hat damit eine erhebliche seelische Bedeutung. Derjenige, der sie übernimmt, gerät in eine besondere Situation den anderen Teilnehmern gegenüber. Damit es nicht unnötig zu Fixierungen kommt, sollten die Funktionsträger von Zeit zu Zeit wechseln (Rotationsprinzip).

Die Außenbeziehung der Gruppe

Eine einfache, aber wesentliche Aufgabe betrifft die Beziehung der Gruppe nach außen. Wie ich schon betonte, muß die Gruppe von Anfang an darauf achten, ihre Beziehungen nach außen über der immer intensiver werdenden inneren Gruppenarbeit nicht einschlafen zu lassen. Zu folgenden fünf Personengruppen sollte der Kontakt nicht abreißen: zu noch unbekannten anderen Betroffenen, die gern an einer solchen Gruppe teilnehmen würden; zu den heranwachsenden nächsten Gruppen; zu anderen entsprechenden Selbsthilfeorganisationen in der Region; eventuell zu Experten, mit denen die Gruppe zusammenarbeiten könnte; und zu den Journalisten, die vor allem über Berichte die Selbsthilfegruppenarbeit an Menschen herantragen können, die sonst unerreichbar wären.

Diese Aufgabe sollte gleich zu Anfang von einigen Teilnehmern übernommen werden. In der Beziehung zu möglichen Interessenten läuft diese Aufgabe auf die Entwicklung von Aushängen oder anderweitigen Bekanntmachungen (Zeitungsanzeigen) hinaus. Beratungsstellen, Kliniken, Telefonseelsorge können über die Selbsthilfegruppensitzungen informiert werden. Es geht auch darum, wer Gespräche mit interessierten Journalisten führt, die sich mit den Zielen der Selbsthilfegruppen identifizieren können. Ein gut plazierter und lebendig geschriebener Bericht ist vielleicht der beste Weg, die unbekannten anderen Betroffenen zu erreichen. Dasselbe gilt natürlich für Rundfunk und Fernsehen. Selbsthilfegruppen und die großen Medien sind sozusagen natürliche therapeutische Verbündete. Die Gruppen sollten ruhig den Mut finden, bei der Redaktion ihrer lokalen Zeitung anzurufen und anzufragen, ob eine gelegentliche Zusammenarbeit möglich ist.

Was die Beziehung zu weiteren heranwachsenden Selbsthilfegruppen betrifft, so mache ich noch im Kapitel über das Gesamttreffen auf die Nützlichkeit aufmerksam, das erste Treffen der Gruppengründungsmitglieder später als Gesprächszeit für Neue vorzusehen und schließlich als Ausgangspunkt für das Gesamttreffen aller entstandenen Gruppen. Das Gesamttreffen ist dann auch der geeignetste gemeinsame Gesprächsort für alle Außenkontakte, insbesondere mit den anderen Selbsthilfeorganisationen der Region.

Die *Außenbeziehungsfähigkeit* ist eine sehr wesentliche Eigenschaft einer Selbsthilfegruppe. In diesem Zusammenhang gibt es jedoch ein grundsätzliches Phänomen, dem die Gruppen in gewisser Weise von Anfang an entgegenwirken sollten. Es ist nämlich nur allzu verständlich, daß die *Außenorientierung* der Selbsthilfegruppenmitglieder bei jeder Intensivierung der eigenen Gruppenarbeit an den aufkommenden Konflikten stark *schwindet*. Damit läßt auch das Interesse an einem Erfahrungsaustausch mit anderen Gruppen oder mit Experten nach. Das ist auf die Dauer verhängnisvoll für die weitere Verbreitung, das heißt Neugründung von Selbsthilfegruppen, aber auch für den therapeutischen Prozeß und den Bestand der Gruppe. Aus der bisherigen Zusammenarbeit habe ich folgenden Eindruck: in der Gründungszeit, also den ersten zwei bis drei Monaten, ist das Interesse am Gesamttreffen und am Experten relativ stark. Das entspricht der anfänglichen Gruppenunsicherheit. Dann intensiviert sich der Innensog. Die Gruppe wird von der Arbeit an den eigenen Konflikten mehr und mehr absorbiert. Nur Probleme, die schwer zu bewältigen sind, führen dann zum Gesamttreffen. Meist bleiben die Gruppen für etwa ein Jahr weg oder kommen nur sporadisch. Wir in Gießen hatten zum Beispiel geglaubt, eine Gruppe habe sich aufgelöst, als sie plötzlich nach über einem Jahr intensiver kontinuierlicher Arbeit wieder regelmäßig beim Gesamttreffen auftauchte. Darauf folgte eine Phase intensiveren Austausches mit den anderen Gruppen und den Experten.

Tabak und Bier, Kaffee und Kuchen

Jede Gruppe ist autonom, besonders natürlich hinsichtlich der Art und Weise, wie sie ihre Sitzungen gestaltet. Anfänglich kommt es oft zu einer unbewußten Methode der Angstlinderung, indem die Mitglieder sich schnell verführen lassen, ein sogenanntes «gemütliches Beisammensein» zu inszenieren. Tabak und Bier, Kaffee und Kuchen überdecken dann alles, was wesentlicher wäre: Konfliktangst, Vorbehalte, Fremdenfurcht. Wenn eine Gruppe meinen sollte, das halte sie zusammen, dann irrt sie sich in den meisten Fällen. Ein intensives Gespräch entfaltet eine bei weitem stärkere Bindungskraft als diese Anlehnung an Kneipe und Kränzchen. *«Talk holds together»* – das Gespräch hält uns zusammen, heißt es deshalb in amerikanischen Selbsthilfegruppen. Dasselbe formuliert in gehobenen Worten der Soziologe ARTHUR L. STINCHCOMBE, der sich besonders intensiv mit der Struktur freiwilliger Organisationen beschäftigt hat[17]: Um die Gemeinschaft am Leben zu erhalten, müssen die Aktiven Gespräche bewirken – *«in order to keep the association going, the activists must create talk»*.

Anfängergruppen übersehen oft zweierlei:

1. wieviel Ablenkung und Vermeidung in solchen an sich

harmlosen und alltäglichen Betätigungen eines gemütlichen Beisammenseins meist enthalten sind. Sie bewirken das Gegenteil von dem, was man damit erreichen möchte: sie lassen die Gruppe eher zerbröckeln, als daß sie für eine verstärkte Bindung sorgen;

2. wie sehr eine solche Anfangsatmosphäre zur dauernden Gewohnheit werden kann, die dann nur schwer umzugestalten ist.

Im Gegensatz zu Expertentherapiegruppen müssen Selbsthilfegruppen auch ihr therapeutisches Arrangement besorgen. Während sich also dieses Thema in der professionellen Gruppentherapie kaum stellt, ist es hier nicht unwesentlich. Doch wie gesagt: jeder Selbsthilfegruppe steht es frei, sich solcherart Angstlinderungen einzurichten. Es geht hier nicht um Regeln, sondern um nützliche Hinweise. Zu viele unterschiedliche Situationen sind denkbar, als daß nicht auch einmal eine gemütliche Runde am Platze wäre.

Aller Anfang ist schwer

Ob in der Selbsthilfegruppe oder im Gesamttreffen: die Anfangszeit erfordert von jedem sehr viel Geduld. Die Enttäuschungen lassen nicht auf sich warten. Viele Interessierte bleiben weg. Aller Anfang ist schwer. Es genügt, sich an JUTTAS Bericht zu erinnern: an ihre zahllosen Überlegungen, an ihre Befürchtungen, an das mulmige Empfinden, als sie nun wirklich einen Raum hatte und es losgehen konnte, und so weiter. Anfangs kann es manchmal soweit kommen, daß man seine Sitzungen allein abhalten muß.

Neben der eigenen Ausdauer helfen hier vorbeugende Maßnahmen:

1. Die ersten Mitglieder sollten versuchen, für ihre Gruppe von Anfang an eine höhere Teilnehmerzahl vorzusehen – zum Beispiel zwölf Personen. Dann kommt zu allen Anfangsängsten nicht noch die Angst hinzu, die Gruppe könne durch den üblichen Vorgang der Selbstindikation (vergleiche Seite 241), also durch den voraussehbaren Mitgliederschwund, zu klein werden.

Bleibt die Hälfte der Teilnehmer weg, sind sechs immer noch eine gute Gruppengröße.

2. Darüber hinaus sollten die ersten Mitglieder nach Möglichkeit von Anfang an gleichzeitig zwei Gruppen bilden. Zwei Gruppen können dann ihre Erfahrungen schon zu Beginn in einem Gesamttreffen austauschen. Das entlastet auch die Anfangsspannung durch eine zügigere Angstverarbeitung.

Diese beiden Maßnahmen zeigen, wie wertvoll eine intensivere Form der Bekanntgabe bzw. des Mitgliedergewinns sein kann.

3. Die labilste Zeit am Anfang reicht von der äußeren bis zur inneren Gruppenbildung. In dieser Anfangsphase von etwa zehn Sitzungen wird aus einem Zusammensein von mehreren fremden Leuten erst eine wirkliche und stabile Gruppe. Es entwickelt sich ein Gruppengefühl. Jeder Teilnehmer, der während dieser Anfangszeit dabeibleibt, wird diese wachsende Bindung an die Gruppe kennenlernen. Wenn die Gruppe es selbst für gut hält, das heißt wenn wirklich alle übereinstimmen, könnte sie sich für die ersten drei Monate statt einmal zweimal in der Woche treffen. Diese erhöhte Anfangsfrequenz kann den Nachteil mit sich bringen, daß es einigen plötzlich zu dicht wird. Sie hat aber den Vorteil, daß sich die Teilnehmer in kurzer Zeit zu einer wirklichen Gruppe verflechten. Das wiederum hilft vielen, den zahllosen äußeren Einflüssen zu widerstehen, die sie von der Gruppenteilnahme abhalten könnten. Häufigere Sitzungen am Anfang helfen aber auch allen anderen bei der großen psychischen Leistung des vielfachen Kennenlernens und der inneren Gruppenabstimmung.

4. Am Anfang ist die Regelmäßigkeit, die *ungebrochene Kontinuität* der Gruppenarbeit, noch bedeutsamer, als sie es sonst ohnehin ist. Sie ist die hauptsächliche Kraft für die innere Gruppenbildung. In der Regel ist es also besser, mit wenigen eine Sitzung durchzuführen, als eine Sitzung ausfallen zu lassen. Man sollte den Faden der Gruppenarbeit nicht abreißen lassen. Die Kontinuität der Gruppensitzungen verstärkt rückwirkend meist auch das regelmäßige Kommen der Teilnehmer. Sie gibt unbewußt jenen Halt, der gerade am Anfang besonders nötig ist.

5. Schließlich ist die Angst eines jeden, wie erwähnt, das beste Bindemittel für die Gruppe – natürlich unter der Voraussetzung, daß sie ausgesprochen wird. Als Thema für den Anfang bieten sich also die persönlichen Schwierigkeiten angesichts des Gruppenbeginns besonders an: das eigene Mißtrauen, die Befürchtungen, die Bedenken, die Fremdheit. Natürlich fällt das nicht leicht. In den meisten Fällen muß man sich vergleichsweise bewußt dazu entschließen. Doch genügen oft ein oder zwei Teilnehmer, um die ganze Gruppe zu ermutigen.

Massenmedien als Organisatoren und Förderer der Selbsthilfegruppen

Die besten inneren und äußeren Bedingungen für die Selbsthilfegruppenentwicklung können aus dem Zusammenwirken von vier großen Kräften entstehen: von Betroffenen, Fachleuten, Medien und Politikern. Im folgenden geht es um eine noch weitgehend unerschlossene, sozialpolitisch bedeutsame Aufgabe der Journalisten, Medienverantwortlichen und Autoren. Sie könnten vor allem zu neuen Gruppen anregen.

Die Massenmedien (Presse, Rundfunk, Fernsehen und Buchmarkt) sind bisher stets sehr aufgeschlossene, kritische Förderer der Selbsthilfegruppen gewesen. Doch macht die Zusammenarbeit mit den Medien meist den Selbsthilfegruppen zuviel Angst. Der Zwang zu wohlformuliertem Ausdruck, das Mißtrauen, etwas sehr Persönliches unter Umständen ausgeschlachtet zu sehen, die Schwierigkeit, eine normale Gruppensitzung zu demonstrieren, die unüberblickbaren Folgen für die eigene Anonymität – das alles gerät mit dem gleichzeitigen Wunsch, etwas für die Verbreitung der Selbsthilfegruppen zu bewirken, in einen Konflikt. Für Journalisten – die ich im folgenden auch stellvertretend für alle anderen Verantwortlichen im Bereich der genannten Massenmedien nenne – ist die Handhabung dieser psychologischen Schwierigkeiten ungewohnt. Dennoch können sich Selbsthilfegruppen und Journalisten wechselseitig auf sinnvolle Weise fördern. Die Berichterstattung für den Bürger dürfte ja nicht bei der schnellstmöglichen Verbreitung von Nachrichten stehenbleiben. Die soziale und persönliche Bedeutung der Information für den einzelnen, ihr Wert für seine eigene Lebensqualität, ihre verändernde Wirkung dürften wohl das höchste Gewicht erhalten. Zeitung, Rundfunk und Fernsehen haben im Alltagsleben ein ungeheures Einflußpotential mit vermutlich starken suggestiven Komponenten. Es wurde bisher schon für sozialpolitische, sozialkritische und gleichsam vermittelnde therapeutische Berichte genutzt. Doch war die Art der Beziehung hinderlich, die Journalisten zu ihren Lesern, Zuhörern und Zuschauern aufzunehmen gezwungen waren: Sie mußten aus dem psychosozialen Bereich etwas vorsetzen, was bestenfalls aufrüttelte, in den meisten Fällen aber langweilte, weil es für die eigene Situation der Angesprochenen selten etwas brachte. Die Lage der Medien ist in dieser Hinsicht ähnlich wie die Situation der sechs großen Protestbewegungen. Sie können auf die Dauer nichts ausrichten, wenn sie nicht langfristig aktivieren, das heißt eine sinnvolle persönliche Handlung anregen. Eben das geschieht aber bei der neuen Organisationsfunktion der Journalisten: insoweit sie nämlich bei der Bildung von Selbsthilfegruppen mitwirken, verbinden sie sich direkt mit den ureigensten Motivationen der Bürger und regen sie tatsächlich auch zu einer aussichtsreichen Handlung an.

Eine wesentliche Aufgabe der Medien bestünde in der Zusammenführung der Betroffenen durch Berichterstattung. Das geschieht am besten über Interviews mit Betroffenen oder Fachleuten. Auf diese Weise wurden, wie erwähnt, allgemeine Selbsthilfegruppen für seelische Konflikte, Übergewichtsselbsthilfegruppen und Paarselbsthilfegruppen angeregt. Auf einen Bericht in der Wochenendausgabe einer Gießener Zeitung kamen stets genügend Interessierte, die nun selbst weitere Schritte zur Gruppenbildung unternehmen konnten. Es geht hier also nur darum, die isolierten Betroffenen über die Medien anzusprechen und entweder direkt oder über eine Chiffre-Nummer in Kontakt zu bringen.

Natürlich kann ein Journalist auch selber die Initiative ergreifen, zum Beispiel mit der Bitte an Betroffene, sich mit ihm zu einem Gespräch über ihre Lage und die Möglichkeiten einer Selbsthilfegruppenbildung zu treffen. Dieses Vorgehen ist in der Praxis am einfachsten, da der Journalist für einen solchen Anstoß keine Partner benötigt. Denn erreichbare Kontaktpersonen stehen bei der noch geringen Verbreitung der Selbsthilfegruppen nur selten zur Verfügung.

Mit Hilfe der Medien könnte tatsächlich das Leben vieler isolierter und leidender Menschen revolutioniert werden. Die Breitenwirkung der Massenmedien und der Selbstverstärkereffekt sich bildender Gruppen können zu einem ungewöhnlich starken sozialen Einfluß führen.

Journalisten befinden sich also ohne eigenes Zutun, allein durch die Existenz und Wirksamkeit der Selbsthilfegruppen, in der Position sozialtherapeutischer Organisatoren. Ihr Beitrag zur Selbsthilfegruppenbildung ist außerordentlich wertvoll, weil den Betroffenen zur Überwindung der beträchtlichen Anfangsschwierigkeiten eine Gruppe eben noch nicht zur Verfügung steht. Ist aber die Gruppe einmal gebildet, entfaltet sich in der Regel genügend eigenständige therapeutische Energie für die Konfliktarbeit.

Die organisierende Funktion erschöpft sich natürlich nicht allein in der Bildung der Selbsthilfegruppen. Auch für die laufende Arbeit ist ja der ständige Kontakt der Selbsthilfegruppen zu jenen Betroffenen wesentlich, die eventuell Interesse an der Gruppenselbstbehandlung hätten. Die entstehenden Gruppen könnten also auch langfristig mit den Journalisten zusammenarbeiten. Durch Berichte über die Selbsthilfegruppenarbeit, über ihre Erfolge und Schwierigkeiten, wächst die Zahl der Teilnehmer am schnellsten. JUTTA berichtete mir, daß der stärkste Zustrom immer dann erfolgte, wenn ein Journalist über ein Gespräch mit ihr berichtete – auch wenn es überregionale Zeitschriften waren.

Im Hinblick auf das Doppelziel (Selbstveränderung – Sozialveränderung) können Selbsthilfegruppen das soziale Feld wahrscheinlich nur in Zusammenarbeit mit den Journalisten und ihren Medien nachhaltig beeinflussen.

Vermutlich würde eine Zusammenarbeit von Selbsthilfegruppen und Journalisten ebenfalls auf einer Art therapeutischen Bündnisses beruhen müssen, damit die wechselseitigen psychologischen Schwierigkeiten abgebaut werden können. Zwischen ihnen muß sich eine Vertrauensbeziehung herstellen. Soweit es sich nicht um Live-Sendungen handelt, sollte der Journalist seinen Bericht der Gruppe vorher zur Kenntnis geben. Andererseits sollten sich die Selbsthilfegruppen auch auf das notwendige Tempo des Journalismus einstellen lernen.

Für diese langfristige Zusammenarbeit bietet sich das Gesamttreffen an, auf dem Journalisten und Selbsthilfegruppen ihre Erfahrungen austauschen können. Presseberichte, Rundfunksendungen und Fernsehfilme hätten in diesem Zusammenhang nicht nur einen flüchtigen, einmaligen Wert. Dringend benötigt werden zum Beispiel gute Berichte zur Einführung für Interessierte. Wir händigen Zeitungsartikel allen Neuen als kompakte Information aus und denken auch daran, in ähnlicher Weise entsprechende Rundfunk- oder Fernsehsendungen zu nutzen.

So wie zum Beispiel der Regisseur ANDREAS KETTELHACK («Der Weg des Hans Monn»; «Die Drehtür») einen Verleih für Psychiatriefilme plant, der kommerziellen und nicht-kommerziellen Kinos, Universitäten, Fachhochschulen, Kliniken und Clubs wie «Family life», «Asylum» usw. anbieten will, wäre auch eine Filmsammlung über Selbsthilfegruppen denkbar. Wegen der großen Zielgruppe und der unmittelbaren Bedeutung für das eigene Handeln gäbe es vermutlich dafür auch einen anhaltenden Bedarf. In den Vereinigten Staaten ist das allgemeine Bewußtsein für Selbsthilfegruppen so hoch, daß sich inzwischen auch die WALT DISNEY-Filmproduktion des Phänomens in einem amüsanten Zeichentrickfilm «Birds Anonymous» angenommen hat: Katzen kämpfen hier verzweifelt gegen ihre «Sucht», Vögel zu fressen.

Wer sich an die über vierzig unterschiedlichen Selbsthilfegruppenorganisationen in der Region Rockland County erinnert, wird ahnen, daß sich hier für Journalisten keine sporadische Gelegenheitsarbeit, sondern ein umfangreiches, verantwortungsvolles und interessantes Tätigkeitsfeld auftut.

Im Vergleich zu diesen Aufgaben gibt es eine fast belanglos und nebensächlich erscheinende, aber äußerst wirkungsvolle Maßnahme der Medien: eine kostenlose Aufnahme aller Selbsthilfegruppentermine in die Ankündigung von Veranstaltungen oder regionalen Ereignissen. Der wöchentliche Veranstaltungskalender der Zeitungen, Kurzdurchsagen im Rundfunk oder im Rahmen dritter Fernsehprogramme hätten hier einen erheblichen, kumulativen bewußtmachenden Effekt bei geringem Aufwand.

Inzwischen haben sich am Rande der Massenmedien auch selbsthilfegruppennahe Rundfunk-, Fernseh- und natürlich auch Presseorgane gebildet. Jede größere Selbsthilfeorganisation hat ihren eigenen Vertrieb von Zeitschriften oder Broschüren. Schwerpunktmäßig widmen sich schon jetzt spezielle Zeitschriften wie «psychologie heute», «Warum!», «Eltern» und bezeichnenderweise vor allem die Frauenzeitschrift «Brigitte» (Gesprächsgruppen, Diätclubs) der Entwicklung und Arbeit von Selbsthilfegruppen. In Frankreich gibt es aber bereits ein Dutzend sogenannter Piratensender. In Paris berichten sie über Stadtteilprobleme oder Frauenselbsthilfegruppen. Ein Richter in Montpellier lehnte die Verfolgung eines Kleinsenders ab, weil das Grundrecht, sich frei über alle verfügbaren technischen Mittel auszudrücken, Vorrang vor dem staatlichen Monopol habe. Fachleute glauben, man könnte allein in Paris vierzig Kleinsender für lokale Bezirke arbeiten lassen. In Rom gibt es sogar entsprechende lokale Fernsehsender, die sich zum Teil ebenfalls schwerpunktmäßig mit Bürgerinitiativen und Selbsthilfegruppen befassen. Man kann mit einiger Spannung ähnliche Entwicklungen im Bundesgebiet erwarten.

Der Sachbuchmarkt ist schon stark auf zahlreiche Bedürfnisse der Selbsthilfegruppen eingestellt. Künftig dürften Bücher für spezielle Krisen, für psychosoziale Zielgruppen und für entsprechende psychologische Themen höchste Bedeutung erlangen, vor allem, wenn sie in seelische Vorgänge Einsicht vermitteln und auf diese Weise die eigenständige Gruppenarbeit klärend unterstützen können. Die Bücher müssen sich nicht direkt auf Selbsthilfegruppen beziehen. Unsere Paarselbsthilfegruppen haben zum Beispiel von JÜRG WILLIS psychoanalytischer Analyse der Zweierbeziehung großen Gewinn.[20] Die Anzahl einsichtsvermittelnder (und nicht Ratschläge verteilender) Bücher ist ständig im Steigen: COLIN MURRAY PARKES' Darstellung der Lebenskrisen bei Partnerverlust «Vereinsamung»[21]; C. und M. J. HALHUBERS «Sprechstunde Herzinfarkt»[22]; das mutige Buch des Experimentalpsychologen LAWRENCE LESHAN über die emotionalen Faktoren der Krebsentstehung *«You can fight for your life»* (Sie können um Ihr Leben kämpfen)[23]; der Nachweis des wissenschaftlichen Direktors der Psychosomatischen Kliniken der Universität von Maryland, JAMES J. LYNCH, wie wahr die Redewendung vom «gebrochenen Herzen» ist[24], oder ROBERT N. BUTLERS psychosoziale Analyse über das Altwerden in den Vereinigten Staaten, die mit dem PULITZER-Preis ausgezeichnet wurde[25] – diese wenigen Beispiele mögen die neue Art der Literatur für die konkrete Lebenssituation der Betroffenen charakterisieren. Sie ist für die Gruppenselbstbehandlung von wesentlichem Wert und kann im übrigen ihre eigentliche Wirkung auch erst in den Selbsthilfegruppen voll entfalten. Es geht also mehr um eine intensive Unterstützung bei der Klärung der eigenen emotionalen und sozialen Situationen, während die Entscheidungen für die eigenen Aktivitäten den Betroffenen selbst überlassen bleiben. Demgegenüber dürften insbesondere für die Selbsthilfegruppen nur in sehr speziellen Fällen Anleitungen in Frage kommen, so etwa die Selbstbehandlungsanleitungen für Organkranke in der Reihe des Thieme-Verlages «Ärztlicher Rat für Kranke» und so weiter. Für die Verarbeitung von Konflikten und Krisen ist die eigenständige Selbstklärung der aussichtsreichste Weg. Demgegenüber blockieren exakte Anleitungen die unverzichtbare Selbstregulation.

6.
Erfahren statt Geführtwerden

Konzeptübersicht:
das Ganze, der Rahmen und die Richtung

Das Konzept der Gruppenselbstbehandlung ist nicht von Anfang an vorhanden, es entwickelt sich erst. Daß damit nicht dem Chaos Tor und Tür geöffnet ist, hat seinen Grund vor allem in Rahmen und Richtung des therapeutischen Prozesses, aber auch in der besonderen Ausgangslage. Die Ausgangslage bestimmt, was überhaupt in das Konzept eingeht. Das Wesentlichste ist hier die unprogrammierte Auswahl der Teilnehmer durch den freien Anschluß. Diese Auswahl aber ist selbst natürlich schon ein Ergebnis des ganzen Vorhabens, in Gruppen die eigenen Konflikte zu bearbeiten. So kann man also die Auswahl der Teilnehmer, die das Konzept mitbestimmen, und das Konzept, das auch über das therapeutische Arrangement und die Auswahl bestimmt, nicht isoliert voneinander betrachten. Das ist zu erweitern: Jedes Element des Konzeptes steht mit jedem anderen in Wechselwirkung, alles ist aufeinander abgestimmt, ein Detail verleiht dem anderen erst seine Bedeutung und umgekehrt.

Die Gruppenselbstbehandlung ist nur als Ganzes, als Gestalt zu betrachten. Darin allerdings unterscheidet sie sich in keiner Weise von einer professionellen Gruppentherapie. Ich betone den Systemcharakter hier so sehr, weil es ein falsches Bild ergibt, wenn wir ein isoliertes Element als charakteristisch für die Gruppenselbstbehandlung herausgreifen: erst das Ganze ist charakteristisch. Vor allem ist daran zu denken, daß die Gruppenselbstbehandlung eine ständige Entwicklung und kein Zustand ist. Das Erleben, die Erfahrung, das Handeln in der Gruppe ist entscheidend. Der Anfang ist ganz anders als das Ende.

Die Entwicklung hat ihre *Richtung* durch das Ziel: es geht um die eigenen Konflikte, nicht um die der anderen. Das ist das entscheidende Merkmal der Selbstbetroffenheit. Es geht darum, sie nach Möglichkeit zu beheben. Das Abschlußergebnis ist jedoch nicht eine sterile Konfliktlosigkeit, sondern *Konfliktfähigkeit*. In ihr ist das *Gruppenziel* zu sehen.

Der *Rahmen* ist vor allem durch das *therapeutische Arrange-*

ment gegeben. In ihm sind auf eine unausgesprochene Weise fast alle nötigen Anleitungen enthalten.

Daraus ergibt sich die *Gruppenselbstregulation.* Zu ihr tragen vor allem die *Wertvorstellungen* bei. Die vier von allen geteilten und angestrebten Ideale, die Selbstbestimmung, die Echtheit oder Offenheit, die Hoffnung und die Solidarisierung zu einer Gemeinschaft möchte ich weiter unten ausführlicher besprechen. Sie haben große therapeutische Konsequenzen, ja, man kann sie geradezu als Säulen des unausgesprochenen therapeutischen Konzeptes der Gruppenselbstbehandlung betrachten.

Aus Arrangement und Wertvorstellungen ergeben sich die *drei großen therapeutischen Prinzipien:* das Kontinuitätsprinzip, das Gruppenprinzip und das Selbsthilfeprinzip.

Aus allem folgt das bereits erwähnte *therapeutische Verhalten,* das sich während der gemeinsamen Arbeit nach und nach entwickelt und bei voller Entfaltung als Gruppenselbstbehandlungsfähigkeit angesprochen werden kann.

Das Konzept *ist* nicht, es *wird*

Eine EA-Teilnehmerin sagte in einem Gespräch: «Wenn es mir dreckig geht, möchte ich sprechen, sprechen, sprechen. Ich suche Menschen, mit denen ich reden kann ...» Eine Gruppe meinte auf dem Gesamttreffen: «Solange die Gruppe Gefühle ausdrückt, bleibt sie zusammen». Der Psychoanalytiker MICHAEL BALINT empfahl als wesentlichste psychotherapeutische Grundregel: der Therapeut sollte vor allem für eine Atmosphäre sorgen, in der ein Patient frei sprechen könne.

Die Selbsthilfegruppen bieten diesen Gesprächsraum von Anfang an. Betrachten wir das *Anfangsgeschehen,* so sind die Momente besonders gut zu erkennen, die für die therapeutische Atmosphäre der Selbsthilfegruppen ausschlaggebend sind. Vor allem entsteht durch die gleichgestellte Solidarisierung ein tieferes wechselseitiges Vertrauen. Offensichtlich ermöglicht die Solidarität einen offeneren Austausch als die abhängigen Beziehungen in der professionellen Therapie. Das zeigen die erwähnten empirischen Vergleiche von Selbsthilfegruppen und psychoanalytisch orientierten Gruppentherapien: die Selbsthilfegruppenteilnehmer fühlen sich mehr ermutigt, Probleme anzusprechen als die Patienten. Sie geben sich eher so, wie sie sind. Besonders die Anfänger in Selbsthilfegruppen erleben, verglichen mit den Anfängern in den professionellen Gruppen, die anderen als offener.[1] Unter den ersten zehn hilfreichen Verhaltensformen, die LEON H. LEVY und seine Mitarbeiter[2] bei Selbsthilfegruppen erheben konnten, dienen neun der Erleichterung des freien Austausches: Gefühle des anderen verstehen und teilen; wechselseitige Anerkennung; teilnehmen lassen am eigenen Erleben; den anderen Sicherheit vermitteln, daß sie ihre eigenen Probleme bewältigen; ermutigen, Gefühle zu zeigen und die eigenen Probleme ausführlicher darzulegen und so weiter.

Wenn man will, kann man diese Erleichterung des offenen Gespräches zu einer Dimension oder zu einem Element des therapeutischen Konzeptes erklären. Doch ergibt sich diese entlastende Atmosphäre durch die Gesamtauffassung, den «Geist», die Existenz der Selbsthilfegruppen ohne weiteres. Mit einem vorgeschriebenen, expliziten Konzept wäre ein solches Klima wohl kaum erreichbar. So gehört das offene Gespräch eher zur Basis des Konzeptes. Aus ihm erwächst erst nach und nach mit steigender Erfahrung ein besonders günstiges Verhalten und damit auch eine genauere Vorstellung des Konzeptes. Von einem Programm ist so wenig vorgegeben, daß man besser von einem «Programm der Programmlosigkeit» spricht. Diese Offenheit des Konzeptes ist von Autoren mehrfach betont worden.[3] Sie ist auch aus einem weiteren Grunde nötig: auf diese Weise können sich nämlich die konkreten, direkten menschlichen Beziehungen am besten entfalten. Es entstehen jene tiefen wechselseitig hilfreichen therapeutischen Beziehungen, die RICHARD ALMOND als charismatisch bezeichnet und für alle heilenden Gemeinschaften als unerläßliche Voraussetzung ansieht.[4] Ohne sie ist eine therapeutische Wirkung nicht denkbar. Den entscheidenden Zustrom an neuer Energie bietet zunächst das reine Gefühl der Zugehörigkeit. Das Anerkanntwerden durch die Gruppe (das übrigens gleichzeitig ein Anerkennen der Gruppe durch das neue Mitglied hervorruft und damit ein wechselseitiges Erlebnis ist) und das sinnvolle Mitwirken am Gruppengeschehen, kurz die Mitgliedschaft selbst, ist das bedeutsame Ereignis am Anfang. Um sich diese Unmittelbarkeit zu bewahren, sind und müssen Selbsthilfegruppen «kontrabürokratisch» sein. Sie dürfen nicht in noch so faszinierenden Programmen verholzen.

Das offene Gespräch kennzeichnet den Anfang also nur zum Teil. Die konkreten Beziehungen, die immer fester werdenden Bindungen sind ebenso charakteristisch. Offen *und* gebunden – das ist schon eher das Geheimnis des Anfangs. Manche Autoren sind der Meinung, daß sich hier der Mensch in seiner eigentlichen Bestimmung als Gruppenwesen wiederfindet und daß es vor allen anderen Lebensbedürfnissen das Beziehungsbedürfnis[5] ist, dessen Erfüllung entscheidend zur seelischen Gesundheit beiträgt.

Am Anfang ist das Geschehen, zu dem sich diejenigen zusammentun, die sich überwiegend als Schwache und Ohnmächtige definieren, mit einem Wort am besten charakterisiert: *«empowering»*[6]. Dieser Energiezuwachs ergibt sich aus der Gruppengemeinschaft und aus der Perspektive und Hoffnung, die sie bietet.

Der Anfang ist für den einzelnen oder für eine neue Gruppe ein elementares emotionales Ereignis. Er ist trotz aller Entlastungen bei vielen oft mit Angst verbunden. Ein solcher Anfang steht im Kontrast zu Vorschriften, Regeln, Programmen und Bezugssystemen, weil die Bürokratie der Effektivität und Nützlichkeit, der technischen Ordnung (*«technical order»*[7]) dient und die konkreten Beziehungen, die gefühlsnahen Bindungen und die eigene Erfahrung, das heißt die menschliche Ordnung (*«moral order»*[8]), einengt.

Wir müssen jetzt jedoch den Blick über dieses emotionale Anfangsereignis hinaus erweitern und die Umstände ins Auge fassen, die überhaupt zu einem solchen Anfang führen: die Anordnung der Selbsthilfegruppen, die freie Wahl und den Kreis der Personen. Denn erst dadurch wird klar, was in die Konzeptbildung eingeht.

Vor allem das beschriebene therapeutische Arrangement enthält fast alles Nötige: Die Konfliktarbeit findet in der Gruppe statt. Auf die Bedeutung und die Konsequenzen dieses Gruppenprinzips gehe ich noch ausführlicher ein. Die Gruppe hat eine bestimmte Größe von sechs bis zwölf Personen. Dadurch kann jedes Ereignis von jedem persönlich miterlebt werden. Die Frequenz von einer bis zwei Sitzungen pro Woche, die Sitzungsdauer von zwei bis drei Stunden und die langfristige Teilnahme garantieren die Kontinuität, die zum Durcharbeiten der Konflikte nötig ist. Auch auf dieses Kontinuitätsprinzip komme ich noch gesondert zu sprechen. Das Thema sind die eigenen Konflikte. Das Ziel ist ebenfalls klar: die Teilnehmer wollen gemeinsam versuchen, ihre persönlichen Probleme zu lösen, oder zumindest lernen, mit ihnen besser umzugehen. Aus Thematik und Ziel leitet sich die Gruppenmethode ab. Sie bedient sich des einfachsten und wohl auch wirkungsvollsten Instrumentes: des Gesprächs. Vor allem geht es darum, die eigenen Probleme, seine emotionalen Erlebnisse zu äußern und sich wechselseitig zu helfen, sie zu verstehen.

Das alles ist unausgesprochen im Arrangement enthalten. Es kommt noch hinzu, daß es um eine Selbsthilfegruppe geht. Jeder ist hier für sich selbst da. Er ist Kotherapeut und Kopatient zugleich – allerdings mit der entscheidenden neuen Qualität dieses therapeutischen Verfahrens: er nimmt sich selbst als Ziel der Veränderung, nicht den anderen. Das Selbsthilfeprinzip, nicht das Fremdhilfeprinzip, ist hier gültig. Dadurch ist die Gleichheit in der Gemeinschaft vollends gegeben. Vielleicht hat sie die größte Auswirkung, da sich ja die meisten vorher subjektiv oder objektiv ausgestoßen, stigmatisiert oder minderwertig fühlten. Im vollen Umfang läßt sich die Bedeutung des therapeutischen Arrangements kaum ausloten. Allein die Tatsache zum Beispiel, daß sie nicht in einem professionellen Therapieraum stattfindet, sondern in einem neutralen Alltagsraum, den die Gruppe für sich hat, gibt ein ganz anderes, weniger funktionales, lebendigeres, wärmeres Gefühl füreinander.

Die Ausgangslage der Gruppenselbstbehandlung wird außerdem entscheidend durch die freie Wahl geprägt, sich der Gruppe anzuschließen. Sie resultiert aus einem der vier Werte der Selbsthilfegruppen, aus der Selbstbestimmung. Jeder einzelne befolgt diese ungeschriebene Regel. Daraus könnte sich der klassische Konflikt ergeben, daß die Freiheit des einen die Freiheit des anderen beschränkt. Entschließt sich jemand zu einer Selbsthilfegruppe aus freien Stücken, bleibt ja noch die Frage, ob die Gruppe das mit ihrer Selbstbestimmung vereinbaren kann. Auch sie hat die freie Wahl. Doch ist das selten ein größeres Problem. Vor allem betrifft es nur gelegentlich persönliche Eigenschaften des Neuen. Immerhin kann für eine ausgewogene Geschlechtsverteilung der Gruppe entscheidend werden, ob die Gruppe eine Frau oder einen Mann aufnimmt. Eine solche eventuelle Konfliktsituation wird erleichtert durch die Tatsache, daß alle die Selbstbestimmung des anderen respektieren, soweit es irgend möglich ist. Im übrigen steht der Aufbau einer neuen Gruppe jedem offen. Die Emotions Anonymous zum Beispiel schreiben auf ihrer kleinen Informationskarte: «Du bist immer willkommen – du bist nicht allein – du hast die Wahl.» Sie nehmen jeden an. Erst im weiteren Verlauf wird Bleiben oder Gehen weitgehend unbewußt ausgehandelt. Nach Meinung des Gruppenanalytikers S. H. FOULKES ist der beste Test für die Gruppe die Gruppe selbst.[9] So kommt der einzelne zu einer Selbstindikation im Laufe einer therapeutischen Probezeit, die insofern einen Vorzug vor üblichen Expertenindikationen hat, als sie sich auf die persönliche gemeinsame Erfahrung in einer konkreten Gruppe beziehen kann. Insofern ist auf sie Verlaß. Gleichzeitig ergibt sich aus der Serie von Selbstindikationen die selbständige Gruppenzusammensetzung. Es ist nun gleichgültig, ob sich eine Gruppe auf diese selbsttätige Weise zusammenfindet oder ob sich die interessierten Mitglieder von Anfang an wechselseitig wählen, wie es eine Psychoanalytiker-Selbsthilfegruppe praktiziert hat.[10] Aus beiden Vorgehensweisen resultiert ein inneres Abgestimmtsein der Gruppe. Sie führt zu einer begrenzten Ähnlichkeit der Mitglieder: in bezug auf ihre Störungen, die ja oft in der Benennung der Selbsthilfegruppen vorgegeben sind; in bezug auf ihre Einstellung zur Krankheit oder auf die Qualität des Selbsthilfepotentials; und in bezug auf das Ziel. Diese Ähnlichkeit ist wichtig, weil sie die wechselseitige Modellbildung fördert und therapeutisch wirksamer werden läßt. Eine totale Gleichartigkeit wäre wegen der identischen Abwehr therapeutisch ebenso hinderlich wie eine krasse Verschiedenartigkeit, in der einer für einen anderen kaum ein Beispiel zur Lösung seiner Probleme bieten kann.

Die freie Wahl führt also nicht zu einem beliebigen Mischmasch, sondern im Gegenteil über einen natürlichen Prozeß der Auswahl zu einer Angleichung der Selbsthilfegruppenmitglieder. Experten nahmen zunächst an, die Ähnlichkeit beträfe vor allem soziale Merkmale, wie etwa Einkommensschichten und Bildungsstand. Das erwies sich als Irrtum. Selbsthilfegruppenteilnehmer gleichen sich vor allem in ihren persönlichen Eigenschaften.[11] Bei den AA sind es zum Beispiel eher die Ängstlichen als die Depressiven[12], eher diejenigen also, die sich durch ihre Störungen aktiviert, weniger diejenigen, die sich gelähmt fühlen. Vieles spricht dafür, daß dieser Befund auf andere Selbsthilfegruppen zu übertragen ist. Denn alle Selbsthilfegruppen fordern ja zur aktiven Einstellung und zur Autonomie auf. Dabei mag offen bleiben, inwieweit die soziale Lage des einzelnen mit bestimmten persönlichen Merkmalen verbunden ist. In jedem Falle handelt es sich um eine wirkliche Wahlverwandtschaft.

Selbsthilfegruppenteilnehmer sind nicht zuletzt wegen ihrer Bereitschaft miteinander verwandt, sich mit sich selbst ernsthaft auseinanderzusetzen. Durch den Gruppenzusammenschluß steigert sich ihre Entschlossenheit noch. Somit ergibt sich von Anfang an durch die Auswahl eine therapeutisch günstige Zusammensetzung.

Mit anderen Worten: die freie Wahl in Form der Selbstindikation und selbstbestimmten Gruppenzusammensetzung ist ein therapeutischer Faktor ersten Ranges,

☐ weil sie als selbständige Handlung eben diese Selbständigkeit mobilisiert;

☐ weil sie unversehens und von vornherein die Gruppe vor

allem in den persönlichen Merkmalen aufeinander abstimmt;
□ weil sie vor allem Menschen zusammenführt, die ihre innere Bereitschaft und Entschlossenheit teilen, an sich zu arbeiten;
□ kurz: weil sie eine *therapeutische Wahlverwandtschaft* hervorbringt.

Die Ähnlichkeit wirkt sich nun natürlich nicht nur positiv auf die Anfangsdynamik aus. Sie ist ein positives therapeutisches Moment für die gesamte Selbsthilfegruppenarbeit. Die EA formulieren das so: «Wir sind eine Gemeinschaft von Männern und Frauen, die ihre ganze Erfahrung, Kraft und Hoffnung miteinander teilen, um ihre seelischen Probleme zu lösen.»[13]

Von dem Energiezuwachs und der Hoffnung, die sie durch die neue Perspektive gewinnen, war schon oft die Rede. Beide machen die neue Zuversicht aus. Die Mitglieder teilen aber auch ihre Erfahrung. Sie bezeichnen sich als die «Experten des Leidens», die «Experten ihrer eigenen Lebensgeschichte»[14], «die Experten durch persönliche Erfahrung». Auf dem Hintergrund einer differenzierten Ähnlichkeit tauschen sie also zweierlei aus: das vielfältige Erleben und Erleiden ihrer seelischen Not, gleichzeitig aber auch das dadurch in jedem wachgerufene und oft bereits vielfach erprobte Selbsthilfepotential. Sie teilen also sowohl ihr krankmachendes wie ihr gesundheitsbildendes Verhalten. Sie sind nicht nur eine Gruppe von Kranken, sondern auch von Therapeuten. Eben deswegen kann – um eine häufige Expertenfrage zu beantworten – «krank und krank gesund werden».[15]

Voraussetzung ist allerdings der ausreichende Verzicht auf die Verleugnung der eigenen Störungen, auf die oft an Verlogenheit grenzende Gesundheitsfassade. Erst durch das Eingeständnis ihrer Schwäche, durch die Anerkennung der eigenen Konflikte, durch ihre «Ohnmacht»[16], haben die Selbsthilfegruppen überhaupt die Chance, mächtig zu werden. Die AA nennen das klar die «Kapitulation». Weil ohne diesen ersten Schritt therapeutisch nichts geschehen kann, weil er so wichtig ist, gab ERNST HERHAUS seinem Bericht über die AA diesen Titel.[17] Mit diesem Eingeständnis hat jedes Mitglied nicht nur erstmalig eine neue Beziehung zu sich selbst, ist nicht nur ehrlicher, authentischer und gleichsam fester an sich gebunden, vielmehr kann dadurch gleichzeitig auch die Beziehung zu anderen offener und intensiver werden. Die Bindungen untereinander stabilisieren sich und gewinnen therapeutische Qualität. Alle sind im Leid erfahren und können sich in der gemeinsamen Ohnmacht eher öffnen. Das bestätigen alle bisherigen Untersuchungen. Damit werden die Mitglieder wechselseitig zu sehr wesentlichen Personen für die eigene Problemlösung («*instrumental significant others*»[18]). Erst jetzt können sich im Rahmen des komplexen Gesamtziels, das im Grunde eher als ein ganzes Geflecht von miteinander und auch gegeneinander wirkenden Zielen, also als ein Zielsystem anzusehen ist, die einzelnen Teilziele entfalten. Das gilt hier ebenso wie in der von Psychoanalytikern dargestellten Einzelselbstanalyse.[19] Die Zielentfaltung bedeutet eine ständige Neudefinition seiner selbst, eine ununterbrochene Identitätsarbeit, so wie es in dem Bericht von JUTTA anschaulich wird. Das heißt aber auch, daß die Ziele sich erst im Laufe der Gruppenselbstbehandlung klären. Jeder Teilnehmer lernt also mit der Zeit, was er eigentlich will. Die Ziele verwandeln sich. Damit ändern sich auch fortlaufend seine Motivationen, seine Gründe, an der Gruppe teilzunehmen. Sie dürften am Anfang anders sein als nach einem Jahr und wieder anders gegen Ende. Wir müssen uns also auch hier von einer statischen Auffassung befreien und Ernst machen mit dem Wesen der Gruppenselbstbehandlung als einer Entwicklung. Das gilt natürlich für alle Formen der längerfristigen Einzel- und Gruppenpsychotherapien. Es scheint so zu sein, daß die anfangs schwächere Motivation bei denjenigen wächst, die über ihre individuell je unterschiedliche therapeutische Probezeit oder Orientierungsphase hinaus in der Gruppe bleiben. So schreibt MARTHA, eine Teilnehmerin an einer speziellen, weitgehend geschlossenen Selbsthilfegruppe, die zunächst 10 vorbereitende Sitzungen lang mit einem psychoanalytischen Experten gearbeitet hatte: «. . . auf persönlicher Basis wuchs die Motivation: ich glaube, daß sich bald ein noch sehr unpersönliches, aber immerhin wachsendes Interesse an den anderen Mitgliedern einstellt. Wichtig aber war, daß wir – wenn auch erst nach geraumer Zeit – unsere Erwartungen etwas konkretisieren konnten.»[20] Wenn hier auch die Anwesenheit eines Therapeuten vermutlich zu dem anfangs unpersönlichen Interesse an den anderen beigetragen haben dürfte, läßt sich doch die große Linie der zunehmenden Präzisierung von Erwartungen und Zielen bei allen Selbsthilfegruppen erkennen. Die allgemeine Zielrichtung gewinnt konkrete Konturen. Eine soeben fertiggestellte Umfrage bei zehn EA-Gruppen in der Bundesrepublik Deutschland ließ übrigens schon einen Unterschied bei allgemeinen Gruppenzielen und allgemeinen persönlichen Zielen erkennen.[21] Zwar können die Ergebnisse nicht als repräsentativ gelten, weil viele EA-Gruppen prinzipiell keine Auskünfte erteilen, doch bieten sie nicht unwesentliche Hinweise. So lauten die drei am häufigsten genannten Gruppenziele:

1. seelische Gesundheit, Lösung seelischer Probleme, psychische Stabilisierung;

2. Einigkeit der Gruppe, Gesundheit der Gruppe, gemeinsames Wohlergehen;

3. Probleme aussprechen können, Kommunikationsverbesserung, sich mitteilen können.

Man kann sie als übergreifende Ziele auffassen, wenn man nun die sehr viel konkreteren persönlichen Ziele betrachtet. Auf die Frage «Was wollen sie mit Hilfe der Gruppe erreichen?» wurden von insgesamt 34 Personen am häufigsten folgende Antworten gegeben:

☐ Lernen, zu mir zu stehen, mich akzeptieren, sinnvoller mit mir umgehen und so weiter (11 Nennungen)

☐ mich kennenlernen, mein eigenes Ich entdecken, mich finden, mich besser verstehen, Bewußtmachen verdrängter Bedürfnisse (9 Nennungen)

☐ mich durchsetzen lernen, persönliche Rechte vertreten lernen, Selbständigkeit, mein Leben meistern (8 Nennungen)

☐ mich mitteilen lernen, verständlich machen lernen, Kontaktfähigkeit (8 Nennungen)

☐ besser mit anderen umgehen lernen, partnerschaftsfähig werden (7 Nennungen)

214

□ angstfrei werden und so weiter (7 Nennungen)
und erst jetzt:
□ meine emotionale seelische Gesundheit erreichen (6 Nennungen).[22]

Hier wird deutlich, daß die persönlichen Ziele die allgemeineren Gruppenziele präziser wiedergeben. Es fällt vor allem auf, daß seelische Gesundheit als allgemeiner Begriff unter den persönlichen Zielen eine zweitrangige Rolle spielt. Im Vordergrund stehen vielmehr: eine anerkennende, integrative Beziehung zu sich selbst; der Gewinn an Einsicht und eine aktive Handlungsfähigkeit nach eigenen Bedürfnissen. Die eigene Person steht also im Zentrum. Es geht hier wie auch in den psychoanalytisch orientierten Therapien um eine Selbstintegration. In engem Zusammenhang damit steht der Gewinn an Beziehungsfähigkeit (sich mitteilen können, partnerschaftsfähig werden). Vielleicht ist es nicht zufällig, daß schließlich auch als einziges symptomorientiertes Ziel die Angstfreiheit genannt wird (und nicht etwa die Aufhebung einer depressiven Verfassung), was gut zu dem Persönlichkeitsbefund bei den Anonymen Alkoholikern paßt.[23]

Diese Zielsetzungen kann man als unverfälscht betrachten, weil sie frei formuliert wurden und ohne direkte oder indirekte Beteiligung eines Therapeuten zustandekamen. Für das ganze Erlebnis der Solidarisierung in der Erfahrung des eigenen Leidens und der eigenen Ziele ist ja die Tatsache entscheidend, daß die Gruppe ohne einen Therapeuten arbeitet. Er nämlich wäre ein Nicht-Betroffener, einer, der außerhalb oder neben dem Leid steht und darüberhinaus üblicherweise noch als besonders gesund gilt. Seine Anwesenheit würde – bewußt oder unbewußt – die Gruppensituation von Grund auf ändern. Er wäre in den meisten Fällen unvermeidlich allein deswegen ein Störfaktor, weil er sein Leiden und seine Erfahrungen nicht mit anderen teilt. Meist aber wirkt auch seine Haltung als störend. Das gilt nun nicht für professionelle Psychotherapeuten allein, sondern offensichtlich auch für alle Alltagshelfer, die nicht selbst betroffen sind. PHYLLIS R. SILVERMAN berichtet im Rahmen ihrer Untersuchung des Widow-to-Widow-Programms dazu: «die meisten Helfer (*caregivers*) scheuen vor denen zurück, die einen so schmerzlichen Verlust erlitten. Witwen, mit denen ich sprach, hatten das Gefühl, daß weder Freunde noch die Familie, auch nicht der Doktor oder der Pfarrer in dieser Hinsicht sehr hilfreich waren. Alle wollten, daß sie so schnell wie möglich darüber hinwegkämen. Andererseits aber fanden sie, daß andere Witwen außerordentlich hilfreich sein konnten. Sie sprachen am wenigsten davon, den Kopf hochzuhalten (*to keep a stiff upper lip*) in einer Zeit, in der die Witwen auch ihr eigenes Leben zu Ende gehen und alle Hoffnung für die Zukunft verloren sahen. Die anderen Witwen realisierten, daß der Gram vorübergehend war und seinen Lauf nehmen mußte, bevor es überhaupt möglich war, sich wieder besser zu fühlen.»[24]

Was hier für den Schmerz verwitweter Menschen gesagt ist, gilt gleichermaßen für alle anderen Formen seelischen Leidens. Die unmittelbare persönliche Erfahrung macht den Experten des Leidens aus. Er versteht die Lage am besten und vor allem spontan. Er hat einen enormen Vorsprung an Einfühlung und Engagement. Noch mehr: er kann sich unmittelbar identifizieren, weil es letztlich auch um ihn selbst geht. Statt der Objektivität und Distanz in der professionellen Behandlung wirkt sich hier Authentizität und Spontaneität[25] in einer unmittelbaren Beziehung aus.

Die Gruppe steuert sich selbst

Das größte Befremden lösen Selbsthilfegruppen durch die Tatsache aus, daß sie ohne einen Leiter arbeiten. Man muß sich dabei vor Augen führen, daß wir in unserer professionellen Therapie einen grundsätzlich anderen Modus der Behandlung so sehr gewohnt sind, daß er uns schon als Selbstverständlichkeit erscheint. Wir sind aber auch im Erziehungswesen und im politischen Bereich außerordentlich an autoritative zwischenmenschliche Beziehungen gewöhnt. Sicherlich überschätzen wir die Bedeutung der Steuerung durch einen Führer. Es wäre lohnend, dieses führerzentrierte Konzept im sozialen Leben und ganz besonders im Versorgungswesen unter die Lupe zu nehmen. Die nicht überwundene Elternzentriertheit, also die Infantilität, besonders in der Situation der Erkrankung, die traditionelle Hierarchie und Machtmonopolisierung im Gesundheitswesen spielen hier die Hauptrollen. Die «Dominanz der Experten»[26+27] ist beinahe schon als Klagerefrain der Sozialmediziner anzusehen. Sie ist von einem außerordentlich breiten, fest verflochtenen gesellschaftlichen Zusammenhang getragen.

Von der Psychodynamik der Berufswahl her gesehen spielt in die Entscheidung für eine Helfer-Karriere eine frühe narzißtische Schädigung hinein. Die Versuchung ist groß, narzißtischen Schaden mit Machtpositionen zu kompensieren. Als Experten in dieser mit viel Macht (Prestige) ausgestatteten Berufsgattung müssen wir uns mit der Frage auseinandersetzen, ob uns die Vorstellung, nur durch einen therapeutischen Führer sei Gesundung möglich, eben wegen der dabei für uns reservierten Machtposition so teuer ist. Wir Experten schützen uns mit dem Festhalten am Konzept einer ausschließlich leiterabhängigen Therapie natürlich auch selbst. Wir stärken unsere eigene Position, indem wir sie für unerläßlich erklären. Da liegt eine in allen Angehörigen dieser Berufe stärker oder schwächer fließende narzißtische Quelle der Überschätzung unserer Rolle. Außerdem ist es möglich, daß Experten aufgrund gemeinsamer Persönlichkeitsmerkmale auch besonderen Krankheitstheorien und Behandlungserwartungen anhängen. Stärkere psychische Störungen und häufigere psychosomatische Beschwerden, einschließlich suizidaler Tendenzen, sind bei «Berufshelfern» nachgewiesen.[28+29]. Sollten Ärzte, Psychotherapeuten und so weiter auf die Regressionsmöglichkeiten des Kranken auch deswegen soviel Wert legen, weil sie selbst sie so dringend benötigen? Weil wir unsere eigenen Regressionswünsche an unsere Patienten delegiert haben? Sollten wir aus demselben Grunde eine stärkere therapeutische Führerfigur, die eine Regression erleichtert, für unerläßlich halten und mit entsprechender Theorie zum Tabu erklären? Verdeckte Überlegenheitswünsche bei helfenden Berufen sind belegt. Sollten Experten des Helfens auch aus ihrem ganz persönlichen Bedürfnis, selber zu dominieren, die Führungsrolle eines Therapeuten grundsätzlich für nötig erachten? Schon der Schritt zur Gruppentherapie, also zum Pluralismus [30] und damit unweigerlich zur Relativierung des Therapeuten, der hier nur noch eine unter vielen Kräften darstellt, kostete die Experten Überwindung. Die Anerkennung einer führerlosen Gruppen*selbst*behandlung wäre noch ein erheblicher Schritt darüber hinaus. Immerhin: der Erfolg der Selbsthilfegruppen bestätigt die Effizienz führerloser, aber nicht führungsloser Gruppen. Wir wollen jetzt versuchen, diese Gruppenselbstregulation besser zu verstehen.

Geht man von dem natürlichen therapeutischen Potential des einzelnen aus, dann ist das Äquivalent des Gruppentherapeuten in der Integration aller gesunden, genauer gesagt kurativen (= heilenden) Ich-Anteile der Mitglieder zu sehen. Das ist nicht nur die Summe aller Selbsthilfetendenzen. Vielmehr werden die Selbstheilungstendenzen des einzelnen durch die Kombination mit anderen, qualitativ je unterschiedlichen Selbsthilfekräften in der Gruppe potenziert. So haben wir in der Selbsthilfegruppe und darüber hinaus im Gesamttreffen nicht nur eine Gruppe von «Patienten», sondern eine Gruppe von Kotherapeuten vor uns. Dieses *Therapeutenteam* setzt sich aus mehreren Personen mit unterschiedlichen Begabungen zusammen. Die therapeutische Funktion wird also nicht in jeder denkbaren Situation von einem einzigen Menschen wahrgenommen – wie man es sich (auch nicht ganz zu Recht) für die professionelle Gruppentherapie vorstellt –, vielmehr handelt es sich hier um eine differenzierte, konzertierte therapeutische Aktion. Sie ist im Rahmen des Gesamttreffens ebenfalls wirksam. Nicht nur die therapeutische Kapazität eines einzelnen ist maßgeblich, sondern das Zusammenwirken aller gesundheitsbildenden Funktionen. Dadurch enthält jeder einzelne Beitrag einen besonderen Stellenwert innerhalb des Gruppenganzen. Sicherlich haben Mitglieder, die schon längere Zeit in der Gruppe sind, mehr Erfahrung. Sie sind ohne weitere Ratschläge, Belehrungen oder Behandlungsmaßnahmen für Jüngere ein Selbsthilfevorbild. Gruppen-Jüngere können ja direkt erleben, wie die Gruppen-Älteren mit ihren Problemen umgehen. Da meist mehrere Erfahrene in der Gruppe sind, haben die neueren Teilnehmer unterschiedliche Formen erfahrener Selbsthilfe als Modell vor sich. Sie können übernehmen, was ihnen selbst am meisten liegt. In der Gruppe findet keine Fremdhilfe statt. Jeder versucht sich selbst zu helfen und ist dadurch im positiven wie im negativen Sinne beispielgebend. Wenn wir also sagen können, daß jeder in der Gruppe «Kotherapeut» und «Kopatient» zugleich ist, dann darf natürlich der entscheidende qualitative Unterschied nicht übersehen werden: einer hilft *nicht* dem anderen, wie üblicherweise ein Therapeut dem Patienten; er hilft *sich selbst*.

In Diskussionen wird die Rolle der Erfahrenen meist zu wichtig genommen. Daß Erfahrung nicht unwesentlich ist, versteht sich von selbst. Gespräche unter Experten enden jedoch fast regelmäßig in einer Hochschätzung der erfahrenen Mitglieder. Für die Praxis kann man diese Überschätzung vernachlässigen, weil es ja in der Regel um halbgeschlossene Gruppen geht, in denen ohnehin «ältere» Gruppenmitglieder mit «jüngeren» zusammenkommen. Wesentlicher ist diese Auffassung jedoch als Symptom einer Fehleinschätzung. Sie beruhigt nämlich durch die Vorstellung, es gäbe ja eigentlich doch einen verantwortlichen Führer, einen ungenannten Therapeuten. Damit wird aber gerade die Fähigkeit der Gruppe verleugnet, die einem einzelnen unter diesen kooperativen Umständen immer überlegen ist. Die konzertierte therapeutische Aktion tritt demgegenüber in den Hintergrund. Die Qualitäten des multipersonalen, vielfach begabten Therapeutenteams werden nicht erfaßt. Es wird nicht gesehen, woran nach unseren empirischen Untersuchungen kein Zweifel besteht: daß auch ganz neu beginnende Gruppen therapeutisch wirksam sind.[31+32].

Wie ist eine solche therapeutische Effektivität zu verstehen? Zwar wissen wir über therapeutische Veränderungen in der Gruppe noch wenig, doch bieten erste Erhebungen zum therapeutisch wirksamen Verhalten einige Anhaltspunkte. Gehen wir davon aus, daß in der Gruppe tatsächlich die Selbsthilfe im Vordergrund steht und sich darüber hinaus die Mitglieder wechselseitig in bezug auf die persönliche Selbsthilfe beraten, dann liegen einige einfache Annahmen zur therapeutischen Steuerung der Gruppe nahe:

Die Grundsteuerung liegt in der freien Entfaltung der Konflikte. In einer Gruppe bringt vor allem die unbewußte, also nicht bemerkte Kommunikation schnell eine enge Verflechtung der unbewußten Anteile eines jeden hervor. Es bildet sich die sogenannte Gruppenmatrix.[33] Nicht Individuen, sondern seelische Vorgänge geraten in eine Wechselwirkung. FOULKES spricht deshalb statt von interpersonalen von transpersonalen Gruppenprozessen: eine Angst geht sozusagen durch alle Gruppenmitglieder hindurch und macht die Gruppenstimmung aus. Die versammelten «Ichs» der Teilnehmer inszenieren[34] unbewußt und gemeinschaftlich die Konflikte, um in der Wiederholung auch die Chance zu haben, sie aufzulösen.[35] Es ist in Gruppen also stets ein Ablauf zu beobachten, der nach und nach die vorhandenen Konflikte selbsttätig aufbringt und zur Bearbeitung stellt. Der Leidensdruck entspricht weitgehend dem Druck dieses therapeutischen Bedürfnisses.

Die automatische Konfliktentfaltung, für die übrigens die Kontinuität der Gruppenarbeit unerläßlich ist, mobilisiert nun aber gleichzeitig das entsprechende Selbsthilfepotential bei den Teilnehmern. Es steht außer Frage, daß für den jeweils besonderen aktualisierten Konflikt in der Gruppe die einzelnen mit unterschiedlichen Selbsthilfefähigkeiten begabt sind – und zwar auch dann, wenn eine Gruppe sich völlig neu gebildet hat und am Anfang steht. Man könnte von einer differentiellen therapeutischen Chancengleichheit bei Gruppenbeginn sprechen: selbst wenn die therapeutischen Fähigkeiten des einzelnen summarisch einen ähnlichen Entwicklungsstand hätten, lägen die Begabungsschwerpunkte von Teilnehmer zu Teilnehmer doch jeweils in anderen Konfliktzonen. Jeder kann also in seinen persönlichen Konfliktfähigkeiten Modell sein für andere, die auf diesem Gebiet weniger, in anderer Hinsicht aber mehr zu bieten

haben. So entsteht seltener ein einseitiges, häufiger ein wechselseitiges und wechselndes Gefälle in der Gruppe.

Die Gruppe als Ganzes vollzieht einen therapeutischen Schritt
immer über denjenigen, der es am besten versteht, den anstehen-
den Konflikt für sich selbst zu lösen, das heißt über denjenigen,
der diesen Konflikt bei sich selbst erleben und einen Schritt weit
lösen kann. Für einen kleineren oder größeren therapeutischen
Gruppenfortschritt wird also der für diese besondere Störung
speziell Begabte zum therapeutischen Modell für alle. Das kann
beim nächsten Schritt schon wieder ein anderes Gruppenmitglied sein. Der therapeutische Prozeß ist also gesteuert durch die
Konfliktentfaltung und gleichzeitig durch die Entfaltung der
Selbsthilfefunktionen, die je nach Eignung einmal in diesem,
einmal in einem anderen Mitglied auftauchen.

Die hier skizzierte Auffasung stützt sich auf teilnehmende
Gruppenbeobachtung. Sie entspricht dem Prinzip der Selbsthilfe. Im übrigen gleichen diese Vorgänge weitgehend der Entfaltung der beiden unterschiedlichen Beziehungsmuster im psychoanalytischen Prozeß, wie sie PETER FÜRSTENAU beschrieb[36]:
Das gemeinsame Selbsthilfepotential entwickelt ein neues Muster der Einstellung und des Verhaltens sich selbst und anderen
gegenüber. Damit kann die konflikthafte Beziehung zu sich und
den anderen aufkommen und verarbeitet werden.

Vermutlich ist für die therapeutische Steuerung eine Vorstellung vielfältiger Wechselwirkung und ein Strom kleinster Mo-
dellbildungen angemessener als die Annahme einer überragen-
den Totalbegabung, die sozusagen die anderen aus dem Elend
reißt, und auch angemessener als die Vermutung, daß die Erfah-
rensten die Führung in der Hand hätten. Um der Überbetonung
der Erfahrung entgegenzuwirken, kann man sich auch an die
Erkenntnis der Anonymen Alkoholiker erinnern, daß eine zunehmende Erfahrung auch von den Unerfahrenen distanziert.
Die Steuerung rotiert also phasenspezifisch und situationsspezi-
fisch unter den Mitgliedern, oder besser gesagt: sie wandert
unter den vorhandenen Möglichkeiten und Begabungen der
Gruppe hin und her. Sicherlich gibt es auch differenzierte Füh-

rer: etwa für den äußeren Ablauf der Gruppe, für eine depressive Verfassung der Gruppe, für rivalisierende Situationen. Gruppendynamisch gesprochen wird ja jeweils der zum Führer, der für eine gegebene Situation den Bedürfnissen der Gruppenmitglieder am besten entspricht. Hier wird deutlich, daß Prinzipien der Selbsthilfegruppe aus der Sozialpsychologie allgemeinen Gruppenverhaltens hergeleitet werden können.[37] Ein fixiertes Führertum gilt als Abwehr. Die Anonymen Alkoholiker diskutieren diesen Widerstand als «Gruppenkönig»-Problem. Gerät eine Gruppe in die Phase der konkurrierenden Machtkämpfe, was vor allem bei geschlossenen Gruppen zu erwarten ist, dann ist das Auftauchen von Leitern, die um die Vorherrschaft ringen, als normale Durchgangsstation anzunehmen. Üblicherweise wird jedoch in einer Gruppe, in der jedes Mitglied Kotherapeut und Kopatient zugleich ist, derjenige, der ausschließlich in der Therapeutenrolle verharrt, auf seinen Widerstand aufmerksam gemacht. Hat man diesen Modus einer flexiblen und gruppendynamisch jeweils angemessenen Führungsform einmal erfaßt, dann beginnt man eher umgekehrt, die festgeschriebene Therapeutenrolle der professionellen Therapie über Jahre hinweg und durch die unterschiedlichsten psychischen Situationen hindurch skeptischer zu sehen.

Natürlich gilt auch bei rotierender Führerschaft die gleichgestellte Beziehung. Der vorübergehende «Führer» steht nicht auf einer höheren Ebene. Auch das unterscheidet ihn wesentlich vom professionellen Therapeuten. Rotierende Führerschaft heißt zudem wechselseitige Führerschaft. Der situationsspezifische «Therapeut» steht im übrigen stets in Einklang mit dem Gruppengeschehen. Er ist der Gruppe nicht aufgesetzt. Er ergibt sich jeweils als derjenige, der für die vorliegende Situation der Geeignetste ist.

Konfliktentfaltung, Selbsthilfeentfaltung und wechselnde modellartige Therapeutenfunktion steuern also die Gruppenselbstbehandlung. Zeitweise sind dann die Teilnehmer der Auffassung, ein einziges Mitglied oder eine Subgruppe sei vorrangig therapeutisch hilfreich. Gelegentlich kann aber auch die

Gruppe als Ganzes zum führenden Objekt werden. Das berichten Selbsthilfegruppenmitglieder in der Bundesrepublik Deutschland wie auch die Psychoanalytiker-Selbsthilfegruppe in Chicago:

«Aus der Abwesenheit des Leiters ergab sich zweierlei:

1. Die Führerschaft wurde der Gruppe als Ganzes übertragen. Dadurch wurde das sich spontan entwickelnde Gruppenklima, das aus den Gruppenlösungen entstand, zur ungeschriebenen Verfassung. WHITAKER und LIEBERMAN[38] bemerken, daß Gruppenlösungen nicht plötzlich verletzt werden und an die Gruppe binden.

2. Einzelne Mitglieder übernahmen zeitweilig die Führerschaft. Der vorübergehende Führer war nicht direktiv, sondern beachtete (*monitored*) die Gruppeninteraktion als ein Ganzes und drängte auf befähigende, nicht einengende Lösungen.»[39]

Auch die Anonymousgruppen kennen die Führerschaft durch die Gruppe. Die «Macht, größer als wir selbst» ist damit gemeint. Im unbewußten Erlebnis trägt jede Gruppe die Züge einer mächtigen Mutterfigur.[40] Vielleicht sind auch deswegen die Behandlungsergebnisse der Selbsthilfegruppen bei Frauen günstiger als bei Männern.[41]

Erfahren oder Geführtwerden? Das Programmproblem

Manche sprechen davon, daß das *Programm* der Selbsthilfegruppen den Therapeuten ersetze. Wie erwähnt, haben die Anonymen Alkoholiker und davon abgeleitet alle Anonymousgruppen eine Art «Programm»: die sogenannten «Zwölf Schritte» für den einzelnen, die «Zwölf Traditionen» für die Gruppe als Ganzes. Darüber hinaus werden inzwischen zahlreiche weitere Empfehlungen in kleinen Broschüren verbreitet. In ihnen spiegelt sich der Geist, das Klima, die Atmosphäre einer Selbsthilfegruppenorganisation.

Solche Programme werden jedoch regelmäßig von Außenstehenden und Neulingen mißverstanden. Am besten ist es, sie gar nicht als Programm oder Anleitung zu bezeichnen. Was mir EA-Selbsthilfegruppenmitglieder schon oft berichtet haben, stellte mir kürzlich ERNST HERHAUS in einem Gespräch noch einmal deutlich vor Augen: die «Zwölf Schritte und Traditionen» seien keine Gebote, die man zu befolgen habe, es seien Empfehlungen, denen man folgen kann, wenn man sie für sich als geeignet ansieht.[42] Eine Umfrage, an der sich zehn deutsche EA-Selbsthilfegruppen beteiligten, ergab demnach als eine Art Grundregel: «Keine Ratschläge, keine Vorschriften».[43] Unter den größten Problemen der Gruppe wurde sogar einmal die Überfremdung durch die «Zwölf Schritte» erwähnt[44], also ihre Fehlauffassung als vorgeschriebenes Programm. Die sogenannten Programme unterscheiden sich ganz grundsätzlich von Regeln und Vorschriften, wie sie etwa jene Selbsthilfegruppen einzuhalten haben, die von Experten konzeptualisiert wurden. Ich will hier als Beispiel nur die Recovery Incorporation von A. A. LOW[45] und die Integritätsgruppen von O. HOBART MOWRER[46] nennen. Der fundamentale Unterschied liegt darin, daß Empfehlungen das Selbsthilfeprinzip, die Selbstbestimmung und die Selbstverantwortung nicht einschränken. Jeder kann selbst entscheiden, ob er etwas für sich übernimmt. JUTTA hat dafür ein modernes, vielleicht zu konsumorientiertes, aber doch auch treffendes Bild gefunden: es sei wie in einem Selbstbedienungsladen; man könne sich selbst nehmen, was man benötige. Was man jedoch üblicherweise unter Programmen versteht, enthält feste Vorschriften, so etwa die «Zehn Gebote» der Integritätsgruppen.[47] Hier wird ein Teilnehmer von außen gesteuert. So lautet Gebot Nr. 9: nicht lügen. Oder Gebot Nr. 3: kein Abreagieren negativer Emotionen. – Wenn der Teilnehmer aber nicht anders kann? Nehmen wir das Lügen als Beispiel: es gibt hundert Formen von Lügen, liebevolle und niederträchtige, zärtliche und destruktive, schützende und gemeine. Es gibt Hunderte von Situationen, in denen Lügen notwendig oder überflüssig sein können und jeweils eine ganz andere Bedeutung haben. Wie wesentlich ist es also, in einem Prozeß der Selbsterkenntnis frei lügen zu dürfen! Erst dann kann man auch verstehen, warum man lügt. Wir lügen meist, um eine eigene Schwäche auszugleichen. Wenn man die Lüge «medizinisiert», das heißt in das Bezugssystem der Psychopathologie einspannt, dann kann man sie als Krankheitssymptom auffassen. Welche Bedeutung aber hat es, Krankheitssymptome zu verbieten? Nur eine: Die Verdrängung zu fördern. Das Gebot: «Du sollst nicht lügen» mag als Norm für ein allgemeines menschliches Verhalten einen Wert haben. In einer Selbsthilfegruppe, in der jeder versucht, sich selbst zu erfahren, sich zu entdecken und sich auch in seinen negativen, abgelehnten, verpönten Seiten zu verstehen, ist ein solches Gebot eher schädlich. Es schafft nur Unfreiheit. Es sperrt jene Verhaltensweisen wieder aus, die sich hier gerade entfalten sollten. Wie oft sind Lügen in jenen harmoniebesessenen, von Vertrauen durchtränkten, symbiotisch verschmolzenen Familien die einzige schmale Basis für die Selbständigkeit der sonst nur noch ans Herz der Eltern gedrückten Kinder. Ein Verbot der Lüge wiederholt diese symbiotische Familienmoral, die selbst auf einer Lüge (keine Aggressionen zu kennen, wie sie in Lügen enthalten sind) aufbauen muß und vielleicht deswegen so allergisch reagiert. Wie in allen psychoanalytisch orientierten Therapien geht es aber auch in Selbsthilfegruppen darum, die *moralische Haltung durch die verstehende Haltung zu ersetzen.* Anders ist Konfliktarbeit nicht möglich.

An diesem herausgegriffenen Beispiel der Lüge werden wesentliche Probleme einer Anleitung deutlich. Wenn wir verstehen, warum wir lügen, finden wir einen neuen Zugang zu uns selbst, wir gewinnen Einblick in jene Seiten, die wir sonst vom Bewußtsein abgespalten hatten. Wir können diese Anteile jetzt in unsere Person integrieren. Was geschieht aber, wenn wir der Regel folgen, nicht zu lügen? Wir übernehmen eine moralische Haltung und unterdrücken unsere Lügenhaftigkeit. Da aber sonst nichts weiter verstanden ist, kommt es entweder zur Symptomverschiebung oder viel einfacher zur Verleugnung der Lüge. Wir meinen dann sogar ehrlich zu sein, wenn wir lügen. Das schlimmste ist also, daß sich die Beziehung zu uns selbst durch solche Gebote verzerrt.

Ein Programm, so gut es gemeint sein mag, hat also erhebliche seelische Nebenwirkungen:

1. Es betont die Außensteuerung und verringert die Selbstbestimmung.
2. Es schwächt das Ich.
3. Es ersetzt die persönliche Erfahrung durch äußere Maßstäbe. Es verändert die Beziehung zu sich selbst (zum Beispiel in Richtung einer moralischen Haltung), fördert die Verdrängung und riegelt das Unbewußte ab.
4. Es legt Zustände fest und geht dadurch an der Entwicklungsqualität der Selbsthilfegruppen vorbei. Es verleiht einzelnen Verhaltensweisen (zum Beispiel Lügen) außerhalb ihres Zusammenhangs zuviel Gewicht, setzt sie absolut, fördert eine oberflächliche Symptomorientierung und geht an den vielfachen Bedeutungen und mehrfachen Wurzeln eines Verhaltens vorbei.
5. Es schränkt die freie Entfaltung der Konflikte ein. Es irritiert also die gesamte gruppendynamische Steuerung und mindert damit die therapeutische Effektivität.
6. Es verhindert die beste innere Abstimmung zwischen konkreten aktuellen therapeutischen Bedürfnissen und Möglichkeiten des einzelnen und der Gruppe.

Diese Nebenwirkungen sind so erheblich, daß man den haltgebenden und richtungsweisenden Wert eines Programms allein deswegen niedriger einzuschätzen hat. Noch fraglicher aber wird ein Programm, wenn man weitere Konsequenzen bedenkt. Vollends ungeeignet erscheint eine Anleitung schließlich, wenn man den haltgebenden und richtungweisenden Wert selbst befragt und in Vergleich setzt zur Wirkung der ungeschriebenen Orientierung durch therapeutisches Arrangement, Wertvorstellungen und Prinzipien.

Zunächst zur weiteren Konsequenz: Eine der bedenklichsten Auswirkungen eines Programms ist die Abschnürung der Spontaneität. Das ist eine der zahllosen weiteren Konsequenzen, die aus der Verringerung der Selbstbestimmung oder Innensteuerung im Falle einer Anleitung folgen. Die Spontaneität ist nicht nur ein wesentliches Element eines gelingenden therapeutischen Prozesses, da es der freien Assoziation oder freien Interaktion in der Gruppe entspricht, es ist vor allem für den Anfang des Einzelnen in einer Gruppe oder für den Beginn einer frisch gebildeten Gruppe, das hießt für die Solidarisierung, entscheidend. Ich möchte hier noch einmal auf das Anfangsgeschehen eingehen. Gleichgültig, wie spröde und zwiespältig es sich an der Oberfläche darstellen mag, es ist stets ein elementares, meist besonders aufregendes Ereignis. RICHARD ALMOND beschreibt diesen Eintritt in die heilende Gesellschaft als *«immersion experience»*[48] (als Erleben des Eintauchens). Es hat tiefgehende innere Auswirkungen. Vor allem sind wir in einem solchen Moment außergewöhnlich geöffnet für eine neue Welt. Für diesen seelischen Zustand scheint mir der Ausdruck «Aufgeschlossenheit» am glücklichsten. Er leitet eine fundamentale, intensive Abstimmung des Neuen mit der Gruppe oder der Gruppe als Ganzes ein. Der nahezu fieberhafte, im seelischen Stoffwechsel schnell ablaufende Integrationsvorgang, der, mit ganz anderen Gefühlsqualitäten, wohl auch einer Verliebtheit oder einer Begeisterung zugrunde liegt, ist auf freien seelischen Austausch angewiesen. Nur so kann es auch zu einer Solidarisierung kommen. Jede Anweisung, jede kleinste Verschuldung, jede Regulierung durch ein vorgegebenes Programm zerstört diese starke emotionale Erfahrung. Ich habe hier die Anfangsphase noch einmal herausgegriffen, weil sie im gruppendynamischen Bereich genauso wie auch in den «sensiblen Phasen» zu Beginn der embryonalen Körperbildung von hoher Bedeutung ist. Sie entscheidet ja über die Gruppenbindung und damit ganz wesentlich über Bleiben oder Ausscheiden des Einzelnen oder auch über die Existenz einer ganzen Gruppe. Man kann ein regulierendes Programm als ein Medikament ansehen, das die Anfangsbildung schädigt und eventuell sogar zu Verkrüppelungen der Gruppengestalt führt. Das sind mächtige Worte. Mir scheinen sie nötig, um der Hörigkeit gegenüber Programmen und der Idealisierung von Anleitungen entgegenzuwirken, die angesichts einer minimal strukturierten Gruppensituation besonders oft zum Schutz gegen Ängste aufkommen.

Fragen wir nun noch nach dem haltgebenden und richtungweisenden Wert von Programmen. In Gießen haben zum Beispiel mehrere Gruppen mit einem Programm nach SCHWÄBISCH/
SIEMS[49] begonnen. Es enthält soziale Übungen für elf Sitzungen.
So kann jeder in einer Vertrauensübung lernen, dem anderen
mehr zu vertrauen. Er kann dabei aber auch sein eigenes Mißtrauen besser kennenlernen. Zunächst leuchtet die Vorstellung
ein, daß die Gruppe hiermit einen guten Einstieg findet. Man
kann das auch im Rahmen ihres ganzen Vorhabens nicht als
unsinnig bezeichnen. Vielmehr könnte man argumentieren, die
Gruppe überwinde so leichter ihre angstbesetzte und mißtrau-
ensvolle Anfangsphase; sie gewinne Halt. Nach einigen Versuchen sehen wir die Sache aber doch anders. Im Vergleich nämlich
zu den Selbsthilfegruppen, die nicht mit dem Programm beginnen, ist das Vertrauen in diesen programmierten Gruppen keinesfalls höher. In elf Sitzungen haben auch die programmlosen Gruppen ein solidarisches Gruppengefühl entwickelt. Darüber hinaus sind sie sogar an gemeinsamen Erfahrungen reicher.

Zugegeben, die ersten Sitzungen einer programmlosen Selbsthilfegruppe machen wohl manchmal einen katastrophalen Eindruck. Nichts will gehen. Einer ängstigt sich mehr als der andere.
Keiner will sich das anmerken lassen. Man fragt sich, was das nun
alles solle, ob das immer so weiter gehe. Das bringe doch nichts.
Angst, Mißtrauen, Zurückhaltung und Oberflächlichkeit prägen
diese Sitzungen.

Wie munter dagegen eine SCHWÄBISCH/SIEMS-Gruppe! Hier
hat man das Programm greifbar in den Händen und beginnt
planmäßig mit der ersten Sitzung: «Sich Kennenlernen», 165
Minuten, sechs Stufen. Beim nächstenmal folgt «Metakommuni-
kation in Gruppen», das heißt Reflektieren über den Ablauf
eines Gesprächs, 180 Minuten, 7 Stufen. An diesem Spalier
wächst die Gruppe weiter und folgt meist begierig dem Programm. Ich möchte betonen, daß die «Anleitung zum sozialen
Lernen» von LUTZ SCHWÄBISCH und MARTIN SIEMS sehr viel
bietet, was wirklich ausgezeichnet ist. Nicht zufällig haben sich

gerade Selbsthilfegruppen dafür erwärmt. Denn fast alles, was hier geboten wird, läßt sich mit dem Geist der Selbsthilfegruppen verbinden. Es geht hier aber nicht so sehr um den sinnvollen Inhalt, sondern um den Nutzen des Ganzen am Anfang einer Selbsthilfegruppe. Zunächst ist zu vermerken, daß einige Gruppen das Programm abgebrochen haben. Warum? Sie hätten wohl gelernt und gelernt, war die Antwort, aber die persönlichen Probleme seien nicht zum Zuge gekommen; der Aufschub sei zu groß. Andere, die mit allen elf Sitzungen durchgekommen waren, standen dann sozusagen wieder am Anfang: plötzlich hätten sie gar nicht gewußt, was nun weiter werden solle. Einige Gruppen lösten sich auf. Wir standen also vor der Tatsache, daß die Vertrauensbildung durch das haltgebende Moment des Programms zwar vonstatten ging, sich aber auf die spezielle Tätigkeit beschränkte, die der Gruppe die Struktur gab. SCHWÄBISCH-SIEMS-Gruppen sind eben wohl oder übel Arbeitsgruppen, keine Therapiegruppen. Dieser Unterschied ist wichtig. Er verändert die ganze Gruppengestalt. ALFRED KATZ und EUGENE BENDER diskutieren das auf dem Hintergrund einer schon vor drei Jahrzehnten vorgeschlagenen Einteilung von Gruppen in *psyche-groups* und *socio-groups*.[50] Während *psyche-groups*, «Seelengruppen», der Primärgruppe[51], wie zum Beispiel der Familie, ähnlich sind und sich durch eine persönliche, spontane und emotional sehr beeindruckende Atmosphäre auszeichnen, haben die *socio-groups*, «Arbeitsgruppen», einen formelleren und eher unpersönlichen Charakter.[52] Die heutige Gruppenforschung könnte noch eine Fülle weiterer Merkmale herausstellen. Es genügt aber, HELEN H. JENNINGS Definition zur Kenntnis zu nehmen: die *Psyche-group*-Mitglieder wählen sich danach, ob sie miteinander gut zusammensein und zusammenleben können; *Socio-group*-Teilnehmer wählen sich nach dem ganz anderen Gesichtspunkt aus, ob sie zusammen arbeiten können. Schon die Wahl findet also nach unterschiedlichen Fähigkeiten und Eigenschaften statt. Das ist auch in Gießen deutlich zu erkennen, wenn sich im Rahmen eines größeren Anfangstreffens SCHWÄBISCH/SIEMS-Gruppen und freie Gesprächsgruppen bilden. Es kommt allein dadurch zu einer ganz anderen Gruppenzusammensetzung. Die Aufgabe selbst bedingt dann darüber hinaus noch ein ganz anderes Gruppenhandeln. Die Gruppencharaktere unterscheiden sich also erheblich. Nach ihren offiziellen elf Sitzungen muß sich die Schwäbisch/Siems-Gruppe von einer Arbeitsgruppe in eine Therapiegruppe wandeln. Die Vertrauensbildung bezog sich bisher auf die gewohnte Arbeitsgruppenexistenz. Das so gewonnene Vertrauen hilft nur wenig bei dem Vorhaben, sich jetzt mit sich selbst in offener Interaktion auseinanderzusetzen. Die Gruppe steht also nicht nur wieder am Anfang. Vielmehr muß sie eine innere Umstrukturierung zustande bringen. Und das ist besonders schwierig.

Eine unprogrammierte Selbsthilfegruppe hat aber in der Zwischenzeit etwas Unersetzliches durchlebt: die Erfahrung der eigenen Ängste und des wechselseitigen Mißtrauens, das zunehmende Bekanntwerden und das zögernd wachsende Vertrauen; oft auch die große Entlastung, freier sprechen zu können oder einfach nur schweigend dabei zu sein. Kurz: die Gruppe hat ihre Bildungsphase selbst erfahren, ohne durch irgendwelche Regeln in diesem Prozeß gestört oder aufgehalten zu werden. Die Anfangserfahrung, das Wachstum der therapeutischen Beziehungen aus einer offenen Situation, ist den Teilnehmern nicht genommen worden. Es war ihnen und ihren konkreten Bedürfnissen und Chancen überlassen, wie sich die ersten Schritte entwikkelten. Es ist ihr eigenes Erleben und ihre eigene Leistung, was wiederum Selbstverantwortlichkeit und Autonomie mobilisiert. Und sie haben die Schwierigkeiten kennengelernt, die sich aus ihrem Verhalten selbst ergeben. Sie sind gewappnet. Insofern sind sie viel besser orientiert als diejenigen, die mit einem Programm begonnen haben.

Kurzum, der haltgebende Wert des Programms ist fragwürdig, weil er eine ganz andere Gruppenkonstellation zugrunde legt, und der orientierende Wert kann niemals die Orientierung durch die eigene Erfahrung ersetzen. Es erscheint also als ein Umweg, sich zunächst von einem Programm abhängig zu machen, um sich dann von dieser Abhängigkeit wieder mühsam zu lösen – wenn diese Unabhängigkeit dann überhaupt noch zu erreichen ist. Was für das Schwäbisch/Siems-Programm gesagt wurde, gilt ähnlich für alle anderen Anleitungen – besonders, wenn sie den ganzen Gruppenprozeß durchstrukturieren. Eine völlig andere Situation ist gegeben, wenn sich laufende Selbsthilfegruppen für Übungen zu interessieren beginnen und damit im Rahmen ihrer Gruppenarbeit auch experimentieren. Solche Bedürfnisse entstehen aus dem selbsttätigen Gruppenprozeß sie sind durch Eigenständigkeit gegenüber dem Programm charakterisiert.

Die Gießener Selbsthilfegruppen haben nach und nach eine anfänglich bestehende Themenzentrierung («Kontaktschwierigkeiten», «Arbeitsprobleme», «Sexualität» und so weiter) und Programmwahl aufgegeben. Sie folgen dem Programm der Programmlosigkeit. Man kann das mit dem Erlernen einer Fremdsprache vergleichen. Auch hier stehen zwei Wege offen: entweder geht man unmittelbar in das Land selbst, oder man unterzieht sich einem Sprachunterricht. Zwar wird beim Erlernen einer neuen Sprache in der Regel der programmierte Weg gewählt, aber ja nur deswegen, weil man sich einen längeren Auslandsaufenthalt kaum leisten kann. Doch gilt die offenere Methode als die günstigere. Sie wird zum Beispiel heute als «*Totalimmersion*-System» in Sprachschulen imitiert. Wie im Land selbst hört und spricht man ohne weitere Vorkenntnisse nur in der fremden Sprache. Das gleicht dem spontanen Weg der Selbsthilfegruppen. Er ist nicht nur gangbar, er dürfte auch der bessere sein. Nichts kann die ständige unmittelbare Herausforderung, die Aktivität, die persönliche Erfahrung und die direkte Modellbildung «im Milieu selbst» ersetzen. Darüber hinaus geht es ja in Selbsthilfegruppen gar nicht nur um eine Sprache, in der man sich zurechtfinden muß, es geht um das Aufnehmen und Herstellen von Beziehungen zu Menschen in einer Gruppe und um die Selbstentdeckung. Dabei liegen nun Programme fast nur noch quer.

Selbsthilfegruppen müssen also von ihrer Aufgabe her nichtdirektiv sein. Programme im Sinne zu befolgender Gebote sind mit der Gruppenselbstbehandlung kaum zu vereinbaren. In der Praxis können sich Selbsthilfegruppen im übrigen ausgefeilte Programme auch nicht leisten. Sie sind zu teuer.

Inwieweit es sich lohnt, die wachsende Erfahrung der Selbsthilfegruppen in Empfehlungen weiterzugeben, muß zunächst offenbleiben. Es ist etwas ganz anderes, ob eine Gruppe durch zunehmende Entdeckung gemeinsam an Erfahrung gewinnt oder ob sie durch Hinweise von außen, sozusagen künstlich, in einen höheren Stand der Erfahrung versetzt werden soll. Hier scheint mir der direkte und fortlaufende Erfahrungsaustausch der Selbsthilfegruppen in einem Gesamttreffen der aussichtsreichste Weg.

Wegen ihrer unabsehbaren Nebenwirkungen werden wir den Nutzen von Regeln sorgfältig erwägen müssen. Sehr schnell kann eine ursprünglich spontane Bewegung in den Prozeß einer Verschulung geraten und erstarren. Es gibt aber auch Regeln und Programme zur Förderung von Autonomie, Selbstverantwortlichkeit und Spontaneität.[53+54] Es mag sein, daß solche Anleitungen nötig sind, um aus einer Welt herauszukommen, in der durch Familienleben, Arbeitssituation und Alltag ununterbrochen Abhängigkeiten, Unterwerfung unter Autoritäten und spontaneitätserstickende Rücksichtnahme gefordert und eintrainiert werden. Vielleicht gilt das insbesondere für sozial sehr unterdrückte Gruppen wie Arme, Alte, langfristig eingesperrte chronische Patienten und Strafgefangene.

Die Gruppenselbstbehandlung beruht jedoch in ihrer ursprünglichen Form auf Selbstregulation und persönlicher Erfahrung, nicht auf Anleitung und guten Ratschlägen. Wenn einmal Hinweise oder Empfehlungen unerläßlich scheinen, sollten drei Gesichtspunkte beachtet werden:

□ so wenig wie möglich,
□ so einfach wie möglich,
□ und so weit wie möglich aus der Erfahrung der Teilnehmer stammend.

Die Programmierung von Selbsthilfegruppen läßt zur Zeit zwei Dimensionen erkennen, die auch künftig als wesentliche

Bedingungen bei der Einschätzung jeder Form von Gruppen-selbstbehandlung zu berücksichtigen sind:

1. Das Ausmaß der Regulierung überhaupt. Die Selbsthilfe-gruppen arbeiten völlig ohne Anleitung (offene Gesprächsgrup-pen), mit wenig (EA), mehr (AA) oder sehr viel Regulierung (Synanon).

2. Das Ausmaß der Expertenbeteiligung. Die Regeln stammen von Experten (Recovery Inc.) oder überwiegend von Experten mit Beteiligung der Selbsthilfegruppen (zum Beispiel das Selbst-hilfe-Psychotherapiemodell nach THOMAS J. SCHEFF[55]). Sie sind eher von Teilnehmern mit Hilfe von Experten (Integritätsgrup-pen) oder ausschließlich von Teilnehmern (AA) entworfen.

Die exakte Anleitung bei sogenannten Selbstkontrollgruppen verfolgt einen ganz anderen Weg. Sie ist für einen Lernprozeß bestimmt, etwa mit dem Ziel, sich ein angemesseneres soziales Verhalten anzueignen. Der Grad der außengesteuerten Vor-strukturierung ist hoch. Vielleicht aber ist gerade deshalb die Wirksamkeit der Selbstkontrollgruppen bei Arbeitsstörungen von Studenten so günstig, wie JÖRG FENGLER[56+57] mir berichte-te, da es hier um außenbezogene Leistungen geht, die die Ent-wicklung spezieller organisatorischer Ich-Funktionen erfordert. Ich glaube, daß man Selbstkontrollgruppen wegen ihrer ganz anderen Zielsetzung deutlich von Selbsthilfegruppen abgrenzen sollte. Es sind notwendigerweise direktive Gruppen. Dennoch dürfte auch hier der bei uns geplante Erfahrungsaustausch wech-selseitig sehr anregend wirken.

Gefahren, schräge Entwicklungen und Geschäfte

Im Extremfall kann eine Selbsthilfegruppe sich selbst das eigene Getto schaffen. Die Gefahr der Selbstisolation oder Selbstgetto-isierung ist desto höher:

1. je weniger die Selbsthilfegruppe sich gegen die Auffassung stellt, die Gruppe sei Lebensersatz;

2. je weniger die Selbsthilfegruppe für ihre Außenbeziehung,

z. B. für ein Gesamttreffen und überregionale Organisation, sorgt;

3. je spezialisierter die Selbsthilfegruppe ist.

Während die ersten beiden Momente mit einer vorhersehbaren Intensivierung des Innensoges aufgrund der Gruppenarbeit zu kämpfen haben und nicht allzu schwer überwunden werden können, zeugt der dritte Punkt von einem grundsätzlichen Konflikt. Je spezialisierter die Gruppe ist, desto ähnlicher sind sich nämlich auch die Menschen in ihrem Schicksal, desto verbindlicher kann die Solidarität sein, desto gezielter können sie arbeiten. Selbstisolation aufgrund von Spezialisierung und die Vorteile für die Gruppenselbstbehandlung gehen hier also zusammen. Am Beispiel der Selbsthilfegruppen für Sterbende oder auch für Selbstmordgefährdete wird das deutlich. Für das Problem, wie weit sich eine Gruppe spezialisieren soll, gibt es keine allgemein gültigen Regeln. Es mag unsinnig scheinen, wenn sich Operierte mit den unterschiedlichsten psychosozialen Folgen – z. B. Frauen nach einer Brustkrebsoperation, Beinamputierte und Kehlkopflose – zu einer einzigen Selbsthilfegruppe zusammentun. Doch ist auch das nicht so klar, wie es auf den ersten Blick scheint. Vielleicht sind sie durch innere Gemeinsamkeiten mehr verbunden als durch ihre Unterschiede getrennt. Psychoanalytisch gesprochen müssen nämlich alle eine schwere narzißtische Kränkungen und Ängste überwinden. Das ist ihre seelische Hauptarbeit. Demgegenüber fallen die äußeren Unterschiede vergleichsweise wenig ins Gewicht. Andererseits liegen natürlich die Vorteile des gezielteren Arbeitens auf der Hand. Im Grunde geht es um die Frage, ob eine Gruppe mehr homogen, aus Gleichen, oder mehr heterogen, aus Ungleichen, zusammengesetzt sein soll. Das gemäßigte Gemisch ist hier in der Regel die goldene Mitte. Was eine maßvolle Mischung nun aber konkret heißt, können nur die Gruppen selbst entscheiden. Es gibt ja auch hier noch die Möglichkeit, in den Selbsthilfegruppen spezieller zu arbeiten und sich erst im Gesamttreffen mit den anderen Selbsthilfegruppen zu mischen.

Mit der Selbstisolation sind aber nicht alle Gefahren benannt.

ALLEN GARTNER und FRANK RIESSMAN haben als Nicht-Therapeuten vor allem unter der Perspektive sozialer Veränderungen sehr knapp eine Serie von Gefahren der Selbsthilfegruppen aufgezählt: «Sie könnten (notwendige) Systemveränderungen durch Selbsthilfe ersetzen; sie könnten also die Verantwortlichkeit des Systems mindern. Sie könnten die Kräfte, die auf eine Änderung hinwirken, zersplittern. Sie könnten Privatismus pflegen, die Menschen nach innen drehen und von den sozialen Ursachen und Handlungen ablenken. Sie könnten ein Mittelklasse-Selbsthilfeverfahren über die einkommensschwache Bevölkerung stülpen. Sie könnten von Professionellen und deren Institutionen in Beschlag genommen werden; sie könnten Abhängigkeit züchten und neue autoritäre Rechtgläubigkeiten fordern. Sie könnten sich gegen eine systematische Einschätzung wenden. Sie könnten starke antiprofessionelle Vorurteile provozieren und damit eine Integration des nicht-professionellen und professionellen Ansatzes verhindern. Sie könnten die Betroffenen stigmatisieren und beschämen. Mehr noch: sie könnten den romantischen Glauben fördern, daß Kleingruppenverfahren die Essenz sozialer Veränderung seien, daß ‹small alone beautiful› sei und daß Dezentralisierung der einzige Weg sei, die Gesellschaft zu verändern.»[58]

Diese Gefahren sind nicht vollständig abzuwenden. Manchmal kann man schon heute bei beginnenden Selbsthilfegruppeninitiativen emotionalen Muff in betulichen Worten dominieren sehen. Es kommt darauf an, ob eine solche konfliktverdeckende Atmosphäre Gleichgesinnte anzieht und so stickig bleibt, wie sie ist, oder ob der Konfliktdruck nicht schließlich doch stärker ist als diese Abwehrformationen. Meines Erachtens ist die beste Garantie für eine großzügige Entfaltung von Selbsthilfegruppen der wechselseitige Austausch in einem Gesamttreffen.

Allerdings bleibt zunächst dahingestellt, inwieweit sich Selbsthilfegruppen in Übereinstimmung oder Distanz zu den Normen der Gesellschaft entwickeln. Wie bei einzelnen Individuen wird hier bald jede Variante der Entwicklung zu finden sein. Da es – wie ERICH WULFF treffend formulierte[59] – aber auch eine «Normopathie», gleichsam eine Pathologie des Normalen gibt, ist eine Übereinstimmung mit den jeweils geltenden gesellschaftlichen Normen in keiner Weise eine Garantie des «Besseren».

Schräge, verschrobene und schrullige Formen zeichnen sich schon jetzt ab. Vor kurzem tauchte in Köln ein unbekannter Geheimbund extremer Frauenrechtlerinnen «Rote Zora» unter dem Schlachtruf auf: «Mit List und Tücke – hauen wir die Pornoshops in Stücke». Sie entwendeten in sechs Sexläden Artikel im Wert von immerhin 100 000 Mark.[60] Doch haben solche Frauengruppen mit psychologisch-therapeutischen Zielen auch nichts mehr im Sinn.

In der kurzen Geschichte der psychologisch-therapeutischen Selbsthilfegruppen ist auch schon eine finanzielle Entgleisung bekannt. Eine schwere Krise und Spaltung erlebten vor einigen Jahren die Anonymen Neurotiker wegen Spendengeldern, die ausgerechnet durch «Leute des Vertrauens» veruntreut wurden. Doch scheint das eine Rarität zu sein, die von den Selbsthilfegruppen in diesem Falle selber überwunden werden konnte.

Verhängnisvoller könnten gezielte Planungen sein. Die Kommerzialisierung, die Vermarktung der Selbsthilfegruppenidee beginnt bereits. Eine ausländische Firma mit einer Niederlassung in der Bundesrepublik Deutschland gab sich einen Namen, der an die bekannten amerikanischen Selbsthilfeorganisationen Forty-plus und Sixty-plus erinnert, und erschließt sich im Clubcharakter den Konsummarkt der dafür noch dankbaren Zielgruppe.[61]

Wir könnten vielleicht von solchen Entwicklungen absehen, weil es ja Sache der Teilnehmenden ist, wofür sie sich entscheiden. Doch können solche Auswüchse die Selbsthilfegruppenbewegung schädigen. Sie sollten daher rechtzeitig wahrgenommen werden.

7.
Werte und Prinzipien der Gruppenselbstbehandlung

Vier Wertvorstellungen der Selbsthilfegruppen

Selbsthilfegruppen halten einige Grundwerte für unverzichtbar. Zwar gehören sie zu den allgemeinen Werten in unserer Gesellschaft, doch haben sie im Rahmen der Gruppenselbstbehandlung besondere therapeutische Konsequenzen. Vielleicht wirken sie tatsächlich als «kognitives Gegengift» («*cognitive antidot*» [1]).

Wie bei jeder anderen psychosozialen Therapieform ist auch bei Selbsthilfegruppen das Wertsystem die übergreifende Steuerung. Es bestimmt die einzelnen Elemente.

Ich möchte in diesem Rahmen nur vier Grundwerte erwähnen: die Selbstbestimmung; die Echtheit oder Authentizität; die Hoffnung und die Solidarität. Diese vier Werte sind nicht isoliert zu betrachten, sondern als zusammenhängendes Ganzes. Ihre Wechselbeziehungen sind entscheidend. Jeder Wert definiert die anderen mit.

Die vier Werte können natürlich nicht als in den Selbsthilfegruppen realisierte Werte aufgefaßt werden. Es handelt sich um *ideale Zielvorstellungen*, also um *Entwicklungswerte*. Schließt man sich dieser Auffassung der Werte als positiver Orientierungsgröße an, dann wird auch klar, daß diese Werte in Beziehung zu den realen Verhältnissen stehen müssen und nicht etwa frei oder beziehungslos über den Dingen schweben. Der soziologische Begriff, Werte seien «kontrafaktisch», ist hier treffend: die Werte sind gegen die unzureichenden Fakten gerichtet. Sie entsprechen also zunächst nicht dem Regelfall in der Gruppe. Sie haben aber zu diesem Regelfall eine innere Beziehung. Meines Erachtens *beziehen sie sich auf die pathogene Grundsituation*. Sie haben sich als positiver Kontrast zu den in den Selbsthilfegruppen vorliegenden Grundstörungen, zu den neurotischen und anderen pathologischen Verhältnissen ergeben.

Diesen Bezug zwischen pathogener Situation und Wertvorstellung nehme ich als ersten wesentlichen Gesichtspunkt. Die vorhandene Störung ist eine Bedingung für die Entstehung und Aufrechterhaltung des jeweiligen Wertes. Ich möchte also versuchen, bei jedem Wert die ihm entsprechende pathologische

Grundsituation anzudeuten, aus der er herausführt. Daraus ergibt sich weiter, daß der Wert selbst eine therapeutische Wirkung hat. Ich versuche dementsprechend, seine therapeutischen Konsequenzen abzuleiten.

Der zweite wesentliche Gesichtspunkt folgt aus der Auffassung, daß in der psychodynamischen Krankheitslehre die pathogene Situation eine *pathogene Beziehung* ist. Wenn Werte einen Kontrast zur pathogenen Situation darstellen, geben sie ebenfalls eine Beziehung wieder, nämlich eine positive, heilende Beziehung. Ich fasse also die vier folgenden Werte als Qualitäten einer gelungenen Beziehung zwischen Menschen auf. Wie erwähnt, gehen einige Analytiker[2] davon aus, daß erst durch das Erlebnis einer neuen, intakten Beziehung zu sich selbst und zu anderen die Entfaltung konflikthafter Einstellungen im psychoanalytischen Prozeß möglich wird. Ein therapeutischer Verlauf entfaltet also «zwei verschiedene Beziehungen, die in einem dynamischen Zusammenhang stehen»[3]. Die Werte gehören zu dem Aufbau des neuen Beziehungsmusters. Sie definieren Ziele und Möglichkeiten des Selbsthilfegruppenprozesses.

1. Selbstbestimmung gegen Fremdbestimmung

Der erste Wert, die Selbstbestimmung, zeigt sich in zwei Regeln: jede Selbsthilfegruppe solle für sich autonom sein und jeder Teilnehmer sei für seine eigenen psychischen Konflikte und für die Anstrengungen, sie zu beheben, selbst verantwortlich. Dieser Wert ist gegen eine wesentliche Bedingung psychischer Störungen gerichtet: gegen die Fremdbestimmung, gegen das Dominiertwerden, zum Beispiel gegen die Rollenvorschriften, mit denen Eltern ihre Kinder beherrschen können.[4] Er stellt sich also gegen eine Beziehung, in der die Entwicklung nach eigenen Bedürfnissen und Fähigkeiten zu kurz kommt.

Natürlich wird diese Fremdbestimmung aus unbewußten konflikthaften Motiven von den einzelnen Teilnehmern in der Selbsthilfegruppe wieder inszeniert. Es ist aber zur Auflösung oder Überwindung dieser pathogenen Beziehungsform auch das

Erlebnis, zumindest aber die Vorstellung einer die eigene Identität belassenden Beziehung nötig. Diese positive Beziehung ist in dem Wert der Selbstbestimmung vorgebildet.

Die Selbstbestimmung hat folgende therapeutischen Konsequenzen:

1. Der *Aufforderungscharakter* der Selbsthilfegruppen besteht in *Aktivierung und Autonomisierung*. In der professionellen Therapie wird aufgrund der Bindung und Anlehnung an den Therapeuten eher die Tendenz zur Regression und Passivität verstärkt und auch angestrebt. Sie tritt natürlich auch in Selbsthilfegruppen auf, zum Beispiel in der Beziehung zur Gesamtgruppe wie auch zu einzelnen Mitgliedern. Die Abhängigkeit ist aber in Selbsthilfegruppen nicht so groß.[5]

2. *Uneingeschränkte Zulassung* gilt für alle, die ihre seelischen Störungen selbst lösen und an einer solchen Gruppe teilnehmen wollen. Damit ist eine außerordentlich breite Indikation auf der Basis der Selbstbestimmung gegeben. Es kommt anfangs zu einer Art therapeutischer Probezeit in der Gruppe. Wem die Gruppe nicht hilft, der geht. Das macht die *Selbstindikation* aus. Die Ausscheidenden (*drop outs*) haben die Möglichkeit, sich entweder anderen Gruppen anzuschließen oder sich um eine professionelle Therapie zu bemühen.

3. Aus dieser Freiwilligkeit folgt, daß die Gruppe sich auch selbst zusammenstellt (*Selbstkonstituierung*). In die professionelle Therapiegruppe werden Mitglieder passiv mit anderen fremden Personen hineingesetzt. Einer Selbsthilfegruppe aber schließt sich ein Mitglied aus eigener freier Entscheidung aktiv an. Im Gruppengefühl und in der Gruppenkohäsion unterscheiden sich deswegen Expertentherapiegruppen und Selbsthilfegruppen erheblich. Auch das wurde empirisch nachgewiesen: Tieferes Geborgenheitsgefühl und größere Offenheit kennzeichnen die Selbsthilfegruppen. Dadurch verstärkt sich unmittelbar die therapeutische Wirkung.[6]

4. Wahrscheinlich gehört zu den therapeutischen Konsequenzen der Selbstbestimmung auch die *Abkehr vom therapeutenzentrierten Verfahren*, das in vielfacher Hinsicht – trotz der

Betonung der Autonomie des Patienten gerade bei den psycho-dynamischen Verfahren – Fremdbestimmung beinhaltet. Statt eines asymmetrischen Arbeitsbündnisses entsteht ein gleichgestelltes Arbeitsbündnis. Das hat wiederum zahlreiche Konsequenzen für die therapeutischen Vorgänge.

5. Schließlich ist das *Selbsthilfeprinzip* ohne Selbstbestimmung nicht zu denken.

2. Echtheit (Authentizität) gegen unangemessene Abwehr

Ein zweiter Grundwert der Selbsthilfegruppen ist die Echtheit, die Wahrhaftigkeit sich selbst und anderen gegenüber. Dieser Wert gibt eine Beziehungsqualität wieder, die nicht nur gegen eine verleugnende Haltung, sondern gegen ein Wesensmerkmal aller psychischen Störungen gerichtet ist: gegen die pathologische, d. h. unangemessene Form der Abwehr. Mit unseren pathologischen Abwehrmaßnahmen versuchen wir ja stets die Beziehung zu den in unserer Kindheit wesentlichen Menschen, gewöhnlich den Eltern, zu retten, indem wir Teile von uns selbst unterdrücken oder abspalten und damit nicht mehr in der Kommunikation zum Ausdruck bringen. Der Wert der Authentizität ist gegen diese Entstellung der Kommunikation gerichtet. Er versucht die Beziehung offen und echt zu lassen und damit konfliktfähig zu halten.

Die therapeutischen Konsequenzen:

1. Die Teilnehmer *äußern sich* in der Gruppe *so offen wie möglich*. Erst dann werden die Konflikte sichtbar. Das beinhaltet auch die Aufforderung zum Zulassen unbewußter Schichten, verpönter Gefühlsregungen und negativer Empfindungen. Untersuchungen zu wesentlichen Interaktionsvorgängen in den Frauenselbsthilfegruppen belegen die Wirkung der Authentizität: die Frauen geben an, seelisches Risiko auf sich zu nehmen. Dazu gehört vor allem: Dinge über sich selbst zu offenbaren, die sie bisher anderen gegenüber geheimgehalten haben.[7]

2. Die Teilnehmer versuchen selbst gegenüber *Verleugnungshaltungen aufzugeben*. Diese Verleugnungshaltungen werden

zum Beispiel bei den Selbsthilfegruppen der Süchtigen, insbesondere bei den Anonymen Alkoholikern, häufig erwähnt. Vielleicht aber hat man dort die Verleugnungen nur deswegen so sehr im Auge, weil sie offenkundiger, direkter, leichter durchschaubar, also zugänglicher sind als bei neurotischen Störungen. Verleugnungshaltungen scheinen bei psychischen Konflikten jedoch im Zusammenhang mit Schuldgefühlen und sozialem Stigma ein weitverbreiteter Schutzversuch zu sein. Der Verzicht auf diese Verleugnungshaltung wird von den Anonymen Alkoholikern und den EA-Selbsthilfegruppen mit dem oft falsch verstandenen Begriff des «commitment» bezeichnet. Er bedeutet etwa: sich dem Konflikt anvertrauen, sich einlassen auf ihn, ihm gegenüber eine bindende Verpflichtung eingehen – also das Gegenteil dessen tun, was wir unter Verleugnung verstehen. Vielleicht kann man sogar darüber hinausgehen und unter «commitment» eine Bereitschaft zur Anerkennung des Konfliktes verstehen, die ja jeder Änderung vorausgehen muß. Das entspricht den Antworten auf die Frage: «Woran lag es Ihrer Meinung nach, daß Ihnen die Gruppe helfen konnte?» Am häufigsten wurde geantwortet: «An der Bereitschaft, mich zu ändern.»[8] Dem Begriff der Abwehr als einem quasi pathologischen Fachwort steht somit im «commitment» ein positiver Begriff gegenüber, der das Aufgeben der Abwehr bedeutet. Eine solche Haltung könnte statt einer Dissoziation eine Assoziation des Konfliktes einleiten. Die «Kapitulation» meint ähnliches in noch radikalerer Form. Man muß sich darüber im klaren sein, daß der Wert der Authentizität durch Betroffene, die das Elend wirklich kennen, viel leichter aufrechterhalten werden kann. So halten Witwen andere Witwen in bezug auf ihr Leid für authentischer als ihre Familie, Freunde oder berufliche Helfer.[9]

3. Dieselbe Einstellung, die hier eher intrapsychisch, also in der Beziehung zu sich selbst dargestellt wurde und zur erwähnten Haltung der «Aufgeschlossenheit» gehört, charakterisiert aber auch die Beziehung zu anderen. Sie beinhaltet, auch den anderen nach Möglichkeit so zu akzeptieren, wie er ist, d. h. *ihn in seiner Authentizität anzuerkennen* oder aber ihn mit seiner

Unauthentizität, seiner Unechtheit, zu konfrontieren. Auch diese Wertvorstellung bringt ein wesentliches therapeutisches Gruppenklima mit sich, das geradezu einen Gegensatz bildet zu den ausstoßenden und isolierenden Mechanismen der Umwelt gegenüber Menschen mit seelischen Konflikten. Empirisch konnte nachgewiesen werden, daß sich Selbsthilfegruppenmitglieder in der Gruppe eher so geben, wie sie sich fühlen, während Expertentherapiegruppenmitglieder deutlich weniger dazu neigten.[10] Die Selbsthilfegruppenmitglieder ermutigen sich auch wechselseitig stärker, die eigenen Probleme zu äußern.[11+12] Dementsprechend fühlen sie sich auch stark konfrontiert und herausgefordert. Man könnte das als eine Auswirkung des Wertes Authentizität auffassen.

3. Hoffnung gegen Angst

Der dritte Grundwert wird viele seltsam anmuten: die Hoffnung. Er ist aber vielleicht der entscheidendste. Die Hoffnung basiert auf dem Gefühl des Vertrauens zu sich selbst und zu anderen. Sie stellt damit eine besondere Qualität sowohl der Beziehung zu sich selbst als auch der Beziehung zu anderen dar. Sie ruht nicht auf Sicherungen und Argumenten, die rational zu liefern wären. Man kann sie als die emotionale Grundtendenz der Selbstheilungskräfte ansehen. Die neuere Psychotherapieforschung hat in Untersuchungen zu den Behandlungserwartungen die große Bedeutung der Hoffnung auch in der professionellen Psychotherapie nachgewiesen.[13] Sie ist das therapeutisch wirksame Moment bei jeder Placebo-Therapie, die ebensowenig wie die Spontanremissionen auf dem Nichts beruht.

Therapeuten neigen aufgrund ihrer professionellen Aufgabe, sich Konflikten zu widmen, zu sehr zur Fixierung auf pathologische Phänomene, zum «Pathologisieren». Wenn wir die Angst als einen zentralen Gehalt aller psychischen Störungen ansehen, müssen wir aber auch sehen, daß allein das Durchleben und Bearbeiten dieser negativen ängstigenden Beziehungen nicht ausreicht, um aus der Angst herauszukommen. Daß Angst auch im Bewußtsein der Teilnehmer und nicht nur unbewußt eine Rolle spielt, ergibt sich aus Angaben zu den persönlichen Zielen, unter denen «angstfrei werden» als einzige symptomorientierte Antwort herausragt. Ich glaube, ERNST BLOCH hat im «Prinzip Hoffnung»[14] deutlich gemacht, daß die hoffnungsvolle Beziehung das positive Pendant zur Angst darstellt und erst die Chance eröffnet, die Angst zu überwinden. JOSEF KLAUBER hat in einer Arbeit über den Glauben auch für die Hoffnung überzeugend dargelegt, daß dieses Gefühl der frühen Kind-Mutter-Beziehung entstammt.[15] Die Sicherheit, die Hoffnung, war jedem hilflosen Kind dadurch gegeben, daß die Mutter – wie auch immer – zu guter Letzt tatsächlich geholfen hat. Der Glaube, die Hoffnung, sind insofern unverbrüchliche innere Realität. Sie sind Gewißheit. Sie brauchen nicht bewiesen zu werden. Ja, die Hoffnung kann angesichts ihres Ursprungs gar nicht bewiesen werden, da diese frühkindliche Weltauffassung prärational war. So sind Glaube und Hoffnung als unbewußte Erinnerung an die Stabilität der frühesten Beziehung gerade dann «bewiesen», wenn sie trotz rational einleuchtender Gegenbeweise, ja gerade in besonderen Notsituationen, also auch in aller Irrationalität, bestehen bleiben. Die Hoffnung wird von vielen ähnlich wie die Liebe aufgefaßt: sie stelle einen Zustand dar, der entweder vorhanden ist oder nicht. Das spiegelt aber nun nur den passiven Gehalt dieses Gefühls wider, was ja der frühkindlichen Empfindung und Weltvorstellung auch entspricht. Hoffen ist aber nicht zufällig ein aktives Verb. Auch die frühe Mutter-Kind-Beziehung ist eine wechselseitige Interaktion mit wechselseitiger Bedürfnisstillung.[16] Insofern ist das Kind ebenfalls durchaus aktiv. Es konnte ja von Anfang an die Sicherung durch die Mutter herbeiführen. Hoffen hat also auch einen aktiven Gehalt. *Man kann sich entschließen zu hoffen!* Die Hoffnung wird damit zu einer aktiven Einstellung, eine Auffassung, die auch ERNST BLOCH und ERICH FROMM vertreten.[17] Man kann jemanden auffordern zu hoffen. So erweist sich Hoffnung auch als Wert.

Mir scheinen drei therapeutische Wirkungen im Vordergrund zu stehen:

1. Die stärkste therapeutische Konsequenz der Hoffnung ist die *Stärkung der Selbstheilungstendenzen*. Sie sorgt für jene Energie, die in Zeiten der Enttäuschung, der Erfahrung von Angst und anderen negativen Gefühlen nötig ist, um dennoch weiterzumachen. Damit ist sie auch eine der wesentlichen Kräfte für die Kontinuität der Gruppenarbeit, d. h. für das Durcharbeiten der Konflikte.

2. In einer noch tieferen Schicht entspricht die Hoffnung der Basisbeziehung, d. h. dem Empfinden der ursprünglichen bergenden und sichernden Qualität der Kind-Mutter-Beziehung, so verzerrt und defekt diese auch immer gewesen sein mag. So bildet die Hoffnung das Fundament, das positive Ursprungserleben aller Beziehungen. Sie ist die Voraussetzung für eine Beziehung. Ihre therapeutische Konsequenz liegt also in der *Stärkung der Beziehungen der Gruppenmitglieder untereinander*. Sie verleiht den Beziehungen die «charismatische Qualität»[18]. Die wechselseitige Ermutigung und das Gefühl, anerkannt zu werden, sind in Selbsthilfegruppen tatsächlich stärker als in professionellen Therapiegruppen.[18a] In der Untersuchung von LIEBERMAN und BOND ergab sich dementsprechend die Antwort, daß «Frauen in der Gruppe mehr Hoffnung haben»[19].

3. Die Hoffnung *bindet schließlich auch stärker an das therapeutische Ziel*.

4. Solidarisierung gegen defekte Beziehungen

Der vierte Grundwert ist die Solidarisierung. Er ist gegen das Erlebnis einer zerstörten, defekten Beziehung zu anderen, gegen das isolierende Verhalten gerichtet. Diese Kommunikationsstörung oder pathogene Isolation kann man ebenfalls als eine generelle Bedingung psychischer Störungen ansehen. Solidarisch ist die Qualität einer wechselseitigen Beziehung, die den anderen in seiner Eigenart akzeptiert und zu ihm steht. RICHARD ALMOND nennt die solidarische Gruppe *«communitas»*.[20] Zwei Merkmale charakterisieren sie: die Teilnehmer sind gleichgestellt, und sie sind füreinander von wesentlicher Bedeutung. Die Solidarität ist also eine wechselseitige basale Anerkennung. Sie hat heute oft als Deklaration einer ähnlichen Meinung, Auffassung oder politischen Haltung eine zu oberflächliche Bedeutung erlangt. Sie ist mehr, nämlich eine existenzielle Übereinstimmung trotz eventueller Andersartigkeit. Offensichtlich fehlt diese Qualität solchen Eltern-Kind-Beziehungen, aus denen später pathologische Störungen resultieren.

Die Solidarisierung ist ein Wert, dem Selbsthilfegruppen leichter folgen können als andere Interessengruppen, weil das gemeinsame Leid und das Schicksal der Stigmatisierten sie verbinden. Sie benötigen ihn aber nicht so sehr – wie manchmal angenommen wird –, um sich gegen eine feindliche Außenwelt zu solidarisieren. Vielmehr scheint die Solidarisierung aus der inneren Einsamkeit herauszuführen, aus dem Gefühl also, daß es niemanden gibt, der einen in dem eigenen, sozusagen abweichenden Schmerz wirklich versteht. Der innere Schmerz ist doch etwas anderes als das äußere Stigma, obwohl sich natürlich beide wechselseitig verstärken dürften. Die große Befreiung durch die Solidarisierung beruht auf dem Erlebnis, endlich jemandem zu begegnen, der dieses spezielle Leid wirklich, d. h. ohne Fürsorge und Mitleid, teilen kann. Die Solidarisierung wird deswegen zu einem sehr hohen Wert.

Als die drei wesentlichen therapeutischen Konsequenzen der Solidarisierung erscheinen mir:

1. Die Betroffenen *vereinigen sich* überhaupt und *bilden Gruppen.*

2. Sie haben eine grundsätzlich *andere Einstellung den Neuhinzukommenden* gegenüber, die nicht als Fremde, sondern als Leidensgenossen aufgenommen werden. Hier liegt ein kaum zu überschätzender Unterschied zu dem Aufnahmeverfahren in jeder professionellen Versorgung. Ein neuer Patient entwickelt ja in der Regel dem bürokratischen Aufnahmeverfahren gegenüber und auch beim ersten Gespräch mit dem beruflichen Helfer zunächst eine mißtrauische Scheu und Verschlossenheit. Deren Überwindung ist seine erste psychische Leistung. Therapeuten unterschätzen das nicht selten. Wir Fachleute können noch so

vertrauenerweckend und mitfühlend sein, wir bleiben Fremde im Kontrast zu den Mitgliedern einer Selbsthilfegruppe, die ja alle selbst auch betroffen sind. Hier begegnet der Neue einem großen solidarischen Vertrauen. Für viele ist das der erste intensive Eindruck einer verläßlichen menschlichen Beziehung. Anonyme Alkoholiker schließen üblicherweise von ihren Sitzungen diejenigen aus, die das Elend ihrer Krankheit nicht kennen. Nichtalkoholiker bleiben auch bei großer Sympathie die Fremden. Ein gemeinsames Leidensschicksal verbindet Menschen sehr tief. JUTTA machte dazu folgende Anmerkung: «Eine der ersten mutmachenden Erfahrungen für jeden in der Gruppe ist wohl die, nicht alleine zu sein, plötzlich einer von vielen Menschen zu sein, die Gleiches erleben.» Zu den wichtigsten Erfahrungen in Selbsthilfegruppen gehört nach einer Fragebogenuntersuchung «anderen geht es wie mir, ich bin mit meinen Schwierigkeiten nicht allein» und «ich fühlte mich akzeptiert, wie ich bin».[21] Es gibt niemanden, der einen so umfassend versteht, wie einer, der das gleiche Elend erfahren hat. Einsam und hilflos macht einen schon das reine Erleben der persönlichen Not. Aus einer solchen ohnmächtigen Isolation kann einen nur der Leidensgenosse befreien. Er ist der einzige und wirkliche Nächste. Hinzu kommen dann noch die Hilflosigkeit und Isolation, in die einen die anderen durch Ausstoßungsmechanismen bringen, oder in die man selbst durch Distanzierung gerät. Die Isolation und die damit verbundene Isolationsangst werden durch die Vereinigung der Betroffenen geradezu ins Gegenteil gewendet. Gleichzeitig wird damit die große Kränkung aufgehoben, die jedes psychische Leiden mit sich bringt.[22] Die therapeutische Hauptwirkung ist also eine außerordentliche Entlastung von Angst, Kränkung und dem Gefühl, nicht verstanden zu werden. Das alles macht weitgehend die erwähnte *«immersion experience»* aus.[23]

3. Die Solidarisierung ist jedoch kein einmaliger Vorgang. Sie zieht sich durch den ganzen Gruppenprozeß. Offensichtlich wird unsolidarisches Verhalten in der Gruppe deswegen schneller überwunden. Der Wert Solidarisierung schafft ein *therapeutisches Gruppenklima*, das – wie unsere empirischen Untersu-

chungen zeigen – stärker als zum Beispiel in Expertentherapiegruppen von wechselseitiger Anerkennung, von Akzeptiertwer-
den und damit von Ermutigung und Offenheit geprägt ist. MOR-
TON A. LIEBERMAN und GARY R. BOND konnten das bei den
Frauenselbsthilfegruppen in einem aus mehreren Angaben bestehenden Faktor «Teilen der Gemeinsamkeiten (*sharing of commonalities*)»[24] erfassen. Verglichen mit Teilnehmern aus Expertentherapiegruppen haben Selbsthilfegruppenmitglieder das Gefühl, daß die anderen Gruppenteilnehmer sie sehr mögen.[25] JUT-
TA sagte dazu: «Im regelmäßigen Beisammensein mit meinen
Freunden erfahre ich wirkliche Annahme. Immer wieder erlebe
ich, daß keiner (außer ich selbst) mich zur Änderung drängt. Ich
darf so sein, wie ich bin. Der einzige in der Runde, der oft
Schwierigkeiten hat, mich anzunehmen, bin ich selber.» Bei den
Selbsthilfegruppenmitgliedern dürfte die Solidarisierung also
über eine große wechselseitige Anerkennung und Anteilnahme
zu einer stärkeren Identifizierung untereinander führen. Eben
dadurch entsteht eine tiefe Gemeinsamkeit, eine geradezu ener-
gische Entschlossenheit, d. h. eine innere Stärkung durch Bildung eines Gruppen-Ichs. Sie wiederum vermindern die Schuldgefühle. Sie festigen die Bindung an andere. So kommen die
Leidenden aus einer Welt des Ausgestoßenseins in eine Welt
nicht nur der Anteilnahme, sondern der wirklichen Teilnahme.
Die Solidarisierung entfaltet also eine ungewöhnliche therapeutische Wirkung durch eine direkte und indirekte Ich-Stärkung.
Sie ermöglicht dem einzelnen eine neue Einstellung zu sich
selbst. Das dürfte auch der Redewendung zugrunde liegen, ge-
teiltes Leid sei halbes Leid. Der einzelne fühlt sich nicht mehr so
hilflos, so überwältigt von seinen inneren Konflikten. Der Energiezuwachs (das *«empowering»*) bleibt also über den Anfang
hinaus für die ganze Gruppenarbeit wirksam.

Bemerkungen zum Wertsystem

Die Werte treten nicht isoliert auf. Sie bilden ein (natürlich
offenes) Wertsystem. Wenn sie isoliert aufgefaßt werden, kann

es zu erheblichen Mißverständnissen kommen. So kann die Selbstbestimmung allein durchaus der Wert eines egoistischen Individualismus sein. Das ist aber nicht mehr der Fall, wenn die Solidarisierung als gleichrangiger Wert hinzukommt. Natürlich ist mit diesen vier Werten noch nicht die Gesamtheit der Werte umrissen, denen Selbsthilfegruppen folgen. Dennoch sind diese Grundwerte Kernbestandteile ihres Wertsystems. Wertsystem bedeutet, daß die einzelnen Werte miteinander in einer engen Wechselwirkung stehen, daß sie sich nicht nur summieren, sondern auch aufgrund ihrer Kombination verstärken.

Man kann aber auch das Wertsystem als Ganzes nicht isoliert, d. h. unabhängig von gesellschaftlichen Werten und Bedingungen sehen. Mit anderen Akzentuierungen dürfen zum Beispiel die professionellen Psychotherapien denselben Werten folgen.

Ich möchte noch einmal darauf hinweisen, daß die amerikanische Mental Health-Bewegung[25a+b], die auch für die Entwicklung der Selbsthilfegruppen nicht unbedeutend gewesen sein dürfte, vom Wertsystem des weißen angelsächsischen Protestantismus getragen war.[25c] Aus dieser Ethik stammt sicherlich die Betonung der Selbstverantwortlichkeit, der Arbeit, der eigenen Leistung und die Hochschätzung des persönlich erreichten Erfolges. Andererseits scheint die Kleingruppenbildung und die nicht unbedingt asketische Moral der Selbsthilfegruppen zu signalisieren, daß sich einige Werte bereits von der Ethik der Mental Health-Bewegung entfernt haben.

Den Wert an sich gibt es wohl nicht. Es schien mir nützlicher zu fragen, was den Wert für die Selbsthilfegruppen wertvoll macht. Ich habe deswegen in meinen Ausführungen die therapeutischen Konsequenzen besonders beachtet. Zu einem großen Teil scheint der Wert deswegen aufrechterhalten zu werden, weil er eben einen unschätzbaren und konkret erlebbaren Gewinn für die therapeutische Entwicklung und darüber hinaus für die Selbstverwirklichung mit sich bringt. Wahrscheinlich entsprechen die Werte den guten Erfahrungen, die wir mit gelungenen menschlichen Beziehungen gemacht haben.

Drei therapeutische Prinzipien
der Gruppenselbstbehandlung

Im folgenden sollen einige grundlegende Therapieprinzipien erörtert werden. Zu einer genauen logischen Analyse oder über-
prüfbaren Operationalisierung der Faktoren reichen die bisherigen Untersuchungen noch nicht. Doch möchte ich versuchen,
einige therapeutische Momente zu skizzieren. JUTTA hat auch
zum Selbsthilfeprinzip und zum Gruppenprinzip Anmerkungen
geschrieben, die ich dort einfüge, wo sie die folgenden Ausführungen am besten ergänzen.

1. Das Kontinuitätsprinzip als Fundament der
Selbsthilfegruppenarbeit

Für jede psychotherapeutische Behandlung, für jede Konfliktarbeit ist die kontinuierliche Auseinandersetzung das Fundament,
die Voraussetzung für die therapeutische Erkenntnis. Die Kontinuität steht im Kontrast zu dem üblichen kurzfristigen, sporadi-
schen Aufraffen angesichts eines aktualisierten Konfliktes. Wird
die Kontinuität nicht eingehalten, ist allem anderen die Basis
entzogen. Erst in einem längeren Zusammenhang zeichnen sich
die Konflikte deutlicher ab und können bearbeitet werden.

Durcharbeiten der Konflikte

Selbsthilfegruppen vertreten das Kontinuitätsprinzip. Sie bieten
dadurch den Teilnehmern ein «psychosoziales Moratorium».[26]
Sie versuchen meist über mehrere Jahre, regelmäßig und durchgehend an ihren Konflikten zu arbeiten. Es ließen sich zwar aus
den vorhandenen empirischen Untersuchungen Angaben zur
Dauer der Mitgliedschaft entnehmen, doch hätte man damit nur
wenig Anhalt für die übliche Teilnahmedauer gewonnen. Sie ist
mit hoher Wahrscheinlichkeit auch individuell sehr unterschiedlich, so daß solche Daten dem einzelnen wenig helfen. Man kann
jedoch erkennen, daß eine Mitgliedschaft durchschnittlich etwa
zwei Jahre dauert. Die neun EA-Gruppen in der Bundesrepu-

blik bestanden zum Zeitpunkt der Untersuchung durchschnittlich 2,5 Jahre, die durchschnittliche Teilnahmedauer der Mitglieder betrug 1,5 Jahre.[27] Bei den 1976 untersuchten amerikanischen Frauenselbsthilfegruppen waren von den 1700 Teilnehmerinnen 17 Prozent länger als zwei Jahre in der Gruppe.[28] (Da es sich stets um Gruppen handelt, die Neue aufnehmen, ist der Prozentsatz derer, die schon länger in der Gruppe sind, natürlich gering.) Unter denjenigen, die auf die Fragebogenaktion von GERDA SCHNECKENBURGER geantwortet hatten, waren 10 Prozent über 3 Jahre, 25 Prozent über 2 Jahre in der Gruppe.[29] Die Teilnehmerinnen in 22 untersuchten TOPS-Gruppen (Take off pounds sensibly – gegen Übergewicht) waren durchschnittlich 16,5 Monate dabei: die Hälfte scheidet in den ersten sechs Monaten aus, deswegen beträgt die Teilnahmedauer derjenigen, die dabeibleiben, durchschnittlich mehr als 2 Jahre.[30] Bei den Gießener Selbsthilfegruppen sind einige Teilnehmer schon über 3 Jahre dabei.

Die Selbsthilfegruppen kennen damit wenigstens vorbewußt jene Momente, die ungewöhnlich viel Zeit erfordern:

☐ die Widerstände, die zunächst verstanden werden müssen;
☐ die Komplexität, d. h. die mehrfachen Bedingungen eines Konfliktes;
☐ die Eingewöhnung in das neu entstehende Selbstverständnis;
☐ die Realisierung dieser Einsichten im täglichen Leben und schließlich
☐ die Entwicklung der Fähigkeit, die eigenen Konflikte zu lösen.

Nicht nur aus dieser Perspektive des Einzelnen, sondern auch aus der Gruppenperspektive ist Kontinuität mehrfach nötig: zunächst für die Bildung einer arbeitsfähigen Gruppe, dann zur Entfaltung der Konflikte in einem schrittweisen Prozeß und schließlich zum gemeinsamen Durcharbeiten.

Kontinuität ist damit die Voraussetzung der therapeutischen Arbeit und insofern einer der wichtigsten therapeutischen Faktoren. Man ist versucht zu sagen, alles andere komme von selbst. Der psychodynamische Prozeß zum Beispiel, um dessen Steuerung sich unser rationales Ich beinahe etwas zuviel zu sorgen scheint, kann sich selbst überlassen bleiben. Die Kontinuität aber muß man bewahren.

Aufheben der inneren Spaltung (Dissoziation)

Kontinuität stellt als eine zeitliche Dimension aber noch etwas wesentlich anderes dar als reine therapeutische Arbeitszeit. Sie ist nämlich auch das Gegenteil von Unterbrechung, von Diskontinuität.[31] Das ist insofern bedeutungsvoll, als innerseelische Abspaltung, zum Beispiel eines Konfliktes, auch als zeitliche Diskontinuität verstanden werden kann.[32] Der Konflikt gehört für das verdrängende Ich nicht ins Hier und Jetzt, nicht in die Gegenwart und damit nicht mir. Er ist abgespalten. Die Kontinuität hebt diese Unterbrechung deswegen auf, weil sich die dissoziierten Stücke in einem langandauernden Prozeß aneinanderreihen und zu einem Ganzen fügen. Dauert der Prozeß lange genug, kann man Zusammenhänge wiedererkennen. Die Kontinuität führt zur (Re-)Integration. Bei Ich-Defekten, bei strukturellen Ich-Störungen, die mehr oder weniger bei allen psychischen Erkrankungen, vor allem aber bei Psychosomatosen, Süchten, sexuellen Abweichungen und Psychosen anzutreffen sind, ist die Kontinuität für den großen und langwierigen Nachholbedarf an konstituierenden, das Ich begründenden Identifikationen nötig. Sie werden dem einzelnen durch Dasein und Handeln der anderen geboten.

Narzißtische Dimension des Heilungsprozesses

Erst zeitliche Kontinuität macht (im Zusammenhang mit einer konstanten Gruppe) ein «unterirdisches Geschehen» möglich.[33] Es geht um die in neuerer Zeit sehr beachtete sogenannte narzißtische Dimension des Heilungsprozesses.[34-37] Der Psychoanalytiker BELA GRUNBERGER sieht darin einen selbsttätigen Vorgang der Heilung, gleichsam im Hintergrund von Beziehungen und Konflikten.[38] Er vollzieht sich als eine Grundströmung innerhalb eines kontinuierlichen gegebenen Rahmens gewissermaßen durch die reine Anwesenheit und ist zu erkennen an der Bedeutung, die eine Selbsthilfegruppe für den einzelnen gewinnt[39], und an dem Gefühl, sich in einer besonderen, über den sonstigen Alltag erhabenen Situation (*élation*, etwa: erhabene Stimmung) zu befinden.[40] Wörtlich schreibt GRUNBERGER, daß die Analyse die Bedeutung einer «Einweihung, einer Verwandlung, einer Erlösung oder einer ersten Liebe» annehmen könne.[41] Meines Erachtens gilt das für alle heilenden Situationen, also auch für die Selbsthilfegruppen. Die *«immersion experience»* bei RICHARD ALMOND[42], die «Verwandlung» und «Konversion», von der BERGER und LUCKMANN[43] sprechen, sowie die Bemerkungen zur Aufgeschlossenheit definierten dasselbe Phänomen für das Anfangsgeschehen. Wir sehen jetzt, daß sich diese «Kraftlinien»[44] fortsetzen und jenseits der Konfliktebene eine «gewisse Autonomie»[44] erlangen. Sie sind unabhängig von der Sprache und vom therapeutischen Handeln. Sie gehören zur vorsprachlichen Existenz, zu unserem Dasein. Gerade heute, in einer Zeit der zunehmenden narzißtischen Schädigung, bietet daher die Kontinuität der Selbsthilfegruppen einen seelischen Halt (*«holding function»*)[45] von kaum zu überschätzender therapeutischer Bedeutung. Sie sorgt für das Abheilen des beschädigten Selbst in Geborgenheit. Dieser wesentliche narzißtische Vorgang ist sehr auf die Kontinuität angewiesen. Meist wird übersehen, daß er durch Unterbrechung verletzt wird. Das geschieht nicht nur durch zeitliche Unterbrechungen, sondern auch durch unregelmäßiges Kommen einzelner Mitglieder und darüber hinaus infolge eines schnellen Mitgliederwechsels.

Fähigkeit zur Kontinuität

Das Einhalten der Kontinuität erfordert einige Fähigkeiten. Es gibt Selbsthilfegruppenmitglieder, die anfangs gar nicht in der Lage sind, regelmäßig zu den Sitzungen zu kommen. Sie lernen es erst im Laufe der Zeit. Sie lernen: die Spannungen zu ertragen, die mit Konflikten und Defekten aufkommen; die Angst auszuhalten, die im Zuge der Selbstkonfrontation entsteht; stärkere negative Gefühle, wie etwa Kränkungen, Aggressivitäten, Depressionen, auf sich zu nehmen und durchzustehen; Ausdauer zu erwerben bei einer mühsamen Arbeit, die sich ja ständig mit den von einem selbst abgelehnten und abgewerteten Seiten befaßt; nicht zuletzt eine ungewohnte Geduld, bis sich einmal eine Einsicht, ein therapeutischer Gewinn zeigt. Kontinuität erfordert also eine erhebliche psychische Kondition, die nicht von jedem sogleich zu erwarten ist. Sie muß erst in den Selbsthilfegruppensitzungen erworben werden.

Andererseits kann die Unfähigkeit, kontinuierlich bei der Sache zu bleiben, im Verlaufe der Selbsthilfegruppenarbeit auch ein Widerstand gegen die weitere Teilnahme sein. Sie weist auf stärkere Konflikte hin, die noch große Angst machen. Man muß die Flucht ergreifen, statt sich nähern zu können. Jedes Selbsthilfegruppenmitglied kennt solche Zeiten der Unregelmäßigkeit. Hier ist es dann besonders wesentlich zu erkennen, daß ein neues Gefühl für die eigenen, meist bisher noch unbemerkten Konflikte nur entsteht, wenn man ständig dabei ist und aktiv mitmacht. Vielen erscheint die lange Zeit der Teilnahme unnötig. Jede seelische Arbeit an Konflikten erfordert aber erhebliche Zeit. Bei einer kurzfristigen Teilnahme kann sich nichts entwickeln. Wie erwähnt ändert sich im ersten Vierteljahr nur wenig. Danach aber beginnt die positive therapeutische Wirkung. Nach einem Jahr regelmäßiger Teilnahme wird von fast allen ein Behandlungserfolg angegeben.[46+47]

Gewohnheit und Liebe

Abschließend möchte ich noch einmal auf eine einfache, meist übersehene, aber therapeutisch sehr wirksame Konsequenz der Kontinuität aufmerksam machen: auf die unwillkürliche Sympathieentwicklung allen Personen, Dingen und Ideen gegenüber, denen wir oft begegnen, kurz: auf die Liebe durch Gewohnheit.[48-50] Für alle langfristigen Beziehungen müßte dieser einfache lerntheoretische Zusammenhang von enormer sozialpsychologischer und psychodynamischer Bedeutung sein, nicht nur für das Eheleben, vor allem auch für therapeutische Situationen. Sehr simpel gesagt, steigt die wechselseitige Zuneigung mit der Länge der Therapie, wenn alle anderen Bedingungen gleichbleiben. Man gewöhnt sich an alles und jeden, heißt es nicht ohne Grund. Sicherlich wird es einen Grenzwert geben. Auf diese schlichte Weise, nämlich durch regelmäßiges Auftauchen, werben viele erfolgreich um spröde Partner – auch in der Gruppe. Ohne Zweifel spielt die einfache Tatsache einer zunehmenden Sympathie für die therapeutische Wirkung von Selbsthilfegruppen eine große Rolle. Vermutlich können erst auf diesem Hintergrund die starken negativen Beziehungen, die im Zuge der Konfliktarbeit aufkommen, ausgetragen werden.

2. Das Gruppenprinzip

Gruppe als Lebensbasis

Unter den zahlreichen Vereinigungen von Betroffenen nutzen bei weitem nicht alle das Gruppenprinzip, d. h. die Chance, eigene Probleme affektiv und kognitiv in kleinen kontinuierlichen Gruppen anzugehen. Die Frage, ob zuerst das Individuum oder die Gesellschaft vorhanden war, geht an der wirklichen Frage vorbei. Die Menschen lebten von Anfang an in kleinen Gruppen. Es ist offenkundig, daß sich die sozialen Fähigkeiten des Menschen für Jahrmillionen innerhalb der Kleingruppe entwickelt haben. Die Evolution zur Sprache ist nur in diesem Rahmen vorstellbar. Insofern gehört die Kleingruppe zum humanökologischen Urzustand. Vom Leben in der Gruppe leiteten sich erst später das Leben in Gesellschaften und das Leben als Individuum ab. Auch heute noch verbringt jeder sein Leben im wesentlichen in kleinen Gruppen. Die natürlichen Gruppen der Familie, am Arbeitsplatz, unter Freunden usw. sind unser Lebensmilieu.

Mir erscheint deshalb die These nicht abwegig, daß sich die menschlichen Fähigkeiten zuerst in der kleinen Gruppe voll entfalten – und zwar deswegen, weil sie ihre Evolution hier durchmachten und weil sie in der Kleingruppe sozusagen in ihrem natürlichen Element sind. Diese These würde nicht nur die therapeutische Bedeutung der Selbsthilfegruppen unterstreichen. Sie macht auch deutlich, daß die Gruppenprozesse – zum

Beispiel verglichen mit der Zwei-Personen-Beziehung in der Einzelbehandlung – der konkreten Lebenssituation des einzelnen näherkommen. Eine Teilnehmerin, MARTHA, bezeichnet die Selbsthilfegruppe «als eine komprimiertere Ausgabe der Außenwelt»[51]. Das gilt natürlich nur bedingt, weil die Selbsthilfegruppe zum Beispiel eher einer Primärgruppe gleicht und die defektesetzenden Unzulänglichkeiten der ursprünglichen Primärgruppe Familie eben deswegen auch gut ausgleichen kann. Auch GEORGE C. HOMANS weist auf die Fehleinschätzung hin, eine kleine informelle Gruppe einfach als Mikrokosmos der Gesellschaft anzusehen, im wesentlichen deswegen, weil in den Gruppen der direkte Austausch, die persönliche Beziehung entscheidet, während in der Gesellschaft die Position in irgendeinem institutionellen Rahmen (Vererbung, Reichtum, Beruf, Amt usw.) zählt.[52] Das ändert jedoch nichts an der größeren Alltagsnähe der Selbsthilfegruppen im Vergleich zur professionellen Behandlung.[53]

Das Gruppenprinzip ist ausführlich in der Gruppendynamik[54-59] und in den Theorien der Gruppentherapie[60-69] dargestellt. Ich kann in diesem Zusammenhang nicht auf die ganze Fülle von Erkenntnissen zu Gruppenvorgängen zu sprechen kommen. Ohnehin müssen wir bedenken, daß sich die heutigen Gruppentheorien entweder auf therapeutenzentrierte oder auf natürliche Gruppen beziehen. Selbsthilfegruppen unterscheiden sich von den ersteren durch die gleichgestellte Beziehung, von den letzteren durch ihre therapeutische Zielsetzung. Es sind also diese anderen Bedingungen stets zu beachten, wenn wir bisherige Erkenntnisse für die Selbsthilfegruppen nutzen wollen. Doch charakterisieren mit hoher Wahrscheinlichkeit Gruppenphänomene wie die Homöostase (Gleichgewicht bewahren) die vielfältigen Übertragungen, die Abwehrmechanismen der Gruppe, das Agieren, die Untergruppenbildung, die Fraktionierung der Gruppe usw. auch den therapeutischen Prozeß der Selbsthilfegruppen.[70] Ich beschränke mich hier auf einige wenige für die Selbsthilfegruppe wesentlich erscheinenden Momente.

Aufhebung der äußeren und inneren Isolation

Über die Wirkung jeder solidarischen Vereinigung hinaus hebt die konkrete Gruppe durch das intime Gruppenerlebnis die Isolation auf. Es entsteht «das lebhafte erhebende Gefühl, daß man nicht mehr alleine ist – daß alle . . . in demselben Boot sitzen, ob sie es nun rudern können oder nicht».[71] Nach S. H. FOULKES[72] gehört diese soziale Integration zu den wesentlichsten therapeutischen Faktoren der Gruppe. Sie verstärkt die wechselseitige Anteilnahme, die Solidarität, die Gemeinsamkeit erheblich. Das Gruppenarrangement ist direkt therapeutisch wirksam, weil es dazu anregt, Beziehungen aufzunehmen und sich in die Gruppe zu integrieren. Die weitgehend unbewußte Wirkung des Zusammenseins in der Gruppe betrifft einmal die Beziehung zu anderen und die soziale Situation: das Gefühl, ausgeschlossen zu sein, die Einsamkeit, wird aufgehoben. Das hat erhöhte Bedeutung für diejenigen, die sich einer Selbsthilfegruppe wirklich zuwenden. Empirisch zeigte sich, daß 69 Prozent der EA-Teilnehmer sich vor Gruppenbeginn isoliert fühlten. Allerdings wurde diese Einsamkeit nur von 49 Prozent als ein Grund (unter mehreren) angegeben, die Selbsthilfegruppe aufzusuchen.[73]

Weniger beachtet wird aber die gleichzeitige Auswirkung des Gruppenarrangements auf die intrapsychische Situation, d. h. auf die Beziehung zu sich selbst. Die Einstellung zu den eigenen mehr oder weniger abgewehrten Konflikten, das Verhalten dem eigenen negativen Selbst gegenüber, das sozusagen in der inneren Verbannung lebt, wird durch die Gruppe ebenfalls stark verändert. Durch die Aufforderung, gleichzeitig und vielfältig Beziehungen zu anderen Gruppenmitgliedern aufzunehmen und sich im Hinblick auf die eigenen Konflikte offen zu äußern, wandelt sich die Beziehung zu sich selbst in dem gleichen Sinne. Das bisher vorwiegend abspaltende, desintegrierende, dissoziierende Verhalten dem eigenen konflikthaften Selbst gegenüber wird aufgehoben. Die Abwehr ist ja letztlich die individuelle, intrapsychische Variation der elterlichen Ablehnung unliebsamen Regungen ihres Kindes gegenüber. Das abspaltende Verhalten sich selbst gegenüber heißt ja nichts anderes, als die Beziehung zu einem eigenen, nicht akzeptierten Persönlichkeitsbereich abzubrechen. Zu diesem haben auch die Eltern keinen positiven Kontakt aufgenommen. In einem therapeutischen Arrangement, in dem ja vielfache Beziehungen zu anderen aufgenommen werden sollen, bewirkt das Ziel, diesen abgewehrten Persönlichkeitsbereich zu erfahren, genau das Gegenteil des elterlichen Einflusses: es wird auch nach innen eine Beziehungsaufnahme zu den dissoziierten inneren Bereichen eingeleitet.

Folgt man der These, daß nicht nur die gleichsam isolierten inneren Vorstellungen des eigenen Selbst (Selbstrepräsentanzen) und der anderen (Objektrepräsentanzen), sondern die Erinnerungen an die Beziehungen untereinander (Beziehungsrepräsentanzen)[74] unserem Leben die entscheidende seelische Qualität verleihen und damit auch das wesentliche Konfliktmaterial darstellen, dann wird die Gruppenwirkung auf die Einstellung zu sich selbst noch plastischer. Angesichts der Gruppe wird nämlich in jedem Teilnehmer mit einem Schlag eine Fülle von verdrängten und nicht verdrängten Beziehungen mobilisiert. Es tritt die vielfache (multiple) Übertragung ein. Die alten Beziehungen werden wiederbelebt, wenn auch noch nicht verstanden oder bewußt erinnert. Die Übertragungen selbst sind aber schon aktive Inszenierungen, die bedeuten, daß die isolierende Haltung sich selbst gegenüber aufgegeben wird. Die Selbstkonfrontation beginnt. Der Psychoanalytiker SANDOR FERENCZI hat in einer sehr frühen Arbeit Übertragungen als unbewußte Selbsthilfeversuche der Menschen bezeichnet.[75] Im Rahmen einer kontinuierlichen Gruppe werden diese ständig ablaufenden Inszenierungen jedoch noch viel stärker reflektiert als in Lebenssituationen, die weder introspektives Verhalten noch kontinuierliche Beobachtung anstreben.

Eine heftige Anfangsscheu, manchmal sogar ein paranoider Schock zu Beginn einer neuen Gruppe ergibt sich aus diesem doppelten seelischen Vorgang: Außen begegnet jeder den realen, noch fremden, unbekannten Mitgliedern.[76] Innen trifft jeder auf die ebenfalls noch unbekannte innerseelische Gruppe prägender

Konfliktfiguren seines vergangenen Lebens. Zu ihnen hatte er die konflikthaften Beziehungen aufgenommen und verdrängt, die seine Neurose ausmachen. «Ihr naht euch wieder, schwankende Gestalten, die früh sich einst dem trüben Blick gezeigt» – diese Anfangsverse des Faust wären auch eine treffende Beschreibung der Anfangssituation in der Gruppe. Das aufkommende Unbehagen, die Angst am Anfang, ist also eine Angst vor den anderen, die um mich herumsitzen, *und* vor den anderen *in mir selbst.* Weil man sich unvermeidlich so offen nach außen und so geöffnet nach innen erlebt, setzt manchmal auch eine reaktive Verschlossenheit ein.

Überlegenheit der Gruppenleistung

Die Gruppe hebt aber nicht nur Einsamkeit und innere Abspaltung oder Desintegration auf. Nach gruppendynamischen Untersuchungen übertrifft die Gruppenleistung in der Regel die Ich-Leistungen des einzelnen. Voraussetzung ist hier natürlich eine gute Kooperation. Sie hängt vor allem vom Solidaritätsgefühl der Gruppe ab. Das aber ist ja ein Hauptmerkmal der Selbsthilfegruppen.

So wird also das kurative Ich des einzelnen, das zeitweise von den eigenen Konflikten überwältigt wird, mit dem natürlichen psychologischen Potential der anderen kombiniert und integriert. Wie beschrieben kommt es zu einer Potenzierung der therapeutischen Kräfte. Die Steigerung des Selbsthilfepotentials beruht – um es noch einmal zu betonen – weniger auf der erhöhten *Anzahl* der zur Verfügung stehenden Fähigkeiten als vielmehr auf den erheblich zahlreicheren *Möglichkeiten zur Kombination* der verschiedenen Qualitäten. Das Wesentliche ist also die Kombination, nicht die Summe. Nicht zuletzt ist in der Gruppe die Chance gegeben, sich von sich selbst zu distanzieren und eine stärker beobachtende Rolle einzunehmen.[77] Das wird in der Selbsthilfegruppe intensiviert:

□ weil sich die Konfliktentfaltung gemeinsam vollzieht und weil die jeweils in einem selbst aktualisierte Konfliktlage auch in variierter Form bei den anderen zu beobachten ist;

- weil jeder Kotherapeut und Kopatient zugleich ist, d. h. schon von seiner Rolle her zur Selbstbeobachtung aufgerufen ist;
- weil andere in welcher Form auch immer die eigenen Äußerungen beobachten und beantworten, was wiederum die eigene Reflexion und Selbstbetrachtung verstärkt.

Das kurative Ich ist als eine komplexe Ich-Funktion oder besser als eine Ich-Organisation zu verstehen, in der alle Fähigkeiten zusammengefaßt sind, die der Selbsthilfe dienen. Dazu gehören auch Eigenschaften, die von einem Psychotherapie-Patienten erwartet werden. Selbsthilfegruppen unterscheiden sich dadurch besonders von professionellen Therapiegruppen, daß die Befähigung nicht mit dem Maßstab des Therapeuten gemessen, sondern von den Betroffenen und den Gruppenmitgliedern selbst beurteilt wird.

Natürlich bezieht sich der Verstärkereffekt der Gruppe für Ich-Funktionen nicht nur auf therapeutische Qualitäten. Sie betreffen auch die Organisationsfähigkeiten, die für Selbsthilfegruppen besonders wesentlich sind. Im Gegensatz zu Expertentherapiegruppen haben sie ja eine spezifische Anfangsleistung zu erbringen: sie müssen ihr eigenes Setting selbst regeln. Wie schwierig das ist, kann jeder erleben, der einige Zeit an einer Selbsthilfegruppe oder an einem Gesamttreffen teilnimmt. Auf die Frage, welche Probleme der Gruppe die größten seien, antworteten Selbsthilfegruppenteilnehmer am häufigsten: Organisationsprobleme.[78] Allein die Existenz der Selbsthilfegruppen beweist, daß diese Probleme allerdings auch gemeinsam gemeistert werden.

Die Bedeutung vielfältiger und gleichzeitiger kontinuierlicher Beziehungen

Die Anwendung des Gruppenprinzips bewirkt, daß der emotionale Prozeß der Selbstanalyse innerhalb kontinuierlicher Beziehungen abläuft. Das bedeutet nicht nur, daß zur Selbstbeobachtung die Außenbeobachtung hinzukommt. Es heißt vor allem, daß Konflikte sich so inszenieren können, wie es ihrer Entstehungsgeschichte entspricht: sie entfalten sich wieder als Beziehungskonflikte, die sie letztlich alle sind. Nach S. H. Foulkes ist wesentlich, daß «der aktuelle pathogene Konflikt des einzelnen wiederum – wie der ursprüngliche – einen ganzen Kreis von Personen mit einbezieht, die in intimer gegenseitiger Verbindung miteinander stehen, und daß dies regelmäßig zutrifft»[79]. Das eigentliche Wirkungsfeld einer erfolgreichen und gründlichen Therapie ist «dieses Netzwerk von Personen in Interaktionen». In der «Modellgemeinschaft» der Gruppe oder der «Stellvertretergruppe»[80] können sich die ursprünglichen konflikthaften Beziehungen zu den entscheidenden Personen der Kindheit am besten wiederholen. Das gilt für die professionelle Therapie ebenso wie für die Selbsthilfegruppen.

Darüber hinaus bedeutet die Anwendung des Gruppenprinzips auch, daß die Teilnehmer konkret feste Beziehungen wieder aufnehmen und erproben können. Sie entwickeln wie gesagt nicht nur die alten, sondern auch neue Beziehungsmuster.[81] Selbsthilfegruppenmitglieder erleben ihre Beziehungen in der Gruppe im Vergleich zu Gruppenpatienten viel stärker auch als Realbeziehungen. Die Gruppe ist also nicht nur therapeutisches Probefeld von Als-ob-Verhältnissen. Damit ist auch der Bezug zur Realität stärker. Die Einsichten, die in der Gruppe gewonnen werden, wirken sich unmittelbar im übrigen Leben aus. Da sich die Gruppe vom sonstigen Leben nicht so stark abhebt wie eine Therapiegruppe, also mehr Ähnlichkeit hat mit den Familien- und Freundesgruppen, in denen wir leben, ist das sogenannte Transfer-Problem, die Realisierung der Einsicht im täglichen Leben, stark reduziert. Empirische Befunde bestätigen, daß sich das Alltagserleben tatsächlich ändert: die Kontaktfähigkeit nimmt schon im ersten Jahr erheblich zu. Sie scheint der Reduktion von seelischen Beschwerden vorauszugehen.[81a] Sie verbessert sich schließlich bei allen Mitgliedern.[81b] In einer anderen Untersuchung wurden die erhöhte Bindungsfähigkeit und die tatsächliche Aufnahme intensiver Beziehungen nachgewiesen.[82] Das ist sicherlich eine spezifische Wirkung jeder Gruppenbehandlung.

Die Mitglieder erleben aber auch in ihrer Gruppe selbst langandauernde vielfältige Beziehungen. Für bisher kontaktarme Menschen ist das ein neues tiefes Erlebnis. Aber auch für andere, die nicht so sehr unter Beziehungslosigkeit gelitten haben, ist die kontinuierliche und intensive Erfahrung der Lebensformen anderer Menschen vielleicht das hilfreichste Moment am ganzen Unternehmen. Auch für Selbsthilfegruppen gilt also, was FOULKES über die professionelle Gruppenbehandlung schreibt: die Gruppenmitglieder «lernen viel über sich und andere, was sie vorher noch nicht wußten – und das auf eine offenere und ehrlichere Weise als je zuvor. Wachsendes Verständnis bringt wachsende Toleranz und die Möglichkeit zu einer freieren Persönlichkeitsentwicklung mit sich.»[83] Die Mitglieder werden Beziehungen gegenüber aufgeschlossen. Sie werden fähig, Beziehungen einzugehen. Sie lernen zu sprechen, sich verständlich zu machen, zuzuhören, kurz alle Fähigkeiten, die zur Interaktion und Kommunikation nötig sind.[84] Die neuerworbene psychosoziale Kompetenz stellt eine der stärksten Selbsthilfefähigkeiten dar.[84] Psychische Krisen können am besten von denen überwunden werden, die über zahlreiche intensive Freundschaftsbeziehungen verfügen.[85] JUTTA beschreibt die Auswirkungen des Gruppenprinzips so: «Ich habe sprechen gelernt. Ich kann mich heute vor anderen Menschen festlegen. Zuhören ist mir wichtig geworden, d. h. Erfahrungen anderer anzunehmen und sie für mich zu verwerten. Ich lebe nicht mehr in der Angst, übersehen oder verschluckt zu werden. Ich bin meiner Umwelt nähergekommen und habe Sinn für Realität, für *meine* Realität entwickelt.»

Die kontinuierlichen Beziehungen folgen der Wechselseitigkeitsnorm[86], die der Solidarität zuzuordnen ist. Gleiches wird mit Gleichem vergolten. Wenn einer mir hilft, werde ich ihm auch helfen. «Eine Hand wäscht die andere.» Da sich in der Gruppe alle wechselseitig helfen, steigert sich hier die Reziprozität besonders stark. Dies dürfte dazu führen, daß Menschen, die vorher mehr nahmen als gaben (zum Beispiel die meisten Süchtigen), ihr Verhalten ändern müssen und dadurch vielleicht erstmals ihre Selbstachtung wiedergewinnen können.[87] RICHARD

ALMOND machte darauf aufmerksam, daß bei einer Neuaufnahme eines Mitglieds nicht nur die Gruppe den Neuen anerkennt, sondern auch selbst von diesem Mitglied anerkannt und aufgewertet wird. Im übrigen führt diese Wechselseitigkeit zu dem primären Ziel der Gruppe: zu einer möglichst gerechten gleichen Verteilung aller seelischer Güter. Das ist grundlegend für die Erhaltung der Gruppe und sorgt entscheidend für das Gruppengleichgewicht. Es sind diese intensiven wechselseitigen Beziehungen, die eine Gruppe zu einem mächtigen Instrument der Veränderung[88] und der erneuernden Sozialisation[89] machen. Die anderen werden zu bedeutsamen Anderen (*significant others*, analog den nächsten Angehörigen), durch die sich eigene Identität und subjektive Wirklichkeit wandeln.[90]

Die Beziehungen innerhalb der Gruppe sind besonders intensiv aufgrund des gemeinsamen Leidens und aufgrund der ähnlichen Einstellung zu den Konflikten. Diese Ähnlichkeit wird durch die Gleichstellung aller erhöht. Dadurch sind die wechselseitigen Sozialisationsreize über Modellbildung und Identifikationen äußerst wirksam. Der Anthropologe EARL COUNT sieht die Sozialisation durch symmetrische altersgleiche Gruppen, insbesondere durch jugendliche Altersgruppen, nicht nur als phylogenetisch erheblich älter an als die asymmetrische Eltern-Kind-Beziehung, er hält sie auch für einflußreicher als die familiäre Sozialisation, die «im größeren Rahmen der Gesamtgesellschaft bloß eine Episode darstellt».[91]

3. Das Selbsthilfeprinzip

Das Selbsthilfeprinzip ist ein allgemeines Lebensprinzip. Es entspringt dem Gesetz der Selbsterhaltung und geht durch alle Lebensphänomene hindurch. Ich beschränke mich hier auf seine speziellen Wirkungen im Rahmen der Gruppenselbstbehandlung.

Das Selbsthilfeprinzip in der Gruppe besagt, daß primär *keine wechselseitige Fremdhilfe, sondern wechselseitige Selbsthilfe* stattfindet. Das bedeutet: Es hilft hier nicht der eine dem anderen und der wieder ihm. *Vielmehr hilft hier jeder sich selbst und hilft dadurch den anderen, sich selbst zu helfen.* Das Lernen am Modell oder die Identifikationsvorgänge haben im therapeutischen Prozeß also eine große Bedeutung.

Wiederholungen werden sich nicht vermeiden lassen. Ich möchte folgende wesentliche Aspekte besprechen:

1. Autonomisierung,
2. Selbstbestimmung,
3. Lernen durch eigenes Erleben,
4. Selbstentdeckung und Selbstergänzung,
5. Eigenleistung.

Autonomisierung

Das Selbsthilfeprinzip bedingt einen elementaren Unterschied zwischen Selbsthilfegruppen und jeder professionellen Therapie als einer Form der Fremdhilfe. Der Aufforderungscharakter bei Selbsthilfegruppen ist grundlegend anders. Er mobilisiert eher die aktiven, autonomen Tendenzen in der Auseinandersetzung mit sich selbst. Die Expertentherapie aktualisiert dagegen durch das therapeutenzentrierte Verfahren bekanntlich die passiven, regressiven Seiten. Ich möchte hier nicht auf die Problematik eingehen, welche Aufforderung günstiger ist. Aktive Teilnahme ist bei jeder Psychotherapie Voraussetzung, Regression findet auch in jeder Selbsthilfegruppe statt. Nach bisherigen Erfahrungen und Untersuchungen erreichen beide Ansätze ähnliche therapeutische Erfolge – soweit man überhaupt vergleichen kann.[92]

Was wird durch diese Autonomisierung psychodynamisch erreicht? Mir scheint die Hauptwirkung darin zu bestehen, daß *Passivität in Aktivität* übergeht. Das geschieht natürlich nicht plötzlich durch die Aufforderung an sich. Vielmehr setzt die Aktualisierung der aktiven autonomen Tendenzen, die ja einen wesentlichen Teil des kurativen Ichs ausmachen, einen Prozeß der zunehmenden Autonomisierung in Gang. Zunächst hört sich das tautologisch an: die Autonomisierung führe zur Autonomisierung. Genauer gesehen führt das Selbsthilfeprinzip, weil es die Autonomisierung von Anfang an beinhaltet, auch therapeutisch zu einer höheren Autonomisierung der Selbsthilfegruppenmitglieder. Das ist empirisch nachgewiesen.[93] Die Psychoanalyse kennt die große Bedeutung der Funktionszustände aktiv–passiv besonders angesichts von Konfliktlagen.[94-97] GEORGE L. ENGEL hat sie als die beiden basalen Grundmuster psychischen Verhaltens, als elementare Reaktionen auf jede Streßsituation festgehalten.[98+99] Die extreme passive Reaktion führt zum psychogenen Tod.[100+101] Protest und Aktivierung auf der einen, Rückzug und Passivität auf der anderen Seite lassen sich klar unterscheiden. Hier kann auch eine Erforschung der verschiedenen Typen von Gruppenpatienten im Gegensatz zu Selbsthilfegruppenmitgliedern ansetzen. Daß die (aktiveren) Ängstlichen eher bei den Anonymen Alkoholikern zu finden sind als die (passiveren) Depressiven, spräche dafür.[101a] In unseren Untersuchungen ließ sich wie gesagt nur ein einziger signifikanter Unterschied feststellen: Selbsthilfegruppenmitglieder halten sich für phantasievoller als Therapiegruppenmitglieder. Das könnte man zwar als einen Hinweis auf eine höhere psychische Aktivität werten, doch sollte dieser Einzelbefund vorsichtig aufgenommen werden. Wesentlicher ist vielleicht die Einschätzung der Selbsthilfegruppenmitglieder, daß sie sich in den Gruppensitzungen aktiver verhalten, als es Gruppenpatienten von sich sagen.[102] Auf alle Fälle scheint eine basale Aktivierung Grundvoraussetzung zur Lösung eigener Konflikte zu sein. Wie erwähnt gibt es offensichtlich zwei Wege zur Bearbeitung psychischer Probleme. Der Weg über die Regression, um im Durchleben passiver, regressiver Zustände die tiefen Konflikte zu bearbeiten, kennzeichnet die psychoanalytisch orientierten professionellen Therapien. Der Therapeut und das beobachtende Ich des Patienten sind dabei Elemente der Aktivität. In den Selbsthilfegruppen wird der andere Weg beschritten: über eine stärkere Aktualisierung des sonst gelähmten, passiv-resignativen Ichs entsteht eine neue Chance, die Konflikte anzugehen. Die Regression findet in der Selbsthilfegruppe natürlich ebenfalls statt. Sie wird aber durch das Arrangement nicht zusätzlich verstärkt. Selbsthilfegruppenmitglieder fühlen sich von ihrer Gruppe nicht so abhängig wie die Teilnehmer der Expertentherapiegruppen.[102]

Selbstbestimmung im therapeutischen Prozeß

Die Selbstbestimmung wurde als ein Grundwert der Selbsthilfegruppen beschrieben. Ich möchte sie jetzt in ihrer großen ökonomischen, energetischen Bedeutung als «Selbst*ab*stimmung»
hervorheben. Die Selbstbestimmung hat gegenüber der Fremdbestimmung einen Vorteil: sie kann der komplexen eigenen Bedürfnislage noch am ehesten gerecht werden. Indem sie nämlich
die Introspektivität nutzen kann, führt die Selbstbestimmung
meist zu passenderen Maßnahmen der Hilfe. Also ist die feinste
Abstimmung von Bedürfnissen und Möglichkeiten durch die
Selbstbestimmung gegeben.

In der professionellen, nicht-direktiven Therapie wird auf die
Selbstbestimmung des Patienten ebenfalls Wert gelegt. Der Patient soll den Therapeuten im Behandlungsprozeß führen. Inzwischen weiß man, wie fromm dieser Wunsch sein kann. Denn
diese Vorstellung dürfte auch einer Abwehr des Therapeuten
entsprechen, da er durch seinen unbewußten Einfluß die manifeste Steuerung des Patienten latent erheblich mitsteuert. So träumen eben Patienten bei Psychotherapeuten, die zur Schule von
C. G. Jung gehören, spontan ihre Archetypenträume, während
bei Psychotherapeuten, die Sigmund Freud folgen, die Träume
der Patienten scheinbar ebenso spontan einen ganz anderen Charakter haben und wie zufällig der psychoanalytischen Theorie
entsprechen. Mir ist das aus eigenem Erleben bekannt. S. H.
Foulkes hat den Einfluß des Therapeuten auf die Gruppe stu-
diert. Er schreibt, daß dieser Einfluß, «besonders der aus unbewußten Quellen, kaum zu überschätzen ist». So sind zum Beispiel «die Rollen, die die Patienten in den Gruppen spielen, . . .
auch ein Ergebnis von Projektionen, Erwartungen und Provokationen des Therapeuten».[103] Die Selbstbestimmung in der Gruppenselbstbehandlung ist dagegen nicht von der Dominanz und
dem Einfluß des Experten umgeben. Daß Selbstbestimmung
auch bei der Gruppenbildung zu einer inneren Abstimmung der
Teilnehmer führt, zeigt die bereits besprochene Selbstindikation. Der aktive Entschluß ist, wie gesagt, etwas anderes als die

sogenannte «Freiwilligkeit» des Patienten, der in eine übliche Therapiegruppe passiv hineingesetzt wird. Die freie Wahl erhöht die Gruppenkohäsion, verringert die Ambivalenz, stärkt das Vertrauen und festigt die Beziehungen.

Die Nebenwirkungen auch der korrekt durchgeführten Psychotherapie sind meines Wissens noch nicht systematisch erforscht worden, eine Gepflogenheit, die sonst zur Routine medizinischer Disziplinen gehört. Man behauptet, negative Wirkungen seien auf falsch durchgeführte oder «wilde» Psychotherapie zurückzuführen. Es wäre aber sehr unwahrscheinlich, wenn ungünstige Folgen einer völlig richtig gehandhabten Psychotherapie nicht auch vorhanden wären, Nebenwirkungen also, die aufgrund der Konstruktion der Therapie unvermeidlich sind. Ich möchte nur die Tatsache herausgreifen, daß Selbsthilfegruppen wegen der durchgängigen Selbstbestimmung keinerlei direkte oder indirekte Fremdmotivationen kennen, während sie in der professionellen Therapie durchaus gegeben sein dürften. Selbsthilfegruppen vermeiden es ja ausdrücklich, andere zu überreden oder für sich intensiv Werbung zu betreiben. Sie setzen vielmehr auf ihre «Anziehungskraft». Der Neue soll nicht fremdmotiviert kommen, sondern aus eigener Entscheidung. Es gibt also keine direkte Form der Fremdmotivation. Das gilt ja bekanntlich auch für die professionelle Therapie. Es gibt aber auch keine indirekte Fremdmotivation: keinen verpflichtenden Vertrag mit dem Therapeuten; keine Abhängigkeitsbeziehung; keine Bezahlung; keine weitere Bindung, zum Beispiel wegen wissenschaftlicher Interessen des Therapeuten; keine Angst vor Ausschluß. Hilft die Gruppe nicht, so geht man. Ein Mitglied ist jederzeit frei aufzuhören, es sollte dafür nur seine Gründe äußern. Es bleiben schließlich diejenigen, die miteinander an sich selbst arbeiten können und das Gefühl haben, die Gruppe gibt ihnen etwas. So stimmt sich also die ganze Gruppe aufeinander ab.

Auch für den therapeutischen Prozeß ist die Selbstbestimmung die beste Möglichkeit, die komplexe Bedürfnislage der Gruppe und die verschiedenen Möglichkeiten zu helfen von Situation zu Situation aufeinander abzustimmen. Wenn durch

Konfliktbearbeitung und Aufdeckungsleistung die Angst zu groß wird, setzt automatisch die Schutzreaktion des Widerstandes ein. Die Dosierung der Angstspannung ist in Selbsthilfegruppen vermutlich feiner abgestimmt. Vielleicht können die Interaktionen auch gerade deswegen direkter und teilweise auch härter verlaufen, wie häufig berichtet wird. Der Widerstand hat die Zeit, die er für die Angstdosierung benötigt, und scheint deswegen weniger starr. Er ist leichter in der Gruppe zu bearbeiten, weil nicht ständig einer anwesend ist, der ihn von Berufs wegen bereits durchschaut hat, der also aufgrund seiner Rolle – ob er will oder nicht – Druck ausübt. So erhält der Widerstand auch nicht so leicht jenen verhängnisvollen Ruf, etwas Pathologisches und deshalb Minderwertiges zu sein. Die Abwehr wird moralisch nicht abgewertet. Sie erzeugt nicht so viele Schuldgefühle. JUTTA schreibt dazu: «Wir erklären neuen Freunden die Gruppe als einen ‹Selbstbedienungsladen›, aus dem sich jeder nur das mitnimmt, was er momentan verwerten kann. Wir wollen uns die Möglichkeit schaffen, selbständig, frei und damit auch selbstverantwortlich in der Gemeinschaft zu werden. Darum vermeiden wir Ratschläge und Vorschriften. Auch Diskussionen, Beurteilungen und Interpretationen (wenn nicht durch jeden an sich selbst) lassen wir nicht zu. Jeder von uns soll (und muß letztlich) selber entdecken, was *für ihn persönlich* gesund- oder krankmachend ist. Wir bestimmen unseren Genesungsprozeß selbst. Immer wieder ist die Erfahrung, so lange, wie ich es eben nötig habe, abwehren zu dürfen, für mich befreiend. Ich bin heute überzeugt davon, daß meine eigentliche Krankheit die Angst vor Glück und Gesundheit, vor Selbständigkeit und Verantwortung war. In der Selbsthilfegruppe kann ich mich in dem Tempo einem gesunden und glücklichen Leben nähern, in dem ich es am besten verkraften kann.»

Lernen durch eigenes Erleben

Die Erziehungswissenschaften haben seit längerem erkannt, daß Lernen durch Schulung, durch Vermittlung, durch Lehre, also durch «Beibringen», sehr viel weniger effektiv ist als durch unmittelbares eigenes Erleben («*inquiry learning*», entdeckendes Lernen). Redewendungen, die diese Erkenntnis als Alltagswissen ausweisen, sind längst abgegriffen: «Man lernt nur durch Erfahrung», «Probieren geht über Studieren». Erst was man sich wirklich allein erarbeitet und erobert hat, zählt. Warum? Die sogenannte passive Aufnahme, die Rezeption beim Lernen, entspricht nicht voll dem Reiz–Antwort-Modell. Wir nehmen eben das Gebotene nicht nur passiv auf und antworten darauf. Vielmehr suchen wir aktiv bestimmte Reize und wählen sie aus.[104] In diesem Sinne ist ein fremdgesteuertes Angebot immer schwächer als die freie aktive Auswahl dessen, was einen interessiert. Zudem sucht ein Gruppenmitglied nur jene Anregungen, die augenblicklich zu seiner Bedürfnislage und seiner persönlichen Aufgabe passen. Es entwirft in jedem Moment sein eigenes Lernprogramm. So schreibt JOHN HOLT: «Ein Kind lernt zu jedem beliebigen Moment, nicht etwa dadurch, daß es eine Prozedur übernimmt, die uns am besten erscheint, sondern eine, die ihm am besten scheint; indem es etwas Neues in seine Struktur von Ideen und Beziehungen, in sein geistiges Weltbild einzufügen versucht, kommt nicht das, woran wir denken, als nächstes dran, sondern das Stück, das seiner Auffassung nach das nächste ist.»[105] Genau das trifft auch für das Lernen in der Gruppe zu. Das Kennenlernen der anderen, das Kennenlernen der eigenen Konflikte, das Lernen, wie man mit den Konflikten umgeht, wie man sie darstellt, wie man sie behebt. Es gibt keine Steuerung durch eine anwesende andere Person, die kraft ihrer Autorität sagen kann, wie es «richtiger» ist. Ich glaube, daß dieses selbstgesteuerte und ganz in den Gruppenprozeß eingebundene Lernen jeder Anleitung und jedem Programm überlegen ist. Sicherlich ist es nicht in der Lage, in kürzester Zeit spezifische Fähigkeiten oder Einsichten zu entwickeln, wie es etwa in Selbstkontrollgruppen beabsichtigt ist. Selbsthilfegruppen aber sind wohl besser in der Lage, Fähigkeiten und Einsichten zu entwickeln, die für die jeweils individuelle Situation des einzelnen nötig sind. Anders ist die Arbeit an unbewußten Konflikten gar nicht denkbar. Sie kann nicht im voraus gesteuert werden. Dieses selbsterworbene

Wissen hat im übrigen eine viel größere Überzeugungskraft, sprich: Evidenz als noch so einsichtige Bemerkungen der anderen. Es sitzt tiefer. Es hält besser. Es ist durchgearbeiteter, dauerhafter. Das wird dadurch verstärkt, daß man in der Gruppe stets Modell für andere ist. Was man aber selbst demonstriert, prägt man sich auch im Sinne einer Selbstüberzeugung besonders gut ein.[106] Man gewinnt dadurch tatsächlich jene Fähigkeiten, die man für die Aufgabe (hier der Selbsthilfe) benötigt.[107] Es ist also in gewisser Weise gleichgültig, ob man sich selbst oder anderen hilft: die Sicherheit des Tuns nimmt zu, wenn man erst einmal die Rolle handelnd einnimmt. Das «Helfertherapieprinzip»[108] (Helfen ist die beste Selbsthilfe) gilt auch für Selbsthelfer.

Selbstentdeckung und Selbstergänzung

Das Selbsthilfeprinzip hat eine Mindestvoraussetzung: man muß in irgendeiner, vielleicht noch in abgewehrter, verstellter Form seine Konfliktlage akzeptieren. Es ist also auch mit einer Wendung nach innen verbunden. Diese Introspektivität ist eine Besinnung auf die eigene Verfassung: auf die zunächst noch unklaren Probleme und gleichzeitig auf die helfenden Möglichkeiten. Mit einer solchen Selbstkonfrontation beginnt ein Prozeß der Selbstentdeckung. Selbsthilfegruppenteilnehmer nennen deshalb unter ihren persönlichen Zielen am häufigsten «mich akzeptieren, sinnvoller mit mir umgehen; zu mir ehrlich sein», wodurch sich dann überhaupt erst die Chance öffnet, «mich selbst zu entdecken, mich zu verstehen».[109] Selbstentdeckung ist das zentrale Ziel der Selbsthilfegruppen. Deshalb richten sich die Teilnehmer nach einem *einfachen Dreisatz: «Keine Fragen. Jeder über sich. Keine Ratschläge.»* Das waren in einer Untersuchung die häufigsten Antworten auf die Frage, welche «Grundregeln» man befolge.[110]

Selbstentdeckung heißt aber letztlich insofern Selbstüberwindung, als die Absperrung gegenüber dem verneinten Selbstanteilen aufgehoben werden muß, die das akzeptierte manifeste Selbst mittels Abwehr errichtet hat. Insofern ist Selbstentdeckung vorwiegend Arbeit an den Widerständen, d. h. an den eigenen Ängsten. In diesem Sinne ziehen also auch Selbsthilfegruppenmitglieder wie alle Psychotherapiepatienten aus, um das Fürchten zu *lernen*.

Erst wenn die Angst auf sich genommen wird und ertragen werden kann, können sich Einstellungen ändern, kann die abspaltende, d. h. die ausstoßende, desintegrierende, dissoziative Einstellung einer akzeptierenden, integrierenden Einstellung weichen. Das wäre der entscheidende Gehalt des persönlichen Wachstums («*personal growth*»).

Es geht wie gesagt um wechselseitige Selbsthilfe, nicht um wechselseitige Fremdhilfe. Insofern wird streng genommen nicht «behandelt». Vielmehr versuchen die Teilnehmer nach und nach selbst den geeigneten Weg für sich zu entdecken. Damit bilden sie jeweils für einen kleineren oder größeren Abschnitt der Problemlösung Modelle. Jeder lernt auf doppelte Weise: indem er bei gelingendem therapeutischen Verhalten selbst das Beispiel für andere gibt und eben gerade dadurch die Einstellung bei sich selbst noch verstärkt, sie sich sozusagen stärker einprägt – oder indem er das Modell der anderen als für sich geeignet ansieht und in einer Probeidentifikation übernimmt. Die Tatsache, daß persönliche Zielsetzungen zu den wichtigsten Selbsthilfemethoden in der Gruppe gehören[111], zeigt die Bedeutung des Selbsthilfeprinzips für die therapeutische Einstellung. Die Selbstverstärkung durch die gleichzeitige Modellfunktion für andere entspricht wie erwähnt den psychodynamischen Vorteilen des sogenannten Helfertherapieprinzips. Wie die Selbstdarstellung von JUTTA zeigt, wird das Verhalten aber auch durch die gesamte Bindung an die Gruppe stabilisiert und gefördert.

Das bisher Gesagte trifft besonders auf die funktionellen Ich-Störungen (Neurosen) zu. Hier geht es ja um die Bearbeitung von Konflikten. Die strukturellen Ich-Störungen (Psychosomatosen, Süchte, sexuelle Abweichungen, Delinquenz, Borderline-Störungen bis hin zu Psychosen) sind offensichtlich aber Kernbestandteil vieler Selbsthilfegruppen. Gerade Suchtkranke helfen sich besonders effektiv (Anonyme Alkoholiker, Narcotics Anonymous, Overeaters Anonymous, Gamblers Anonymous usw.). Hier hebt die Selbstentdeckung als Konfliktarbeit nicht nur die abspaltenden Abwehrmaßnahmen auf. Vielmehr ist sie eine Erkenntnis der eigenen Defekte, also nicht einer gestörten, sondern einer fehlenden Funktion. Das hat seinen Niederschlag wahrscheinlich vor allem im ersten der «Zwölf Schritte» gefunden: «Wir geben zu, daß wir machtlos sind.» Diese fehlenden Funktionen können offensichtlich vom Gruppenganzen doch geboten werden. Vielleicht ist das eine Wirkung der innerhalb der Gruppe potenzierten Restfunktion und der Tatsache, daß die Defekte der einzelnen Teilnehmer nicht ganz die gleichen sind. So kann einer dem anderen gesunde Anteile, die diesem fehlen, doch modellhaft bieten. Es können die Identifikationen in der Gruppe nachgeholt werden, sobald sie auf dem Wege der Selbsterfahrung als Lücke, als Manko, spürbar wurden. Das scheint sich insbesondere auf die Entwicklung und Äußerung von Gefühlen zu beziehen. Insofern wird das «emotionale Analphabetentum», das insbesondere für die Psychosomatosen verantwortlich gemacht wird, in der Selbsthilfegruppe gut behoben. Selbsthilfegruppen kann man als eine *«éducation sentimentale»*, als eine «emotionale Erziehung» bezeichnen. JUTTA bemerkt dazu: «Ich bekam in dieser Gruppe erstmals die Information, daß meine Depressionen, Angstzustände und Verwirrungen nicht schicksalhaft waren, sondern nur Signale, Ausdruck eines Mangels in mir. Durch die Arbeit in der Gruppe erfuhr ich, daß ich lebenswichtige Dinge nicht gelernt und erfahren hatte, daß aber nun hier, unter meinesgleichen, die Chance bestand, den Mangel zu beheben, zu er-leben, zu lernen und zu üben.» Funktionelle und strukturelle Störungen treten nicht säuberlich getrennt als Krankheitsgruppen auf. Mehr oder weniger sind wir alle von beiden Störungen betroffen. Für die Selbstentdeckung heißt das: in der funktionellen Dimension unserer Störungen ist sie vorwiegend eine Konfliktarbeit, in der strukturellen Dimension vorwiegend eine Ergänzungsarbeit.

Selbstentdeckung resultiert also als Arbeit am Unbewußten in einer Selbstveränderung und Selbsterweiterung. Das geschieht im wesentlichen durch eine nachholende Identifikation. Doch lernen alle Mitglieder auch durch den gemeinsamen, sehr intensiven emotionalen Prozeß eine für sie oft ganz neue psychosoziale Wirklichkeit kennen. Ihre Erfahrung erweitert sich nicht nur um das, was ihr eigenes Selbst betrifft, sondern auch um das, was zum Selbst der anderen gehört. Auf der bewußten Ebene wird für die meisten gerade diese psychosoziale Erfahrung zum entscheidenden Erlebnis.

Eigenleistung

Das Selbsthilfeprinzip beruht auf selbständiger Leistung. Jede autonome Leistung unterscheidet sich psychodynamisch, also qualitativ, erheblich von einer abhängigen Leistung, die man unter fremder Anleitung oder gar für jemand anderen zu tun hat. Die Eigenleistung ist in der Regel viel befriedigender. Man ist stolz auf sie, weil sie ein Zeichen der eigenen Fähigkeiten ist. Sie ist narzißtisch höher besetzt und im Falle selbst eines kleinen subjektiven Erfolges schon deswegen von höherem Wert. Die Maßstäbe für die Leistung setzt die eigene innere Situation. Den Überblick über das, was man subjektiv geleistet hat, hat nur der Handelnde selbst. Subjektiv gesehen sind die Maßstäbe angemessener. Zudem ist eine selbständige Leistung fast immer eine Leistung, die man selbst gewählt hat. Sie entspricht der aktuellen inneren Aufgabe, der eigenen Interessenlage und der Bedürfnissituation. Sie ist insofern – auch wenn es eine Abwehrleistung ist – besser abgestimmt und angemessener. Kurz: sie ist lohnender als eine von außen geforderte Leistung. Daher wird die autonome Leistung in der Regel als erfolgreicher und wertvoller erlebt. Sie ist auch innig mit der eigenen Person verbunden. Sie ist nicht entfremdet, besser gesagt, nicht verdinglicht.[112] Eine therapeutische Leistung, um die es ja hier geht, hat also im Rahmen der Selbsthilfe einen anderen Charakter als in der professionellen Behandlung: Sie ist besser auf die eigenen Bedürfnisse abgestimmt, und sie wird als wertvoller erlebt. Allein die Aufforderung zur selbständigen Leistung stärkt narzißtisch, weil man sich dadurch akzeptiert fühlt und dazu auch für fähig befunden wird. Dieser narzißtische Gewinn macht dann diese Arbeit auch produktiver. So entsteht eine positive Selbstverstärkung. Die therapeutische Erfahrung kann demnach auch besser integriert werden. Die Veränderungen dürften haltbarer sein. Der Erfolg scheint einem deswegen wohl auch höher. Dieses theoretisch abgeleitete, höhere Erfolgsgefühl bestätigt ein empirischer Befund: Mitglieder von Selbsthilfegruppen erleben im Vergleich zu Teilnehmern an Expertentherapiegruppen ihre Sitzungen als effektiver. Sie sind befriedigter nach der Sitzung. Die Sitzungen haben ihren Erwartungen mehr entsprochen.[113]

Die gewonnene Einsicht paßt sozusagen besser und sitzt tiefer. Sie ist allerdings nicht unter dem bequemen Schutz eines Therapeuten entstanden, den man für besser orientiert hält. Ihre Legitimation wird nicht von der Autorität des Therapeuten abgeleitet. Man kann sich nicht schnell vergewissern. Die Legitimation der eigenen therapeutischen Leistung leitet sich ausschließlich von ihrer Wirkung im Leben ab. Sie muß sich sozusagen selbst beweisen. Auch das hat offensichtliche Vorteile.

Gruppenselbsthilfeprinzip:
die Kombination von Selbsthilfeprinzip und Gruppenprinzip

Die Aufzählung der einzelnen therapeutischen Faktoren vermittelt ein unzureichendes Bild. Es sind die Kombinationen dieser Momente, die erst zu einer besonderen Steigerung der therapeutischen Funktion führen. Auch diese Kombinationen sind wieder miteinander verknüpft. Sie bilden ein Funktionssystem. Einige Psychologen sagen, daß der Mensch weitgehend unfähig sei, in Systemen zu denken. Es überfordere seine Denkanlage.

Ich beschränke mich auf die einfach scheinende, aber raffinierte Kombination: die Verbindung nämlich von Gruppenprinzip und Selbsthilfeprinzip.

In einer Selbsthilfegruppe habe ich gehört: «Du bist hier in der Gruppe, um dir selbst zu helfen, nicht, um den anderen zu helfen.» Es scheint ein Widerspruch zu sein: sich selbst helfen zu wollen und dafür in die Gruppe zu gehen; sich mit vielen anderen zusammenzusetzen, aber eine selbständige Leistung anzustreben. Den energischen Satz «Kümmere dich hier um dich selbst, nicht um die anderen» kann man zunächst als eine Aufforderung verstehen, die therapeutische Haltung anderen gegenüber aufzugeben, den vorgegebenen oder neurotischen Altruismus zugunsten der egoistischen Interessen abzulegen, ehrlich zu sich selbst zu stehen. Vielleicht wird damit auch tatsächlich der Wert der Echtheit hervorgehoben. Meines Erachtens heißt es aber vor allem, daß die Gruppe nicht in wechselseitige Fremdhilfe verfallen soll, in der einer wieder besser weiß, was dem anderen fehlt und was ihm hilft.

Selbsthilfegruppen streben also tatsächlich eine möglichst vollständige Verbindung von Selbsthilfeprinzip und Gruppenprinzip an. Das Selbsthilfeprinzip wird durch Gruppenmomente verstärkt, etwa durch das Klima der Anteilnahme und Geborgenheit durch die wechselseitige Anregung, die Identifikationschancen, die Aufgabenkonzentration, die Kontrollmöglichkeiten usw. Vor allem bildet die Gruppe ein Netz sozialer Beziehungen, also den angemessensten Ort zur Entfaltung der Konflikte und zur Erprobung der Lösungen in Form neugestalteter Beziehungen. Das Gruppenprinzip wird umgekehrt durch Selbsthilfefaktoren gesteigert. Die Autonomisierung verhindert die Versuchung, sich passiv und regressiv in die Gruppe zu hängen. Die Selbstbestimmung erhöht die Gruppenkohäsion und optimiert die Gruppenzusammensetzung. Die Selbststeuerung vertieft die emotionale Arbeit. Die narzißtische Stärkung durch selbständiges Arbeiten vervielfacht sich in der Gruppe usw.

Es ist also die Synthese, nämlich das Prinzip der Gruppenselbsthilfe, dem Selbsthilfeprinzip wie dem Gruppenprinzip überlegen.

Juttas Bemerkungen beleuchten dieses Prinzip: «Ich bin geduldiger geworden, mir selbst und anderen gegenüber. Jeder Freund in der Gemeinschaft trägt ein Stück von mir in sich. Heute kann ich ertragen, wenn ich ‹den Spiegel vorgehalten bekomme›. Ich kann die anderen (und mich) gewähren lassen und dabeisein, wenn ein Freund sich noch verteidigt, abwehrt und seine Lage leugnet. Ich empfinde Dankbarkeit, wenn ich spüre, daß ich ihn (und mich) annehmen kann. Ich bin jetzt fähig, auf die Kraft der Gruppe zu vertrauen. Darauf, daß sie auch auf diesen Freund wirken wird, wenn er sich nur konsequent und regelmäßig ihrem Einfluß aussetzt – wenn er bleibt. Und dies ist wiederum seiner eigenen Entscheidung überlassen. Diese Toleranz entlastet mich, hilft mir, Energien zu sparen. Ich bin weder am Glück anderer, noch an deren Unglück schuld. Ich bin nur für mich verantwortlich. Dies aber im ganzen Umfang.»

Systemperspektive: mehrfache Bedingungen, keine Kausalität, keine isolierte Bedeutung der therapeutischen Wirkungen

Auch für alle anderen Therapiefaktoren gilt, daß sie miteinander in vielfältigen Wechselwirkungen verbunden sind. Sie lassen sich nicht isoliert beschreiben, wie ich es hier versucht habe. So gerät man schnell von einem Faktor, zum Beispiel von der Solidarisierung der Betroffenen, in den Bereich eines anderen, wie etwa in den des Gruppenprinzips. Eine noch strengere Abgrenzung, die man sich vielleicht erhofft, würde aber den Zusammenhang zerstören und damit dem therapeutischen Konzept, dem Therapiesystem, nicht mehr entsprechen.

Aus der Tatsache, daß jede Behandlungsform ein System darstellt, ergeben sich drei nicht unwesentliche Konsequenzen.

1. Therapeutische Wirkungen sind ebenso mehrfach determiniert, d. h. durch mehrere Prinzipien und deren Kombinationen bedingt, wie deren Gegensatz, die pathogenen Prozesse und die Symptome. So ist etwa die Bindungsfähigkeit (die Fähigkeit, sich verläßlich und dauerhaft an einem anderen zu binden) als Therapieresultat nicht nur auf spezifische Interventionen der Gruppenmitglieder zurückzuführen, sondern auf ein ganzes Bedingungsgefüge, zu dem der Leidensdruck, die Zielbindung, die Solidarisierung und das Gruppenprinzip gehören. Diese werden nun ihrerseits wieder durch die Selbstbestimmung verstärkt.

2. Die therapeutischen Wirkungen haben schon während ihres Entstehens Rückwirkungen auf ihre Ursprungsbedingungen

und auf das ganze therapeutische System. Aus diesem Grunde ist die Vorstellung eines linearen Zusammenhangs von Ursache und Wirkung nicht aufrechtzuerhalten. Die Wirkungen werden gewissermaßen zur Ursache ihrer Ursache. Ja, sie werden selbst zu einem therapeutischen Faktor. Das läßt sich wieder an der wachsenden Bindungsfähigkeit zeigen: sie verstärkt die Zielbindung, das Gruppengefühl (Kohäsion), die Solidarisierung. Sie eröffnet zum Beispiel die Möglichkeit, in den jetzt stabileren Beziehungen zu den einzelnen Mitgliedern der Gruppe größere emotionale Spannungen auszutragen oder auch negative Affekte zu bearbeiten. Bindungsfähigkeit als therapeutisches Resultat wird damit selbst zu einem therapeutischen Faktor. Da ich von Prinzipien therapeutische Konsequenzen abgeleitet habe, mutet die Beschreibung doch linear an. Das diente der Übersichtlichkeit. Komplexere Wechselwirkungen zu durchdenken, darzustellen und womöglich noch nachzuweisen, also Systeme zu beschreiben und zu belegen, ist ungewöhnlich schwierig. Gerade deswegen wird die Tatsache häufig geleugnet, daß es sich bei Therapien stets um komplexe Systeme handelt, in denen alles mit allem in Wechselwirkung steht. Mit einer solchen Verleugnung hat man die Chance verloren, das Ganze zu verstehen.

3. So bliebe durch eine solche Verleugnung etwa außer acht, daß die einzelnen therapeutischen Faktoren oder auch übergreifenden Prinzipien durch das ganze System mitbestimmt werden. Anders gesagt: dieselben therapeutischen Momente gewinnen in einem neuen Zusammenhang eine neue Bedeutung. Das Prinzip der Solidarisierung kann zum Beispiel in Bürgerinitiativen zur Hilfe psychisch Kranker eine ganz andere Qualität haben als in den psychologisch-therapeutischen Selbsthilfegruppen. Dort geht es um eine Solidarisierung von Nichtbetroffenen mit anderen, den Ausgestoßenen, den Kranken, den Benachteiligten. Hier geht es um die Solidarisierung von Betroffenen miteinander. Deshalb bin ich auch auf das Gruppenprinzip eingegangen, das ja sonst aus der Gruppentherapie und Gruppendynamik zur Genüge bekannt ist. Das Gruppenprinzip hat nämlich für Selbsthilfegruppen wegen ihrer Autarkie eine höhere Brisanz. Es ge-

winnt hier durch die Tatsache, daß die Gruppe sich selbst bestimmt, sich selbst zusammensetzt und sich selbst steuert, daß sie also ohne Fremdbestimmung, ohne Leiter funktioniert, einen anderen Charakter. Eben deshalb hinkt auch ein Vergleich mit geführten Therapiegruppen.

8.
Das Gesamttreffen

Selbsthilfegruppen einer Region können vor allem zum Erfahrungsaustausch ein regelmäßiges Gesamttreffen vereinbaren. Sie haben dort ihren Ort gemeinsamen Reflektierens und Handelns. Es ist sozusagen ihr Rat.

Das Gesamttreffen hat für Selbsthilfegruppen eine ähnliche Bedeutung wie die Gruppe für ihre Teilnehmer. Mitglieder der Gesprächsrunde sind die Gruppen. Hier ist auch der angemessene Platz für eine Zusammenarbeit zwischen Selbsthilfegruppen und Experten.

Folgende Momente machen die kaum zu überschätzende Bedeutung des Gesamttreffens aus:

☐ kritische Selbstüberprüfung durch die Betrachtung der eigenen Gruppe von einer außerhalb gelegenen Position;
☐ wechselseitige Gruppensupervision;
☐ Steigerung der therapeutischen Erfahrung durch wechselseitigen Austausch und Ideenentwicklung;
☐ gemeinsame Entscheidungen für gemeinsames Handeln;
☐ Zentrum der Selbstorganisation und Basis für den überregionalen Zusammenschluß;
☐ Erweiterung des Bewußtseins für die sozialpolitische Bedeutung der Gruppenselbstbehandlung;
☐ Achse des Selbsthilfegruppen-Experten-Verbundes.

Das Gesamttreffen erwächst in der Regel aus einer gelungenen Selbsthilfegruppenarbeit, weil es der *Anwendung des Gruppenselbsthilfeprinzips zwischen den Gruppen* entspricht. Insofern ist es eine folgerichtige Ergänzung der Gruppenselbstbehandlung und stimmt in jeder Hinsicht mit ihrem Konzept überein.

Doch bleiben auch hier Hindernisse nicht aus. Der Innensog der Selbsthilfegruppen, der im wesentlichen aus der Konzentration auf die Konfliktarbeit und aus dem immer engeren Zusammenwachsen der Gruppe entsteht, behindert vielleicht am stärksten den Weg in die Gemeinschaft mit anderen Gruppen. Das ist zu respektieren, aber auch als Gefahr der Selbstisolation mit den möglichen Folgen einer Schiefheilung zu beachten.

Das Gesamttreffen ist international gesehen noch keine Realität. Doch hoffen Selbsthilfegruppenkenner darauf. Einer der ersten, ALFRED H. KATZ, bemerkte auf einem Kolloquium 1975: «Ich meine, . . . Leute aus den verschiedenen Gruppen könnten alles, was sie sich vornehmen, potenzieren, wenn sie sich mit anderen Selbsthilfegruppen ähnlicher Richtung träfen. Sie können sich wechselseitig helfen, wohin auch immer sie sich zu entwickeln hoffen.»[1] Das war als Frage gemeint. Wie es zu machen sei, konnte kein anwesender Experte beantworten. Ohnehin ist natürlich die Antwort auch besser eine Angelegenheit der Selbsthilfegruppen.

In Gießen haben wir mit dem Gesamttreffen seit fünf Jahren konkrete Erfahrungen. Es ist als «Gießener Modell» bekannt und von einigen Selbsthilfegruppenorganisationen bereits übernommen worden. Die Leiter des Institutes für Selbsthilfegruppen in den USA, des New Yorker National Clearinghouse of Self Help Groups, forderten kürzlich einen Bericht für ihr Informationsblatt «Self-Help-Reporter» an, weil sie in dem Modell des Gesamttreffens auch für die jetzige Situation der amerikanischen Selbsthilfegruppen eine Möglichkeit der Weiterentwicklung sehen.

Für die meisten Selbsthilfegruppen ist das Gesamttreffen also erst eine Chance. Doch auch in Gießen, wo es Realität geworden ist, sind seine Möglichkeiten noch nicht ausgeschöpft. Und Schwierigkeiten gibt es natürlich auch genug. Sie sollen in diesem Kapitel auch zur Sprache kommen. Der Wert des Gesamttreffens für das Hauptziel, die besten inneren und äußeren Voraussetzungen zur Entfaltung der Selbsthilfegruppen zu schaffen, ist aber unbestritten.

Modell und Wirklichkeit des Gesamttreffens

Das Gesamttreffen kann auf unterschiedliche Weise entstehen:

☐ Zwei oder mehr Selbsthilfegruppen einer Region können sich auf ein regelmäßiges Gesamttreffen einigen.

☐ Eine einzeln entstehende oder bereits existierende Selbsthilfegruppe kann zusätzlich zur eigentlichen Gruppensitzung Zeit und Ort für Aufgaben vereinbaren, die nicht direkt die Gruppenselbstbehandlung betreffen, unter anderem für Gespräche mit Neuen. Dieser Extratermin liegt günstigerweise vor oder nach einer Gruppensitzung. Er wäre später bei Bildung einer weiteren Gruppe die Basis für das gemeinsame Gesamttreffen.

☐ Wenn eine Selbsthilfegruppe neu ins Leben gerufen wird, kommen manchmal mehr Personen, als eine einzige Gruppe fassen kann. Dann eignet sich die Erstbegegnung schon als Ausgangsort für das Gesamttreffen.

In Gießen entwickelte sich das Gesamttreffen aus einer Kombination dieser Möglichkeiten. Aus einem Kolloquium zur Organisation von Selbsthilfegruppen, also einer universitären Lehrveranstaltung, im Sommersemester 1973 entstand im Laufe eines Jahres mit einigen Identitätswirren das Gesamttreffen. Zunächst hatten vierzig Mediziner, Psychologen, Soziologen und Pädagogen teilgenommen und sich schnell entschlossen, statt der Theorie zu folgen, die Selbsthilfegruppen lieber in der Praxis zu erproben. So bildeten sich gleichzeitig vier Gruppen. Später stieß eine bereits existierende EA-Selbsthilfegruppe zu uns, von der wir trotz ausführlichen Erkundigungen vorher nichts gehört hatten.

Wir nannten unser gemeinsames Treffen, das sich dem Erfahrungsaustausch über Selbsthilfegruppenvorgänge widmete, zunächst etwas akademisch das «Forum». Schon jetzt hatte es den Charakter einer üblichen Unterrichtsveranstaltung natürlich völlig verloren. Im Laufe der Jahre änderte sich nicht nur der Name, sondern auch der Aufbau erheblich. Von Anfang an war es jedoch ein Gesamttreffen, an dem zunächst einer, später mehrere Experten mitwirkten: zwei Psychoanalytiker und ein Soziologe, der sich insbesondere mit Kleingruppenprozessen befaßt hat. Erst in der letzten Zeit fühlen sich diese Experten weitgehend überflüssig und erwägen, ob sie es nicht vielleicht schon von Anfang an waren. Ich erwähne das hier, weil die Bedeutung der Experten in der Regel besonders von ihren Berufskollegen zu hoch eingeschätzt wird. Günstigstenfalls haben Experten eine katalysatorische und stabilisierende Funktion. Andererseits verändert ihr Auftreten das Gesamttreffen erheblich, wobei die Hauptgefahr das unbemerkte Aufkommen einer traditionellen Therapeuten-Patienten- oder allgemeiner: Experten-Klienten-Beziehung sein dürfte.

Für die folgenden Ausführungen dient unser Gießener Gesamttreffen als konkretes Beispiel. Wesentlich ist hier – wie für die Selbsthilfegruppen – die *kontinuierliche* Arbeit. Die Abstände zwischen den einzelnen Gesamttreffen sollten deshalb nicht zu groß sein, unseres Erachtens nicht größer als einen Monat. Wir tagen wöchentlich. Merkwürdigerweise wird von Außenstehenden und Neulingen das Gesamttreffen immer wieder mit den Selbsthilfegruppensitzungen verwechselt. Um diesem Mißverständnis vorzubeugen, stelle ich noch einmal klar: jede Selbsthilfegruppe hat ihre eigenen Sitzungen an einem Abend in der Woche, bei denen sie ganz für sich ist. Zusätzlich zu diesen einzelnen Gruppensitzungen können alle Mitglieder zum Gesamttreffen gehen. In der Regel kommen bei uns ein bis vier Teilnehmer pro Gruppe. Nur, wenn ein besonders schwieriges Gruppenproblem vorliegt, erscheint auch einmal eine ganze Gruppe geschlossen.

Damit ist die Fassungskraft des Gesamttreffens angesprochen. Wenn durchschnittlich drei Mitglieder pro Gruppe erscheinen, können nicht mehr als zehn Selbsthilfegruppen zu einem Gesamttreffen gehören. Denn bei mehr als dreißig Teilnehmern wird es arbeitsunfähig. Wenn zu einer Selbsthilfegruppe sechs bis zwölf Personen gehören, ist das Gesamttreffen also insgesamt ein Kommunikationszentrum für sechzig bis einhundertzwanzig Personen. Damit ist es für die Beteiligten immer noch überschaubar.

Unser Gesamttreffen findet donnerstags von 18 bis 20 Uhr statt. Wir haben nach vier Jahren endlich eine ideale Raumsituation: nah am Stadtzentrum gelegen, in einem größeren neutralen Gebäude, mehrere Zimmer nebeneinander, die uns keine Miete kosten. Damit können alle Selbsthilfegruppen und das Gesamttreffen an demselben Ort ihre Sitzungen abhalten. Der große Vorteil liegt darin, daß auf diese Weise jeder mit jedem in der

Gesamtgemeinschaft durch Auslagen oder Aushänge aufwandslos kommunizieren kann.

Jedes Gesamttreffen kann seine Organisation den eigenen Bedürfnissen entsprechend entwickeln. Unser Modell stellt also nur eine von zahlreichen möglichen Realisierungen dar. Zur Zeit sieht der Verlauf unseres Gesamttreffens folgendermaßen aus: Von 18.00 bis 19.30 Uhr findet der Erfahrungsaustausch der Gruppen statt. Diejenigen, die aus den Gruppen gekommen sind, bilden – gleichsam als «Gruppe der Gruppenvertreter» – das Gesamttreffen. Auch die Experten nehmen am Erfahrungsaustausch teil. Als Regel gilt, daß persönliche Probleme des einzelnen in die Selbsthilfegruppe gehören und dort bearbeitet werden sollten, während sich das Gesamttreffen nach Möglichkeit nur mit Problemen befaßt, welche die Gruppe als Ganzes hat. Der Erfahrungsaustausch bezieht sich aber nicht nur speziell auf Probleme, sondern allgemein auf eine lebendige Schilderung des Gruppenverlaufes.

Danach, von 19.30 bis 20 Uhr, wenn nötig auch länger, werden meist durch eine Arbeitsgruppe gemeinsame Pläne, Ideen oder organisatorische Angelegenheiten behandelt. Die Arbeitsgruppe hat keine fixierten Mitglieder. Sie konstituiert sich jeweils aus denen, die teilnehmen. Nur ihr Sprecher wird für einen bestimmten Zeitraum gewählt. Er nimmt zum Beispiel die Außenkontakte mit anderen Selbsthilfeorganisationen, mit der professionellen Versorgung oder mit den Medien wahr. Das Gesamttreffen ist auch das Kontaktzentrum für die Neuen. Bevor unser Erfahrungsaustausch beginnt, gehen erfahrenere Selbsthilfegruppenteilnehmer mit denen, die zum erstenmal da sind, in einen anderen Raum und besprechen dort alles, was nötig ist und gewünscht wird.

So besteht unser Gesamttreffen also aus *drei* Funktionsgruppen:

☐ der *Erfahrungsgruppe*,
☐ der *Erstlingsgruppe* und
☐ der *Arbeitsgruppe*.

Es versieht insgesamt sechs Aufgabenbereiche (ausführlich Seite 297 ff).

1. Vor allem den *Erfahrungsaustausch* im Sinne einer kritischen Reflexion und einer wechselseitigen Gruppensupervision.

2. Das *Gespräch mit den Neuen* und allen damit zusammenhängenden Aufgaben vom Aushändigen schriftlicher Informationen über Hinweise, welche Selbsthilfegruppen neue Mitglieder aufnehmen können, bis zur Bildung einer ganz neuen Gruppe.

3. Die eigene *Identitätsarbeit,* die lokale *Selbstorganisation* einschließlich der Außendarstellung in Medien und der *überregionale Verbund* mit anderen Selbsthilfeorganisationen. Dazu gehören auch alle gemeinsamen Entscheidungen und alles gemeinsame Handeln wie zum Beispiel die Anregung eines zweiten Gesamttreffens oder die Einrichtung einer Arbeitsgruppe für die Tagung des Mannheimer Kreises.

4. Alle *gemeinsamen organisatorischen Tätigkeiten,* sozusagen die Alltagsaufgaben: Raumbeschaffung, Stundenpläne für die Räume, Planung von Aushängen, Verfassen von Berichten, Durchführungen der Selbsterforschung.

5. *Ideenentwicklung,* wie zum Beispiel die Einführung neuer therapeutischer Techniken als Bereicherung der Gruppenselbstbehandlung, Pläne für neue Aktivitäten, neue Wege der Selbsterforschung.

6. Nicht zuletzt: die vielgestaltige *Zusammenarbeit mit den Experten* einschließlich der entsprechenden Auflösung von Widerständen.

Aus diesen Aufgabenbereichen folgt, daß die Selbsthilfegruppen über das Gesamttreffen fünf wesentliche Beziehungen aufnehmen:

1. die Beziehung zu anderen Selbsthilfegruppen der betreffenden Region;
2. die Beziehung zu den Neuen und anderen Interessierten;
3. die Beziehung zu weiteren Selbsthilfeorganisationen im überregionalen Raum;
4. die Beziehung zu den Experten;
5. die Beziehung zu Medien und Öffentlichkeit.

Mit Recht kann man das Gesamttreffen also als Kommunikationszentrum bezeichnen. Erst jetzt wird deutlich, wie isoliert eine Selbsthilfegruppe, die nur für sich arbeitet, wirklich ist.

Das Gesamttreffen kann auch als Ganzes in einer anderen Form stattfinden. Einen regelmäßigen zweiten Termin in der Woche können vor allem Berufstätige nur selten wahrnehmen. Dann eignen sich monatliche Treffen eher, vielleicht auch intensive vierteljährliche Wochenendtreffen, obwohl dadurch die Kontinuität der Arbeit sehr leiden kann. Die Anonymen Alkoholiker und die Emotions Anonymous kennen sogenannte «Intergruppen», zu denen sich Teilnehmer unterschiedlicher Selbsthilfegruppen zum Beispiel aus verschiedenen Städten zusammenfinden. Sie halten dann in anderer Zusammensetzung übliche Selbsthilfegruppensitzungen ab. EA-Gruppen in Deutschland veranstalten sogenannte Besinnungstage, auf denen im wesentlichen Selbsthilfegruppensitzungen in gedrängter Folge stattfinden. Intergruppen und Besinnungstage erfüllen auf andere Weise einen Erfahrungsaustausch, entsprechen jedoch nicht dem ganzen Umfang des Gesamttreffens.

Vom gemeinsamen Handeln zum erweiterten Bewußtsein: Die Bedeutung des Gesamttreffens

Das Gesamttreffen kann man als konsequentes Ergebnis einer gelungenen Selbsthilfegruppenentwicklung ansehen. Das möchte ich kurz erläutern. Wer in Selbsthilfegruppen geht, hat eine bestimmte Auffassung davon, wie er mit seinen seelischen Problemen am besten umgeht. Sein Behandlungskonzept beruht bewußt oder unbewußt auf der Meinung, es sei am besten, die eigenen Chancen zur Problemlösung im Gespräch mit anderen zu entwickeln. Der wesentliche Unterschied zu einem Menschen, der dem Konzept der Einzelselbsthilfe folgt, ist das Vertrauen auf die größeren Entwicklungsmöglichkeiten in einer Gemeinschaft mit anderen, die dasselbe vorhaben. Der gemeinsame Nenner dieser beiden Formen des Konfliktverhaltens ist das Selbsthilfeprinzip. Wer jedoch in die Selbsthilfegruppe geht, realisiert dieses Selbsthilfeprinzip auf ganz andere Weise als der «Einzelkämpfer» in seiner Isolation. Um es als Paradox zu formulieren: er meint eben nicht, mit allem allein fertig werden zu müssen, obwohl er natürlich weiß, daß nur er allein seine Probleme lösen kann. Die Tatsache, daß wir Individuen sind, findet im Selbsthilfeprinzip Beachtung. Die Tatsache, daß wir untrennbar in der Gemeinschaft leben, ja nur so leben können, ist im Gruppenprinzip wiedergegeben. Die Verbindung von beiden, das Gruppenselbsthilfeprinzip, beachtet gleichmäßig, ausgewogen und miteinander verflochten die individuelle und die soziale Qualität unseres Lebens. Die Beziehung zu sich selbst und die Beziehung zu anderen kommt im Gruppenselbsthilfeprinzip integriert zur Geltung.

Damit wird die Reichweite des Konzeptes deutlich: Wer dem Gruppenselbsthilfeprinzip folgt, sucht einerseits eine Gemeinschaft, um das, was ihm zu schaffen macht, im Austausch mit anderen selbst zu bearbeiten. Andererseits ist aber auch die Beziehung zu sich selbst gekennzeichnet durch diese Neigung, sich zu verbinden: denn er konfrontiert sich mit seinen eigenen Konflikten, d. h. mit seinem negativen Selbst. Er spaltet nicht einen Teil seiner selbst einfach ab, kurz: er isoliert sich ebensowenig von sich selbst, wie er sich von anderen isoliert. Beiden Einstellungen – sich mit anderen in einer Gruppe zu verbinden und sich mit einem konflikthaften Teil in sich selbst in Verbindung zu setzen – ist die integrierende statt abspaltende Tendenz gemeinsam. Und genau diese integrierende, sich verbindende Tendenz der Mitglieder ist es, die weiterwirkend von den Selbsthilfegruppen zum Gesamttreffen führt, sobald sie sich in der Gruppenselbstbehandlung zu genügender Stärke entfaltet hat. Denn das Gesamttreffen ist nichts anderes als eine Selbsthilfegruppe, die sich aus mehreren Selbsthilfegruppen zusammensetzt. Es folgt durch und durch dem Gruppenselbsthilfeprinzip: Jede Gruppe hilft sich im Gesamttreffen selbst und hilft dadurch den anderen, sich selbst zu helfen. Es ist in seiner Organisation nur eine Stufe komplexer als die Selbsthilfegruppen.

Wenn die Selbsthilfegruppenarbeit also gelingt und das anfangs sicherlich noch schwach entwickelte Gruppenselbsthilfe-prinzip im gemeinsamen Prozeß zu einer überzeugenden Selbst-erfahrung geworden ist, kann es kaum ausbleiben, daß sich auch Selbsthilfegruppen untereinander verbinden und daraus für die Konfliktarbeit Gewinn ziehen. Somit kann das Gesamttreffen auch als Therapieerfolg, als Nachweis für die Wirksamkeit der Gruppenselbstbehandlung gelten. Natürlich wirkt es unmittel-bar zurück und wird selbst zum besten Verfahren, die therapeu-tische Wirksamkeit der Selbsthilfegruppen zu verbessern. Es ist wegen seines reflektierenden Gespräches und der direkten Ver-bindung mit den aktuellen Gruppenvorgängen jeder allgemeinen Anleitung überlegen. Das Gesamttreffen dient also der gruppen-übergreifenden Selbstregulation, die sicherlich in der Lage ist, interne Prozesse der autonomen Einzelgruppen besser zu verste-hen und nötigenfalls zu balancieren. Da vom Gesamttreffen alle Beteiligten Gewinn haben, hat es auch gute Chancen, zustande zu kommen und bestehen zu bleiben. Das entscheidende bele-bende Moment, das von einem solchen Erfahrungsaustausch ausgehen kann, liegt im Zusammenkommen unterschiedlicher Gruppenbildungen, Gruppentypen und Gruppenentwicklun-gen. Das erhöht nicht nur die selbstkritische Funktion. Vor allem wirken die Variationen der Selbsthilfemöglichkeiten berei-chernd, anregend und korrigierend. Damit dürfte wohl auch die beste Gewähr gegeben sein, stagnierende Gruppenprozesse zu überwinden und eventuell selbstzerstörerischen Entwicklungen vorzubeugen. Daß eine Selbsthilfegruppe auch nur im Ansatz eine «Selbstschädigungsgruppe» geworden ist, konnten wir zwar in den letzten fünf Jahren nicht beobachten. Doch muß man immer wieder auf diesen Aspekt eingehen, weil jede Selbst-hilfegruppe mit dieser Lieblingsbefürchtung von Experten gera-dezu bombardiert wird.

Die Betrachtung der Gruppe von außen, die kritische Refle-xion des Prozesses, die Erfahrungserweiterung, die Verbesse-rung der therapeutischen Technik, die Erhöhung der therapeuti-schen Erfolge und die wechselseitige Gruppensupervision sind die Hauptmomente der therapeutischen Bedeutung des Gesamttreffens. Das Gesamttreffen kann für die einzelnen Selbsthilfegruppen alles das erreichen, was die Selbsthilfegruppe für ihre Mitglieder bewirkt.

Außerdem aber überschreitet jede Gruppe im Gesamttreffen ihre eigenen Grenzen. Das ist die entscheidende Wende nach außen. Sie ist für die Weitergabe der eigenen Selbsthilfegruppenerfahrung an die anderen Gruppen und an die Neuen und schließlich für die Verbreitung der Selbsthilfegruppenmethode Voraussetzung. Da das therapeutische Handeln wechselseitig ist, erfährt die Gruppe auch etwas von anderen. Darüber hinaus kommt es nicht nur zu Beziehungen untereinander. Auch mit der Öffentlichkeit und mit Experten können Kontakte aufgenommen werden. Im Gesamttreffen als Kommunikationszentrum erweitert sich das Bewußtsein der Selbsthilfegruppen mit einer Intensität, die in einer einzelnen Gruppe gar nicht erreicht werden könnte. Zugleich gehen die Beziehungen über das Gespräch hinaus: es geht ja um gemeinsame Aktivitäten, um Pläne, um Auseinandersetzungen mit den Bedürfnissen der anderen, um Entscheidungen, kurz: um konkretes Handeln. Das Gesamttreffen unterscheidet sich eben durch seine Aufgaben, die *über* den Erfahrungsaustausch hinausgehen, erheblich von der Kommunikationsstruktur der Selbsthilfegruppe.

Die Identitätsarbeit wird dadurch konkreter. Nach ERIK H. ERIKSON[2] lauten die beiden nicht zu trennenden Identitätsfragen: Wer bin ich und wer sind die anderen? Im Gesamttreffen erkennen die Selbsthilfegruppen sich selbst angesichts der anderen Selbsthilfegruppen. Sie finden ihre Identität als Gruppe erst im ganzen Ensemble. Die entstehenden Beziehungen bilden überhaupt erst das Bewußtsein der Selbsthilfegruppen aus.[3] Darüber hinaus wird die Bedeutung der Gruppenselbstbehandlung erst jetzt im vollen Umfang erkannt. Sie beschränkt sich nicht auf andere Leidensgenossen, die Selbsthilfegruppen noch nicht kennen. Vielmehr entdecken die Teilnehmer auf dem Gesamttreffen nach und nach weitere Anwendungsbereiche. Die Begegnung mit den Experten öffnet darüber hinaus den Blick für Unterschiede zwischen der traditionellen Versorgung nach dem

Fremdhilfemodell und der Gruppenselbstbehandlung. Es tritt aber auch ein möglicher Verbund von Selbsthilfegruppen mit der Expertenmedizin deutlicher in den Gesichtskreis. So wächst ein sozialpolitisches Bewußtsein heran.

In der größeren Gemeinschaft gewinnt das Gesundheitsverhalten, das auf Selbstbestimmung und Selbstverantwortung beruht, größere Sicherheit. Doch ist dieses Gesundheitsverhalten kein isolierter Sektor unseres Lebens. Es ist nur ein Aspekt unserer Gesamteinstellung, unserer Lebenshaltung, unseres Lebensstils. So liegt eine Bedeutung des Gesamttreffens im Anwachsen eines Selbstverständnisses und einer Handlungsfähigkeit, die den einzelnen aus der individuellen Perspektive seiner Existenz in einen gemeinschaftlichen Zusammenhang führen. Und das macht auch politisch wacher.

Das entscheidende Merkmal dieses Prozesses vom gemeinsamen therapeutischen Handeln über vielfache Beziehungen zum erweiterten sozialpolitischen und politischen Bewußtsein ist die unverbrüchliche und durchgängige Bindung des einzelnen an seine eigenen Belange. Die Selbstbetroffenheit wird in diesem Prozeß nicht verwischt oder durch aufgepfropfte politische Maximen überfremdet. Es geht jedem im wesentlichen um sich selbst. Und gerade dieses gemeinsame Tätigsein in eigener Not führt schließlich zu einer ursprünglichen politischen Selbsterfahrung, die nicht mehr zu vergleichen ist mit den abgehobenen, intellektualisierenden Theoriediskussionen vergangener Zeit. Hier bewirkt nicht das politische Denken weniger Köpfe das richtige Verhalten der Mehrheit. Hier führt das gemeinsame Handeln aller in eigener Sache zu den neuen Perspektiven. Treffend bemerkte ein Teilnehmer, daß die Gruppen vom Handeln zur Einsicht finden und nicht von der Einsicht zum Handeln, wie es theorieorientierte Menschen hoffen und wie es auch die professionelle Psychotherapie anstrebt. Doch ist ja auch in der professionellen Psychoanalyse ein Wandel zu verzeichnen: das einst so verpönte Agieren wird nicht nur als ein Ausweichen, sondern geradezu als ein Schritt zum Bewußtwerden und zur Einsicht angesehen.[4]

Die Selbsthilfegruppen entsprechen genau jenen «menschlichen Projekten», die der Soziologe AMITAI ETZIONI für die selbsttätigen Menschen einer wieder aktiv gewordenen Gesellschaft als die einzige Chance sieht. Mit ihnen können sie aus ihrer unauthentischen Lage zu einem authentischen Leben zurückfinden. Noch mehr gilt das jedoch für das Gesamttreffen. Es wirkt einer möglichen Regression, einem Eskapismus, einer Flucht in die Isolation entgegen, die auch einmal eine ganze Gruppe ergreifen könnten. Der Übergang vom privatistischen Selbst in eine öffentliche Rolle, den ETZIONI mit zahlreichen anderen Soziologen heute weitgehend als erschwert ansieht, findet schon in Selbsthilfegruppen statt, noch stärker jedoch im Gesamttreffen, in dem gemeinsames Reflektieren, Entscheiden und Handeln auch auf die Welt außerhalb der Gruppe bezogen ist, ohne dabei aber den Bezug zu sich selbst zu verlieren. So wird das Persönliche zum Politischen. So kann sich die «Distanz zwischen privater und öffentlicher Identität»[5] verkürzen, so kann «persönliche Energie gesamtgesellschaftlichem Handeln»[5] zugeführt werden, ohne daß der einzelne von sich selbst absieht. Im Gegenteil: weil er nicht von sich absieht, ist die langfristige Kontinuität und Motivation garantiert, die überhaupt erst den mühsamen und zähen Prozeß einer Erweiterung und Veränderung des Bewußtseins bewirken kann.

Wer kommt zum Gesamttreffen? –
Das Problem der stillen Auswahl

Wir sitzen im Kreis des Gesamttreffens. Donnerstag 18 Uhr. Schon damit beginnen die Tücken. Es geht nicht um unser säumiges Verhalten, das mehrfach Selbstaufrufe zur Pünktlichkeit nach sich zog. Viel wichtiger ist, wer denn hier schließlich sitzt. Unverkennbar ist es eine Auswahl. Zunächst sind die Experten keine typischen Experten, sonst wären sie nicht hier: ein Soziologe, HANS-JOACHIM KRÜGER, ein Psychoanalytiker, ich selbst, und eine Zeitlang noch ein jüngerer Psychotherapeut.

Wofür sind wir eigentlich Experten (vergleiche Seite 312)? Sind nicht die erfahrenen Selbsthilfegruppenmitglieder viel eher Experten? Das erste Problem ist also, welche Experten in ein Gesamttreffen gehen.

Wer aber sitzt von den Teilnehmern hier? Zu unser aller Überraschung ist tatsächlich aus fast jeder Gruppe regelmäßig jemand erschienen. Doch sind es meist dieselben. Es ist ein besonderer Kreis. Er ist es, der Erfahrungen austauscht, die Neuen begrüßt, die Identitätsarbeit und die Selbstorganisation leistet. Er besorgt, was nötig ist, entwickelt Ideen und kennt schließlich auch die Experten und ihre Eigenarten.

Als wir diesen Auswahlcharakter des Gesamttreffens erkannten, kamen wir auf die Idee, ihn mit einfachen Mitteln zu erforschen. Im Gießen-Test zeigte sich beim Vergleich der Gesamttreffenteilnehmer mit anderen Selbsthilfegruppenmitgliedern ein deutlicher Unterschied: Wer ins Gesamttreffen kommt, ist offensichtlich dominanter, durchsetzungsfähiger und noch etwas aktiver. Diese Erkenntnis änderte aber noch nichts an der Auswahl. Deshalb wurde kürzlich bei einem sehr umfangreichen gesonderten Gesamttreffen, dem ersten Wochenendtreffen aller Selbsthilfegruppen, das Thema «Verhältnis der Selbsthilfegruppe zum Gesamttreffen» ausführlicher im Hinblick darauf erörtert, was verbessert werden könnte.

Die Ergebnisse der Analysen waren: einige wenige Selbsthilfegruppen sind sich offensichtlich nicht ganz im klaren, was dort geschieht. Sie sind vielleicht immer noch der Meinung, dort werde im wesentlichen organisiert. Andere meinen, sie könnten zwar durch das Gesamttreffen Anstöße für die eigene Arbeit erhalten, doch böte das Alltagsleben Anstöße genug. Im übrigen hätten sie keine besonderen Konflikte. Wieder andere sind phasenweise so sehr von der Gruppenarbeit absorbiert, daß sie erst nach einiger Zeit wieder im Gesamttreffen erscheinen. So kam eine Gruppe wie erwähnt erst nach einem Jahr plötzlich wieder sehr rege ins Gesamttreffen, als andere bereits glaubten, sie habe sich längst aufgelöst. Der einfachste und wesentlichste Grund für Nichterscheinen aber ist darin zu sehen, daß nur wenige zu ihrer zweistündigen Selbsthilfegruppensitzung noch einmal zwei Stunden in der Woche für das Gesamttreffen erübrigen können. Immerhin ist sich die Mehrzahl der Selbsthilfegruppen der Vorteile des Gesamttreffens bewußt.

Was sollten wir tun? Die Gesamtdiskussion endete mit der Aufforderung, jeder, der das Gesamttreffen kenne, solle den anderen Mitgliedern ausführlicher und regelmäßiger darüber berichten. Das ist ein für Selbsthilfegruppen typischer und im übrigen sehr wirksamer Beschluß. Die Gesamtgemeinschaft der Mitglieder aller regionalen Selbsthilfegruppen, bei uns zur Zeit etwa siebzig Personen aus zehn Gruppen, stellen ein gegliedertes Ganzes dar, in dem der persönliche Kontakt gar nicht abreißen kann. Alles wird und kann ohne weiteres persönlich vermittelt werden. Zusätzlich aber wurde zur Verbesserung der Beziehung zwischen Selbsthilfegruppen und Gesamttreffen gefordert: Selbstdarstellungen und Selbsterforschungen müßten auf dem Gesamttreffen erheblich intensiviert werden, zum Beispiel in Form von Videoaufnahmen von Gruppensitzungen. Dadurch würde das Gesamttreffen attraktiver. Eine Selbsthilfegruppen-pinte sollte in einem Raum eingerichtet werden, damit vorher oder nachher auch Gelegenheit zu lockeren Gesprächen gegeben sei. Es wäre günstiger, wenn die Gruppen (was bei uns möglich wäre) an demselben Ort ihre Sitzungen abhielten. Ein Merkblatt sollte angefertigt werden, auf dem die Bedeutung und die Aufgaben des Gesamttreffens kurz erläutert werden. Ein Schwarzes Brett sollte als aktuelles Informationszentrum für alle zusätzlich zur persönlichen Vermittlung aufgestellt werden. Selbsthilfegruppen, die selten oder gar nicht erscheinen, sollten einmal zu einem besonderen Gesamttreffen aufgefordert werden – entweder um aus ihren gelungenen Gruppenvorgängen lernen zu können oder um die Konfliktlosigkeit zu problematisieren.

Das Auswahlproblem dürfte wohl bei jedem anderen Gesamttreffen auftreten. Es wäre ideal, wenn aus einer Gruppe jeweils drei Mitglieder kämen, diese aber von Zeit zu Zeit wechselten. Dann würde jeder einmal die Gruppe vertreten und das Gesamttreffen kennenlernen. In besonders schwierigen Lagen allerdings wäre es am besten, die ganze Gruppe erschiene geschlossen. Das allerdings sind Zielvorstellungen, die sich in der Praxis nur schwer verwirklichen lassen. Sie als Norm zu erlassen, widerspricht dem Grundprinzip der Selbstbestimmung und würde mehr schaden als nützen. So begnügen wir uns mit ein bis zwei Teilnehmern pro Gruppe, sind zufrieden, wenn wenigstens alle Gruppen vertreten sind, und hoffen, das Gesamttreffen werde auch ohne Werbung an Anziehungskraft gewinnen.

Sechs Aufgabenbereiche und ihre Schwierigkeiten

1. Aufgabenbereich: Wechselseitiger Erfahrungsaustausch

Der wechselseitige Erfahrungsaustausch findet in Form eines offenen Gespräches statt. In den vergangenen Jahren habe ich jeweils über einen längeren Zeitraum stichwortartige Protokolle des Gesamttreffens aufgenommen. Ich möchte daraus eine kleine Probe bringen. Eine Tonbandaufnahme wird von allen aus Diskretionsgründen abgelehnt. Das Gesamttreffen ist für die meisten viel offener nach außen als die Selbsthilfegruppe, in der sie sich durch die engere wechselseitige Bindung stärker aufeinander verlassen können.

Vor einiger Zeit haben wir zu Beginn des Erfahrungsaustausches ein sogenanntes «Gruppenblitzlicht» eingeführt: Jeder im Kreis sagt, was er in diesem Gesamttreffen vorbringen möchte. Das hilft zu verhindern, daß gelegentlich besonders durchsetzungsfähige und sprachgewandte Teilnehmer mit ihrer Gruppensituation sofort Gehör finden und ganz unbeabsichtigt wesentlichere, aber scheuer vertretene Gruppenprobleme in den Hintergrund drängen.

«Donnerstag, 16. 6. 1977. Da ich zu spät komme, sind die Außentüren bereits abgeschlossen. Das ist eine wirksame neue Regelung. Sie soll einem säumiges Verhalten ins Bewußtsein rücken. Man muß sich dann am Fenster bemerkbar machen. Dieses Provisorium anstelle einer Klingel paßt zur Wertschätzung direkter Beziehungen und zur Abscheu gegen unpersönliche Verfahren.

Wir sind heute insgesamt einundzwanzig Leute. Es sind drei Vertreter einer ganz neuen Selbsthilfegruppe erschienen, zwei junge Männer und eine junge Frau. Wie groß der Unterschied zu den Neuaufnahmen an einer Klinik ist, wird mir bei solchen Gelegenheiten fast schmerzlich bewußt. Hier sind die Neuen nicht nur unsere Leidensgenossen, sondern von Anfang an eher willkommene Gäste, die sich uns anschließen wollen, als jene eingeschleusten Fremden, die von der Bürokratie bereits distanzierten Patienten, von denen wir Ärzte zunächst einmal ein Bündel Papier durchzuarbeiten haben. Nicht nur die persönliche Beziehung zu den Ankömmlingen, sondern auch der institutionelle Rahmen macht diesen Unterschied der ersten Begegnung aus.

Die *Neuen* fragen – und wir wissen, daß es fast nur Neue tun –, ob es Regeln gäbe.

*Manfred**, schon länger dabei, erwähnt das Blitzlicht in der Selbsthilfegruppe. Es habe sich seines Erachtens bewährt: jeder sage gleich zu Anfang, wie er sich zur Zeit fühlt. Man könne das auch durchführen, wenn die Gruppe einmal ‹lahme›. Die Methode sei in SCHWÄBISCH/SIEMS besprochen.[6]

Eine Teilnehmerin, *Angela*, gewinnt einen anderen Eindruck: Warum denn überhaupt die Frage nach Regeln gestellt werde? ‹Dominiert denn jemand bei euch?› Die Neuen verneinen das.

Mark interessiert jetzt, inwieweit andere Gruppen die vorangegangene Sitzung überhaupt wieder aufgreifen: ‹Ich vermisse bei uns den roten Faden. Ich finde, wir sollten an die letzte Stunde anknüpfen und darauf aufbauen.›

Horst entgegnet: ‹Was willst du denn überhaupt? Es geht doch nicht darum, nun unbedingt etwas zu leisten, auch nicht darum, den roten Faden zu knüpfen. Ich finde das falsch.›

Dieter dazu: ‹Die Gruppe baut sich von selbst auf.›

* Namen geändert

Mark bleibt dabei: ‹Es wäre doch gut, wenn man das Blitzlicht am Anfang etwas verändern könnte. Jeder kann zum Beispiel sagen, wie er sich in bezug auf die letzte Sitzung fühlt, sozusagen im Rückblick. Aber schon das einfache Blitzlicht klappt bei uns nicht.›

Marina: ‹Als feste Regel, reihum geht das sowieso nicht. Bei starren Regeln fühlt unsere Gruppe sich unbehaglich. Da denkt man, es ist verlorene Zeit.›

Nana: ‹Bei uns ist das am Anfang anders. Wir machen kein Blitzlicht. Wir schweigen uns fast immer an. Oft eine halbe Stunde. Da kommen mir die Gedanken hoch. Das ist eine Art Meditation. Dann habe ich erst das Bedürfnis, zu sprechen. Das Schweigen ist mir angenehm. Mit dem Anfangsblitzlicht nimmt man sich was. Ich würde mich da viel zu sehr gezwungen fühlen.›

Dieter: ‹Das Blitzlicht ist eine akademische Sache. Jeder schmeißt dann seinen Sack Probleme hin, und dann hat man die Distanz in der Gruppe. Das Blitzlicht macht zuviel Struktur von außen.›

Manfred: ‹Finde ich an sich auch. Jeder sollte lieber unmittelbar sagen, was hier los ist. Aber das Problem für mich ist eben diese Unmittelbarkeit. Die kriege ich nicht hin. Deshalb finde ich das Blitzlicht ganz gut. Man müßte überlegen, ob es da eine bessere Möglichkeit gäbe. Wie könnte die Unmittelbarkeit denn gefördert werden?›

Schweigen

Peter: ‹Wir reden in unserer Gruppe zum Beispiel nicht über Vergangenheit. Wir sind nicht psychoanalytisch. Wir beachten mehr die Art der Beziehung in der Gruppe, mehr die Interaktionstechnik. Jede Darstellung von Problemen finde ich falsch. Bißchen Freundin, bißchen Eltern, bißchen Wohnung, bißchen Studium oder Arbeit – das ist doch bei jedem dasselbe.›

Angela: ‹Mir reicht die aktuelle Beziehung nicht. Ich bin froh, daß Probleme von vor zwei Jahren endlich mal zur Sprache kommen.›

Petra stimmt zu: ‹Die Gruppe selbst hat ja kaum Vergangenheit. Die Beziehungsebene ist zu wenig. Man hat doch draußen die Probleme.›

Jens: ‹Was ich in der Gruppe habe, habe ich auch draußen und umgekehrt.›

Manfred: ‹Es bildet sich in der Gruppe ab. Das Problem ist nur, wie man das in der Gruppe konkret entdeckt.›

Annette: ‹Aber ich kann doch in meiner Gruppe endlich einmal die Probleme äußern, die ich sonst nicht zu sagen wage.›

Angelika: ‹Übrigens, weil die Neuen ja gefragt hatten, ich glaube, eine neue Gruppe kann nicht sofort über die Beziehungen in der Gruppe sprechen. Bei uns war es dann doch hilfreicher, am Anfang über Probleme zu reden.›

Renate: ‹Das finde ich auch. Es ist erst mal leichter, über die eigenen Probleme zu reden, als die Beziehungen zu den Gruppenmitgliedern anzusprechen.›

Wolf: ‹Es geht doch letztlich um das Hier und Jetzt in der Gruppe. Das muß ja nicht immer durchgehalten werden. Aber als Ziel für die Entwicklung der Gruppe ist es drin – jedenfalls bei uns.›

Klaus: ‹Bei uns war es aber schon in der ersten Sitzung sehr hilfreich, als wir uns alle mit dem ersten Eindruck befaßten, den wir voneinander hatten. Es ging sofort.›

Marina: ‹Bei uns wäre das nicht gut. Wir wären sicherlich zu verletzt oder verängstigt gewesen.›

Manfred: ‹Es kann aber auch aktivieren.›»

Das Gesamttreffen ging also in diesem Gesprächsausschnitt von der Anfangssituation der Neuen aus. Unbemerkt mobilisierte dieses Thema ähnliche Anfangssituationen auch für die Erfahrenen, nämlich den Beginn jeder Gruppensitzung und den Beginn, ein neues, schwieriges Problem zur Sprache zu bringen. Jenseits des konkreten Inhaltes einer Selbsthilfegruppensitzung kommt im Gesamttreffen meist zur Sprache, wie die Gruppenmitglieder miteinander umgehen, wie sie sich verhalten. Der Erfahrungsaustausch geht also vor allem um das Wie, nicht so sehr um das Was. Es ist ein Austausch über die Gruppenselbstbehandlungstechnik.

So kam es hier beispielsweise zu Überlegungen, wo eigentlich die Kontinuität zwischen den Gruppensitzungen bleibe und ob man sie verbessern könne. Das Gesamttreffen schwankte dann zwischen Regeln und Nichtregeln: zwischen dem haltgebenden Blitzlicht einerseits und dem ganz strukturlosen, meditativen Schweigen andererseits. – Eine kleine Kontroverse entstand über die Frage, was im Zentrum stehen sollte: die Probleme draußen, die man sonst nirgends äußern könne, oder die Beziehung der Gruppenmitglieder untereinander.

Es werden keine Entscheidungen erzwungen oder Ratschläge produziert, an die sich alle halten sollten. Es bleibt ein offenes Gespräch, in dem jeder aus seiner Gruppe und in seiner Perspektive berichtet, was er für wesentlich hält.

Das offene Gespräch ist besser als alle Anleitungen. Hier können die Gruppenchancen wirklich ausgeschöpft werden. Man kann die Methode des unstrukturierten Erfahrungsaustausches als aussetzendes (exponierendes) Verfahren bezeichnen. Die Teilnehmer lernen voneinander, indem sie von sich berichten und von den anderen hören. Im Gesamttreffen wird also in der Regel mehr beobachtet und reflektiert als in den Selbsthilfegruppen, wo ja noch das spontane Verhalten, das Aussprechen und das unwillkürliche Inszenieren von Konflikten hinzukommt. Insofern ist das Gesamttreffen stärker an den Selbsthilfemöglichkeiten, am therapeutischen Ich orientiert. Es ist gleichsam der gesündere Ort. Es ist ein Spiegel für die Selbsthilfegruppen. Andererseits sind die Selbsthilfegruppen üblicherweise für die Teilnehmer spannender als das Gesamttreffen.

Vor einigen Jahren waren wir alle viel ängstlicher und vorsichtiger. Der direkte Erfahrungsaustausch im offenen Gespräch ist ein spätes Ergebnis, das sich erst nach zweieinhalb Jahren einstellte. Eine Forumskrise, deren Zeichen Unzufriedenheit, schleppender Verlauf und abnehmendes Interesse waren, führte im Oktober 1975 zu dem Umbruch. Davor war der Aufbau des Gesamttreffens sehr strukturiert und themenbezogen. Wir hatten eine ständige Tagesordnung. Sie begann mit der Ernennung eines Diskussionsleiters, der als erste Handlung eine Anwesenheitsliste herumreichte und danach die Neuen begrüßte. Es folgten die «akuten Probleme der Selbsthilfegruppen». Sie traten nur äußerst selten auf. Dann hatten wir uns nach aufgelisteten Vorschlägen der Teilnehmer zu jedem Gesamttreffen ein besonderes Diskussionsthema gesetzt. Sie klangen sehr interessant, zündeten jedoch deswegen nicht richtig, weil sie – wie jedes generelle Diskussionsthema – notgedrungen an der augenblicklichen konkreten Situation in den Selbsthilfegruppen vorbeigehen mußten. Wir hatten uns zum Beispiel folgende Themen vorgenommen: Mehrfache Gruppenmitgliedschaft – Offene oder geschlossene Gruppen? – Welche Erwartungen haben wir der Selbsthilfegruppe gegenüber? – Unbewußte Regeln und Normen der Selbsthilfegruppe – Sexualität in der Gruppe – Verschiedene Typen von Selbsthilfegruppen – Umgang mit psychotischen Krisen – Macht das Gesamttreffen Neue ungeeignet für Selbsthilfegruppen? – Typische Gruppenphasen – Haben die Experten außer wissenschaftlichem auch anderes Interesse an den Selbsthilfegruppen? – Suizidalität in der Gruppe – Das Verhältnis zwischen Gesamttreffen und Selbsthilfegruppen . . .

Seit wir uns zum offenen Erfahrungsaustausch entschlossen haben, ist das Gesamttreffen lebendiger und für einen größeren Teilnehmerkreis attraktiv geworden. Ein Gruppenmitglied, das neu hinzukam, bemerkte, das Gesamttreffen sei «interessanter, angstlösender und bindender» geworden. Natürlich kann es auch nur in einer solchen offenen Form der wechselseitigen Gruppensupervision dienen. Nach und nach werden alle genannten Themen im direkten Zusammenhang mit den Gruppenvorgängen, also nicht in abgehobener theoretischer Form, sondern erlebnisnah besprochen.

Einige Probleme des Erfahrungsaustausches habe ich schon angedeutet. Manche Selbsthilfegruppen *bleiben weg*. Liegt hier eine Selbstisolation vor mit sektiererischer Entwicklung und Schiefheilung? Oder handelt es sich um ein Zeichen für eine intensive autonome Arbeit? Das muß man zu erkunden versuchen. Es kann durchaus sein, daß eine ganze Gruppe jene Beziehungsstörung dem Gesamttreffen gegenüber ausdrückt, an der ja die meisten Mitglieder in der Selbsthilfegruppe leiden. Sobald wir das erkennen, versuchen wir von uns aus Kontakt aufzunehmen. Bisher war das Wegbleiben nie durch eine bedenkliche ernste Lage bedingt. Am stärksten hindert wohl die Angst vor einer «Veröffentlichung» persönlicher Probleme am Kommen.

Es kam ferner zu *Verständnisschwierigkeiten zwischen den Selbsthilfegruppen.* PAUL ANTZE hat auf die große Rolle der Bedeutungssysteme, der Ideologien bei Selbsthilfegruppen hingewiesen. Die Gruppen beziehen ihre therapeutische Kraft zum großen Teil aus dem Wirklichkeitskonzept, das sie entwerfen.[7] Sie unterscheiden sich darin nicht von den professionellen Psychotherapieschulen. Im Gesamttreffen kommt es auf den Grad der Unterschiede zwischen den Selbsthilfegruppen an. PAUL ANTZE wählte in seiner Arbeit stark voneinander abweichende Selbsthilfegruppenorganisationen (Anonyme Alkoholiker, Recovery Inc., Synanon). Wir scheiterten bei dem Versuch, ein gemeinsames Gesamttreffen für die Selbsthilfegruppen bei seelischen Konflikten und für die Selbsthilfegruppen bei Übergewichtigen einzurichten. Das hatte zahlreiche Gründe: die Dikken fühlten sich angesichts der vielen Dünnen beschämt, gehemmt und unbehaglich. Sie hatten ihren sehr spezifischen Schwerpunkt, der für andere wiederum zu einseitig war. Sie waren eher einfache Leute ohne größere Bildung und fühlten sich im Sprachraum der vielen Studenten fremd usw. Andererseits ist ein gemeinsames Gesamttreffen für die EA-Selbsthilfegruppen für seelische Gesundheit und unsere ohne das EA-Programm arbeitenden Gruppen wegen der Unterschiede ausgesprochen anregend.

Ein drittes Problem ergibt sich aus der erwähnten *Auswahl* der Leute, die ins Gesamttreffen gehen. Mangel an Zeit ist wie gesagt der einfachste und wichtigste Grund für diese Selektion. Aber es scheint auch eine *persönlichkeitsbedingte* Auswahl zu sein. Das wird deutlich, wenn man unter den Gesamttreffenteilnehmern die absolut regelmäßigen Aktiven betrachtet. Auf dem bereits erwähnten intensiven Wochenendtreffen wurden sie die «Obristen» genannt. Sie geraten gruppendynamisch gesehen schnell in

Rivalitätskämpfe untereinander, beziehen ihre Macht anderen gegenüber aus ihrem regelmäßigen Kommen und sind routinierter, was die Vorgänge im Gesamttreffen betrifft. Klaus, ein siebzigjähriger Teilnehmer des Gesamttreffens, schrieb mir einmal von einem «grotesk-pervertierten Zerrbild des Gesamttreffens» in der Sommerurlaubszeit, in der «primitive Hühnerhof-Hackordnungs-Wettkämpfe» betrieben würden und «von sachlicher Arbeit und Erfahrungsaustausch keine Spur mehr» sei. «Alles nur Vorwand für gegenseitige Beleidigungen im Deckmantel ehrlicher Mitteilungen der eigenen Empfindungen wie ‹Du stinkst mir› und ‹Hör doch auf mit dem Schwachsinn›.» Nun ist dieses älteste Mitglied ausgesprochen begabt für die Hervorhebung finsterer, aggressiver Vorgänge, denen er sich allzu gern aussetzt. Dennoch ist in einem Gesamttreffen natürlich auch mit solchen Machtkämpfen zu rechnen. Wenn Experten am Gesamttreffen teilnehmen, können diese Rivalitäten natürlich besonders bei jüngeren Menschen einen verschobenen Autoritätskonflikt wiedergeben. Die größte Gefahr liegt dann nicht so sehr im Schlagabtausch der Mitglieder, der sich nach einiger Zeit ohnehin von selbst auflöst. Viel wesentlicher ist die stille Verwandlung des Gesamttreffens in eine parallel laufende *Nebenselbsthilfegruppe*, in der die Beziehungsprobleme der Teilnehmer untereinander behandelt werden und der Erfahrungsaustausch der Gruppen versiegt. Das aber kann nur dann geschehen, wenn die Aufgabe des Erfahrungsaustausches nicht klar begriffen ist. Wir erinnern in einem solchen Falle dann an die Zielsetzung dieses Treffens, das sich eben nicht den persönlichen Konflikten der Teilnehmer miteinander, sondern den Problemen widmet, die eine Gruppe als Ganzes hat. Natürlich müssen Rivalitäten und Unstimmigkeiten im Gesamttreffen bis zu einem gewissen Grade auch ausgetragen und geklärt werden.

Der 70jährige Klaus berichtete mir brieflich noch ein weiteres Problem: «Versucht jemand tatsächlich, Schwierigkeiten einer Gruppe mit Hilfe des Gesamttreffens zu klären, wird er von anderen Mitgliedern seiner Gruppe der Indiskretion geziehen und mit dem paradoxen Vorwurf bedacht, er wolle seine Gruppe bei dem Gesamttreffen ‹denunzieren›.» In einem solchen Falle muß zweierlei beachtet werden: das Verhältnis der ganzen Gruppe zum Gesamttreffen und das Verhältnis der Gruppe zu denjenigen, die ins Gesamttreffen gehen. Ist zum Beispiel die Beziehung zwischen der Gruppe und einem Mitglied spannungsgeladen, was in gewissen Phasen der Konfliktverarbeitung sehr heftig werden kann, dann reagiert die Gruppe auf gelegentliche Berichte ausgerechnet dieses «Vertreters» im Gesamttreffen sicher empfindlich. Umgekehrt kann aber im Gesamttreffen auch eine ganz andere Situation entstehen, nämlich eine Konkurrenz um die Frage, wessen Gruppe nun die bessere ist. Die Mitglieder seien stolz auf ihre Selbsthilfegruppe, hieß es einmal. Ein anderer sagt, man sei gezwungen, die Gruppe auf dem Gesamttreffen möglichst gut zu verkaufen. Solche Situationen können im Gesamttreffen meist ohne große Schwierigkeiten zur Sprache gebracht werden. Die anderen spüren sie in der Regel schnell heraus.

Die folgenden vier Aufgabenbereiche werde ich nur kurz skizzieren, um mich dann zuletzt der Zusammenarbeit mit den Experten ausführlicher widmen zu können.

2. Aufgabenbereich: Empfang der Neuen

Das Gesamttreffen ist wie erwähnt der gegebene Kontaktort für die Neuen. Nach DIETER STÜBINGERs Untersuchungen bei den EA-Gruppen in der Bundesrepublik kommen Dreiviertel der Neuen aufgrund persönlicher Kommunikation zu den Selbsthilfegruppen[8]: dreiundzwanzig Prozent haben durch Freunde, vierundzwanzig Prozent durch weitere Bekannte, siebenundzwanzig Prozent durch den Arzt von Selbsthilfegruppen erfahren. Sieben Prozent sind durch einen Aushang, acht Prozent durch Zeitschriftenartikel aufmerksam geworden. Die Prozentsätze mögen sich von Region zu Region verschieben. Sie hängen zum Beispiel davon ab, wie sich das Gesamttreffen selbst nach außen wendet. Bei uns sind die Übergewichtsgruppen und die Paarselbsthilfegruppen durch Zeitungsinterviews ins Leben gerufen worden. Die Psychosomatische Poliklinik weist auf die Selbsthilfegruppen hin. Halbjährlich werden in einer einmaligen Aktion viertausend Handzettel in Gießen verteilt, deren Druckkosten sehr gering sind und durch Spenden der Interessierten beglichen werden. Nur für diesen Aufruf wird ein eigener Informationsabend eingerichtet. Üblicherweise kommen im Durchschnitt pro Woche ein bis maximal fünf Neue.

Unser Vorgehen habe ich schon kurz beschrieben. Nach der Begrüßung führt ein erfahrenes Selbsthilfegruppenmitglied mit den Neuen ein Gespräch – in einem Extraraum und parallel zum Gesamttreffen. Der Überblick über die bestehenden Gruppen und das Vorgehen bei der Neugründung einer Gruppe sind wichtige Themen. Auch unsere Informationsblätter werden ausgeteilt. Jeder kann zum Selbstkostenpreis Arbeiten über Selbsthilfegruppen erwerben, die ihn interessieren. Wir planen Videoaufnahmen von Gruppensitzungen, die sich Neue ansehen können, damit sie einen ersten Eindruck haben. Die Neuen wenden sich dann selbst an die Selbsthilfegruppen, die noch Mitglieder aufnehmen möchten. Manche aber gehen erst ein paarmal ins Gesamttreffen, bevor sie weitere Schritte unternehmen. So wird das Gesamttreffen auch zu einer Art Schleuse für die Neuen.

Das Hauptproblem liegt wohl darin, daß die Neuen *nicht sofort eine Selbsthilfegruppensitzung erleben* und sich nicht im Augenblick ihres Entschlusses durch eine konkrete Erfahrung bereichert und gebunden fühlen.

Seltener gibt es auch «*Gesamtgänger*». Das sind diejenigen, die nur ins Gesamttreffen gehen, nicht aber in die Selbsthilfegruppe. Zu ihnen gehörte lange unser altes Mitglied KLAUS. Er schreibt: «Ich möchte nur deshalb nicht auf das Gesamttreffen verzichten, weil dort kostenlos ein Psychoanalytiker konsultiert werden kann – ansonsten ist mein persönlicher Gruppenbedarf durch das Gesamttreffen selbst schon weitgehend gedeckt, so daß ich in Ruhe abwarten kann, welche weiteren Möglichkeiten sich mit der Zeit ergeben.» Er hat recht, wenn er hinzufügt: «Ins Gesamttreffen darf jeder kommen. Damit ist nicht die Auflage verbunden, eine Gruppe zu haben oder von einer Gruppe ‹gehabt zu werden›.»

Inzwischen hat er einen gleichaltrigen Genossen und auch eine eigene Gruppe gefunden. Mit der letzten Formulierung allerdings setzte er eine Spitze gegen eine spezielle Gruppe, die sofort um seinen Eintritt warb. Von ihr könne man, meint KLAUS, nur «gehabt werden». Das wäre nichts für ihn. Es bleibt hier offen, ob Ängste, verschluckt zu werden, oder ein tatsächlich verschlingendes Verhalten einer Gruppe hier im Vordergrund stehen. Jedenfalls stellt sich hier das Problem, wie Neue und Selbsthilfegruppen dann jenseits des Gesamttreffens miteinander zu Rande kommen.

3. Aufgabenbereich: Identitätsarbeit, Selbstorganisation und überregionaler Zusammenschluß

Die Identitätsarbeit resultiert aus allen anderen Aufgabenbereichen. Die Selbstorganisation hat natürlich ebenfalls auf die vielfältigen Funktionen Rücksicht zu nehmen.

Am sichtbarsten werden diese beiden Tätigkeiten bei der Planung von besonderen Treffen, bei Notwendigkeiten, in irgendeiner Form mit Behörden zu verhandeln oder an die Öffentlichkeit zu treten.

So ist es schon eine Frage, wie zum Beispiel ein intensives Wochenendtreffen ablaufen soll, welche Themen vorzuschlagen sind und wer das Ganze entwirft. Eine eigene Vorbereitungsgruppe widmete sich dieser Aufgabe. Es ist vielleicht nicht nur anekdotisch, sondern bezeichnend für die Identität der Gießener Gruppe, wie sich der Anfang dieses Wochenendes gestaltete: Wir begannen mit einem großen gemeinsamen Frühstück von etwa anderthalb Stunden Dauer. Hier wurde nichts stereotyp aufgetischt. Vielmehr hatte jeder für sein Frühstück selbst zu sorgen. Er konnte allein mit Brot, Honig und einer Thermoskanne Kaffee kommen oder sich mit anderen zusammentun und in einer Küche am Ort wirtschaften. Auf diese Weise lernten sich alle auf eine persönliche und im Vergleich zum Gesamttreffen auf eine neue Weise näher kennen. Erst danach war eine Gesamt-versammlung und eine anschließende Kleingruppenarbeit vor-gesehen mit dem Ziel, das Wochenende thematisch und zeitlich zu gestalten. In dieser Selbstbestimmungssitzung entstand nun unmittelbar den Bedürfnissen der Teilnehmer entsprechend eine situationsgerechte und lebendige Wochenendplanung.

Unsere Gruppen haben trotz Abneigung gegen alle Institutio-nalisierung eine «Gießener Arbeitsgemeinschaft Selbsthilfe-gruppen e. V.» gegründet, um in diesem behördenfähigen Kleid mit offiziellen Stellen besser verhandeln zu können. Hier ging es im wesentlichen um Räume. Der eingetragene Verein wäre aber auch hilfreich, wenn sich die Selbsthilfegruppenarbeit auf alte Menschen, auf Arbeiter oder auf Sträflinge ausdehnt und mit weiteren Institutionen gesprochen werden muß.

Wenn die eigene Selbsthilfeorganisation einigermaßen gedie-hen ist, kommt es schnell zu dem Wunsch nach Austausch mit anderen Selbsthilfegruppenorganisationen. Man kann hier die integrierende Tendenz, die schon vom Individuum zur Selbsthil-fegruppe und von der Selbsthilfegruppe zum Gesamttreffen führte, fortwirken sehen. Auf diese Weise entsteht ein überre-gionaler Zusammenschluß. Das Gießener Gesamttreffen steht zum Beispiel mit Bremen, Frankfurt, Göttingen, Mainz und Saarbrücken in engerer Verbindung. Inzwischen hat sich wie erwähnt, die «Deutsche Arbeitsgemeinschaft Selbsthilfegrup-pen» gebildet, die im wesentlichen eine laufende Information für alle Interessierten besorgt. Eine Adressenliste aller Einzelperso-nen und eine Aufstellung der Selbsthilfegruppen sowie eine lau-fende Publikationsliste machen ihren Hauptwert aus. Wir er-warten, daß sich weitere lokale Selbsthilfegruppenarbeitsge-meinschaften bilden.

Zwei überregionale Treffen finden jährlich im Rahmen der von uns ins Leben gerufenen *Ständigen Arbeitsgruppe «Selbst-hilfegruppen»* der Deutschen Gesellschaft für Soziale Psychiatrie statt: auf dem Jahrestreffen dieser Gesellschaft und auf dem Treffen des Mannheimer Kreises. So bleiben wir nicht isoliert bei uns selbst, sondern eingegliedert in einen größeren Zusammenhang. Zur Zeit ist diese Verbindung mit der Deutschen Gesellschaft für Soziale Psychiatrie wohl die angemessenste.

Das Hauptproblem für die Selbstorganisation ist der schon einmal erwähnte *Innensog der Selbsthilfegruppen*, der jede Wendung nach außen erschwert. Die Gruppen arbeiten an ihren Konflikten. Das läßt manchmal wenig Motivation für Außenbeziehungen übrig. Doch muß in diesem Zusammenhang noch ein weiterer wesentlicher psychodynamischer und gruppendynamischer Vorgang beachtet werden: Konfliktarbeit heißt im wesentlichen Begegnung mit dem eigenen negativen Selbst. Es werden archaische Abwehrformen mobilisiert. Zu ihnen gehört zum Beispiel auch die *Projektion* von sich auf andere. Für eine Gruppe entfernt sich die Außenwelt im gleichen Maße, wie sich die Gruppenmitglieder selbst im Laufe der Arbeit zusammenschließen. Nach einiger Zeit löst sich diese Konstellation zwar wieder auf. Doch gibt es Phasen, in denen auf die distanzierte Außenwelt jene konflikthaften, ängstigenden und negativen Anteile projiziert werden, mit denen man selbst noch nicht zu Rande kommt. Nach und nach werden diese Projektionen wieder rückgängig gemacht. Doch gibt es eine leichte Tendenz zur Feindbildentwicklung, die man als ein «Fremdeln» der Gruppe bezeichnen kann. In diesem üblichen Durchgangsstadium, das von Gruppe zu Gruppe variiert, kann die negative Eltern-Kind-Beziehung, die den seelischen Konflikt ausmacht, sich im Verhältnis der Gruppe (Kind) zur Außenwelt (Elternfigur) wiederholen. Dann ist an eine positive Außenwendung nicht zu denken. Sehr selten und im allerschlimmsten Falle – besonders dann, wenn die Arbeit an sich selbst als das Ziel abhanden kommt – kann es zu einer paranoiden Kampfsituation kommen, die von sektenartigen Bildungen unterschiedlich ausgetragen wird. Doch sind diese gefährlichen Entwicklungen im Rahmen der Gruppenselbstbehandlung allein deswegen nicht zu erwarten, weil das Hauptziel die Behebung des eigenen inneren Leidens bleibt. Bei psychologisch-therapeutischen Selbsthilfegruppen ist dann nur eine starke Innenwendung und eine Lustlosigkeit zu verzeichnen, Beziehungen nach außen aufzunehmen. Doch meine ich zu beobachten, daß bei längerer Selbsthilfegruppenarbeit die Außenbeziehungen wieder attraktiv werden. Dann entsteht der Wunsch, andere, die ähnlich arbeiten, kennenzulernen.

4. Aufgabenbereich: Alltägliche gemeinsame Aufgaben

Die alltäglichen Aufgaben von gemeinsamem Interesse werden in der Regel von der Arbeitsgruppe erledigt, die sich nach dem Erfahrungsaustausch trifft. Hierzu gehört der Entwurf von Plakaten, das Besorgen von Mobiliar, die Einteilung der Gruppen, die Verantwortung für Geräte wie zum Beispiel unsere Abspielanlage für Tonbandprotokolle von Gruppensitzungen. Der Sprecher der Arbeitsgruppe vertritt die Gießener Gruppen nach außen. Über ihn laufen alle Kontakte, seien es nun interessierte Journalisten oder die Vermieter unserer Räume.

Das Hauptproblem ist hier die *Arbeitsunlust.* Es gibt meist nur ein paar Teilnehmer, die sich verantwortlich fühlen und diese gruppenübergreifenden Aufgaben übernehmen. Bisher war das jedoch noch kein ernsthaftes Problem.

Es treten aber auch Schwierigkeiten bei der Arbeit selbst auf. Dazu noch einmal ein Briefzitat von KLAUS: «Man kann sich vorstellen, wie mir als einem Journalisten zumute sein mußte, als ich passiver Zeuge davon wurde, wie unsere Teilnehmer sich mehrere Sitzungen und Sondersitzungen lang kollektiv bemühten, einen ‹authentischen› Schrieb über die Selbsthilfegruppen für ein im Buchhandel nicht erhältliches Druckerzeugnis zustande zu bringen. Da gab es kein einziges von jemand vorgeschlagenes Wort, gegen das nicht mindestens einer von den anderen protestiert hätte. Ich konnte nur empfehlen, einfach die schon vorhandenen Zeitungsberichte abzuschreiben, denn besser als die bekämen sie das unmöglich hin. Ich habe später etwas für den Fall verfaßt, daß einmal kurzfristig etwas Pressetaugliches gebraucht werden sollte. ‹Hast du das allein gemacht?› wurde ich dann gefragt, und ich antwortete: ‹So was kann man *nur* allein machen.›» Ähnlich mühselige Entscheidungsprozesse treten auch jenseits schriftlicher Formulierungen auf. Doch bildet sich auch hier mit der Zeit ein Erfahrungswissen, das die Älteren denjenigen vermitteln, die erstmalig mitwirken.

5. Aufgabenbereich: Ideenentwicklung

Oft kommen neue Ideen schon im Erfahrungsaustausch auf. In der Regel werden sie aber erst danach ausführlicher behandelt und bei einem späteren Gesamttreffen von allen erörtert. Sie betreffen beispielsweise neue Entwicklungen der therapeutischen Technik. So hatte eine Gruppe mit sehr großem Erfolg vierzehn Tage Urlaub in einem eigens gemieteten Ferienhaus verbracht und dabei natürlich auch Sitzungen abgehalten. Eine geschlossene Gruppe empfahl anderen vor Beendigung der Gruppenselbstbehandlung ein intensives Wochenende, auf dem das Für und Wider des Gruppenabschlusses erwogen werden könnte. Es sind auch Tandemsitzungen vorgeschlagen worden, in denen zwei Gruppen sich auf einer verlängerten Sitzung nacheinander wechselseitig beim Gruppengespräch beobachten.[9] Das Sponsorsystem sollte eingeführt werden: Hier widmet sich ein Gruppenmitglied einem anderen, das in einer Krise ist, auch außerhalb der üblichen Sitzungszeiten, wie es JUTTA von der älteren, mütterlichen Teilnehmerin in der AA-Gruppe berichtete. Seit kurzer Zeit wird die sogenannte Ko-Beratung (*cocounseling*) erprobt. Hier beraten sich zwei Mitglieder wechselseitig.

Die Ideenentwicklung geht aber über die therapeutischen Techniken hinaus. Sie bezieht sich auch auf die Selbsterforschung. So wird bei uns verstärkt gefordert, daß Gruppen sich über Videobänder selbst erforschen sollten, um einen besseren Einblick in ihr Verhalten zu gewinnen. Test-Untersuchungen gehören dazu. Schließlich betreffen Ideenentwicklungen auch gemeinsame Untersuchungen und Pläne. Das erwähnte Wochenende war eine solche Idee. Gemeinsame Feste oder die Einrichtung einer Selbsthilfegruppenkneipe stammen ebenfalls aus diesem Aufgabenbereich.

Das Hauptproblem bei der Ideenentwicklung ist das *Ausbleiben ihrer Realisierung*. Das hängt zum Teil mit der Arbeitsunlust zusammen, weil auch für die Verwirklichung schöner Ideen meist eine ganze Reihe banaler Aufgaben durchzuführen sind.

6. Aufgabenbereich: Zusammenarbeit mit den Experten

Ein Gesamttreffen ist auf Experten nicht angewiesen. Doch liegt seine große sozialpolitische Bedeutung nicht zuletzt in der Zusammenarbeit mit Fachleuten aus allen Bereichen der Humanwissenschaften, besonders natürlich aus therapie-orientierten Disziplinen. Es spricht vieles dafür, daß der Verbund von Selbsthilfegruppen mit der professionellen Versorgung sich für die Medizin als außerordentlich fruchtbar erweisen kann. Warum? Weil hier alle Vorteile der Gruppenselbstbehandlung (wie Selbstbestimmung, Aktivität, Solidarität, Authentizität, Einfachheit, Kostenlosigkeit u. v. a.) mit allen Vorzügen der hochentwickelten Wissenschaft vom Menschen vor allem auf therapeutischen und sozialpsychologischen Gebieten wirksam verschmolzen werden können. Es wäre Ausdruck eines unbewußten Widerstandes entsprechend der weiter unten skizzierten «Nullbeziehung» zwischen Selbsthilfegruppenteilnehmern und Experten, wenn sich langfristig aufgrund gegenseitiger Abstoßung isolierte parallele Entwicklungen von Gruppenselbsthilfe und professioneller Behandlung ergäben und damit die enormen Chancen eines wechselseitigen Lernens voneinander verlorengingen. In einem Verbund aber könnte sich die professionelle Medizin und Versorgung das Ziel setzen, die Fähigkeit zur Gruppenselbstbehandlung, wo immer sie anwendbar ist, zu steigern. Damit könnte das in den Händen weniger Spezialisten gesammelte Wissen zurückfließen und eine viel breitere Wirkung entfalten. In der Tätigkeit einer vergleichsweise geringen Zahl ausgebildeter Fachleute kommt die wissenschaftliche Erfahrung viel zuwenig zum Zuge. Sie liegt weithin brach. Die Wissenschaft selbst könnte eine breite Entfaltung ihrer Potenzen einleiten, wenn sie die zentralisierte Erfahrung nutzbar machte und in viele Hände übergehen ließe. Daraus ergäbe sich ein Prozeß der wissenschaftlichen Selbstaktivierung im Kontrast zur heute üblichen Ablagerung und Anhäufung in Sprachformen, die nur die Spezialkräfte selbst verstehen.

Die Vorteile sind also wechselseitig. Anders wäre der Verbund auch nicht lebensfähig. Die Hauptachse dieses Verbundes wäre das Gesamttreffen.

Zwölf Beiträge der Fachleute zur Gruppenselbstbehandlung

Wie können Experten nun mitwirken? Die vielfältigen Beiträge der Fachleute zur Verbesserung der inneren und äußeren Bedingungen von Selbsthilfegruppen stelle ich im folgenden kurz zusammen.

1. *Die Anregung zur Gruppenbildung.* Durch eine solche Aktivität entstanden die Selbsthilfegruppen in Gießen 1973. Später bildeten sich auch Übergewicht- und Paarselbsthilfegruppen aufgrund eines Experteninterviews in einer lokalen Zeitung. Die Anregung haben wir «Gruppen-Stiften» genannt. Sie ist klar vom Gruppen-Gründen zu unterscheiden, weil hier der Fremdeinfluß des Experten viel stärker ist. Bei der Anregung handelt es sich nicht um eine steuernde, sondern um eine katalysatorische Funktion des Experten. Das Gesamttreffen entwickelt sich meist aus diesem Stiftungsprozeß.

2. Die *Gruppenselbsthilfeberatung.* Sie findet am günstigsten im Gesamttreffen statt. Es ist übrigens etwas genauer von Gruppenselbsthilfeberatung und nicht von Selbsthilfegruppenberatung zu sprechen, weil die Beratung sich vor allem auf die Methode der Gruppenselbstbehandlung oder der Gruppenselbsthilfe und nicht so sehr auf die einzelnen konkreten Selbsthilfegruppen bezieht. Voraussetzung für eine solche Beratung ist eine neue, gleichgestellte Beziehung zwischen Berater und Selbsthilfegruppenmitgliedern. Die traditionelle asymmetrische Arzt-Patient- oder Experten-Klient-Beziehung ist hier fehl am Platze. Der Berater sieht sich selbstverantwortlichen und selbständigen Erwachsenen gegenüber. Sie sind Ko-Therapeuten, nicht Patienten. In der Praxis ist diese gleichgestellte Beziehung durch unbewußte Widerstände auf beiden Seiten ständig gefährdet.

3. Die *Beratung zur Gruppenselbsterforschung* oder andere *wissenschaftliche Untersuchungen*, die der Experte im Einverständnis mit den Selbsthilfegruppen allein durchführt. Auch hierfür bietet sich das Gesamttreffen als Gesprächsort an.

4. Der Beitrag zur *Konzeptbildung*, zum besseren *Selbstverständnis* und zur *Verbreitung der Selbsthilfegruppenbewegung* durch wissenschaftliche Arbeiten, wie Vorträge, Artikel und Bücher. Das Gesamttreffen versieht hier zwei Funktionen: es ist einerseits eine Stelle zur Verbreitung der Literatur, andererseits für den Experten der gegebene Ort, Erfahrungen über Selbsthilfegruppenvorgänge zu sammeln.

5. *Bekanntmachen der Selbsthilfegruppenarbeit.* Interessierte Personen, Patienten und Klienten in Medizin, Sozialarbeit und im Therapiebereich der Psychologie können von Experten auf die Selbsthilfegruppen hingewiesen werden. Von ärztlicher Überweisung kann man nicht sprechen, da es nicht um eine ärztliche Anordnung geht, sondern um einen eigenen Entschluß des Kranken. In Selbsthilfegruppen ist er nicht mehr Patient. Zur Selbsthilfeorganisation der Recovery Inc. (seelische Konflikte) kommt die Hälfte aller Teilnehmer über den Arzt.[10] Bei den deutschen EA-Gruppen waren es 27 Prozent. Unsere Poliklinik macht Patienten laufend aufmerksam auf Selbsthilfegruppen. Die Kontaktstelle ist das Gesamttreffen.

6. Die Überleitung von Patienten nach ambulanter oder stationärer psychiatrischer und psychotherapeutischer Behandlung bzw. Gruppentherapie in eine *Nachfolge-Selbsthilfegruppe*. Bei uns in Gießen sind alle Formen mit gutem Erfolg realisiert. Sie können sich zu einem eigenen Gesamttreffen entschließen.

7. Professionell zur Verfügung gestellte *Organisatoren.* Das sind bei großen Selbsthilfegruppenorganisationen Bürokräfte oder Verwalter. Bei uns versieht zum Beispiel ein Zividienstler, in der Regel mit Abschluß eines selbsthilfegruppennahen Studiums (Medizin, Psychologie, Sozialarbeit, Soziologie, Pädagogik), einige organisatorische Funktionen.

8. *Angebot eines institutionellen Rahmens*, etwa bei Selbsthilfegruppen von Dialysekranken oder bei allen Kranken, die sehr

stark auf laufende medizinische Behandlung angewiesen bleiben, wie Krebskrankenselbsthilfe. Doch auch im Rahmen nichtmedizinischer Einrichtungen ist diese Unterstützung hilfreich, zum Beispiel bei Alten, Behinderten oder Strafgefangenen. Hier ist ganz entscheidend, daß die Selbstverantwortung der Betroffenen, ihre Autonomie, in keiner Weise beschränkt wird. In der Regel wird das zu wenig beachtet.

9. Die *Ausbildung oder Vermittlung der Kompetenz*, zur Bildung von Selbsthilfegruppen anzuregen und Selbsthilfegruppen beratend zu begleiten. Das kann in Seminaren von *Experten zu Experten* geschehen, wie zum Beispiel bei uns auf den Lindauer Psychotherapiewochen, auf dem Dortmunder Fürsorgetag 1976, auf dem Mannheimer Kreis-Treffen oder durch zahlreiche Arbeitssitzungen und Vorträge in psychiatrischen oder psychotherapeutischen Institutionen. In den Vereinigten Staaten bilden im Mental Health-Programm des Queens College in New York professionelle Experten, die mit der Selbsthilfegruppenarbeit vertraut sind, inzwischen Laien für die Initiierung autonomer Selbsthilfegruppen aus.[11]

10. Die *Entwicklung und Vermittlung spezieller therapeutischer Techniken*, die für Selbsthilfegruppenarbeit geeignet sind. So sprechen wir im Gesamttreffen über die Vorteile und Nachteile von programmierten im Gegensatz zu weniger strukturierten Gruppen. Das erwähnte Blitzlicht und die Tandembegegnungen stammen aus dem gruppendynamischen Repertoire. Das Phänomen von Abwehr, Widerstand und Übertragung und die Umgangsformen mit diesen unbewußten seelischen Vorgängen werden zum Beispiel auch bei uns wegen meiner Zugehörigkeit zur Psychoanalyse häufiger erörtert. Lerntheoretisch orientierte Experten wie Jörg Fengler werden Selbstkontrollmöglichkeiten in den Vordergrund rücken. Thomas J. Scheff[12] bietet das sogenannte *reevaluation counseling* an, zu dem auch die wechselseitige Beratung zweier Personen gehört.

11. Experten können *Programme* für Selbsthilfegruppen entweder vollständig vorgeben, wobei allerdings der autonome Charakter der Gruppenselbstbehandlung sehr geschwächt wird,

oder gemeinsam mit Selbsthilfegruppen Programme entwickeln. So hat zum Beispiel O. HOBERT MOWERER für seine «Identitätsgruppen» ein sehr detailliertes Regelsystem (unter anderem zehn Gebote) erstellt.[13] Die Selbstkontrollgruppen folgen ganz ausgefeilten Programmen, und die Recovery Inc. ist ebenfalls durch ihren Gründer A. A. LOW[14] weitgehend gesteuert. Die Entwicklung eines Programms, die von Selbsthilfegruppenteilnehmern und Experten gemeinsam getragen wird, wäre dem Prinzip der Gruppenselbsthilfe angemessener. Letztlich hat sich auf diese Weise bei uns ein Programm der Programmlosigkeit ergeben, das die Selbsthilfegruppen bisher gegenüber allen detaillierteren Anleitungen vorziehen.

12. Schließlich gibt es noch einen wichtigen Expertenbeitrag zur Verbreitung der Selbsthilfegruppenbewegung: die *Selbstanwendung* in oder außerhalb eines Ausbildungsganges für psychosoziale Berufe. Die Psychoanalytiker-Selbsthilfegruppe in Chicago ist ein Beispiel dafür, die Selbsthilfegruppe im Rahmen der Krankenschwesternausbildung an einer New Yorker Klinik ein anderes. In der Sozialarbeit wird die Übernahme von Selbsthilfegruppen in die Ausbildungsgänge (zum Beispiel in Frankfurt) erwogen.

ALAN GARTNER und FRANK RIESSMAN nennen noch einen weiteren Beitrag, der meines Erachtens nicht die Selbsthilfegruppen betrifft: die Ausbildung von Laien in einer therapeutenzentrierten Selbsterfahrungsgruppe, die dann später multiplikatorisch selbst als Gruppenleiter fungieren können.[15] Hier geht es um eine Laientherapie, der eine traditionelle Arzt-Patient-Beziehung zugrunde liegt, nicht um eine Gruppenselbstbehandlung.

Konzertierte therapeutische Aktion

Bei einer Diskussion nach einem Vortrag über Selbsthilfegruppen im Bremer Krankenhaus Ost wurden die beiden folgenden Fragen gestellt: Welche Experten sind für das Gesamttreffen geeignet? und: Ist bei dem Gesamttreffen eine Mischung der Experten (Ärzte, Psychologen, Sozialarbeiter, Krankenschwestern u. a.) von Vorteil, oder sollte eher nur ein Experte bzw. eine homogene Gruppe (von Schwestern, Ärzten, Sozialarbeitern usw.) daran teilnehmen? Die Antwort ist zunächst einfach: Es können alle mitwirken, die Interesse an der Selbsthilfegruppenentwicklung haben und von den Selbsthilfegruppen als hilfreich angesehen werden. Das sind natürlich nicht nur Psychotherapeuten und Psychiater. Wir streben zum Beispiel in einem umfangreichen Projekt auch eine Ausbildung für Soziologen an [16], in der Selbsthilfegruppen von Anfang an integriert sind. Die Soziologen könnten später mit allen Formen von Selbsthilfegruppen zusammenarbeiten. Es könnten auch nicht nur Sozialarbeiter, Ärzte aller Richtungen, Krankenschwestern und Pflegepersonal, sondern ebenso Pädagogen, Gruppendynamiker, Sozialpsychologen, Erziehungsberater und viele andere mehr zur Selbsthilfegruppenentwicklung erheblich beitragen. Von der Beteiligung unterschiedlicher Experten scheint ein Gesamttreffen ganz besonders zu gewinnen. Wir selbst haben günstige Erfahrungen mit den beiden recht unterschiedlichen Fachrichtungen Psychoanalytische Medizin und Soziologie gemacht. Das Gesamttreffen stellt dann mit Selbsthilfegruppenteilnehmern und Fachleuten verschiedenster Herkunft eine konzertierte therapeutische Aktion dar. Sie führt eine gleichzeitig multiprofessionelle wie selbstbestimmte soziale Therapie durch. [17] Die zweite Bremer Frage bezieht sich sicherlich auf die Spannungen und das unterschiedliche Prestige zwischen diesen Berufsgruppen. Diese Gefahr ist im Gesamttreffen deswegen nicht so groß, weil es hier nicht um eine traditionelle Versorgung mit dem entsprechenden Beziehungsgefälle geht, sondern um ein gleichgestelltes Arbeitsbündnis. Die gemischte Mitwirkung im Gesamttreffen wäre die wahrscheinlich angemessenste Lösung, da die in Spezialitäten zersplitterten Experten unter der Führung der Selbsthilfegruppenteilnehmer, oder besser ihrer therapeutischen Bedürfnisse, auf diese Weise den sinnvollsten und komplexesten Beitrag zur Gruppenselbstbehandlung leisten können.

Gruppenselbsthilfeberatung und das neue Arbeitsbündnis zwischen Experten und Selbsthilfegruppenteilnehmern

Verderben nun die vielen Köche den Brei? Diese Frage ist falsch gestellt. Die Fachleute haben nicht die Köche zu sein. Wenn es einen Koch gibt, dann ist es die Gemeinschaft der Selbsthilfegruppenteilnehmer im Gesamttreffen.

Damit kommen wir auf den entscheidenden Unterschied zur traditionellen, ungleichgewichtigen Beziehung zwischen Therapeuten und Patienten: die Experten sind hier Gruppenselbsthilfeberater auf dem Hintergrund ihrer jeweiligen Berufsausbildung. Als Gruppenselbsthilfeberater sind sie den Teilnehmern gleichgestellt. Die Selbsthilfegruppenteilnehmer kommen zum Gesamttreffen in ihrer Funktion als Therapeuten, die sich selbst behandeln und miteinander Erfahrungen austauschen. Sie sind «erwachsene», selbstverantwortliche, zu eigenen Entscheidungen gewillte Personen. Es ist beinahe grotesk, diese Selbstverständlichkeit immer wieder betonen zu müssen. Doch wollen die unbewußten Kräfte bei Experten immer wieder ein Gefälle zu einem Schützling herstellen.[18] Das gilt umgekehrt aber auch für Teilnehmer. Sie begeben sich schnell in die Patientenrolle und sehen sich damit als Hilfsbedürftige an. Zwischen Selbsthilfegruppenteilnehmern und Gruppenselbsthilfeberatern ist die symmetrische Beziehung unabdingbar. *Die Autonomie der Selbsthilfegruppen muß voll gewahrt bleiben.* Die Teilnehmer sind selbstverantwortlich. Die Experten haben demnach nur die Verantwortung für das, was sie sagen, nicht für die Selbsthilfegruppenteilnehmer selbst zu übernehmen. Die Gruppenselbsthilfeberatung geht von den Anfragen der Teilnehmer aus und hat die Befähigung von Gruppen, sich selbst zu helfen, zum Ziel. Sehr schwer ist es hier für Experten, sich auf den völlig neuen Zusammenhang der Gruppenselbstbehandlung einzustellen und nicht in ständigen Ängsten überaktiv Hilfe, Anleitungen und Korrekturen anbringen zu wollen – zumal wenn sich die Teilnehmer am Gesamttreffen gern darauf einstellen. Damit sind wir nun endgültig bei den Problemen der Zusammenarbeit.

Sprachschwierigkeiten, falsche Regeln und Kollusionen

Selbsthilfegruppenteilnehmer sprechen ihre eigene Sprache. Sie drücken sich so aus, daß alle Mitglieder die Probleme und den Behandlungsverlauf verstehen und auch akzeptieren können. Experten tun das nicht, obwohl sie es wollen. Das Gesamttreffen ist ein Spiegel. Er wirft einem professionellen Helfer den hohen Anteil an Fremdwörtern und Fachbegriffen zurück, die er glaubte stets vermieden zu haben. Eine Teilnehmerin, eine Lehrerin, fragte mich beispielsweise, was eigentlich mit «progressiv» gemeint sei. Sie wollte keine inhaltliche Diskussion, sondern nur eine Übersetzung. Für mich war das ein Wort aus der Umgangssprache. Die Sprachprobleme sind aber selten so direkt und offenkundig zu lösen. Die Sprache begrenzt die eigene Wirklichkeit, mit der man vertraut ist und die man schätzt. So können Experten und Teilnehmer wechselseitig mit Befremdung reagieren, wenn sie sich sprechen hören. Die Reaktionen sind so elementar, daß ich schon die Bioradikale von RUDOLF BILZ heranzuziehen versucht bin, d. h. archaische, allen Menschen gemeinsame Verhaltensweisen, in diesem Falle das wechselseitige «Anstoßnehmen»[19] an anderen, zum Beispiel aufgrund ihrer ungewohnten Ausdrucksweise. Es kommt schnell zu einer nur mühsam unterdrückten Reaktion der Abwertung und Aggressivität. Die Experten sind für Teilnehmer weit weg vom Ball und hochgestochen, die Teilnehmer für Experten zu unbeholfen und zu diffus. Sprachschwierigkeiten schwinden allerdings im Laufe des Zusammenarbeitens. Zunächst gewöhnt man sich an die Redeweise des anderen, dann findet man auch zu gemeinsamen Ausdrucksformen.

Ein zweites Problem beruht auf der Überzeugung, was im Expertenraum recht sei, sei für die Gruppenselbstbehandlung billig. Es werden bekannte Regeln der professionellen Therapie ohne weiteres auf Selbsthilfegruppen übertragen. In der Diskussion mit Freiburgern erwähnte ich ein Beispiel: die Sündenbockbildung in der Gruppe. Ich hatte sie anfangs im Gesamttreffen hervorgehoben, um zu vermeiden, daß eine Gruppe ihre noch nicht verarbeitete Aggression auf ein Mitglied ablädt und diesen

Sündenbock dann aus der Gruppe ausstößt. Dieser Vorgang wird in Gruppen unter der Leitung von Experten sehr stark beachtet. Schließlich war aber auffällig, wie selten diese Thematik bei Selbsthilfegruppen aufkam. Des Rätsels Lösung liegt wie bereits angedeutet in der anderen Verfassung der Selbsthilfegruppen. Hier gibt es nämlich keinen Therapeuten, dem gegenüber aggressiv zu werden schwerfällt, weil von ihm alles abzuhängen scheint, weil er mächtig über einem steht und weil er in einer Sonderrolle abgesetzt ist. In der Expertentherapie ruft eben diese überhöhte, gesonderte Therapeutenfigur indirekt den Sündenbock hervor. Aggressionen, die dem Therapeuten gelten und gegen ihn nicht gewagt werden, werden auf ein Gruppenmitglied verschoben, das dadurch zum Sündenbock wird.

Neben solchen zweifelhaften, unmittelbaren Übertragungen von der professionellen Therapie auf die Selbsthilfegruppenarbeit tauchen aber auch falsche Regeln aus dem Expertenbereich auf. Ein Beispiel dafür ist die große Reserve, die vor allem Psychoanalytiker gegenüber Angehörigen ihrer Patienten entwickeln. H. und B. THOMÄ[20] haben das als überindividuelle, berufsbedingte Gegenübertragung verstanden. Sie kann die Familienkonflikte der Patienten verschärfen. Vielleicht entstand dadurch auch eine von mir mit gruppentherapeutischen Argumenten gestützte Empfehlung, nach Möglichkeit nicht mit Familienangehörigen und engeren Bekannten in dieselbe Selbsthilfegruppe zu gehen, da sich hier schnell spezielle stabile Untergruppen bilden und den Gruppenprozeß stören. (Paar- und Familienselbsthilfegruppen sind hier natürlich nicht gemeint.) Das Beispiel von JUTTA aber zeigt eine offensichtlich positive und komplikationslose Erfahrung, und auch bei uns in Gießen haben eine Teilnehmerin und ihre Schwester über längere Zeit mit Erfolg an derselben Selbsthilfegruppe teilgenommen. Diese falschen Regeln sind am ehesten zu vermeiden, wenn man sich wirklich nach den Bedürfnissen der Teilnehmer und nach den ablaufenden Gruppenprozessen richtet. Wenn man sie nicht dogmatisch verkündet, sondern als Vorschlag bringt, merzen sie sich im übrigen von selbst durch Nichterfolg aus.

Das schwierigste Problem für Teilnehmer und Experten sind die auf beiden Seiten auftretenden Widerstände. Wenn wir auch davon ausgehen können, daß Teilnehmer und Experten in irgendeiner Form zur Zusammenarbeit gefunden haben, so ist doch die unbewußte Angst, die zum Widerstand führt, nicht einfach wie weggeblasen. Vielmehr wandelt sich der Widerstand. Sehr wesentlich ist die im Laufe der gemeinsamen Arbeit unbewußt stattfindende Abstimmung der Widerstände von Teilnehmern und Experten. Sie führt zu einer komplizierten Abwehrorganisation, an der beide Seiten wirken, d. h. zu einem interaktionellen Widerstand, zu einer sogenannten Kollusion. Kollusionen sind Beziehungen im Dienste der Abwehr unbewußter Konflikte. Jede menschliche Beziehung (Arbeitsbeziehung, Ehe, Freundschaft, Eltern-Kind-Beziehung usw.) hat auch einen Widerstandscharakter. Wir müssen uns also nach dem jeweils zueinander passenden Abwehrverhalten bei Teilnehmern und Fachleuten fragen.

Zur Beleuchtung des psychodynamischen Hintergrundes sollten wir uns noch einmal der Hilflosigkeit beruflicher Helfer erinnern. Das soll nicht heißen, daß alle beruflichen Helfer ganz und gar hilflos seien. Doch soll klar sein, daß sie auch eine hilflose Seite in sich haben, die sie mit der Berufsposition gut verdecken können. Für die Belange der Selbsthilfegruppen ist eine Passage von WOLFGANG SCHMIDBAUER treffend: «Die Motive für die Selbst-Sabotage der Maßnahmen des Helfers sind komplex. Ihr Schwerpunkt dürfte in dem Konfliktbereich des ‹abgelehnten Kindes› liegen. In der Identifizierung mit den Bezugspersonen der Primärgruppe, die ihn nicht so akzeptieren, wie er war, hat dieser Helfer ein tiefes Mißtrauen gegen die Selbststeuerung des menschlichen Verhaltens erworben. Er glaubt selbst nicht mehr daran, daß ein positives Lebensgefühl, Bewältigung des Alltags, die Heilung körperlicher und seelischer Wunden die Regel menschlichen Lebens, nicht die Ausnahmen sind. Er setzt an die Stelle eines biologisch sinnvollen Wachstumsmodells der Veränderung seiner Klienten ein mechanisches, maschinelles Modell.»[21] Der Hintergrund ist die offensichtlich besonders unter Angehörigen der Helferberufe auftretende narzißtische Schädigung. Subjekteinschränkung, Selbstwertverlust und Beziehungsunfähigkeit sind wesentliche Folgen dieser Grundstörung. Es gibt einen einfachen Kompensationsversuch, der mit einem Schlag alle drei Folgen zu beheben vermag: das erfolgreiche Streben nach einer Machtposition.[22] Das muß nicht auf eine makrosoziologisch wirksame Psychopathologie der Macht hinauslaufen. Alltagsnäher und verbreiteter sind zahlreiche Machtpositionen in der Familie und im Arbeitsbereich. Der sehr angesehene Beruf des Arztes und des professionellen Helfers gehört dazu. Eben weil er so hervorragend geeignet ist, narzißtische Schäden abzudecken und zu kompensieren, wird er von den Grundgestörten bevorzugt. Entsprechend schwer fällt es, die Berufsrolle aufzugeben – und sei es auch nur vorübergehend auf einem Gesamttreffen.

Ich möchte drei Kollusionsformen hervorheben.

1. Teilnehmer entwickeln ihren Antiprofessionalismus nicht nur zum Schutz gegen eine Berührung mit den Experten überhaupt und damit als eine Prophylaxe gegen den Rückfall in die passive Patientenrolle. Sie zeigen diese Abwehrbereitschaft, diese Neigung, auf die Experten gut und gern verzichten zu können, auch mehr oder weniger latent im Verlaufe einer Zusammenarbeit. Sie beachten zum Beispiel die Experten nicht, wollen von ihnen nichts hören, spielen ihre Bedeutung ganz herunter. Wie sieht die dazu passende Widerstandsform auf seiten der Experten aus? Ein schwedischer Psychiater formulierte sie auf einem Selbsthilfegruppenseminar: Seiner Meinung nach hätten Selbsthilfegruppen in keiner Weise etwas bei Fachleuten verloren. Sie sollten gefälligst verschwinden und autonom werden. Eine Kooperation sei nicht am Platze. Antiprofessionalismus und diese radikale Distanzierung stehen beide – und das ist hier wesentlich – im Dienste der Selbsthilfegruppen. Es ist keine Widerstandsform, die *gegen* die Selbsthilfegruppen gerichtet ist. Es ist eine spezielle Auffassung über die (nur gedachte) Zusammenarbeit, nämlich ihre Verneinung. Man könnte das als Kollusion der *Nullbeziehung* bezeichnen.

2. Eine zweite Kollusion erlaubt zwar eine Zusammenarbeit: Teilnehmer und Experten sind in einem intensiven Austausch. Nun wird aber gerade das verdächtig, was das erklärte Ziel aller Selbsthilfegruppenteilnehmer und Experten ist: die Selbständigkeit. Sie ist geradezu atemberaubend entwickelt und überall sichtbar. Man kommt an ihr sozusagen gar nicht vorbei. Ist das Ziel nun erreicht? Vermutlich nicht. Es kann sich der Gegensatz zu einer Abhängigkeitsbeziehung gebildet haben. Wir alle können Abhängigkeitssituationen nur schwer ertragen. Eben aus diesem Grunde versuchen wir, die Abhängigkeitssituation nach Möglichkeit zu leugnen. Das geschieht nun nicht nur durch die Behauptung, daß wir ganz und gar nicht abhängig seien. Viel häufiger legen wir ein betont unabhängiges Verhalten an den Tag, mit dem wir nun entweder unsere reale Abhängigkeit oder unsere geheimen, uneingestandenen Abhängigkeitsbedürfnisse noch stärker überspielen können. Man hat dieses scheinbar autonome Verhalten, das man in allen therapeutischen und nicht-therapeutischen Gruppen beobachten kann, Gegenabhängigkeit (*counterdependance*) genannt. Ein solches Verhalten zeigen vor allem die Teilnehmer. Wie sieht es nun auf seiten der Experten aus? Ich vermutete eines Tages, daß ich diese Gegenabhängigkeit durch meinen zu starken Wunsch gefördert haben könnte, alle Selbsthilfegruppenmitglieder ganz autonom und nicht von mir abhängig ihre Probleme meistern zu sehen. Wird man noch kritischer sich selbst gegenüber, könnte man vielleicht argwöhnen, daß gerade dieser bewußte Wunsch, die anderen mögen unabhängig sein, insgeheim die Abhängigkeit zu fixieren vermag. Das ist im ersten Moment schwer zu entscheiden. Sollte das so sein, so kann man diese Schwierigkeit nur gemeinsam lösen. Auf beiden Seiten herrscht also die Tendenz vor, eine Abhängigkeitsbeziehung durch eine demonstrierte Selbständigkeitsbeziehung zu verhüllen. Es geht hier um die Kollusion der *Gegenabhängigkeit* oder *Überselbständigkeit*.

3. Sie leitet zur dritten Kollusion über, die ebenfalls mit dem erklärten Ziel, die Selbsthilfegruppenfähigkeit zu entwickeln, doch nichts anderes als die schon erwähnte überfürsorgliche

Therapeutenrolle und die abhängige Patientenrolle hervorbringt. Der Widerstand wird also während der Zusammenarbeit
dadurch wirksam, daß auf irgendeine unbemerkte Weise oder
mit irgendeiner Begründung die alte therapeutische Beziehung
wiederhergestellt wird. Für die Selbsthilfegruppenarbeit ist aber
die übliche Arzt-Patient-(Experten-Klient-)Beziehung von
Nachteil. Innerhalb einer solchen Beziehung können sich Selbst-
hilfegruppenfunktionen nur schwer entwickeln. Die Selbsthilfe-
arbeit wird praktisch lahmgelegt. Die erwähnte Überschätzung
der professionellen Ärzte und umgekehrt die Unterschätzung
der Patienten helfen kräftig dabei, daß Teilnehmer sich selbst
zuwenig Selbsthilfefähigkeiten zuschreiben und auch zuwenig
von den Experten zugebilligt erhalten. Damit ist dann gruppendynamisch die Notwendigkeit geschaffen, daß Experten doch
wieder selbst steuern, eingreifen, strukturieren und Anweisungen geben. Entsprechend verlangen die Teilnehmer nach ausführlichen und genauen Expertenanleitungen. In diesem Falle ist
die traditionelle Arzt-Patient-Beziehung eine Abwehrforma-
tion, eben die bekannte *Helfer-Schützling-Kollusion.*[23]

Diese Widerstandsformen können am besten im gemeinsamen
Gespräch geklärt werden. Wir haben beschlossen, die Beziehung
zwischen Teilnehmern und Experten als ständiges Problem zu
beachten und anzusprechen, nachdem wir auf dem erwähnten
intensiven Wochenende entdeckten, wie unbemerkt und vielfältig die Schwierigkeiten sein können. Sie betrafen im Verhältnis
der Teilnehmer zu mir meine Rolle als Hochschullehrer und als
Therapeut. Darüber hinaus bezogen sie sich auch auf meine
persönlichen Eigenschaften und Verhaltensweisen sowie auf
meine Motivation, mich den Selbsthilfegruppen zu widmen.

Um nur ein Beispiel zu nennen: Das frühere durchstrukturier-
te Gesamttreffen (Forum) war im wesentlichen meinem Einfluß
zuzuschreiben. Erst nachträglich erkannte ich diesen Einfluß als
Ausdruck meiner Ängste. Sie übertrugen sich damals auch auf
die Teilnehmer des Gesamttreffens. Aufgrund meines starken
Bedürfnisses nach Halt und Struktur in einem noch unbekannten Gelände kam ich dann auch auf die (falsche) Diagnose eines

‹ichpsychologischen Strukturdefektes› der Selbsthilfegruppenteilnehmer in Form einer Schwäche der organisatorischen Ich-
funktion. Sie hätte einerseits dem vermehrten Auftreten der
sogenannten ichstrukturellen Störungen gut entsprochen, erschien andererseits gerade bei Selbsthilfegruppen besonders hinderlich, weil die Mitglieder hier im Gegensatz zu Patienten der
professionellen Therapie in der Lage sein sollten, sich ihr therapeutisches Setting selbst zu geben. Zu so kunstvollen Diagnosen
führen die Wege der ärztlichen Angst. An *meinem* Strukturbe-
dürfnis gemessen reichten die legeren Maßnahmen, die lockeren
Organisationen der Teilnehmer eben nicht aus.

Die Aufarbeitung der Beziehung ist noch für einen weiteren
Vorgang wesentlich. Je länger der Experte am Gesamttreffen
teilnimmt, desto überflüssiger sollte er werden. Mehr und mehr
entdecken die Selbsthilfegruppenmitglieder mit Recht, daß sie
für die Selbsthilfegruppenvorgänge kompetenter werden als die
Experten. Das ist natürlich nur dann der Fall, wenn die Experten
nicht selbst an einer Selbsthilfegruppe teilnehmen. Tatsächlich
entsteht bei einem Gesamttreffen, an dem mehrere langjährige
Gruppenmitglieder teilnehmen, unter Experten zunehmend ein
Gefühl, überflüssig zu sein. Sie sind es dann meist auch. Die
Experten sollten ihr Ausscheiden mit den Teilnehmern diskutieren und gegebenenfalls durch selteneres Erscheinen (vierzehntägig, monatlich usw.) einleiten. Ihr persönlicher Einsatz ist dann
hilfreicher beim Aufbau eines neuen Gesamttreffens. Doch gerade diese Notwendigkeit einer Ablösung wird nicht bewußt,
wenn die Beziehung zwischen Experten und Teilnehmern unge-
klärt bleibt.

9.
Zur Bedeutung der Selbsthilfegruppen

Die Gesamtbedeutung der Selbsthilfegruppen beschränkt sich nicht nur auf ein kuratives Verfahren im Rahmen der vorgegebenen medizinischen und psychosozialen Versorgung. Unter den zwanzig Bedeutungen, die den Selbsthilfegruppen in einer Übersicht der bisherigen Literatur zugeschrieben wurden[1], wird nur eine «therapeutisch» genannt: die letzte. Das kann zwar in keiner Weise die Wirksamkeit der Gruppenselbstbehandlung mindern, es macht aber deutlich, daß Selbsthilfegruppen mit den herkömmlichen Vorstellungen eines mehr und mehr auf technische Hilfe und organische Spätfolgen eingeschränkten Versorgungsbetriebes nicht zu erfassen sind. Der Name «Selbsthilfegruppen» fördert die Betonung dieser zu engen therapeutischen Perspektive.

Mehrfache Bedeutung

Drei Bedeutungen der Selbsthilfegruppen möchte ich herausgreifen:
1. Identitätswerkstatt: die alltägliche Bedeutung
2. Gruppenselbstbehandlung: die therapeutische Bedeutung
3. Bürgerinitiative: die politische Bedeutung.
Damit dürfte zwar nicht die ganze Komplexität der Selbsthilfegruppen erfaßt sein, doch scheinen mir diese drei Bedeutungen die wesentlichen zu sein.

Vielleicht wird der ganze Bedeutungsumfang der Selbsthilfegruppen wenigstens im Umriß deutlich, wenn ich im folgenden die Kategorien aus der Literaturübersicht von M. KILLILEA[2] diesen drei Bereichen zuordne:

Zur alltäglichen Bedeutung wäre vor allem die Qualität einiger Selbsthilfegruppen als spirituelle Bewegung oder säkulare Religion zu rechnen: MOWRER und VATTANO[3] sehen ihre Integritäts-Gruppen als Analogien zu religiösen Gruppen früherer Zeiten. Synanon versteht sich als eine säkularisierte Religion.[4] Alle Anonymousgruppen sehen sich als eine spirituelle Bewegung. Sie sind entgegen einer verbreiteten Auffassung jedoch nicht religiös gebunden. Vielmehr zeigen sie eine ausgesprochen tolerante, pluralistische Haltung, wenn sie von einer «höheren Kraft» oder «Gott, wie wir ihn verstehen» sprechen, womit ausdrücklich auch die Hoffnung auf die Kraft der Gruppe gemeint sein kann. Zur alltäglichen Bedeutung der Selbsthilfegruppen gehört auch ihre Zuordnung zu «haltgebenden Beziehungssystemen» (*support systems*), die eine bedeutende Rolle für die Bewahrung der psychologischen und psychischen Integrität des Individuums spielen. Andere betrachten sie als «absichtlich geplante Gemeinschaft» (*intentional community;* wie etwa die Delancey Street Foundation), als «Subkulturen», die vor allem einen neuen Bezugsort für ihre Mitglieder bieten (zum Beispiel Witwengruppen), als «ergänzende Gemeinschaft» (*supplementary community;* zum Beispiel für alleinstehende Mütter und Väter), als «Übergangsgemeinschaft» (*transitional community;* zum Beispiel für ehemalige Patienten im Bereich der psychiatrischen und psychotherapeutischen Versorgung), und schließlich gelten sie als eine Möglichkeit, mit den üblichen Rollenänderungen im Lebenszyklus besser zu Rande zu kommen (*coping with life cycle transitions;* zum Beispiel La Leche League für die Mutterrolle).

Diesen sieben Kategorien, die man der alltäglichen Bedeutung zurechnen könnte, stehen neun Auffassungen der Selbsthilfegruppen gegenüber, die eindeutiger in den therapeutischen Bereich fallen: die Selbsthilfegruppen gelten als eine Form des sozialen Beistandes, das heißt als natürlicher therapeutischer Faktor in der Evolution (*social assistance, a factor in evolution*); als alternatives Versorgungssystem für Gruppen und seelische Probleme, die die traditionelle Versorgung zuwenig beachtet; als eine Ergänzung der professionellen Versorgung und damit als eine Lösung des Personalproblems (*manpower problem*); als ein neues Element, das gezielt im Versorgungsbereich eingesetzt werden kann, zum Beispiel innerhalb einer Therapiekette; als ein Instrument der Resozialisation; als Organisation der Stigmatisierten (*deviant and stigmatized*), die bestrebt ist, die mit Sanktionen verbundene Abweichung von der Norm als einfache Unterschiedlichkeit bewußt zu machen; schließlich als eine Gemeinschaft, die hilft, mit chronischen Defekten und Deprivationen fertigzuwerden, zum Beispiel für Personen mit bleibenden Folgen nach Operationen oder mit Behinderungen. Schließlich werden sie auch als ein Resultat sozialpolitischer Kräfte angesehen, die das gesamte Versorgungssystem langfristig verändern.

Für die politische Bedeutung ist die Definition der Selbsthilfegruppen als soziale Bewegung vorrangig. Sie gelten als Ausdruck des demokratischen Ideals und der Verbraucherpartizipation (*power to the people*[5]) sowie als Phänomen der verbraucherzentrierten Dienstleistungsgesellschaft (*service society*).[6] Schließlich werden sie von GUSSOW und TRACY als instrumentelle sozialverändernde Gruppen angesehen (*social influence groups, instrumental*).[7]

In den drei von mir herausgegriffenen Bedeutungen zeigt sich ein Zusammenhang, der mir wesentlich ist. Ich habe als psychoanalytischer Arzt in diesem Buch das Hauptgewicht auf die praktisch-therapeutische Bedeutung der Selbsthilfegruppen gelegt, worin Stärke wie Schwäche meiner Position liegt. Diese Perspektive kann jedoch nicht abgelöst werden vom hauptsächlichen Ursprungsfeld unserer seelischen und körperlichen Erkrankungen: von unserer alltäglichen Existenz, unserem psychosozialen Verhalten und unserer Identitätsbildung. Aus welchen Wechselwirkungen sich auch immer unsere Erkrankungen ergeben – aus sozialen, genetischen, körperlichen und seelischen Momenten; wann immer wir zu einer Krankheit kommen – von Geburt an oder spät im Alter; wie immer sie sich auswirkt – schwer oder leicht, akut oder chronisch: jede Erkrankung hat in unserer Identitätsbildung ihren allgemeinen Hintergrund und erfordert natürlich selbst eine große Identitätsarbeit. Wenn uns das Leiden stigmatisiert, grenzt die Anstrengung, unsere beschädigte Identität zu beheben, sogar an Verzweiflung. ERVING GOFFMAN[8] stellt das an zahlreichen Beispielen dar. Unsere Identität aber wird ununterbrochen von der subjektiv erlebten und objektiven sozialen Umwelt geprägt. Sie ist insofern weniger eine individuelle als vielmehr eine *psychoökologische Struktur*. Aufgrund dieses untrennbaren Zusammenhanges ist die Gruppenselbstbehandlung von dem Ziel einer sozialen Veränderung auch nicht zu lösen.

Erkennende Beziehung

Was ist den drei Bedeutungen der Selbsthilfegruppen – der alltäglichen, der therapeutischen und der gesellschaftlichen – gemeinsam, wenn sie schon nicht zu trennen sind?

Für mich stellen Selbsthilfegruppen eine Form menschlichen Erkennens dar, nicht aber – und das ist entscheidend – in der Art einer ausschließlich rationalen Diskussionsrunde mit dem Ziel, fertige Ergebnisse zu produzieren, sondern in Form gelebter und reflektierender Beziehungen in einer überblickbaren Gemeinschaft, deren Entwicklung offen ist und ebensowenig wie die menschliche Geschichte «letztendliche Enden»[9] kennt. Das Erkennen geschieht also über Herstellen, Mobilisieren und Erleben menschlicher Beziehungen. Damit kann es Selbsthilfegruppen gelingen, menschliche Identität, Krankheit und Institutionen wieder auf ihr Urelement zurückzuführen: auf die Beziehung der Menschen untereinander. Unsere Identität entsteht aus der Folge und Verinnerlichung aller Beziehungen, die wir erlebten. Unsere Krankheiten – soweit sie verhaltensbedingt sind, und das ist die Mehrheit – haben in der Art, wie wir Beziehungen aufnehmen (und bei anderen uns gegenüber induzieren), ihre wesentlichen Bedingungen. Unsere Gesellschaft mit ihren Institutionen findet ebenfalls in der Qualität der menschlichen Beziehungen ihre wesentliche Bestimmung – vor allem bei ihrem heutigen Entwicklungsstand einer weitgehenden Naturbeherrschung.

Selbsthilfegruppen sind in der Lage, im gemeinsamen Gespräch und Austausch zum Beispiel ein Kopfschmerzsymptom als eine archaische aggressive Beziehung zur Mutter, ein Herzrasen als Trennungsangst, ein Zwölffingerdarm-Geschwür als Ergebnis einer Beziehung, die keine Geborgenheit bietet, zu verstehen – und zwar deswegen, weil die Gruppe selbst sozusagen aus Beziehungen besteht. In Analogie zu GOETHES Satz «Wär' nicht das Auge sonnenhaft, die Sonne könnt' es nie erblicken» könnte man sagen: Weil sich die Gruppe aus Beziehungen konstituiert, ist sie in der Lage, das Beziehungsmuster wahrzunehmen, das sich in Identität, Symptom und Institution verbirgt.

Das ist im übrigen der grundlegende therapeutische Ansatz der Psychoanalyse, wenn er auch spezieller auf die unbewußten, vergangenen und pathogenen Beziehungen zentriert ist. Nur auf diese Weise ist es möglich, wie JÜRGEN HABERMAS formulierte, die Institutionen der Gesellschaft im reflektierenden, wesentlichen Gespräch zu «verflüssigen».[10]

Geht man heute von den bereits existierenden mehreren hunderttausend Selbsthilfegruppen aus, so vollzieht sich dieses Erkennen über Beziehungen schon in Form einer sozialen Bewegung, die gewollt oder ungewollt gleichermaßen das Selbstverständnis der Beteiligten wie die soziale Landschaft verändert. Die soziale Bewegung ist nicht nur ein Zeichen für *eine* gegenwärtige Umbruchsituation, sondern eine Antwort auf andauernde Folgen von Strukturkrisen, das heißt krisenhafte Änderungen der wechselseitigen menschlichen Beziehungen im Alltag, in der Versorgung und im politischen Bereich.

Identitätswerkstatt: die alltägliche Bedeutung

Langeweile und Einsamkeit werden immer häufiger als die wesentlichen menschlichen Probleme unserer Zeit angegeben. Sehr beachtete Bücher, wie «Die einsame Masse» von DAVID RIESMAN, RAUEL DENNEY und NATHAN GLAZER[11] oder RALPH KEYES'[12] «We the Lonely People», versuchen die Bedingungen der Einsamkeit in der Massengesellschaft zu erhellen. Ausgeprägter sind dieselben Symptome im Rahmen der psychoanalytisch inzwischen detailliert definierten Grundstörung zu finden. Den Hintergrund bieten die langfristigen Veränderungen unserer Lebensbedingungen.

Der Soziologe NORBERT ELIAS hat sie in einer empirischen Studie vom Mittelalter bis heute analysiert.[13] Die großen Entwicklungslinien möchte ich einmal in einem anderen Zusammenhang erörtern. Grundlegend ist die Erkenntnis, daß langfristig die Sozialstruktur (genauer: «die Gesellschaftsmechanik») die seelische Struktur des einzelnen Menschen bestimmt. Die wesentlichen gesellschaftlichen Vorgänge wie die immer stärkere Arbeitsteilung (Funktionsteilung), das dadurch erhöhte wechselseitige Angewiesensein der Menschen und die immer engere Verflechtung wirken sich auf die seelische Formation vor allem als «Zwang zum Selbstzwang» aus. Zunehmende Gefühlseinschränkung, stärkere Rationalität und eine immer notwendiger werdende Einfühlungsfähigkeit sind seelische Ergebnisse im Dienste eines reibungslosen Funktionierens der Menschen. Die Funktionsteiligkeit erhöht die wirtschaftliche Produktivität und damit die Macht. Machtauseinandersetzungen – ursprünglich konkret im körperlichen Kampf und Krieg, heute eher indirekt ökonomisch – stehen also im Hintergrund seelischer Strukturbildung. Stets bestimmt das größere System das kleinere, die Gesellschaft also den einzelnen. Die Funktionsteiligkeit erfordert Selbstdisziplin. Sie führt dazu, daß jeder für seinen Detailbereich verantwortlich entscheiden muß. Sie stellt die Menschen also tendenziell gleich. Sie bringt die alten hierarchischen Beziehungen zum Schwinden. Sie splittert aber auch ganzheitliche menschliche Beziehungen zu funktionalen Teilkontakten auf. Das wird verschärft durch das Kernmerkmal heutiger Lebensbedingungen: die Beschleunigung der psychosozialen Veränderungen.[14] Sie ist eine Folge technologischer Innovationen. Es geht also nicht nur um permanente Umstrukturierungen im wirtschaftlichen Bereich. Wir müssen uns darüber klar sein, daß die menschlichen Beziehungen ebenso tiefgehend umgeformt werden. Die Auswirkungen auf die Kindheit, auf die Familiensituation und damit auf die lebensgeschichtliche Identitätsbildung kann ich hier nicht ausführen. Ich beschränke mich im folgenden auf das Wesentliche.

Mächtige Umformung unserer Beziehungen

Es hat keinen Sinn, die Auswirkungen allgemeiner Entwicklungen nur im Sonderfall einer Erkrankung wirksam zu sehen. Die mächtige Umformung der menschlichen Beziehungen aufgrund der großen gesellschaftlichen Prozesse betrifft uns alle. Es kommt auf den Standort an, ob man meint, die Beziehungen deformieren sich oder werden einfach anders. In jedem Falle ist ein ebenso intensiver Wandel unserer Identität zu erwarten. Folgende Qualitätsveränderungen unserer Beziehungen sind über den längeren Zeitraum von Jahrhunderten zu beobachten. Sie werden

☐ einseitiger, funktionaler, spezialisierter;
☐ in dieser Einseitigkeit notwendiger, wichtiger;
☐ auf mehr Menschen verteilt, zersplitterter;
☐ gleichgestellt;
☐ rationaler, intellektueller, unkörperlicher, unsinnlicher;
☐ kürzer;
☐ wechselnder;
☐ vermittelter, unkonkreter, gestellter;
☐ leistungsbetonter, effizienter.

Man könnte die Serie noch feiner ausarbeiten und erweitern. Der große Trend zur Verdünnung, Einengung und Verkürzung unserer Beziehungen ist deutlich genug. Ihm liegt nicht nur wie in vergangenen Zeiten allein eine enorme Selbstunterdrückung zugrunde, also Verdrängung, Abwehr und Konflikte. Der «Zwang zum Selbstzwang» reicht als Hauptursache also nicht. Denn was gäbe es noch zu unterdrücken – an Sinnlichkeit, an Leidenschaft, an Sexualität und Aggressivität, an Haß, an Neid, an wilder Enttäuschung, an kühnen Lebenserwartungen – wenn sich schon von Geburt an Phantasie und Bedürfnisse in einer kinderabweisenden Sozialstruktur gar nicht erst entfalten können? Es sind also viel weniger die Konflikte mit einem energiereichen inneren «Chaos», mit einer unbewußten kreativen Masse, mit dem etwa, was FRIEDRICH NIETZSCHE den «tanzenden Stern» in uns nannte, vielmehr sind es die Defekte, das Ausbleiben einer reichhaltigen Innenwelt, das Brachland, die Leere, die Langeweile und damit auch die geringer werdende Wertschätzung des eigenen Selbst und der anderen. Das dürfte das wesentliche intrapsychische Ergebnis von lückenhaften, verkürzten und mehr und mehr zur rationalen Erziehung funktionalisierten Eltern-Kind-Beziehungen[15] sein. Davon ist aber nicht nur die spezielle Gruppe der Grundgestörten betroffen, das heißt der modernen seelischen Kranken, die oft so unauffällig gesund erscheinen. Die Qualitätsänderung unseres Beziehungsgeflechtes ist ein allgemeines, durchgängiges Phänomen, das jeder Mensch in seiner Entwicklung mehr oder weniger verinnerlicht. Es resultiert in einem allgemeinen narzißtischen Defizit. Es ist nicht einzugrenzen auf diejenigen, die erkranken. Denn in dieses allgemein verbreitete Beziehungsgeflecht fügt sich eine Kindheit eben nur schlecht. Sie ist ziemlich unnütz, wenn nicht gar lästig, und möglichst kurz zu halten. So trachten denn auch die Kinder, die ihr schnellstens zu entkommen. Das Selbstwertgefühl gerät allgemein mager. Die Verführung zum Leben bleibt aus. Lebensmüdigkeit und resignative Grundstimmungen nehmen generell zu. Mit unserem mehr oder weniger ausgeprägten narzißtischen Geschädigtsein gehören wir alle zu den Entbehrlichen. Grob zusammengefaßt resultieren die erwähnten Momente in einer primären Identitätsschwäche. Dieser Umstand dürfte für die alltägliche Bedeutung der Selbsthilfegruppen als Identitätswerkstatt nicht unerheblich sein.

Netzwerkstrukturkrise und waghalsige Hypothesen

Es ist anzunehmen, daß in der langfristigen Umformung menschlicher Beziehungen von Zeit zu Zeit besonders kritische Zonen kommen. Heute scheint der *Zwang zur einseitigen Übersozialisation, bei gleichzeitigem Kollaps der Gemeinschaft,* eine solche Strukturkrise des menschlichen Beziehungsnetzes auszumachen. Es mutet fast überheblich an, nach den großen Kräften zu fragen, die unsere Beziehungen gestalten. Die Antworten erforderten die Integration mehrerer Wissenschaften. Obwohl ich mir der Vorläufigkeit und auch der unvermeidlichen Laienhaftigkeit bewußt bin, möchte ich wenigstens eine Vorstellungslinie andeuten. Sie erscheint mir zur Zeit selbst als sehr weitgehend, wenn nicht gar als waghalsig, dennoch aber auch als diskussionswürdig – zumindest als Hypothesenreihe.

1. Die Netzwerkstrukturkrise ist zunächst ein unmittelbares

Ergebnis des technologischen Fortschritts, der unsere Arbeitsformen und weitgehend unsere Lebensbedingungen festlegt. Wir beachten viel zuwenig die ungeheuren Auswirkungen der technischen Erfindungen auf die Struktur der menschlichen Beziehungen. Die umwälzende Bedeutung der elektronischen Technologie wird neuerdings besonders im Berufsbereich erkannt. Noch wesentlicher aber sind die technologisch bedingten Umstrukturierungen unseres ganzen Lebens.

2. Die technologische Beschleunigung als Niederschlag der geistigen Anstrengungen ist ein Ergebnis der Wirtschaftskonkurrenz, das heißt eines ungebrochenen Wettbewerbs um Machtpositionen.

3. Der Wirtschaftskampf ist die Fortsetzung des Krieges mit anderen Mitteln. Wie die Kriege sind sie Vorgänge, die dem Machtgewinn dienen und damit zu immer größeren Verflechtungen führen. Die Nationalstaaten sind aus Kriegen und Verflechtungsvorgängen entstanden und werden – heute wohl am ehesten über Wirtschaftsprozesse – in noch größere politische Einheiten übergehen. Das ist die von NORBERT ELIAS dargestellte «Gesellschaftsmechanik» der Monopolisierung und Verflechtung.

4. Es stellt sich die Frage, warum Macht für Menschen so entscheidend ist. Warum bleiben zwei Staaten nicht friedlich nebeneinander bestehen? Müssen sie kämpfen, sich über Sieg und Niederlage verflechten und ein neues, mächtigeres Monopol bilden? Die Geschichte Europas zeigt, daß es in der Regel doch zum Kampf kommt. Nach NORBERT ELIAS war das letzte Motiv: die Angst, in Abhängigkeit zu geraten. Sie aber entsteht nur, wenn man das Machtstreben (und wenn auch nur projektiv beim anderen) voraussetzt. JACOB BRONOWSKI [16] bezeichnet die Kriege, die erst mit Ackerbaukultur und Besitztum aufkamen, im Ursprung als organisierten Diebstahl.

Vom kriegerischen, räuberischen und kämpferischen Typ des Machtgewinns kennen wir eine aufschlußreiche Ausnahme: die Staatenverflechtung durch Heirat der Herrscher, durch Verwandtwerden. Alle anderen Bündnisformen sind passager und dienen der Festigung der eigenen Position. Kriege und Konkurrenzen sind immer mit Bündnissen und Zusammenarbeit verbunden, doch bleibt das Ziel des Machtgewinns dadurch ungeschmälert.

Das Machtprinzip als bestimmend für die Menschheit anzusehen, ist eine Auffassung, die von vielen, wenn nicht den meisten, geteilt wird. Erst die Frage, was es mit dem Machtgewinn auf sich hat, gleichgültig, ob er durch Krieg oder Heirat erzwungen wird, führt in einen Vorstellungsbereich, der in den endlosen Diskussionen über den Ursprung der menschlichen Aggressivität als unsicher genug bekannt geworden ist. So ist die folgende Hypothese das von mir als besonders waghalsig empfundene Stück.

5. In den letzten Jahren hat sich in der Evolutionstheorie ein entscheidender neuer Gesichtspunkt ergeben, den ich schon zitiert habe. Er ist als das «Prinzip Eigennutz» der Gene [17] bekannt geworden. HOIMAR VON DITFURTH hat diesen neuen Gesichtspunkt als eine Umwälzung verstanden, die der kopernikanischen Wende gleicht. [18] Das neue Paradigma heißt: nicht das einzelne Lebewesen, zum Beispiel der Mensch, steht im Mittelpunkt des Daseins, sondern seine Gene. Damit werden erstmals soziale Verhaltensweisen evolutionstheoretisch durchsichtig und befriedigend erklärt. Was wollen aber die Gene? «Man muß erwarten», so WICKLER und SEIBT, «daß die Gene, die den Organismus in ihrem eigenen Interesse aufgebaut haben, ihn auch in ihrem eigenen Interesse betreiben, also auch sein Verhalten so steuern, daß vordringlich ihre eigene Vervielfältigung gesichert wird.» [19] *Der Verwandtschaftsgrad ist also maßgebend für soziale Hilfeleistung oder Konkurrenz. Verwandtes wird gefördert, anderes wird bekämpft.* Sexualität und Aggressivität erfüllen denselben Auftrag. Das ist auch für die Psychoanalyse, die von Anfang an beide Triebformen oder Tendenzen als lebensbestimmend ansah, eine neue Perspektive mit weitreichenden Konsequenzen. Allerdings ist die ursprüngliche Einheit nicht das Individuum, sondern die arteigene soziale Gruppe, für den Menschen also zunächst die Kleingruppe. Nicht die Eignung des Individuums,

sondern die Gruppeneignung bzw. ihre Macht, die eigenen Gene zu verbreiten, ist entscheidend. Insofern steuern die Gene die kompliziert ineinander wirkenden Beziehungsmuster der Gruppe, die über die isolierte Betrachtung individuellen Verhaltens nicht erfaßt werden können. Trotz dieser Komplexität ist den Menschen ihre Verbreitung bis zur Überbevölkerung gelungen.

Von der Gensteuerung über die gesellschaftliche Verflechtung bis hin zur Umformung der menschlichen Beziehungen und damit zur Prägung unserer individuellen psychischen Struktur – das ist selbst ein sehr komplexes Geflecht von biologischen, soziologischen, interaktionellen und intrapsychischen Zusammenhängen, das von keiner einzelnen Fachdisziplin mehr erfaßt und selbstverständlich auch von mir nur laienartig skizziert werden kann. Dennoch scheint mir diese vorläufige Hypothesenreihe ein nicht ungünstiger Ausgangsort für eine vertiefende und korrigierende Diskussion.

Neue Formation der Beziehungen

Die skizzierte Vorstellungslinie zeigt den Menschen in einer noch umfassenderen und vielfältigeren Abhängigkeit. Diese Abhängigkeit bezieht sich heute zunächst auf das wesentliche geschichtliche Resultat unserer geistigen Entwicklung: die technologische Beschleunigung. An ihr wird unsere paradoxe Lage deutlich. Wir sind durchaus selbständig und autonom, wenn wir Erfindungen planen und machen. Gleichzeitig stehen wir den unüberblickbaren Konsequenzen jeder technologischen Innovation weitgehend machtlos gegenüber. Ich erinnere an die Auffassung von NIKLAS LUHMANN[20], das Technik- und Wirtschaftssystem heutiger Gesellschaften sei so beherrschend geworden, daß der Sozialbereich von ihm völlig abhänge, das heißt nebensächlich werde, und die Identitätsbildung nur noch «provinzielle»[21] Bedeutung habe. Die Grenze wird dort erreicht sein, wo die indirekte Selbstzerstörung in Form unlösbarer Identitätsschwierigkeiten so weit geht, daß sich auch das Wirtschaftssystem als Austragungsort von Machtkampf nicht mehr aufrechterhalten kann. Um diese psychosoziale Selbstzerstörung zu vermeiden, werden zwei Alternativen diskutiert. Sie lassen sich allerdings auch kombinieren: der eher bewahrende, konservative Weg der Selbstbegrenzung und der eher progressive, aktive Weg einer intensiven Förderung der integrierenden Kräfte.

Der letzte Weg ist entscheidend für die konstruktive Lösung der genannten Netzwerkstrukturkrise. Zwei Maßnahmen wären nötig: erstens eine verbesserte psychosoziale Wahrnehmung und zweitens die Entwicklung neuer Beziehungsformationen.

Die permanenten wirtschaftlichen Strukturkrisen, von denen heute schon allgemein gesprochen wird, haben eine permanente Strukturkrise menschlicher Beziehungen im Gefolge. Wir sind darauf angewiesen, die psychosozialen Verhältnisse klarer wahrzunehmen. Es geht vor allem um das Erkennen der beziehungsverändernden Potenz der technologischen Beschleunigung. Die Bundesregierung hat erstmals einen Auftrag vergeben, die Auswirkungen des technologischen Fortschrittes auf dem beruflichen Sektor zu erforschen.[22] Trotz aller Schwierigkeiten müßte diese Untersuchung eines Tages zu einer psychoökologischen Studie erweitert werden. Ebenso wichtig wie die Beobachtung der wirtschaftlichen Entwicklung durch sogenannte «Weise» ist die Verlaufsbeobachtung der psychosozialen Lage der Bevölkerung angesichts der Beschleunigung sozialer Veränderungen. Hier liegt eine sehr bedeutende Aufgabe für eine entsprechend orientierte Sozialmedizin vor.

Zweitens muß die Entwicklung von neuen Beziehungsformationen gefördert werden, da sie angesichts des Zerfalles der natürlichen Gemeinschaft zu einer neuen Integration führen können. An diesem Punkt setzen auch die Selbsthilfegruppen in ihrer alltäglichen Bedeutung als Identitätswerkstatt an. Sie haben sich weitgehend spontan gebildet, *weil* sie eine psychische Notwendigkeit sind.

Ich möchte das schwierige Gelände für eine Identitätsbildung kurz darstellen: Wir leben in einem Zeitalter des zu spezialisierten Individuums, des «Teilmenschen». Eine neue psychische Substruktur, das Leistungs-Ich als Verinnerlichung wirtschaftlich-technischer Gesetzmäßigkeiten, ist heute der wesentliche «psychische Organisator»[23] unserer persönlichen Entwicklung geworden. Er prägt nicht nur das Über-Ich. Der übrige Ich-Bereich und sogar die Bedürfnisse, die sich im Es zusammenfassen lassen, sind wirtschaftsorientiert. Die Arbeitssucht, *«workaholism»* – eine Begriffsbildung in Analogie zum Alkoholismus –, macht das deutlich. Die Zivilisationskrankheit Herzinfarkt hat diese Dominanz des Leistungs-Ichs als Hintergrund. Entsprechend leben wir auch in vielfältigen funktionalen Teilkontakten nebeneinander. Unser Wirklichkeitsbild wird immer umfangreicher, immer indirekter, ist nur schwer zu fassen und allein deswegen kaum zu koordinieren. Die Veränderungen werden immer schneller. In der Zeit der Beschleunigung verlieren Kindheit und Eltern an Wert, wenn sie nicht als Erziehungsform schon jetzt gleichsam zu langatmig und schwerfällig geworden sind. Das künftige Erwachsenendasein ist nicht mehr vorherzusehen. Damit wird uns die strukturelle Entwicklungszeit, die Familie als «psychologische Strukturfabrik»[24] (ein wie zutreffender wirtschaftlicher Begriff!) mehr und mehr entzogen. Gleichzeitig aber werden wir in unserer nützlichen Teilfunktion wichtiger. Wir sind mehr angewiesen aufeinander und gleichgestellt. Wir begreifen, daß wir alles bewirken, wenn wir auch noch nicht die komplizierten Gesetzmäßigkeiten verstehen, die wir in Bewegung setzen.

In einer so schwierigen Identitätssituation formieren sich die Menschen tatsächlich neu. Es geht nicht so sehr um die viel diskutierten und außergewöhnlichen alternativen Lebensformen. Viel einflußreicher sind die flexiblen, situativen und alltäglichen Formen, wie etwa die Selbsthilfegruppen der Emanzipationsbewegung. Der psychosoziale Transformationsprozeß ersetzt das natürlich gewachsene, vorgegebene, bleibende, lebensbegleitende Netzwerk von hierarchisch geordneten Familien und lokaler Gemeinschaft mehr und mehr durch das situativ gewählte, aktiv aufgenommene, kurz- bis mittelfristige, flexible, phasenspezifische Netzwerk von gleichgestellten Gruppen. Schlagwortartig übertrieben, tritt die gesellschaftswüchsige an die Stelle der naturwüchsigen Gruppe: Wahlverwandtschaft ersetzt Blutsverwandtschaft. Das ist geschichtlich gesehen eine Banalität. Wir stehen wahrscheinlich in der Mitte und nicht am Ende dieses Prozesses.

Warum muß sich die menschliche Gruppenqualität verändern? Vermutlich deswegen, weil sie den einzelnen eher befähigt, eine phasengerechte oder situationsangemessene Identität zu entwickeln und einigermaßen seinen Lebenszusammenhang zu wahren. Die Gruppe hilft also, drei Momente zu vereinen:

☐ die psychische Verarbeitung der rapiden Veränderungen unserer Lebenssituation;

☐ unsere immer abstraktere Hochspezialisierung;

☐ unseren Lebensgenuß.

In ihrer umfassenderen alltäglichen Bedeutung sind Selbsthilfegruppen ein ausgeprägtes Beispiel für diese Entwicklung zu situationsbezogenen Gruppen. Sie überwinden Einseitigkeit und Vereinzelung. Sie bieten die notwendige überindividuelle Kraft für die individuell wohl kaum noch lösbare Identitätsfindung. In ihr kann der einzelne eine gewisse Geborgenheit und psychische Heimat finden. Für eine solche Neuformierung sind jedoch in gewissem Maße Beziehungsfähigkeit und Gruppenfähigkeit schon Voraussetzung. Inwieweit sie durch die moderne Kindheitsentwicklung gefördert oder gehindert werden, ist schwer zu übersehen. Wenn die Wandlung der charakterbildenden Faktoren so weit ist, wie DAVID RIESMAN und seine Mitarbeiter sie gesehen haben, dann wäre der Boden für Selbsthilfegruppen – wenn auch nicht ganz unbedenklich – bereitet. Sie schrieben: «Die Gruppe der Altersgenossen ist das Maß aller Dinge.»[25] Bedenklich könnte hier die Prägung zu einem außengeleiteten Menschen sein, der ein starkes «Bedürfnis nach Anerkennung und Lenkung durch andere», und zwar vorzugsweise durch seine Zeitgenossen und nicht durch seine Vorfahren,[26] entwickelt. Gerade dieser Außensteuerung steht allerdings das Ziel der Selbsthilfegruppen entgegen, sich selbst und den anderen im reflektierenden, selbstkritischen Gespräch und im gemeinsamen Erleben zu erkennen und damit im Bewußtsein wechselseitiger Abhängigkeit zur Autonomie zu gelangen.

Gruppengemeinschaft gegen Fragmentierung

Die Überwindung der psychosozialen Fragmentierung wird von Autoren der unterschiedlichsten Herkunft in der Intensivierung eines überblickbaren Gruppenlebens gesehen. Der Vater des Psychodramas, J. L. MORENO, soll einmal im Scherz gesagt haben: «Wenn Gott noch einmal auf die Erde käme, käme er als Gruppe.» Natürlich beziehen sich die folgenden Zitate nicht direkt auf konkrete Selbsthilfegruppen, die vielen noch unbekannt sind. Doch entsprechen die Vorstellungen, die sich beobachtende und reflektierende Intellektuelle machen, der jetzt beginnenden Realisierung der Selbsthilfegruppen. Ich lasse ganz verschiedenartige Positionen zu Wort kommen:

☐ «Der Mensch lebte auf den verschiedenen Stufen seiner kulturellen Evolution eigentlich immer in individualisierten Verbänden ... (Es) wird völlig übersehen, daß der Mensch individualisierte Verbände schätzt und sie auch gerne aufbauen möchte. Er möchte auch mit den Fremden bekannt werden.» So argumentierte IRENÄUS EIBL-EIBESFELDT zugunsten menschlicher Lebensformen angesichts einer Wohnarchitektur, die durch gegenseitige Isolation zwar die Fremdenfurcht vermeidet, aber nicht auflöst.[27]

☐ In seinem vielbeachteten Buch über die Vereinsamung in der Massengesellschaft sieht RALPH KEYES den einzigen Ausweg im Aufbau einer überblickbaren Gemeinschaft (community). Er definiert sie als «den Ort, an dem es sicher ist, daß andere einen wirklich kennen (the place where it's safe to be known).»[28] Und er meint: «... die grundlegende Aufgabe beim Aufbau einer Gemeinschaft ist es, kontinuierliche Gruppen (on-going groupsettings) einzurichten, in denen jedes Mitglied sich sicher genug fühlt, seine Maske fallen zu lassen, sich zwanglos zu benehmen und keine der Rollen spielen zu müssen, die Arbeit und Familie sonst von ihm verlangen.»[28]

☐ «Was heißt Demokratie, Freiheit, Menschenwürde, Lebensstandard, Selbstverwirklichung, Erfüllung? Geht es dabei um Güter oder Menschen? Selbstverständlich geht es um Menschen. Doch Menschen können nur in kleinen überschaubaren Gruppen sie selbst sein. Wir müssen daher lernen, uns gegliederte Strukturen vorzustellen, innerhalb derer eine Vielzahl kleinerer Einheiten ihren Platz behaupten kann.» So formuliert der britische Ökonom E. F. SCHUMACHER die Rückkehr zum menschlichen Maß – hier bezogen auf kleine wirtschaftliche Einheiten.[29]

☐ In seinen fünf Vorschlägen zur Überwindung der «Subalternität, die in verschiedenen Graden und Ausprägungen die überwältigende Mehrheit der Menschheit betrifft», «ein Effekt der gesamten modernen Produktionsweise ist» und «mit der Stufenzahl der Hierarchie wächst»[30], schlägt RUDOLF BAHRO unter anderem vor: «Die Herstellung von Bedingungen für ein neues Gemeinschaftsleben auf der Basis autonomer Gruppenaktivitäten, um die sich erfüllte menschliche Beziehungen kristallisieren können, um von hier aus der Isolierung und Vereinsamung der Individuen in den Einzelzellen der modernen Arbeits-, Schul-, Familien- und Freizeitwelt eine Grenze zu setzen.»[31]

☐ «Auf der Ebene der kleinen Gruppe ist der Gesellschaft Kohäsion immer möglich gewesen. Wir schließen daraus, daß die Zivilisation, will sie bestehen bleiben, in der Beziehung zwischen den gesellschaftsbildenden Gruppen und der zentralen Leitung der Gesellschaft manche Merkmale der kleinen Gruppe beibehalten muß.» Dieses Fazit zieht GEORGE CASPAR HOMANS am Ende seines umfassenden Werkes über die Theorie der sozialen Gruppe in dem Kapitel «Gruppe und Zivilisation. Die Lösungen des Problems»[32].

☐ Selbsthilfegruppen entsprechen weitgehend dem, was der Soziologe AMITAI ETZIONI «menschliche Projekte» nennt und als entscheidende Möglichkeit ansieht, die «Unauthentizität» (in) unserer Gesellschaft zu verringern: «Ein Projekt ist ein konzentrierter Akt. Es beinhaltet relativ spezifische Ziele sowie ein erhöhtes Maß an Aktivität und deshalb einen bestimmten Mobilisierungsgrad.» ETZIONI bezieht sich mit Absicht auf die Existentialisten – «das Sein (des Menschen) ist ausgedrückt in seinen Wahlhandlungen und Bindungen und in den Projekten, die er unternimmt. In ihnen projiziert er sich selbst; sie sind seine Existenz. Das heißt, der Mensch ist nicht ein Ding, sondern eine

Aktion. Für die existentialistische Philosophie ist ein entfremdeter Mensch jemand, der keine Entscheidungen trifft und aus seiner Verantwortung flieht; oder, wie wir formulieren würden, passiv ist und sich nicht in seinen ‹eigenen› Projekten engagiert.»[33]

Die Zitate ließen sich vermehren. Ähnliche Vorstellungen äußerten IVAN ILLICH[34] und ALVIN TOFFLER[35]; der Erfolg von HORST EBERHARD RICHTERS Buch «Die Gruppe»[36] signalisierte ebenfalls diese Entwicklung. Es geht um den Gewinn von Selbstverantwortlichkeit und Identität, die etwa JÜRGEN HABERMAS außerhalb der festen gesellschaftlichen Institutionen unserer sehr komplexen Gesellschaft vor allem im wesentlichen Gespräch für realisierbar hält.[37]

Neuer Subjektivismus:
Selbstgefühl und Abhängigkeitsbewußtsein

Das sich bildende neue Selbstverständnis verläßt endgültig die Konzeption des Individualismus, ohne sich damit als total abhängiges Element eines Kollektivs zu begreifen. Das erlaubt schon die gesamtgesellschaftliche Entwicklung zur Selbstkontrolle nicht. Vielmehr erwacht das Bewußtsein in doppelter Hinsicht: nämlich als Subjekt eigenständig zu sein, sich in dieser Eigenständigkeit aber auch unter Einfluß und im Verbund mit den anderen und der Umwelt zu empfinden. Vielleicht zeigt sich darin ein neuer Subjektivismus: das Subjekt wird sich seiner selbst, aber auch gleichzeitig seiner Bedingtheiten stärker bewußt. Dieses Bewußtwerden führt zu einer Handlungsbereitschaft, die sich gleichermaßen auf sich selbst wie auf die soziale Situation bezieht. Man kann dieses Selbstverständnis als einen Zwang des gesellschaftlichen Prozesses ansehen, wie ihn NORBERT ELIAS als zweite Phase der Monopolbildung, das heißt im Zuge der Machtverteilung auf die Bevölkerung darstellt. Doch kann man ebenso von der inneren Notwendigkeit sprechen, sich einen angemessenen Weg zur Befriedigung der Grundbedürfnisse zu erschließen, der allein über eine ständige Selbstaktualisierung im Bewußtsein des wechselseitigen Angewiesenseins erreichbar scheint. Für die Entwicklung der neuen Identität ist der Abbau der hierarchischen Strukturen zugunsten der demokratischen Egalität und eine bestimmtere Übernahme von Verantwortung charakteristisch.

Ich möchte in diesem Zusammenhang die Entwicklung von der passiv-machenden Verwaltung des Menschen, von der «organisierten Verantwortungslosigkeit», wie RUDOLF BAHRO es einmal nannte, zu einer stärker mitentscheidenden Selbstbestimmung hin darlegen: Die institutionalisierten ungleichgewichtigen Beziehungen zum Beispiel zwischen Fürsorgern, Planern, Verwaltern einerseits und dem unmündigen verwalteten Bürger oder Patienten andererseits sind selbst ein Resultat des gesellschaftlichen Verflechtungsprozesses, der sich über Konkurrenzkämpfe vorantreibt. Der Konkurrenzkampf bleibt bestehen, solange eine soziale Einheit durch eine stärkere in ihrer Existenz bedroht wird. Daher ist das Leistungsprinzip nicht zu beseitigen – es sei denn, uns gelänge die Aufhebung der Machtkämpfe. Unsere «Werte» folgen anderen Gesetzen als denen unseres persönlichen Wollens. Sie erwachsen aus dem sozialen Kontext. Wir können nicht einfach das Leistungsprinzip nicht wollen. Bestenfalls gelingt das einzelnen Privilegierten. Aber so, wie sich die hierarchische Beziehung – das Vorgesetzten-Untergebenen-Verhältnis, das Oben und Unten – aus den Notwendigkeiten des Verflechtungsprozesses als Steuerungsmonopol in allen Subsystemen der Gesellschaft ergab: im kirchlichen Bereich, in der Familie, in der Arbeitswelt, in der Verwaltung, im Erziehungswesen und nicht zuletzt in der medizinischen Versorgung, ebenso sorgt jetzt derselbe Prozeß aus denselben Gründen, nämlich denen einer verbesserten Steuerung eines jetzt noch komplexer, noch veränderlicher und noch funktionsteiliger werdenden sozialen Systems, für den Untergang der hierarchischen Beziehung, für die Verteilung der Entscheidungsgewalt und Verantwortlichkeit, oder anders gesagt: für die Emanzipation des Menschen. Wir erstreiten diese Selbständigkeit und die Entscheidungskompetenz, weil es der gesamtgesellschaftliche Verflechtungsprozeß, das heißt die Notwendigkeit der Steuerung erfordert. «Von der Unordnung zur Ordnung der Welt» – wie es im sogenannten RIO-Bericht an den Club of Rome heißt (Reform der internationalen Ordnung zur Beseitigung bestehender Ungerechtigkeiten im gegenwärtigen System der Beziehungen zwischen Nationen und Völkern).[38] Damit sind wir nicht nur Statisten eines Emanzipationsdramas: nein, wir kämpfen um ein Stück besserer, wechselseitiger Abstimmung, die jenes Maß äußerer Freiheit, jenen menschlichen Spielraum erlaubt, den wir uns im Rahmen der *Anánke* (hier verstanden als die Notwendigkeit des Gesamtprozesses) überhaupt erhoffen können. Wir erkämpfen, wir erhandeln uns die Selbstverantwortlichkeit im Sinne der zweiten Phase der Monopolbildung, in der die Entscheidungsgewalt auf die Betroffenen übergehen muß. Dieser Prozeß erscheint zwangsläufig, denn er führt zu einer besseren, angemesseneren Steuerung der Gesellschaft und mehrt ihre Macht, die in Ost-West- und Nord-Süd-Auseinandersetzungen, in den Wirtschaftsrivalitäten der westlichen Industrienationen oder unter den multinationalen Konzernen ihre ungebrochene Bedeutung hat. So zwangsläufig die Entwicklung aber sein mag, so wenig können wir diese Zwangsläufigkeit gleichsam abwarten. *Denn wir selbst bilden mit unserem Handeln diese Zwangsläufigkeit.* Wir selbst geraten in Konflikte, in Notlagen. Wir empfinden plötzlich die asymmetrischen, hierarchischen Beziehungen und die schwerfällige Bürokratie als unzureichend und sehen uns aus Not gezwungen, unser Verhalten und unsere Beziehungen in den unterschiedlichsten Bereichen zu ändern. Wie immer in der Geschichte geht unser Weg über das Gemisch von Zwang und Einsicht, über Konfliktlagen und deren Lösung, über den Leidensdruck. In der Emanzipationsbewegung und in der Aufhebung hierarchischer Verhältnisse sehen wir eine solche Lösung aus einem jetzt erst unzureichenden, jetzt erst zu Konflikten führenden Zustand des Oben und Unten.

Unser Selbstverständnis ändert sich damit erheblich. Wir empfinden uns nicht mehr als geschlossene, sondern als offene, nicht als fertige, sondern als werdende, nicht als sich selbst besitzende, sondern sich selbst erfahrende Individuen. Das neue

Subjektgefühl kommt vielleicht am besten in dem Satz zum Ausdruck: Ich habe nicht meinen Körper, ich bin mein Körper.[39] Nichts macht die tiefe Kluft zwischen dem technischen Verständnis des Körpers in der heutigen Medizin und diesem sich entwickelnden Bewußtsein der neuen Subjektivität deutlicher. Das parallel entstehende neue Wertsystem wird vermutlich in ERICH FROMMS «Haben oder Sein» treffend erfaßt.[40] Vielleicht hängt diese Neuordnung der Werte mit einem schnellen sozialen Wandel zusammen. Denn mit ihm ist eine schnelle Entwertung jedes Besitzes verbunden. Was heute wertvoll sein mag, ist morgen vielleicht schon bedeutungslos. Die große Resonanz der Meditation oder wenigstens meditativer Verfahren spricht dafür. Selbst die heutigen seelischen Erkrankungen, die Grundstörungen, betreffen mehr das Unbehagen am Sein, am Selbstgefühl, als die Konflikte mit den anderen Menschen, den «Objekten». So wenig wie man sich selbst als Objekt empfindet, so wenig ist auch der andere Objekt. Variationen dieses Subjektivismus zeigen sich fast durchgehend in den Wissenschaften: am Beispiel der Narzißmusdiskussion in der Psychoanalyse, der Aktionsforschung in der Soziologie, der Kritik an den objektivierenden Methoden in der Psychologie, der Skepsis gegenüber großen wirtschaftlichen Einheiten in der Ökonomie. Der Subjektivismus ist aber auch an grundlegenden Veränderungen in der Mentalität der Bevölkerung zu erkennen, so zum Beispiel an der «neuen Romantik» in den Vereinigten Staaten, welche die «Depersonalisierung in der Sexualität und in den menschlichen Beziehungen» aufheben möchte und «als der mysteriöse emotionale Prozeß» bezeichnet wird, «durch den die Nation sich selbst heilt».[41] Es geht also nicht um die zerstreute Tätigkeit einiger «Humanisierer» (*humanizers*[42]) oder – um eine Wortprägung des Selbsthilfegruppenmitglieds und Schriftstellers ERNST HERHAUS aufzugreifen – um sporadisches «Gemenschel». Vielmehr verändert sich das Bewußtsein durchgängig und in einer tieferen Schicht, wenn es auch natürlich nicht in allen Gesellschaftsgruppen gleich ausgeprägt ist. Am deutlichsten wird es vielleicht in den vielen Frauengruppen und vereinzelten Männergruppen der

Emanzipationsbewegung. Im neuen Subjektivismus empfinden die Menschen sich selbst und ihre Umwelt als eine Gestalt. Sie versuchen, aus der Anonymität, der Einseitigkeit und der Vereinzelung wieder in ein angemessenes psychoökologisches Gleichgewicht zurückzufinden. Die Demystifizierung der einst so faszinierenden Großstädte gehört zu diesem Prozeß. In den USA spricht man von einer Völkerwanderung, die für alle Bevölkerungsplaner überraschend kam. Heute würden zwei Drittel der Bevölkerung das Leben auf dem Land oder in einer Kleinstadt mit weniger als 50000 Einwohnern bevorzugen, 1950 waren es ebenso viele für die Großstädte. Diese unerwartete «Revolution der Kleinstädte» in den USA[43] findet eine europäische Parallele in der schwindenden Attraktivität einer einst so ausstrahlungsstarken Stadt wie Paris. Auch die Franzosen ziehen es heute vor, auf dem Land zu leben.

Die Entwicklung zum neuen Subjektivismus steht vermutlich erst am Anfang. Sie beginnt sich erst zu formulieren. ROBERT JUNGK zum Beispiel stiftet in der «Enzyklopädie der Zukunft» zur praktischen Zukunftsgestaltung an, d. h. zum Ausbruch aus der Isolation der Fachgebiete und Existenzen. Der neue Menschentyp, den er als ideal und notwendig beschreibt, die «neuen Enzyklopädisten» überwinden die eigene Einseitigkeit durch Zusammenschluß. Gerade dadurch unterscheiden sie sich von den alten Enzyklopädisten, die Tatbestände auseinanderrissen, hierarchisch ordneten und mit ihrem Wissen eher herrschen als leben wollten. «Sie wissen um ihre Abhängigkeit. Sie schämen sich ihrer Subjektivität nicht, sondern freuen sich ihrer, denn sie ist ihr Beitrag zur Vielfalt des Lebens. Gerade weil sie ein Gefühl für das Ganze besitzen, sind sie sich der eigenen Begrenztheit bewußt und suchen sie durch Verbindung mit anderen ‹Begrenzten› auszugleichen» . . . «Und schließlich werden die ‹neuen Enzyklopädisten› lernen müssen, jenen Zahllosen zuzuhören, die bis jetzt fast nie dazu kamen, ihre eigenen Gedanken, Ideen, Visionen zu artikulieren, weil man ihnen das Selber-Entwerfen, Selber-Planen und Selber-Sprechen nicht zutraute.»[44]

Sicher sind hier ideale Entwicklungen angedeutet. Doch entspricht das darin enthaltene Lebensgefühl weitgehend jener Identitätsbildung, die sowohl zu den Selbsthilfegruppen führt wie auch durch sie entfaltet wird.

Gruppenselbstbehandlung:
Die praktisch-therapeutische Bedeutung

Grundmerkmal: Einfachheit

Ein wesentliches Merkmal der Gruppenselbstbehandlung ist ihre Einfachheit. Sie ergibt sich aus dem Ansatz des Verfahrens: weil sie das Selbsthilfepotential nutzt, ist für Selbsthilfegruppen nicht mehr und nicht weniger erforderlich als der Mensch. Wenn man die notwendigen Selbstentwicklungsfähigkeiten des Menschen als höchst komplexe Funktionen ansieht, die durch kein noch so raffiniertes technisches Gerät zu ersetzen sind, entpuppt sich diese Einfachheit als höchste Differenziertheit. Das ändert nichts: die Gruppenselbstbehandlung hat so schlichte Voraussetzungen wie ein Gespräch.

Kostenlosigkeit, Flexibilität, Basistherapie

Aus der Einfachheit ergeben sich drei gesundheitspolitisch wichtige Eigenschaften. Die Selbsthilfegruppen sind:
1. kostenlos,
2. flexibel,
3. ein Grundheilmittel.
Kostenlosigkeit: Durch Selbsthilfegruppen entstehen gewöhnlich keine Kosten – auch nicht indirekt, etwa durch Ausbildung. Geringe Raummieten und eine bezahlte Gruppenselbsthilfeberatung könnten gelegentlich den einzigen finanziellen Aufwand darstellen. Er ist verschwindend gegenüber der sonstigen explosiven Kostenentwicklung des Gesundheitswesens. Nicht zuletzt ergibt sich der geringe Aufwand aus dem direkten therapeutischen Weg, das heißt aus der Vermeidung der Hochspezialisierung, Bürokratie und Institutionalisierung. Vielleicht

werden Forschungen eines Tages sogar ergeben, daß Selbsthilfegruppen die Kosten des Gesundheitswesens verringern. Es ist ja bereits nachgewiesen, daß nach psychotherapeutischen Behandlungen schwerere Erkrankungen seltener und kürzer auftreten und dementsprechend geringere Krankenhauskosten verursachen. Diese Form des Effizienznachweises, das heißt finanzielle Gründe und weniger der Dienst an der seelischen Gesundheit der Bevölkerung, hat dazu geführt, daß Psychotherapiekosten heute von den Krankenkassen übernommen werden. Auch Selbsthilfegruppen dürften in ähnlicher Weise körperliche und schwerere seelische Erkrankungen verringern. Im übrigen ermöglicht die Kostenlosigkeit der Selbsthilfegruppen ihre unbegrenzte Kapazität.

Flexibilität: Flexibilität heißt rasche Einrichtung der Selbsthilfegruppen dort, wo sie sinnvoll erscheinen, wie auch schnelle Umstellung auf neue situative Bedingungen und Bedürfnisse. Die Flexibilität ist unvergleichlich größer als in der professionellen Versorgung, weil jeglicher institutionelle Ballast einschließlich lähmenden Zuständigkeitsgerangels fehlt.

Grundheilmittel: Weil Selbsthilfegruppen eine nicht-spezialisierte psychologische Basistherapie darstellen, sind sie breit anzuwenden. Es ist kaum eine Erkrankung mit psychosozialen Ursachen oder Folgen vorstellbar, deren Genesung bzw. Behandlung nicht erheblich durch Selbsthilfegruppen unterstützt würde. Zur breiten Indikation, die sich erst in Zukunft präzisieren wird, kommt eine gute Verträglichkeit mit zahlreichen professionellen Behandlungsformen. Die Gruppenselbstbehandlung ist sozusagen mit der professionellen Therapie in jedem Grade mischungsfähig, wenn die verzerrenden Momente, vor allem die beabsichtigte oder ungewollte Dominanz der Experten, vermieden werden. Diese Mischungsfähigkeit hat auch für den Experten-Selbsthilfegruppen-Verbund eine sehr hohe Bedeutung, weil sie erlaubt, die wechselseitigen Ängste zu dosieren. Weder therapeutische Experten noch Teilnehmer müssen sozusagen von Anfang an voll einsteigen. Sie können auch vorsichtiger beginnen. Es gibt zahllose gleitende Übergangsformen.

Selbsthilfegruppen sind die natürlichen Verbündeten der psychotherapeutischen, psychiatrischen und psychosozialen Therapie. Was allerdings die Einfachheit dieses Grundheilmittels nicht mit sich bringt, ist die Auflösung der Barrieren gegen die Gruppenselbstbehandlung: Fremdenfurcht und Konfliktangst, jene tiefen Ambivalenzen also, die schließlich auch RALPH KEYES[45] als hintergründiges Hemmnis bei der notwendigen Gemeinschaftsbildung ansah. Die ganze Bedeutung der Selbsthilfegruppen steht und fällt also mit der Widerstandsauflösung, das heißt mit einem Akt des Erkennens – nicht des Bezahlens.

Psychologisch-therapeutische Bedeutung

Die bisher genannten Eigenschaften bezogen sich auf die Kostenfrage und auf technische Vorteile. Sie sind in praktischer Hinsicht wichtig. Wesentlicher aber ist die nicht-finanzielle, die seelisch-therapeutische Bedeutung.

Die Selbsthilfegruppe nutzt die einfachen und wahrscheinlich wichtigsten gesundheitsbildenden Funktionen, die natürlichen Ressourcen optimal: mit anderen sprechen; ihnen zuhören; sich austauschen; sich besinnen; sich Zeit lassen; Beziehungen eingehen und erleben. Wenn sich Selbsthilfegruppen gut entwickeln, können sie zur Werkstatt einer kritischen und entwerfenden Phantasie werden. Sie sind ein menschliches Arrangement, das zu Konflikten und deren Lösung befähigt, Defekte behebt, den eigenen Lebenszusammenhang erweitert und die Identität ausbildet. Das ist in einer Zeit beschleunigter Veränderungen außerordentlich nötig. Sie sind gleichzeitig Stabilitätszonen und Verarbeitungschancen für äußere und innere Umbrüche. Wenn die psychosoziale Beschleunigung eine andauernde seelische Entwurzelung mit sich bringt, wie viele Beobachter meinen, dann ist diese Kombination außerordentlich günstig – besonders für Menschen, die bereits in ein inneres seelisches Ungleichgewicht geraten sind und empfindlicher auf weitere Belastungen reagieren. Selbsthilfegruppen bilden eine subjektive Wirklichkeit aus, ein neues Bezugssystem. Ihr Ziel ist also die Sinnbildung. Sie ähneln einer Primärgruppe (zum Beispiel Familie), indem sie eine passagere seelische Heimat und strukturbildende Identifikationsmöglichkeiten bieten. Sie sind also im Zuge einer Evolution menschlicher Gruppen eine Primärgruppenvariation. Die entscheidende psychologische Wende liegt darin, daß diese Gruppe nicht passiv gegeben ist, sondern aktiv hergestellt wird. Sie ist also schon in ihrer Anlage bewußter, zielorientierter, selbstbestimmter und «erwachsener». Das entspricht einer inneren seelischen Strukturbildung: man kann nur aktiv leisten, was man internalisiert hat. Vielleicht spielt hier die zunehmende Bedeutung der Altersgruppensozialisation schon mit. Aber auch ohne diese Vorerfahrung legen steigende psychische Not und Einsicht nahe, die Anstrengung zum konfliktlösenden Zusammenschluß nicht zu scheuen. Ja, schon als reine Möglichkeit, als Chance, dürften Selbsthilfegruppen therapeutisch wirken, weil sie zu einer aktiven Haltung auffordern, ähnlich wie eine Hoffnung hilft, ohne daß real schon etwas geschehen wäre. Sie können als Dauerform oder als Gelegenheitsgruppe therapeutisch wirken. Sie haben ihren besonderen Wert durch den grundlegenden Ursachenwandel unserer größeren Erkrankungen, für die nicht Infektionen, sondern menschliches Verhalten die Hauptbedingung stellt. Sie sind in der Lage, die institutionalisierten Routinen der üblichen Versorgung im erkennenden Gespräch aufzulösen. Sie heben das hierarchische Beziehungsmuster auch in der psychosozialen Versorgung auf. Langfristig gesehen sind sie das Resultat einer Demokratisierung, die jetzt auch im Bereich der Therapie Entscheidungen und Steuerungen teilweise in die Hände der Betroffenen übergehen läßt. Das ist folgerichtig: die Ära der groben Selbstunterdrückung des eigenen Trieb- und Affektlebens, die wegen des ansteigenden wechselseitigen Angewiesenseins gesellschaftlich zwingend wurde (Zwang zum Selbstzwang), war auf stabile Beziehungen zwischen Kindern und Beziehungsfiguren angewiesen. Denn erst die Internalisierung der verbietenden Beziehungen zum Über-Ich erlaubte dem Individuum eine Selbstkontrolle. Diese Beziehungen sind jedoch schütter und lückenhaft geworden. Die Innensteuerung verringert sich gegenüber der Außenlenkung, die jetzt aber von den Eltern auf die Altersgenossengruppe (als lebensgeschichtliche Vorform der Selbsthilfegruppen?) übergeht. Darüber hinaus brachte aber auch das Ausmaß der Selbstunterdrückung eine erhebliche Störung der engen zwischenmenschlichen Verflechtung und des reibungslosen Funktionierens mit sich: die Kontaktstörungen und Arbeitsstörungen (wenn nicht gar die neue Kategorie der Arbeitskontaktstörungen [46]). Das Gesamtergebnis müßte lauten: die pure, grobe Unterdrückung durch das individuelle Über-Ich muß zugunsten einer differenzierteren, anpassungsfähigeren und tatsächlich emanzipierteren Selbststeuerung der eigenen Impulse und Affekte zurücktreten – die beständigen Eltern weichen der flexiblen Gemeinschaft der Altersgenossen, die auch der späteren realen Lebenssituation mit vielfältig verflochtenen Beziehungen ähnlicher ist. Dieser neuen menschlichen Situation entsprechen die Selbsthilfegruppen weitgehend – gleichsam als einer Übungsstätte für das Leben.

Zweiter Versorgungsweg, Rückwirkung auf professionelle Therapie, Emanzipation der helfenden Beziehung

So sehr nun die Selbsthilfegruppen den Betroffenen eine realistische Chance bieten, die Therapie bis zu einem gewissen Grad selbst in die Hände zu nehmen, so sehr muß sich dadurch auch das Gefüge der Versorgung verändern. Diese Bedeutung für die Struktur der medizinischen und psychosozialen Versorgung beruht auf drei Momenten:

1. Eröffnung eines kapazitätsstarken zweiten psychosozialen Versorgungsweges als Entlastung und Ergänzung der professionellen Tätigkeit.
2. Therapieprinzip Gruppenselbsthilfe als Herausforderung der professionellen Methodik.
3. Rollenveränderung von Arzt und Patient im Sinne einer Enthierarchisierung und Emanzipation der helfenden Beziehung.

Zweiter Versorgungsweg: Der zweite psychosoziale Versorgungsweg stellt als Basistherapie der psychotherapeutischen, psychiatrischen, psychologischen Medizin und Sozialarbeit eine Entlastung dar. Auf diese Weise entsteht Raum für die Behandlung der Kranken, denen die Selbsthilfegruppen nicht helfen können. Zugleich stellt der zweite Versorgungsweg für die psychosoziale Medizin eine Erweiterung dar, unter Umständen im Sinne eines erheblichen Multiplikatoreneffektes. Wegen ihrer unbegrenzten Kapazität vergrößern Selbsthilfegruppen die Reichweite der psychosozialen Medizin erheblich, vor allem in drei Dimensionen

☐ intensivere Ausnutzung der professionellen Psychotherapie durch Nachfolgeselbsthilfegruppen;

☐ wirksame psychologisch-therapeutische Behandlung im ganzen Gebiet der Organmedizin;

☐ psychosoziale Vorsorge, aber auch Versorgung für jene Menschen, die bisher von der überlasteten professionellen Psychotherapie als zu leicht befunden (zum Beispiel Schüchterne; schlagende Eltern) oder ganz vernachlässigt wurden (zum Beispiel Sterbende und Angehörige von Sterbenden).

Wenn es auch sehr zu begrüßen ist, daß es mit dieser vergrößerten Reichweite gelingen kann, im Bereich der Organmedizin endlich die psychosoziale, die persönliche Hilfe zu der technischen Hilfe hinzukommen zu lassen, so ist doch die Gefahr nicht ausgeschlossen, daß Selbsthilfegruppen die zweifache Teilung der Medizin fixieren helfen:

1. Basisbereich gegen Spezialistenbereich,
2. psychosozialen gegen organischen Bereich.

Insofern fördern Selbsthilfegruppen in gewisser Weise die allerdings wohl auch sonst kaum zu verhindernde Aufspaltung des Heilens.

Rückwirkung auf die professionelle Therapie: Schlagwortartig gesagt leisten Selbsthilfegruppen das, was die Medizin verdrängt: die grundlegende und die psychosoziale Hilfe. Das aber hat eine tiefere Dimension. Jörg Fengler schreibt, daß das Prinzip Therapie zur Revision stehe.[47] Für die Organmedizin ist vielleicht der psychologisch-therapeutische Bereich schon zu entfernt, als daß hier noch eine Herausforderung durch Selbsthilfegruppen erlebt werden könnte. Für die Psychotherapie aber bedeutet das Prinzip Gruppenselbsthilfe unter Umständen auch eine Besinnung auf die eigene Methodik. Sind hoch spezialisierte Fachleute auch im Bereich der psychologischen Medizin überall nötig? Sollte das Selbsthilfeprinzip nicht stärker genutzt werden? Wie bedeutend und notwendig ist die Regression für den Heilungsprozeß? Ist vielleicht die Gruppentherapie im Vergleich zur Einzelbehandlung die allgemeinere und erste Indikation, wie S. H. FOULKES schon annimmt?[48] LEON LEVY und Mitarbeiter betonen bei der Analyse der Selbsthilfegruppenmechanismen die stärkere Bedeutung der kognitiven und rationalen Interaktionen neben den von Experten so hoch geschätzten emotionalen Vorgängen und fragen, ob wir daraus auch für die professionelle Therapie lernen könnten.[49] Wie steht es mit der Modellwirkung des Analytikers, der notwendigerweise der Abstinenzregel folgen muß? Was ist stärker: die frühe lebensgeschichtliche Fixierung oder der aktuelle pathogene soziale Einfluß? – JÖRG FENGLER vermutet, daß sich «im Bereich der psychischen Versorgung ein ‹Wandel zweiter Ordnung› anbahnen (könnte), gleichsam eine Metaveränderung der Art, daß es nicht zu einer einfachen Vergrößerung der Therapeutenzahl kommt, sondern das Prinzip Therapie selbst Gegenstand einer Revision wird.»[50]

Rollenveränderung: Das Selbsthilfegruppenmitglied ist kein Patient mehr, der Experte als Gruppenselbsthilfeberater kein Therapeut. Damit wird ein asymmetrisches Verhältnis im Sinne einer Abhängigkeitsbeziehung aufgehoben. Das ist für Patienten und Ärzte gleichermaßen ungewohnt. Doch wird diese Enthierarchisierung sicherlich auch auf die übliche therapeutische Beziehung zurückwirken. Eine stärkere Gleichstellung und Partnerschaft verhindern den kostentreibenden Effekt einer starken asymmetrischen Beziehung, den ein Senator des US-Bundesstaates Utah und seine Mitarbeiter in einer persönlichen Aktion aufdecken konnten: «Als arme Männer verkleidet traten (sie) in mehreren Bundesstaaten der USA als Patienten auf und fanden ihren Angaben zufolge heraus, daß das US-Gesundheitsfürsorgeprogramm für Arme (Medicaid) um Milliarden Dollar betrogen wird. Feststellungen des Senators FRANK MASS zufolge nehmen Ärzte an Patienten unnötige Untersuchungen vor, stellen für Leistungen gleich zweimal Rechnungen aus und schicken Patienten ohne Grund von Klinik zu Klinik. Ein Mitarbeiter des demokratischen Senators, der den Vorsitz im Senats-Unterausschuß für langfristige Gesundheitsfürsorge führt, gab in einem Krankenhaus in Los Angeles flüssige Seife als Urinprobe ab und erhielt den Bescheid, die Probe sei ‹normal›. Einem anderen Mitarbeiter mit ausgezeichneter Sehfähigkeit wurden drei Brillen verordnet, ein dritter mußte sich Röntgenaufnahmen unterziehen – an einem Gerät ohne Film. Der 64jährige FRANK MASS und seine Mitarbeiter erfreuten sich bester Gesundheit, als sie 100 Krankenhäuser in New York City, New Jersey, Michigan und Kalifornien besuchten. In jedem Krankenhaus erklärten sie lediglich, sie hätten eine Erkältung. Die Ärzte entdeckten daraufhin bei den kerngesunden Männern eine Fülle von Krankheiten, von Bronchitis bis zu schweren Entzündungen der Harnwege usw.»[51]

Die notwendige kritische Mitwirkung der Patienten am Gesundheitswesen fordert auch der Medizinsoziologe ELIOT FREIDSON.[52] Tatsächlich lehrt auch jede einfache Systemkunde, daß erst bei einer offenen Wechselwirkung aller Teile, also auch bei einer Partizipation der Patienten (die heute teilweise zum Beispiel in der freien Wahl des Arztes gegeben ist) eine bedürfnisgerechte und effiziente Steuerung und Abstimmung erreicht werden kann. Eine breite Entfaltung der Selbsthilfegruppen bedeutet eine indirekte, aber wohl auch für die Therapeuten letztlich hilfreiche Mitbestimmung. Hier dürfte sie analog der Emanzipation der Beziehung zwischen Männern und Frauen zu einer Emanzipation der Arzt-Patient-Beziehung führen.

Bürgerinitiative: die politische Bedeutung

Unmittelbar gegebene Wirkung und geplante politische Wirkung

Selbsthilfegruppen haben eine unmittelbar gegebene politische Wirkung: sie folgen den beiden Werten der Selbstbestimmung und der Solidarisierung. Die Gruppenselbsthilfe ist eine Form der direkten Demokratie innerhalb der Gruppe. Zwar erscheint diese Demokratie begrenzt auf eine persönliche therapeutische Zielsetzung, nämlich die besten inneren und äußeren Bedingungen für die Selbstverwirklichung zu finden, diese Zielsetzung kann aber auch für die allgemeine Politik gelten, sofern sie den Menschen und seine Grundbedürfnisse ins Zentrum stellt.

Andererseits setzt das untrennbare Doppelziel Selbstveränderung – Sozialveränderung eine bewußtere politische Absicht voraus. Selbsthilfegruppen sollten nach Möglichkeit die Funktion der sozialen Anwaltschaft[53] übernehmen. Sie wird zum Beispiel von den medizinischen Selbsthilfeorganisationen gezielt verfolgt.

Die gesundheitspolitische Bedeutung der Selbsthilfegruppen ist von ihrer allgemeinen politischen Bedeutung kaum abzugrenzen.

Therapeutische Bürgerinitiative, Politik und Wirtschaft

Aufgrund ihrer unmittelbar gegebenen wie aufgrund ihrer geplanten politischen Bedeutung gehören Selbsthilfegruppen zu den Bürgerinitiativen. Wenn therapeutische Experten sich ein neues Selbstverständnis als Gruppenselbsthilfeberater in Zusammenarbeit mit den Teilnehmern erarbeiten müssen, um damit zu einem für alle wirkungsvolleren Verbund der professionellen Versorgung mit den Selbsthilfegruppen beizutragen, dann ist wohl in ähnlicher Weise eine Änderung des Rollenverständnisses der Politiker angesichts der Bürgerinitiativen erforderlich. Nur so kann die große Chance genutzt werden, daß Politiker und Bürger in einen viel direkteren, gemeinsam reflektierenden Austausch kommen und sich die professionelle Politik mit den Bürgerinitiativen zu wechselseitigem Vorteil verbindet. Politiker wären die gegebenen Bürgerinitiativenberater – und zwar gerade für den sozialpolitischen Bereich. Das wird zum Teil sehr deutlich begriffen. Andererseits bleiben reflexionsvermeidende, wenn nicht gar gesprächsfeindliche unterdrückende Maßnahmen nicht aus. Im politischen Bereich kommt es zu den gleichen wechselseitigen Reaktionen, wie wir sie aus dem Versorgungsbereich kennen: dem positionsbedingten, blinden Entsetzen der professionellen Helfer und der unreflektierten Schwerfälligkeit, wenn nicht Begriffsstutzigkeit der Behörden angesichts der Gruppenselbstbehandlung entsprechen ganz ähnliche Verhaltensweisen der Politiker und ihrer Institutionen angesichts der Bürgerinitiativen. Ich betrachte hier die Selbsthilfegruppe in ihrer Bedeutung als therapeutische Bürgerinitiative mit allen Merkmalen, die heute Bürgerinitiativen im Bereich Erziehung, Stadtplanung, Umweltschutz usw. auszeichnen. Der ganze Komplex von wechselseitigem Widerstand, aber auch von wechselseitiger Unterstützung zwischen therapeutischen Selbsthilfegruppen und Experten läßt sich ohne Schwierigkeiten im sozialpolitischen Bereich wiederfinden, in den die Selbsthilfegruppen hineinwirken. Wir können als Beispiel einige Ereignisse im Zusammenhang mit der Bürgerinitiative Umweltschutz heranziehen. Wenn auf der einen Seite ständig von einer zum Dialog fähigen Gesellschaft gesprochen wird, auf der anderen Seite aber Beschäftigten im öffentlichen Dienst das Tragen einer Bürgerinitiativen-Plakette verboten wird – wie umstritten die Aufschrift «Atomkraft? – Nein Danke!» auch immer sein mag –, dann spricht allein diese schroffe Diskrepanz zwischen Wort und Tat für institutionalisierte Inauthentizität. Das Verbot – hier ausgesprochen durch einen Erlaß der Bildungsbehörde an die Lehrer im Land Hamburg[54] – ist eindeutig antidialogisch. Das Recht der freien Meinungsäußerung ist die Grundbedingung des offenen Gespräches und damit der Befähigung zum Dialog – gerade in politischen Fragen. Bürgerinitiativen sehen sich staatlichem Druck ausgesetzt. Ihre Gemeinnützigkeit wird behördlicherseits bereits bezweifelt. Eine solche konfrontierende Entwicklung ist unfruchtbar.

In einer Hinsicht unterscheiden sich die therapeutischen Bürgerinitiativen von den ausschließlich nach außen orientierten Bürgerinitiativen (wie zum Beispiel für Umweltschutz) erheblich: sie sind nicht nur auf die Veränderung der Sozialstruktur gerichtet, sie haben gleichgewichtig auch die Selbstbesinnung, das gemeinsame Gespräch und die Reflexion des eigenen Verhaltens zum Ziel. Das schafft zwar wiederum besondere Probleme, doch dürfte es in jedem Falle die eigene Dialogfähigkeit fördern und unreflektiertes Handeln reduzieren.

Dennoch können auch hier scharfe Auseinandersetzungen aufkommen. Als Beispiel für einen möglichen Konflikt zwischen therapeutischen Bürgerinitiativen und politischen Institutionen kann der vielbeachtete Zigarettenkampf zwischen der französischen Gesundheitsministerin SIMONE VEIL und dem Direktor des staatlichen Tabakmonopols in Frankreich (Gauloises, Gitanes zum Beispiel), PIERRE MILLET, dienen: einer Kampagne der Gesundheitsministerin gegen das Rauchen, die sich nachweislich als sehr wirksam herausstellte (3 Prozent weniger Raucher), begegnete das Tabakmonopol mit einer «verantwortungslosen und selbstmörderischen» Werbung, die natürlich ebenfalls aus Steuergeldern bestritten wird. Beide Staatsdiener wollen sich notfalls vor Gericht treffen.[55] Das macht die Härte deutlich. Der Kampf scheint zunächst um eine politische Wertsetzung, Gesundheit oder Wirtschaft, zu gehen. In Frankreich kommen dreimal so viele Menschen durch Tabakgenuß ums Leben wie durch Verkehrsunfälle. Natürlich ist die Lösung sehr komplex, weil die Wirtschaft wiederum für tausende Familien Auskommen bedeutet und auf diese Weise auch einen «Gesundheitswert» hat. – Dies kann man als Beispiel für die Selbsthilfegruppen heranziehen. Auf welcher Seite zum Beispiel Smokers Anonymous, Smokenders usw. stünden, wäre ebenso sicher wie der Kampf der Industrie gegen sie, sobald die Selbsthilfegruppen – etwa unter dem Slogan «Jede Zigarette dem Krebs einen Schritt näher» – ein wesentlicher, negativer Marktfaktor wären. Ein anderes Beispiel bietet die Pharmaindustrie. Sie reagierte sehr heftig, als die Weltgesundheitsorganisation für ihre medizinischen Programme in der Dritten Welt feststellte, daß sie mit ein paar hundert Basismedikamenten auskäme. Auf diesem Hintergrund kann man sich schon heute einen vorprogrammierten Konflikt zwischen der Psychopharmakaindustrie und den therapeutischen Selbsthilfegruppen vorstellen. Wenn JUTTA ihre Kiste verschriebener Medikamente wegwirft und statt dessen in eine Selbsthilfegruppe geht, die ihr entschieden mehr hilft, wenn also die menschliche Beziehung die medizinische Droge wirkungsvoller ersetzt, dann ist es für die Pharmaindustrie schwer, sich mit Selbsthilfegruppen zu befreunden. Auf den ungeheuren meinungsbildenden Einfluß, den die Medikamentenindustrie auf die gesamte Ärzteschaft hat, braucht man heute wohl kaum noch hinzuweisen. Daß dieser Einfluß unter Umständen unauffällig selbsthilfegruppenfeindlich sein kann, macht klar, worauf zu achten ist.

Es kann aber auch anders kommen. Selbsthilfegruppen könnten selektiv bevorzugt werden. So wären etwa Bluthochdruck-Selbsthilfegruppen zunächst deutlich auf eine Medikation angewiesen und würden zum Vorteil ihrer Mitglieder und der Industrie den Verbrauch der Medikamente eher erhöhen usw.

Die Beziehungen der therapeutischen Bürgerinitiativen zu Politik und Wirtschaft werfen grundsätzliche Fragen auf. Solange das Wirtschaftssystem tatsächlich das Sozialsystem, das heißt das Alltagsleben von uns allen steuert, heißt das primäre Ziel nicht «Wohlergehen der Menschen». Vielmehr geht es dann um die Frage, wie viele gesunde und wie viele kranke Menschen für die Wirtschaft gut sind. Differenzierter gesagt: wie das Mischungsverhältnis und die Verteilung von Krankheit und Gesundheit in der Bevölkerung und unter den Nationen zum «Wohlergehen der Wirtschaft» aussehen müssen. Es steht zu befürchten, daß es eher bei der Gesundheitsbegrenzung im Dienste der Wirtschaft bleibt, als daß es zu der Wirtschaftsbegrenzung im Dienste der Gesundheit käme. Die Arbeiter sind im Vergleich zur übrigen Bevölkerung kränker, weil die Wirtschaftseffizienz sich mit ihrer völligen Gesundheit nicht vereinbaren läßt.

Die Kaffeekanne: eine Parabel im Schafspelz

Die bis zum Entsetzen reichende Abwehr zahlreicher professioneller Helfer gegen die Gruppenselbstbehandlung hat im sozialpolitischen Bereich natürlich ihre Analogie. Dem gespenstischen Vorurteil, politisches Wirken der Selbsthilfegruppen sei das irrationale Herumagieren einer wild gewordenen Krankenmeute, ist die folgende harmlose technokratische Parabel aus dem Alltag der Versorgung entgegenzuhalten. Der Generaldirektor der Weltgesundheitsorganisation, HAFDAN MAHLER, berichtet von einer vorbildlichen therapeutischen Strategie im Rahmen der von ihm dringend geforderten Demystifizierung der hochtechnisierten Medizin[56]:

Eine medizinische Institution hatte sehr viele Brandwunden bei Kindern zu versorgen. Zunächst lag der Weg nahe, die Technik der Brandwundenversorgung zu perfektionieren. Das ist der Weg, den die Medizin heute allgemein beschreitet: die Anzahl der versorgten Fälle, der «Patientenzustrom», gibt der Klinik das einzige Druckmittel, mehr Geld zu fordern, das sie dann bestenfalls in eine höhere Technologie umsetzt. So schraubt sich die Spirale höher und höher. Zum Teil ist dieser Weg nötig. Bestmögliche Versorgung empfinden wir als selbstverständliches Gebot. Die betreffenden Mediziner ließen aber in diesem Falle die ausreichende Wundversorgung, wie sie war, und forschten nach dem Hintergrund der Verbrennungen. Es waren vorwiegend Verbrühungen durch kochend heißen Kaffee zu Hause. Die Mediziner sorgten für den Entwurf einer Kaffeekanne, die nichts ungewollt auslaufen läßt (*which would not spill*). Die Kanne wurde weithin von der Bevölkerung akzeptiert. Die Verbrennungen nahmen erheblich ab.

Erst wenn wir davon ausgehen, daß die ungesicherte Kaffeekanne nicht zufällig, sondern aus gezieltem Interesse, zum Beispiel eines Wirtschaftsunternehmens, auf den Markt käme oder einfach nur die billigste wäre, das heißt von den Armen gekauft und damit auch nur deren Kinder verbrühen würde, wenn die Kanne also die gesellschaftliche Bedingung symbolisch darstellte, käme die Parabel aus ihrem Schafspelz.

Diese äußerst wirkungsvolle und billige therapeutische Strategie zeigt, wie Medizin auch verstanden werden kann. Wenn sie eine kausale Therapie bleiben will, ist der Weg in die Prävention zwingend. Da Prävention heute vor allem langfristige Verhaltensänderung der Menschen im Alltag bedeutet, dieses Verhalten aber durch gesellschaftliche Bedingungen bestimmt ist, ist jede therapeutische Strategie auch politisch. Dann erst verliert sie sich nicht nur im kostentreibenden Glasperlenspiel einer hochtechnisierten Bearbeitung von Spätfolgen. Eine Moral der Parabel lautet also: die Kosten steigen, wenn Umwege gemacht werden. Die enormen Krankheitskosten sind auch Symptome eines Irrweges der Medizin, den der Generaldirektor der Weltgesundheitsorganisation auch klar benennt: die auf ihre wirkliche Effizienz hin unüberprüfte technische Maximierung.

Die Übertragung der Moral auf die Selbsthilfegruppen ist hier aber vor allem gemeint: in der Parabel entspricht die Wundversorgung der Selbstveränderung und der Entwurf der neuen Kaffeekanne dem Einwirken auf die soziale Struktur. Was die Mediziner taten, sollten Selbsthilfegruppen ebenfalls anzielen. Selbsthilfegruppen würden in variierter Form den Irrweg der technischen Medizin beschreiten, wenn sie sich ausschließlich auf Selbstveränderung stützten. So qualitativ unterschiedlich die persönliche im Vergleich zur technischen Hilfe ist: in dieser einen Hinsicht entspräche eine sozial isolierte, sozusagen blinde Gruppenselbstbehandlung der Technologie der Organmedizin.

Kompensation oder Emanzipation?

Die beiden großen Entwicklungen der Selbsthilfegruppen haben wir schon kennengelernt: den Weg in den Aufbau einer öffentlich unauffälligen sozialen Eigenwelt, wie sie die esoterische Wirklichkeit der Freimaurer darstellt, oder die bewußt angestrebte soziale Veränderung der Gesamtgesellschaft, wie bei den Gewerkschaften angezielt. Sie sind die Alternativen für eine politische Entwicklung der Selbsthilfegruppen. Die Entstehung einer Mischform ist am wahrscheinlichsten.

Es geht hier um die Kernfrage, ob Selbsthilfegruppen nur kompensieren oder auch emanzipieren wollen. Wenn sie sich auf Selbstveränderung beschränken, können sie blind zu einer fatalen Psychologisierung sozialer Probleme beitragen. Mindestens so groß wie die Gefahr, daß Individuen mit seelischen Konflikten projizierend die sozialen Verhältnisse anklagen und ihre eigenen Störungen übersehen, ist der Druck, unhaltbare soziale Zustände zu belassen und die aus ihnen resultierenden psychischen Störungen – sozusagen die Symptome der Sozialstruktur – zu kurieren.

Man kann soziale und seelische Verzerrungen nicht völlig getrennt voneinander zu beheben versuchen, weil unsere Innenwelt und unsere Umwelt nur zwei Aspekte ein und derselben Wirklichkeit sind. Sie stellen zusammengesehen jene Mensch-Umwelt-Gestalt dar, die der Maßstab für den psychoökologischen therapeutischen Ansatz ist. Die Empfehlungen, Schuster sollten bei ihren Leisten bleiben, Medizin sei Medizin und Politik sei Politik, verfälschen die Sicht bzw. agieren blind das langfristige geschichtliche Ergebnis einer hochgradigen Selbstunterdrückung, die nach NORBERT ELIAS überhaupt erst zu der uns so selbstverständlich scheinenden und doch so absurden Trennung von Innen und Außen führte. Anders gesagt: das Konzept der privaten Innenwelt und der öffentlichen Außenwelt ist ein politisches und gesellschaftliches Phänomen ersten Ranges, weil es die menschlichen Grundbedürfnisse und die möglichen Maßnahmen, ihnen gerecht zu werden, das heißt politisches Handeln, voneinander getrennt hat. Das ist eine der tiefsten Ursachen für eine verbreitete apolitische Einstellung der Bevölkerung einerseits und für die manchmal beträchtliche Distanz der Politiker von den konkreten Bedürfnissen der Menschen andererseits. Sie blockiert das Selbsthilfepotential der Bevölkerung. Eine solche politisch passive Einstellung ist allerdings in der Perspektive des Gesellschaftsprozesses, wie NORBERT ELIAS ihn aufzeigt, ein Begleitprodukt der Selbstunterdrückung.[57] Die starke wechselseitige Verflechtung ist nur auf dem Hintergrund einer enormen Selbstkontrolle möglich. Paradebeispiel und Symbol

dafür ist der moderne Straßenverkehr. Schon die geringste Un-
kontrolliertheit reicht für ein Unheil. So aber ist unsere gesamte
psychoökologische Struktur beschaffen. Nichts ruft heute mehr
Entsetzen hervor als irgend etwas Unkontrolliertes: seelisch
Kranke, politisch protestierende Menschen, emotionale Durch-
brüche usw. Tatsächlich geht auch nichts mehr ohne detaillierte
Planung in einer überkomplexen Gesellschaft. Es sind also diese
gesamtstrukturellen Bedingungen, die gesellschaftliche Verflechtung, die vermittelt über den Zwang zum Selbstzwang und
damit über die Formation eines «Innen» und «Außen» erheblich
zu dieser apolitischen Dissoziation von privatem und öffentli-
chem Ich beitragen. Die Außenwelt wird deswegen nicht mehr
im Zusammenhang mit den inneren persönlichen Bedürfnissen
gesehen, ist sozusagen entleert und schal, wird sogar häufig als
sinnlos empfunden. Es scheint (mir) wesentlich, neben der oft
betonten ideologischen Dimension, das heißt einer absichtlich
herrschaftsstabilisierenden, apolitischen Bewußtseinsbildung,
diese mächtige strukturelle Dimension zu betonen. Sie öffnet die
Augen für einen fatalen Selbstverstärkungsprozeß des politischen Desinteresses: soweit der Zwang zum Selbstzwang den
Rückzug wesentlicher menschlicher Grundbedürfnisse in eine
Innenwelt bedingt und die Außenwelt von ihnen entleert, sind
auch die meisten menschlichen Beziehungen nicht mehr von
ihnen getragen. Die psychosoziale Distanz, die ohnehin durch
die Arbeitsteilung entsteht, wird hierdurch noch vertieft. Das
gemeinsame Handeln erscheint in einer solchen subjektiven
Wirklichkeit absurd: denn was sollte die öffentliche Aktivität bei
Abzug der eigenen Bedürfnisse nach innen noch bringen?
 Zu diesem Prozeß kommt eine archaische Reaktion des Menschen: die Fremdenfurcht. Sie wächst mit der Distanz zwischen
den Menschen. Vier zusammenhängende und doch verschiedene
Momente sind die mächtigen Reaktivierer der archaischen Fremdenfurcht: die psychosoziale Distanz aufgrund der Funktionsteilung, die Ausdifferenzierung von Öffentlichkeit und Privatheit, die Trennung von Innen und Außen aufgrund der Selbstkontrolle und die unüberblickbare Massierung der Menschen in

der heutigen Gesellschaft. Die Fremdenfurcht sorgt nun ihrerseits für ein noch größeres Abstandnehmen. So verstärkt sich die apolitische, isolierende Einstellung von selbst. Es gibt Soziologen, die diesen Verlust des «öffentlichen Menschen» als ein wesentliches Merkmal unserer Gesellschaft ansehen.

Hier wird ein Widerspruch deutlich: zwischen dem langfristigen Prozeß der «Entpolitisierung» und der gleichzeitigen Demokratisierung (durch Verteilung der Entscheidungsfunktionen). Tatsächlich finden wir heute in den westlichen Industriegesellschaften demokratische Verfassungen *und* politische Apathie nebeneinander. Wichtigster Hintergrund dieser sich scheinbar widersprechenden Entwicklungen ist die Funktionsteilung. Die als demokratisch verteilt ausgewiesenen Entscheidungsvorgänge sind ja ebenfalls funktionalisiert, aufgesplittert, vereinzelt. Dementsprechend wird den Bürgerinitiativen vorgeworfen, sie könnten mit der Verfolgung ihrer Einzelziele (*single point movements*), zum Beispiel gegen Atomenergie, politisch nicht verantwortlich handeln, weil sie die komplexe Energiesituation einer hochindustrialisierten Nation nicht überblickten. Das hat eine gewisse Berechtigung und spricht wieder für eine Kooperation zwischen professioneller Politik und Bürgerinitiativen. Doch wird daran auch deutlich, daß es bei der Demokratisierung der Bevölkerung bislang im Grunde um eine Teilpolitisierung geht, die sich mit einer politischen Entleerung der öffentlichen zwischenmenschlichen Beziehungen durchaus in Übereinstimmung bringen läßt.

Es kommt noch ein Vorgang hinzu. Er findet seine Parallele im Bereich der Sexualität. NORBERT ELIAS wies darauf hin, daß die heute offen zur Schau getragene Freizügigkeit in sexuellen Dingen nicht etwa der ansteigenden Selbstkontrolle widerspricht, sondern eben wegen der hohen Triebunterdrückung möglich geworden ist. Die ungeheure und von selbst wirksame Beherrschtheit erlaubt eben die sexuelle Freizügigkeit von Bikini, Oben-ohne und FKK. So wäre auch Demokratie, sozusagen die symmetrische Verteilung der Machtchancen, analog der sexuellen Freizügigkeit deswegen möglich, weil sie einhergehen muß mit einer großen Beherrschung des persönlichen Machtstrebens und im übrigen dem einzelnen nur einen winzigen Machtanteil (etwa in der Wahlstimme) zubilligt. Der durchschnittliche Einzelne ist also politisch bedeutender und bedeutungsloser zugleich geworden. Er hat immer mehr Machtbefugnis über immer weniger – ein spezielles Ergebnis der Verflechtung.

Auch diese Situation einer gleichzeitigen allgemeinen Entleerung und partiellen Stärkung der politischen Funktion (Macht) des einzelnen kann am ehesten aufgehoben werden durch Gruppenzusammenschluß. Hier bietet sich wenigstens die Chance, wieder öffentlicher zu werden. Die Bedürfnisse und sozialen Zusammenhänge können klarer bewußt werden und sich über Gruppenbildungen auch politisch eher durchsetzen. Die Grünen oder Bunten Listen bei den Kommunal- und Landtagswahlen setzen ein erstes Signal. Ob allerdings der Alleingang um die professionelle Politik herum günstig ist, bleibt mehr als fraglich. Die hohe politische Bedeutung der Selbsthilfegruppen liegt wohl mehr im politischen Bewußtwerden aufgrund der gemeinsamen Gespräche. Auf diesem Hintergrund können die Teilnehmer gezielter handeln, das heißt die politischen Programme beeinflussen und sich über die existierenden Institutionen, zum Beispiel durch Initiativen zur Gesetzesänderung, realisieren.

Emigration in die Selbsthilfegruppe?

Man könnte annehmen, daß eine so breite soziale Bewegung wie die der Selbsthilfegruppen, in denen Menschen die Distanz zwischen sich abbauen, die Aufspaltung in eine innere und eine äußere Person überwinden hilft und auf diese Weise auch eine offenere politische Einstellung herbeiführt. Doch zeigt zum Beispiel das Sich-Abkapseln der Freimaurer-Logen und ähnlicher Vereinigungen vom Hauptstrom der Gesellschaft, daß politische Aufgeschlossenheit – wie etwa die gesellschaftsverändernde Entfaltung der Gewerkschaftsbewegung sie beweist – sich nicht immer automatisch aus dem Ursprung einer Selbsthilfeorganisation ergeben muß. Im Gegenteil: auch autonome Selbsthilfegruppen laufen ebenso wie einzelne Menschen Gefahr, sich immer ausschließlicher in sich selbst zu vertiefen und dabei den Kontakt zur sozialen Außenwelt und vor allem zu den politischen Realitäten zu verlieren, ja ihn sogar elitär zu verschmähen: dann werden in einem verwöhnenden psychischen Gewächshaus die erlesensten Seelenblüten gezüchtet, die dem Reizklima der sozialen und politischen Umwelt nicht standhalten könnten. Die Anbetung der «blauen Blume» im inneren Zirkel droht dann alle Kräfte zu einer Arbeit im politischen Feld zu verzehren. Und so können auch Gruppen, die angefangen haben im klaren Bewußtsein ihrer sozialen Verantwortung, unmerklich in eine apolitische Haltung abgleiten und die Flucht nach innen antreten.

Wie viele Gefahren in einem solchen Gruppeneskapismus liegen, haben RUTH und VICTOR SIDEL ausgeführt[58]:

Fixierung der ungerechten Verteilung: Selbsthilfegruppen können die ungerechte Verteilung der Güter in der Gesellschaft stabilisieren, indem sie etwa die Not in lokalen Bereichen lindern (Wohnblockselbsthilfegruppen), über den fragmentierten Einzelinteressen aber die Lösung umfassender Mißstände aus dem Blick verlieren.

Fragmentierung der Gemeinschaft: Selbsthilfegruppen können die noch existierenden psychosozialen Netzwerke weiter zerreißen, zum Beispiel wenn Verwitwete sich nicht an Angehörige und Freunde wenden, sondern sich einer «Witwengruppe» anschließen.

Indirekte Stigmatisierung: Selbsthilfegruppen können durch spezifische Orientierung (Alkoholiker, Medikamentenabhängige, ehemalige Strafgefangene, ehemalige psychiatrische Patienten usw.) doch wieder das Individuum als Problem statt als Opfer eines (sozialen) Problems auffassen.

Medizinisierung des Alltags: Selbsthilfegruppen können die bedenkliche Medizinisierung des Alltags fördern, wenn sie sich untereinander mehr als «Symptome» (zum Beispiel Übergewicht) denn als Menschen zusammenfinden.

Abspaltung der persönlichen von der technischen Hilfe: Selbsthilfegruppen helfen den Experten unter Umständen endgültig, sich der schwierigeren persönlichen Hilfe zu entledigen und sich den weniger bedrohlichen technischen Aspekten der Erkrankung zuzuwenden.

In diese Gefahren gerät natürlich auch jede sozial wenig bewußte professionelle Therapie. Der Psychosomatiker THURE VON UEXKÜLL schrieb sogar: indem die Gesellschaft die Verantwortung für alle Krankheiten und Konflikte der Medizin überträgt, werden sie politisch neutralisiert.[59] Es ist jedoch nicht sicher, daß die Übernahme der Erkrankungen durch die Gesellschaft, das heißt durch die Selbsthilfegruppen, nun eine Reintegration der politischen Dimension mit sich bringt. Voraussetzung dafür ist, daß Selbsthilfegruppen tatsächlich ihr Doppelziel, Sozialveränderung und Selbstveränderung, verfolgen. Die Stärke der Selbsthilfegruppen liegt nicht nur darin, daß sie individuell helfen und sozial kompensieren; sie können in ihrem Bereich das soziale Feld auch verändern.

Bewußtlosigkeit des Bewußtseins

Im Kontrast zu einer ideologischen Orientierung steht eine bei Selbsthilfegruppen zu beobachtende Grundhaltung, die am ehesten mit der sokratischen Einstellung «ich weiß, daß ich nichts weiß» verglichen werden kann. Sie gewinnt besondere Bedeutung als Bewußtseinsgrundlage und meint in diesem Zusammenhang nichts anderes als die Erkenntnis der Bewußtlosigkeit unseres Bewußtseins, oder anders gesagt, die Erkenntnis, daß die Hintergründe unseres Bewußtseins zunächst nicht deutlich sind. Wir sind uns eben üblicherweise nicht im klaren darüber, daß unser Bewußtsein durch den langfristigen gesellschaftlichen Prozeß, die Prägung unserer Persönlichkeitsstruktur und die Einrichtung unserer Umwelt gesteuert ist. Wir ahnen nur selten, daß es keine personifizierten Schuldigen, sondern psychoökologische Felder gibt, die unser Bewußtsein bestimmen. (Selbstverständlich sind die psychoökologischen Felder nur innerhalb der gesellschaftlichen Gesamtformation zu verstehen).

Ein Beispiel für diese Situation: Prüfungsgeängstigte übersehen sehr häufig die unbewußten psychoökologischen Ursachen ihres Leidens. Ihre Bewußtseinsbildung heißt zunächst: Angst, weil ich zu wenig gelernt habe. Eine Prüfungsangst-Selbsthilfegruppe würde wahrscheinlich schnell die verblüffende Feststellung machen, daß in der Regel die Ängstlichen besonders viel und gut gelernt haben, daß also andere, nämlich unbewußte Momente für die Angst eine Rolle spielen müssen. Die erste Bewußtseinsveränderung wäre also die Entdeckung, daß die Angst in den unbewußten Gefahrensituationen wurzelt, die der einzelne in der Prüfung wahrnimmt (zum Beispiel unbewußte Bestrafungssituation, unbewußte Trennungssituation, unbewußte aggressive oder sexuelle Versuchungssituation usw.). Diese Gefahrensituationen entstammen dem verdrängten Unbewußten. Wenn es der Gruppe in weiterer Arbeit auch gelingt, die Prüfungssituation eingehender zu reflektieren, dann wird sie unter Umständen auch auf irrationale Momente kommen, die in der Prüfung selbst institutionalisiert sind[60]: zum Beispiel die durch nichts zu rechtfertigende beschränkte Wiederholbarkeit, die wie selbstverständlich hingenommen wird, obwohl sie eine Fülle bedenklicher Folgen mit sich bringt: sie verschlechtert durch Angstinduktion die Leistungen des Prüflings; sie erhöht die Gefahr des Durchfallens; sie macht den Prüfern mehr Arbeit durch Wiederholungsprüfungen; sie verursacht dem Staat erhebliche Kosten durch die Finanzierung einer nicht abgeschlossenen Ausbildung. Vor allem aber ist sie mit dem rationalen Ziel der Prüfung, die Kompetenz des Prüflings für das Fach nachzuweisen, keinesfalls zu begründen. Eine Selbsthilfegruppe kann neben der Arbeit an sich selbst auch eine Änderung der Prüfungsordnung anstreben, sobald ihre gemeinsame Arbeit das Stadium des psychoökologischen Bewußtseins erreicht hat. Sie kann dann in Erkenntnis der Bewußtlosigkeit des Bewußtseins weitere Reflexionsprozesse in Gang setzen. Es ist von Bedeutung, daß die wesentlichen Bewußtseinsveränderungen stets durch eine entdeckende Selbstbetroffenheit hervorgerufen werden. Darin ist ein generelles politisches Potential der Selbsthilfegruppen zu sehen.

Entdeckende politische Einstellung

Ich hatte schon darauf aufmerksam gemacht, daß Politisch-Werden im Rahmen der Selbsthilfegruppen eine völlig andere Bedeutung hat als jene politischen Diskussionen, die während der Protestbewegung die einzelnen nicht dauerhaft motivieren konnten. Die politische Wirkung der Selbsthilfegruppen liegt nicht in der Fixierung an eine fertige Ideologie, obwohl sich vermutlich auch das nach links und rechts entwickeln wird und zum Teil schon herausgebildet hat. Ob Selbsthilfegruppen einst als Räte, als Genossenschaften, als anarchistisch oder marxistisch aufzufassen sind, ob sie für Strenge und Ordnung eintreten und nach rechts rücken oder ob sie einmal jener «galaxie des ‹autonomes›»[61] zuzuordnen sind, einer Vielzahl autonomer Gruppen, die in Paris zur Zeit das Ende aller Institutionen und der Politik verkünden und davon träumen, die Träume zu realisieren, die Psychoanalytiker nur studieren («la psychoanalyse étudie les rêves, nous voulons les réaliser») – alle diese Möglichkeiten sind zur Zeit wohl noch offen. Soziologen und Politologen steht hier eine verantwortungsvolle und interessante Analyse bevor, die ich nicht leisten kann. HANS JOACHIM KRÜGER wird sich als Soziologe und langjähriger Begleiter der Gießener Selbsthilfegruppen dieser Thematik annehmen.

Ich möchte hier nur einen einfachen Aspekt hervorheben: das Entstehen einer politischen Bereitschaft, einer noch allgemeinen Aktivierung, einer Aufgeschlossenheit, die sich erst in einem längeren eigenständigen Bewußtseinsprozeß, also im reflektierenden Gespräch näher bestimmen wird. Kurz: es geht um die Entwicklung einer entdeckenden politischen Einstellung, die sich eben gerade nicht an Vorgesetztes anzuheften neigt.

Einige Autoren haben das als die subpolitische Bedeutung der Selbsthilfegruppen bezeichnet. Das mag insofern berechtigt sein, als eine einheitliche Strategie nach einem gemeinsamen Konzept noch nicht ausgebildet ist. Es ist eine Ermessensfrage, ob man die entwickelnde Aktivität, die Konzeptbildung, oder das Handeln nach einem fertigen Konzept als politisch betrachtet. Es scheint mir schwer zu trennen, da sich auch die Konzepte während des Handelns verändern.

Was führt nun zum Politisch-Werden der Selbsthilfegruppen? Es sind zunächst sehr einfache, aber äußerst wirksame Vorgänge.

1. *Selbstbestimmung:* Sie gehört zu den Grundwerten der Selbsthilfegruppen wie auch der offiziellen Politik. Seit je ist dieser Wert hochpolitisch: für die Herrschenden selbstverständlich, für die Unterdrückten der Beginn jeder Befreiung. Es ist die Forderung nach der Teilhabe an der Macht und der Anfang jeder Umverteilung der gesellschaftlichen Ressourcen.

2. *Solidarisierung:* Die Tatsache, daß sich einzelne in Selbstbetroffenheit zusammenschließen, verändert ihr Bewußtsein. Es gibt ihnen ein Gefühl des Selbstrespektes und wahrscheinlich auch der Kompetenz für ihr Problem.

3. *Die Klärung der eigenen Bedürfnisse:* Im Gespräch werden die eigenen Bedürfnisse erst ausformuliert, artikuliert und im inneren und äußeren Zusammenhang verstanden. Politisch wird man durch Selbstveränderung, nicht durch Fremdveränderung. Das ist die oft übersehene Voraussetzung jeder Emanzipation. Deswegen ist die Selbstbetroffenheit (bzw. das Selbsthilfeprinzip) eine unverzichtbare Quelle des Politisch-Werdens.

4. *Befähigung zum Dialog:* Die Konfliktarbeit in der Gruppe hilft nicht nur beim Ausformulieren der eigenen Bedürfnisse. Sie befähigt vor allem, Konflikte zu erleben, auszuhalten und dialogisch auszuhandeln. Die Fähigkeit zum Dialog bedeutet gleichzeitig eine Überwindung des Dualismus, des Freund-Feind-Schemas, der Schwarz-Weiß-Malerei oder anders gesagt: sie schließt die ambivalenzoffene Einstellung mit ein.

5. *Das gemeinsame Handeln in der Gruppe:* Die Selbstbetroffenheit führt zum Handeln innerhalb der Gruppe. Schon das wird von vielen Mitgliedern als extrem öffentlich erlebt. Es ist der erste Schritt zu einer nicht ausschließlich «privaten» Aktion. Vor allem stellt das Durcharbeiten der Konflikte und die begleitende Erweiterung des eigenen Lebenszusammenhangs eine langfristige Aktivierung dar. Selbst ohne ausgesprochene soziale Ziele führt das zu einer politisch größeren Aufgeschlossenheit.

Wenn Selbsthilfegruppen in den Medien stark beachtet werden; wenn einzelne Mitglieder sich bereit erklären, in Presse und Fernsehen zu berichten; wenn sich zum 40jährigen Jubiläum der Anonymen Alkoholiker 1975 in Denver, USA, 20000 Mitglieder aus 29 Ländern treffen[62]; wenn sich ein Anonymer Alkoholiker seiner einen Million Leidensgenossen bewußt ist – dann zeigt sich schon darin eine politische Dimension. Das wird besonders deutlich, wenn RONALD D. LAING, einer der Mitbegründer der Antipsychiatrie, die ganze Frage der Psychotherapie als ein «Problem der Menschenrechte» sieht. Er ist der Auffassung, daß Menschen, die andere und sich selbst nicht schädigen und die nicht das Gesetz brechen, ein Recht darauf haben, so zu leben, wie sie es wollen – selbst wenn sie von einem Psychiater als schizophren und psychotisch etikettiert worden sind. So bemüht er sich zur Zeit darum, «für schizophrene Patienten Lebensräume zu schaffen, in denen sie ohne Behandlungen leben können, wenn sie es so wünschen». Viele dieser Menschen wollen nach schlechten Erfahrungen mit verschiedenen Behandlungsansätzen einfach keine Therapie mehr. Seit 1965 seien über 400 Patienten in diesen von LAING geschaffenen Freiraum gekommen. Ihre durchschnittliche Aufenthaltsdauer betrug 6 Monate.[63] Eine solche Enklave ist ein Politikum für sich.

Der Prozeß, der sich für die Psychose anzeigt, hat sich für Homosexualität bereits vollendet: Homosexualität galt noch bis vor kurzem als eine seelische Störung. Zunächst als Perversion bezeichnet, wurde sie bald als sexuelle Abweichung schon leicht entstigmatisiert. Schließlich ist sie ganz aus dem Katalog der Störungen genommen worden. Sie ist heute eine besondere Form der Sexualität, nicht «abweichend», sondern «unterschieden».

Es kann aber auch der Fall eintreten, daß eine große Selbsthilfegruppenorganisation eine fundamentale politische Bereitschaft durch Solidarisierung, Artikulation der eigenen Bedürfnisse und Selbstaktivierung der Betroffenen erzeugt, ohne jedoch gesellschaftlich verändernd zu wirken. Zur politischen Bereitschaft müssen nämlich hinzukommen: der weitere Zusammenschluß der Selbsthilfegruppen zu Gesamttreffen, in denen gemeinsames Handeln sinnvoll reflektiert werden kann; die Bildung überregionaler Organisationen; sowie das erklärte Ziel der Sozialveränderung. Inwieweit das geschieht, sei dahingestellt. Der Autonomie der Selbsthilfegruppen entsprechend wird es hier um einen föderativen Zusammenschluß gehen, um eine Assoziation, die eine unterdrückende Hierarchie vermeidet und eben deshalb auch ihre besonderen eigenen Probleme haben dürfte. Die eher zurückgezogenen Anonymous-Gruppen und die eher sozial orientierten medizinischen Selbsthilfeorganisationen, die mehrere Gesetzesänderungen erwirkt haben[64], sind Beispiele für recht unterschiedliche politische Einstellungen. Doch darf man die indirekte politische Wirkung nicht unterschätzen, die zur Zeit besonders an dem Einfluß deutlich wird, den die Anonymen Alkoholiker auf die Beurteilung der professionellen Versorgung des Alkoholismus haben.

Schlüsselstellung, Demokratisierung, psychosoziale Not

Die Entwicklung einer entdeckenden politischen Einstellung wird ganz erheblich durch drei Momente gefördert:
- ☐ durch die soziale Position der Selbsthilfegruppen unter dem Schlagwort «consumer as producer»;
- ☐ durch den langfristigen gesellschaftlichen Prozeß einer Funktionsteilung auch im Bereich der steuernden Entscheidungen;
- ☐ durch die Zunahme psychosozialer Notlagen.

Ob es ihnen bewußt ist oder nicht, Selbsthilfegruppen haben eine politische Schlüsselstellung, die sie mit allen «Verbrauchern von sozialen Dienstleistungen», das heißt zum Beispiel mit Patienten, teilen. Soziale Institutionen (zum Beispiel Kliniken oder Schulen) sind für die Bedürfnisse der Bevölkerung gemacht. ALAN GARTNER und FRANK RIESSMAN[65] haben auf die Tatsache aufmerksam gemacht, daß diejenigen, die solche Dienste beanspruchen, die Produzenten dieser Institutionen sind. Mit ihnen steht und fällt die ganze Institution. Ein Arzt, der sich niederläßt, oder ein anderer Experte, der freiberuflich tätig wird, wird das deutlich erfahren. Doch ist diese Schlüsselposition nicht bewußt geworden, weil sie durch die traditionelle hierarchische Abhängigkeitsbeziehung zwischen «Experten» und «Klienten» (zum Beispiel Arzt und Patient; Lehrer und Schüler usw.) verdeckt wurde. In den Vereinigten Staaten hat die starke Verbreitung von Selbsthilfegruppen hier offensichtlich schon zu einer veränderten Bewußtseinslage geführt.

Norbert Elias hat die zwei Phasen der Monopolbildung beschrieben: Nach der Zentralisierung der Macht an absolutistischen Höfen (erste Phase) kam es langsam zu einer Verteilung der Entscheidungsgewalt auf diejenigen, die in einer funktionsteiligen Gesellschaft unersetzlich waren (zweite Phase). Aus diesem Prozeß entstand die Demokratie. Emanzipation, Partizipation und Mitbestimmung vollziehen Schritte zur Egalität über die bisher schon etablierte Demokratie hinaus. Die Selbsthilfegruppen sind ebenfalls in dieser Entwicklung zu sehen: sie übernehmen in der traditionell stark hierarchisch geordneten Versorgung eigenständig steuernde therapeutische Funktionen. So sind sie wesentliche Zeichen der Demokratisierung. Diese ist in allen Bereichen des gesellschaftlichen Lebens unausweichlich – aber wohl nicht wegen ihrer menschlichen Qualität, auf gerechtere Weise jedem die Befriedigung seiner Grundbedürfnisse zu garantieren, sondern aus Notwendigkeit: sie ist vermutlich der einzige Weg, unsere hochkomplexen und schnell veränderlichen Lebensbereiche angemessen zu steuern. Dieser Prozeß führt zu einer Änderung des Selbstverständnisses der Bevölkerung im Sinne einer höheren Selbstverantwortlichkeit. Mitbestimmung in eigenen Belangen fordern alle Bürgerinitiativen.

Für die Bildung von Selbsthilfegruppen scheint aber auch die Zunahme psychosozialer Notlagen verantwortlich zu sein, die unmittelbar mit der steigenden Komplexität unserer Gesellschaft zusammenhängt. Je komplexer eine Gesellschaft wird, desto schwerer ist sie planend zu überblicken und zu steuern, desto schwieriger wird die Wahrnehmung der zahllosen Teilbedürfnisse. Nicht wahrgenommene Bedürfnisse können zu Notlagen werden. Sie sind dann sozusagen durch die Maschen der

Funktionsteilung gefallen. Die Notlagen müssen mit der Kompliziertheit der Verflechtung zunehmen. Das wird durch die schnelle Veränderung der sozialen Verhältnisse gesteigert. Es geht aber nicht nur um äußere Notlagen. Vielleicht überwiegen heute schon die inneren Notlagen in Form einer sich ausweitenden Identitätsunsicherheit.

Verschärfung der psychosozialen Not und Steigerung einer allgemein bewußten Handlungsfähigkeit sind vermutlich die unmittelbaren gesellschaftlichen Quellen der Selbsthilfegruppen. Ihr politisches Potential können Selbsthilfegruppen – wie alle Bürgerinitiativen – aus der reflektierten Umsetzung der konkreten Bedürfnisse in sinnvolles eigenes Handeln gewinnen. Gerade die weitgehende, wenn auch nicht unbegrenzte Autarkie aufgrund der konkreten Gruppengespräche und der seelischen Selbstversorgung ist die große Chance, vom blinden Impulszwang zu einem besonnenen, konsequenten Handeln im Dienste der eigenen Bedürfnisse zu finden und zu erkennen, daß diese Bedürfnisse auch Signale einer sozial bedingten Not sind. Das politische Schicksal der Selbsthilfegruppen hängt davon ab, ob es ihnen gelingt, Selbstveränderung *und* Sozialveränderung als ein sich wechselseitig erforderndes psychoökologisches Gesamtziel zu sehen. Dabei ist entscheidend, ob ihnen eine Koordination oberhalb der einzelnen Gruppen, ein gemeinsamer Überblick und ein gemeinsames Konzept gelingt. Der Gefahr der Regierenden, die Beziehung zur Bevölkerung zu verlieren, entspricht die Gefahr der Selbsthilfegruppen, keine höhere Integration zustande zu bringen. Die politische Bedeutung der kleinen Gruppe liegt im reflektierenden emanzipierenden Gespräch und in ihrer Fähigkeit zur solidarisierenden Außenbeziehung. Kurz: es kommt darauf an, ob sich Selbsthilfegruppen als zerstreute Sozialsplitter nur gelegentlich sammeln, oder ob sie als selbständige Gesamtheit ohne Verlust der lebendigen Basis handlungsfähig werden können.

Anhang

Literaturanmerkungen

Kapitel 2
Geschichte der Selbsthilfegruppen

1 KATZ und BENDER (1976), S. 13 ff
2 KROPOTKIN (1904)
3 WICKLER und SEIBT (1977), S. 147
4 TURNBULL (1973)
5 BIRDSELL (1968)
6 LENSKI (1973), S. 152
7 SCHMIDBAUER (1977), S. 38
8 SANDLER; DARE; HOLDER (1973)
9 ALMOND (1974)
10 ACOSTA (1974)
11 KATZ und BENDER (1976), S. 13
12 ENCYCLOPAEDIA BRITANNICA (1975) Bd. IV, S. 302
13 GOSDEN (o. J.)
14 KATZ und BENDER (1976), S. 265
15 KATZ und BENDER (1976), S. 17
16 BEVERIDGE (1948)
17 KATZ und BENDER (1976), S. 217
18 THOMPSON (1963)
19 HABERMAS (1974), S. 58
20 KATZ und BENDER (1976), S. 276
21 BRENNER (1973)
22 HURVITZ (1974), S. 283
23 MOWRER (1975), S. 24
24 HURVITZ (1974)
25 KATZ und BENDER (1976), S. 272
26 DE TOCQUEVILLE (1935, deutsch 1961)
27 DEWEY (1925)
28 ERIKSON (1975)
29 ERIKSON (1975), S. 118
30 WEBER (1925)
31 REIMANN (1967)
32 KATZ und BENDER (1976a), S. 277
33 PERLMANN (1976), S. 4
34 PERLMAN (1976)
35 ÄRZTLICHE PRAXIS (25. 10. 1977)
36 KATZ und BENDER (1976), S. 36
37 CLAFLIN und GJELSVIK (1976)
38 RYBACK (1971), S. 247
39 CANTRIL (1963)
40 LIEBERMAN und BOND (1976)
41 SCHAEFER und BLOHMKE (1977), S. 181
42 BALINT (1968)

Kapitel 3
Beschreibung der Selbsthilfegruppen

1 PERLMAN (1976), S. 4
2 PERLMAN (1976), S. 6
3 PERLMAN (1976), S. 8
4 RICHTER (1974)
5 DAUM und MOELLER (1978)
6 MOELLER und DAUM (1978)
7 LECHLER (mündliche Mitteilung, 1974)
8 FOULKES (1975)
9 SCHMIDBAUER (1977)
10 WILLI (1975a)
11 GLUCKSMANN (1978)
12 PERLMAN (1976), S. 13
13 GARTNER und RIESSMAN (1977), S. 107
14 PERLMAN (1976), S. 12
15 GARTNER und RIESSMAN (1974)
16 LEVY et. al. (1977)
17 SCHUR (1955), S. 119
18 KUBIE (1968)
18a FREYBERGER (1976)
19 LIEBERMAN und BOND (1976), S. 363
20 LEVY et al.(1977)
21 BOTT (1978)
22 STERN (19. 1. 1978), S. 140
23 COLLINS und PANCOAST (o. J.)
24 PERLMAN (1976), S. 5
25 PERLMAN (1976)
26 PERLMAN (1976)
27 YABLONSKY (1965) deutsch 1975)

28 CASRIEL und GROVER (1971)
29 KIRSCHBAUM, HARVESTON und KATZ (1976), S. 59
30 MAHER (1975)
31 LENSKI (1973), S. 373
32 MAHER (1975)
33 EINSELE (1977), S. 437
34 ILLICH (1972)
35 ILLICH (1973)
36 SCUOLA DI BARBIANA (1967, deutsch 1970)
37 SCUOLA DI BARBIANA (1967, deutsch 1970), S. 22
38 SACHVERSTÄNDIGENTREFFEN (1977)
39 NEWMARK (1976)
40 KRÜGER; MOELLER; SCHÜLEIN (1977)
41 KRÜGER (1977)
42 SCHÜLEIN (1977)
43 MOELLER (1976a), S. 238ff
44 PEARLMAN (1976)
45 GROSSMANN (1971)
46 VORGÄNGE (1977)
47 FRANKFURTER RUNDSCHAU (25. 1. 1978)
48 SCHWARZ, HEINZ, CDU-MdB, Vorsitzender des CDU-Fachausschusses Innenpolitik, am 4. 1. 1978 vor Journalisten
49 FRANKFURTER RUNDSCHAU (6. 1. 1978)

Kapitel 4
Was geschieht in Selbsthilfegruppen?

1 ERIKSON (1959; deutsch 1966), S. 112
2 HOME, JIM, Gruppenanalytiker (Mündliche Mitteilung, 1975)
3 LEVY et al. (1977)
4 KUBIE (1966)
5 MOELLER (1969), S. 724
6 BECKMANN (1976)
7 RICHTER (1974)
8 STÜBINGER (1977)
9 REIN (1977)
10 SCHEER und MOELLER (1976)
11 HURVITZ (1974)
12 LEVY et al. (1977)
13 KATZ (1970)
14 STÜBINGER (1977)
15 BORMUTH (1975)
16 STÜBINGER (1977)
17 FREUD (1906)
18 HEIGL-EVERS (1972)
19 PERLS (1974)
20 BACH (1954)
21 FÜRSTENAU (1976), S. 845
22 STÜBINGER (1977)
23 HOMANS (1960)
24 LOEWALD (1955), S. 16
25 BERGER und LUCKMANN (1969), S. 39
26 BERGER und LUCKMANN (1969), S. 165
27 BERGER und LUCKMANN (1969), S. 36 u. 164
28 MOELLER (1975), S. 181
29 vgl. KATZ (1970)
30 LIEBERMAN und BOND (1976)
31 LIEBERMAN und BOND (1976), S. 375
32 FOULKES (1961), S. 207
33 KADIS et al. (1974), S. 78
34 FOULKES (1974)
35 KADIS et al. (1974), S. 73
36 ALMOND (1974), S. 367
37 LIEBERMAN und BOND (1976), S. 375
38 LEVY et al. (1977)
39 LIEBERMAN und BOND (1976)
40 ROSENTHAL und ROSNOW (1969)
41 STÜBINGER (1977), S. 41
42 ANTZE (1976)
43 STÜBINGER (1977), S. 41
44 TRICE und ROMAN (1970)
45 MOELLER und DAUM (1978)
46 SCHOFIELD (1964)
47 BECKMANN und SCHEER (1971)
48 HURVITZ (1974)
49 ANTZE (1976)
50 HAMILTON (1964), S. 1
51 WICKLER und SEIBT (1977)

Kapitel 5
Gruppenbildung

1 ALMOND (1974)
2 MOELLER (1976)
3 SCHEER und MOELLER (1976a und 1976b)
4 BORMUTH (1975)
5 PEALE (1963)
6 ABELL (1977)
7 DODSON (1976)

8   Dyer (1976)
9   Hoffmann (1976)
10 Newman und Berkowitz (1976)
11 Poduska (1975)
12 Shepard (1973, deutsch 1975)
13 Lazarus und Fay (1975, deutsch 1977)
14 Eibl-Eibesfeldt (1977)
15 Treimann (1977)

16 Moeller (1976a), S. 240
17 Stinchcombe (1967), S. 191
18 Psychologie heute (Feb. 1978), S. 81
20 Willi (1975b)
21 Parkes (1974)
22 Halhuber (1977)
23 Leshan (1976)
24 Lynch (1977)
25 Butler (1975)

Kapitel 6
Erfahren statt Geführtwerden

1   Stübinger (1977), S. 41
2   Levy et al. (1977)
3   Dumont (1974)
4   Almond (1974)
5   Fairbairn (1954)
6   Gartner und Riessman (1977)
7   Redfield (1953), S. 20–21
8   Almond (1974), S. 379
9   Foulkes (1964, deutsch 1974), S. 22
10 Kline (1972)
11 Trice und Roman (1970), S. 59
12 Trice und Roman (1970), S. 57
13 «Das ist EA», Broschüre: Zentrale Kontaktstelle der EA Postfach 202, CH-4015 Basel
14 «Du bist nicht allein», Broschüre der EA, S. 4
15 Fengler (1977c), S. 307
16 vgl. dazu den ersten der «Zwölf Schritte» von EA und AA
17 Herhaus (1977)

18 Mead (1934, deutsch 1968)
19 Ticho (1967), S. 308–318
20 Troje (1977), S. 147
21 Schneckenburger (1978)
22 Schneckenburger (1978), Anhang S. XVII
23 Trice und Roman (1970)
24 Silverman (1969), S. 333
25 Caplan (1973), S. 130
26 Freidson (1975)
27 Illich (1976)
28 Schmidbauer (1977)
29 Willi (1975b)
30 Heigl-Evers (1972)
31 Moeller und Daum (1978)
32 Daum und Moeller (1978)
33 Foulkes (1975), S. 131
34 Argelander (1972)
35 Blecourt (1977)
36 Fürstenau (1976), S. 849
37 Katz und Bender (1976)
38 Whitaker und Lieberman (1969)
39 Kline (1972), S. 240
40 Kline (1972), S. 241
41 Stübinger (1977)

42 HERHAUS (mündliche Mitteilung am 26. 2. 1978)
43 SCHNECKENBURGER (1978), S. XV
44 SCHNECKENBURGER (1978), S. XXII
45 LOW (1950)
46 MOWRER und VATTANO (1977)
47 MOWRER und VATTANO (1977)
48 ALMOND (1974), S. 375
49 SCHWÄBISCH und SIEMS (1974)
50 KATZ und BENDER (1976), S. 117
51 COOLEY (1909)
52 JENNINGS (1947)
53 BACH (1954)
54 PERLS (1974)
55 SCHEFF (1977), S. 323
56 FENGLER (1977a)
57 FENGLER (1977b)
58 GARTNER und RIESSMAN (1977), S. 158
59 WULFF (1972)
60 FRANKFURTER RUNDSCHAU (6. 2. 1978)
61 ARD FERNSEHEN «Plusminus» vom 24. 2. 1978

Kapitel 7
Werte und Prinzipien der Gruppenselbstbehandlung

1 ANTZE (1976), S. 327
2 FÜRSTENAU (1976)
3 FÜRSTENAU (1976), S. 849
4 RICHTER (1963)
5 STÜBINGER (1977)
6 STÜBINGER (1977)
7 LIEBERMAN und BOND (1976), S. 375
8 SCHNECKENBURGER (1978), S. XVIII
9 KATZ und BENDER (1976), S. 130
10 STÜBINGER (1977)
11 LEVY et al. (1977)
12 LIEBERMAN und BOND (1976)
13 FRANK (1961)
14 BLOCH (1959)
15 KLAUBER (1976)
16 SPITZ (1967)
17 FROMM (1954)
18 ALMOND (1974), S. 368
18a STÜBINGER (1977)
19 LIEBERMAN und BOND (1976), S. 375
20 ALMOND (1974), S. 25 ff
21 SCHNECKENBURGER (1978), S. XIX
22 KERNBERG (1975)
23 ALMOND (1974), S. 375
24 LIEBERMAN und BOND (1976), S. 375
25 STÜBINGER (1977)
25a REIMANN (1967)
25b GURSSLIN, HUNT und ROACH (1959/60), S. 218
25c WEBER (1925)
26 MARX und SELDIN (1973)
27 STÜBINGER (1977)
28 LIEBERMAN und BOND (1976), S. 365
29 SCHNECKENBURGER (1978), S. XI
30 STUNKARD (1972)

31 Calhoun (1976), S. 291
32 Kernberg (1969)
33 Luquet (1957)
34 Balint (1968)
35 Grunberger (1971, deutsch 1976)
36 Kernberg (1975)
37 Kohut (1973)
38 Grunberger (1976), S. 48
39 Grunberger (1976), S. 61
40 Grunberger (1976), S. 56
41 Grunberger (1976), S. 61
42 Almond (1974), S. 375
43 Berger und Luckmann (1969), S. 168
44 Grunberger (1976), S. 50
45 Winnicott (1974)
46 Daum und Moeller (1978)
47 Moeller und Daum (1978)
48 Wickler und Seibt (1977), S. 273
49 Zajonc (1968)
50 Harrison (1968)
51 Troje (1977), S. 147
52 Homans (1960)
53 Katz (1970)
54 Bennis, Benne und Chin (1970)
55 Cartwright und Zander (1960)
56 Daeumling, Fengler, Nellessen und Svensson (1974)
57 Luft (1963)
58 Pages (1968, deutsch 1974)
59 Slater (1970)
60 Argelander (1972)
61 Bion (1974)
62 Foulkes (1975)
63 Foulkes (1964, deutsch 1974)

64 Foulkes und Anthony (1957)
65 Grinberg, Langer und Rodrigue (1971)
66 Heigl-Evers (1972)
67 Kadis et al. (1974)
68 Kutter (1976)
69 Slavson (1964, deutsch 1977)
70 Kadis et al. (1974), S. 71
71 Brown (1976)
72 Foulkes und Lewis (1944)
73 Stübinger (1977)
74 Moeller (1977)
75 Ferenczi (1909)
76 Eibl-Eibesfeldt (1977)
77 Gartner und Riessman (1977), S. 103
78 Schneckenburger (1978), S. XXII
79 Foulkes (1961)
80 Foulkes (1974)
81 Fürstenau (1976)
81a Moeller und Daum (1978)
81b Daum und Moeller (1978)
82 Stübinger (1977)
83 Foulkes (1961), S. 210
84 Stübinger (1977)
85 Becker, Alois (Mündliche Mitteilung, 1975)
86 Gouldner (1960), S. 161
87 Skovholt (1974)
88 Lieberman und Bond (1976), S. 379
89 Katz (1970)
90 Berger und Luckmann (1969)
91 Count (1970), S. 33
92 Stübinger (1977)
93 Stübinger (1977)

94 JONES (1929), S. 383
95 BIBRING (1953)
96 SPITZ (1967)
97 BARCHILON (1963)
98 ENGEL (1970)
99 FRIES (1944), S. 159
100 CANNON (1942), S. 169
101 RICHTER (1957)
101a TRICE und ROMAN (1970)
102 STÜBINGER (1977)
103 FOULKES (1961), S. 211
104 PFÜTZE (1961)

105 HOLT (1964)
106 KING und JANIS (1956), S. 177
107 PEARL (1964)
108 RIESSMAN (1965)
109 SCHNECKENBURGER (1978), S. XVII
110 SCHNECKENBURGER (1978), S. XV.
111 LEVY et al. (1977)
112 ISRAEL (1970)
113 STÜBINGER (1977)

Kapitel 8
Das Gesamttreffen

1 KATZ (1975), S. 74
2 ERIKSON (1959, deutsch 1966)
3 MEAD (1934, deutsch 1968)
4 MITSCHERLICH-NIELSEN (1967)
5 ETZIONI (1975), S. 658
6 SCHWÄBISCH und SIEMS (1974)
7 ANTZE (1976), S. 323
8 STÜBINGER (1977), S. 20
9 ANTONS (1973)
10 GARTNER und RIESSMAN (1974), S. 132
11 GARTNER und RIESSMAN (1974), S. 131

12 SCHEFF (1977), S. 323
13 MOWRER und VATTANO (1977), S. 311
14 LOW (1950)
15 GARTNER und RIESSMAN (1977), S. 130
16 KRÜGER; MOELLER; SCHÜLEIN (1977)
17 vgl. RICHTER (1977)
18 SCHMIDBAUER (1977)
19 BILZ (1971), S. 195
20 THOMÄ und THOMÄ (1968)
21 SCHMIDBAUER (1977), S. 96
22 KILIAN (1977), S. 84
23 SCHMIDBAUER (1977)

Kapitel 9
Zur Bedeutung der Selbsthilfegruppen

1 KILLILEA (1976)
2 KILLILEA (1976), S. 40–66
3 MOWRER und VATTANO (1977)

4 NEWMARK und NEWMARK (1976), S. 93–99
5 VATTANO (1972)
6 GARTNER und RIESSMAN (1974)

7 Gussow und Tracy (1973)
8 Goffman (1963, deutsch 1967)
9 Lem (1976)
10 Habermas (1974)
11 Riesman; Denney und Glazer (1950, deutsch 1958)
12 Keyes (1973)
13 Elias (1936, deutsch 1958)
14 Toffler (1970)
15 v. Hentig (1977)
16 Bronowski (1973)
17 Wickler und Seibt (1977)
18 von Ditfurth (1977), S. 244–247
19 Wickler und Seibt (1977), S. 95
20 Luhmann (1971)
21 Habermas (1974)
22 Süddeutsche Zeitung (23./24. 3. 1978)
23 Spitz (1965, deutsch 1967)
24 Bahro (1977), S. 534
25 Riesman et al. (1950), S. 95
26 Riesman et al. (1950), S. 38
27 Eibl-Eibesfeldt (1977)
28 Keyes (1973), S. 168
29 Schumacher (1973, deutsch 1977), S. 67
30 Bahro (1977), S. 324
31 Bahro (1977), S. 325
32 Homans (1950, deutsch 1960), S. 431
33 Etzioni (1975), S. 656–657
34 Illich (1975)
35 Toffler (1970)
36 Richter (1972)
37 Habermas (1974)
38 Rio-Bericht (1977), S. 9 und 13
39 Dewar (1976), S. 79
40 Fromm (1976)
41 Time Essay (30. 1. 1978)
42 Jencks (1976), S. 88
42a Herhaus (1977)
43 Frankfurter Rundschau (25. 2. 1978)
44 Jungk et al. (1978), S. IIIf
45 Keyes (1973), S. 216
46 Moeller und Scheer (1974), S. 45–51
47 Fengler (1977c), S. 307
48 Foulkes (1974), S. 22
49 Levy et al. (1977)
50 Fengler (1977c), S. 308
51 Frankfurter Rundschau (1. 9. 1976, S. 20)
52 Freidson (1975), S. 160
53 Sidel und Sidel (1976), S. 67
54 Frankfurter Rundschau (25. 1. 1978)
55 Frankfurter Rundschau (24. 1. 1977)
56 Maher (1975), S. 829–833
57 Elias (1958)
58 Sidel und Sidel (1976)
59 von Uexküll (1977), S. 97
60 Moeller (1971)
61 Le Monde (25./26. 1. 1978)
62 Campbell et al. (1977), S. 20
63 Psychologie heute (Feb. 1978), S. 8
64 Funke (1977), S. 474
65 Gartner und Riessman (1977), S. 107

Literaturverzeichnis

ABELL, RICHARD G. (1977): Own your own Life. New York: Bantam.

ACOSTA, CARMEN (1974): Zuni Healing Societies: The Clown Fraternity. in: ALMOND, RICHARD (1974): The Healing Community: Dynamics of Therapeutic Milieu. New York: Jason Aronson.

ALMOND RICHARD (1974): The Healing Community: Dynamics of Therapeutic Milieu. New York: Jason Aronson.

ANTONS, K. (1973): Praxis der Gruppendynamik. Göttingen: Hogrefe.

ANTZE, PAUL (1976): The Role of Ideologies in Peer Psychotherapy Organizations. J. Appl. Behav. Sc. 12, 3:323.

ARGELANDER, H. (1972): Gruppenprozesse. Reinbek: Rowohlt Taschenbuch Verlag.

BACH, G. R. (1954): Intensive Group Psychotherapy. New York.

BAHRO, RUDOLF (1977): Die Alternative. Zur Kritik des real existierenden Sozialismus. Köln, Frankfurt: Europäische Verlagsanstalt.

BALINT, MICHAEL (1968): Therapeutische Aspekte der Regression. Stuttgart: Klett

BARCHILON, I. (1963): Analysis of a Woman with incipient Rheumatoid Arthritis. A Contribution to the Understanding of Somatic Equivalents of Withdrawal in to Sleep. The Int. Journ. Psycho-Analysis, 44: 163–177.

BECKMANN, DIETER (1976): Paardynamik und Gesundheitsverhalten. in: HORST E. RICHTER, HANS STROTZKA, JÜRG WILLI (Hg.) (1976): Familie und seelische Krankheit. Reinbek: Rowohlt. S. 123 ff.

BECKMANN, D. und J. W. SCHEER (1971): Struktur der Klientel und Patientenselektion in der Psychosomatischen Klinik Gießen. Kongreßbericht der 9. Hamburger psychiatrisch-medizinischen Gespräche.

BENNIS, W. G.; BENNE, K. D.; CHIN, R. (Hg.) (1970, deutsch 1975): Änderung des Sozialverhaltens. Stuttgart: Klett.

BERGER, PETER und THOMAS LUCKMANN (1966, deutsch 1969): Die gesellschaftliche Konstruktion der Wirklichkeit. Frankfurt: Fischer.

BERGIN, ALLEN, E. (1971): The Evaluation of Therapeutic Outcomes. in: BERGIN und GARFIELD (Hg.) (1971) a. a. O.: S. 239ff, The Problem of Spontaneous Remission.

Bergin, Allen, E. und Garfield Sol L. (Hg.) (1971): Handbook of Psychotherapy and Behavior Change: An Empirical Analysis. New York: John Wiley.

Beveridge, Lord (1948): Voluntary Action. New York: Macmillan.

Bibring, E. (1953): The Mechanism of Depression. in: P. Greenacre (Hg.): Affective Disorders. New York: Int. Univ. Press.

Bilz, Rudolf (1971): Wie frei ist der Mensch? Paläoanthropologie Band 1. Frankfurt: Suhrkamp Taschenbuch Wissenschaft.

Bion, W. R. (1974): Erfahrungen in Gruppen und andere Schriften. Stuttgart: Klett.

Birdsell, Joseph (1968): Some Predictios for the Pleistocene Based on Equilibrium Systems among Recent Hunter-Gatherers. in: R. Lee und J. de Vore (Hg.) (1968): Man the Hunter. Chicago: Aldine. S. 235.

Blecourt, A. de (1977): Übertragung und Gegenübertragung bei der Entwicklung des psychoanalytischen Prozesses. Vortrag auf der Arbeitstagung der Deutschen Psychoanalytischen Vereinigung. Köln: 11. 3. 1977.

Bloch, Ernst (1959): Das Prinzip Hoffnung. Band 1 und 2. Frankfurt: Suhrkamp.

Borman, Leonhard D. (Hg.) (1975): Explorations in Self-Help and Mutual Aid. Center for Urban Affairs, Northwestern University Evanston, Illinois.

Bormuth, Achim (1975): Untersuchung einer Selbsthilfegruppe. Ständige Teilnehmer und Drop-outs. (Semesterarbeit im Fachbereich Psychologie der Universität Gießen).

Bott, Gerhard: Dokumentarfilme «Versuche, anders zu leben»; «Mr. Todd baut eine Arche» 19. 1. 1978 ARD; «Zwillingseiche» 22. 1. 1978 ARD.

Brenner, M. H. (1973): Mental Illness and the Economy. Cambridge/Mass.: Harvard University Press.

Bronowski, Jacob (1973): Der Aufstieg des Menschen. British Broadcasting Corporation: London: S. 88.

Brown, C. C. (1976): «It Changed my Life.» Psychology Today 10: S. 48.

Butler, Robert N. (1975): Why survive? Being old in America. New York: Harper & Row.

Calhoun, C. J. (1976): Continuity and Change: the significance of time in the organization of experience. Int. Rev. Psychoanal., 3, 3: S. 291.

Campbell, Robert et al. (1976, deutsch 1977): Rätsel des Geistes. Menschliches Verhalten, Time-Life International.

CANNON, W. (1942): Voodoo death. Americ. Anthrop. 44: S. 169.

CANTRIL, HADLEY (1963): The Psychology of Social Movements. First Science Editions 1963, New York: 1941: John Wiley and Sons.

CAPLAN, FRANK (1973): The First Twelve Months of Life. New York: Grosset & Dunlap.

CARTWRIGHT, D.; ZANDER, A. (1960): Group Dynamics. New York, London: Harper & Row.

CASRIEL, DANIEL; AMEN, GROVER (1971): Daytop. New Yor: Hill and Wand.

CLAFLIN, BILL; GJELSVIK, CAROL (1976): Self help groups of Rockland County. Fotokopierte Liste des Rockland County Community Mental Health Center. New York: Pomona.

COLLINS, ALICE A.; PANCOAST, DIANE, L. (o. J.): Natural Helping Networks. National Association of Social Workers, Washington.

COOLEY, CHARLES H. (1909): Social Organization. New York.

COUNT, EARL W. (1970): Das Biogramm. Anthropologische Studien. Frankfurt: S. Fischer.

DAUM, KARL-WERNER; MOELLER, MICHAEL LUKAS (1978): Therapie-erfolge bei Selbsthilfegruppen. Eine empirische Untersuchung an sechs Selbsthilfegruppen. Im Erscheinen.

DÄUMLING, A. M.; FENGLER, J.; NELLESSEN, L.; SVENSSON, A. (1974): Angewandte Gruppendynamik. Stuttgart: Klett.

DEWAR, TOM (1976): Professionalized Clients as Self-Helpers. In: NEW HUMAN SERVICES INSTITUTE (Hg.): Self-Help and Health. A Report. a. a. O.: S. 77ff.

DEWEY, J. (1925): Experience and nature. La Salle/Ill.: Open Court Publishing.

DITFURTH, HOIMAR VON (1977): Egoismus der Gene. (über WICKLER-SEIBT «Das Prinzip Eigennutz»). Spiegel, 44: S. 244–247.

DODSON, EITZHUGH (1976): The You that could be. Follet-Corp., 1010 West Washington Boulevard, Chicago 60607, Pen Book 1977.

DUMONT, MATTHEW P. (1974): Self-Help-Treatment Programs. Amer. J. Psychiatry 131, 6: S. 631–635.

DYER, WAYNE W. (1976): Your erroneous Zones. London: Sphere-Books Taschenbuch 1977.

EIBL-EIBESFELDT, I. (1977): Ist die Versklavung durch die Technik vermeidbar? Interview in: Ärztl. Praxis 29, 73: S. 3025

EINSELE, H. (1977): Beteiligung Betroffener im Strafvollzug und in der Entlassungshilfe. in: PETERSEN, KÄTHE (Hg.) (1977): Selbsthilfe und ihre Aktivierung durch die soziale Arbeit. Schriften des Deutschen Vereins für öffentliche und private Fürsorge, Frankfurt. S. 427ff.

ELIAS, NORBERT (1936, deutsch 1958): Der Prozeß der Zivilisation. Band 1 und 2. Frankfurt: Suhrkamp.

EMOTIONS ANONYMOUS (1977): «Das ist EA». Broschüre. «Du bist nicht allein». Broschüre. Zentrale Kontaktstelle der EA, Postfach 202, CH-4015 Basel.

ENCYCLOPAEDIA BRITANNICA (1975): Stichwort: Freemasonry, Band IV, S. 302.

ENGEL, GEORG L. (1962, deutsch 1970): Psychisches Verhalten in Gesundheit und Krankheit. Bern, Stuttgart, Wien: Huber.

ERIKSON, ERIK H. (1959, deutsch 1966): Identität und Lebenszyklus. Frankfurt: Suhrkamp.

ERIKSON, ERIK H. (1975): Dimensionen einer neuen Identität. Frankfurt: Suhrkamp Taschenbuch Wissenschaft.

ETZIONI, AMITAI (1975): Die aktive Gesellschaft. Eine Theorie gesellschaftlicher und politischer Prozesse. Opladen: Westdeutscher Verlag.

FAIRBAIRN, W. R. D. (1954): Object-Relations-Theory of the Personality. New York: Basic Books.

FENGLER, JÖRG (1977a): Selbstkontrolle – ein verhaltenstherapeutischer und gruppendynamischer Ansatz. in: L. NELLESSEN (Hg.): 12 Jahre Gruppendynamik in Deutschland. Gruppenpsychotherapie und Gruppendynamik 12, Heft 1/2.

FENGLER, JÖRG (1977b): Selbstkontrolle – Psychotherapie ohne Psychotherapeuten? Gruppenpsychotherapie und Gruppendynamik 12, 3: S. 278 ff.

FENGLER, JÖRG (1977c): Selbsthilfegruppen – Therapie ohne Therapeuten? Gruppendynamik 5: S. 307 ff.

FERENCZI, SANDOR (1909): Introjektion und Übertragung. Jahrbuch der Psychoanalyse 1: 422 ff.

FOULKES, S. H. (1946): On group psychoanalysis. Int. J. Psychoanal. 27: S. 51.

FOULKES, S. H. (1961): Gruppenprozesse und das Individuum in der therapeutischen Gruppe. In: FOULKES (1974) a. a. O.: S. 201 ff.

FOULKES, S. H. (1964, deutsch 1974): Gruppenanalytische Psychotherapie. München: Kindler.

FOULKES, S. H. (1975): Group-Analytic Psychotherapy. London–New York: Interface books.

FOULKES, S. H.; ANTHONY, E. J. (1957): Group Psychotherapy. Harmandsworth: Penguin.

FOULKES, S. H.; LEWIS, E. (1944): Die Gruppenanalyse. In: FOULKES (1974), a. a. O.: S. 42–70.

FRANK, JEROME D. (1961): Persuasion and healing. Baltimore: John Hopkins.

FREIDSON, ELIOT (1975): Dominanz der Experten. München: Urban & Schwarzenberg.

FRIES, M. (1944): Psychosomatic Relationship between Mother and Infant. Psychosom. Med. 6: S. 159.

FREUD, S. (1906): Tatbestandsdiagnostik und Psychoanalyse. Gesammelte Werke VII: 9. Frankfurt: Fischer.

FREYBERGER, H. (1976): Definition und Funktion der Selbsthilfegruppe – dargestellt am Beispiel der ILCO. Vortragsmanuskript.

FROMM, E. (1954): Psychoanalyse und Ethik. Zürich: Diana Verlag.

FROMM, E. (1976): Haben oder Sein. Die seelischen Grundlagen einer neuen Gesellschaft. Stuttgart: Deutsche Verlagsanstalt.

FÜRSTENAU, PETER (1976): Praxeologische Grundlagen der Psychoanalyse. in: Handbuch der Psychologie, 8. Band: Klinische Psychologie, 1. Teilband: 847 ff. Göttingen: Hogrefe.

FUNKE, ELISABETH (1977): Aktivierung der Selbsthilfe Behinderter und ihrer Familien durch Selbsthilfeorganisationen. in: PETERSEN (1977) a. a. O.

GARTNER, ALAN; RIESSMAN, FRANK (1974): The Service Society and the Consumer Vanguard. New York: Harper & Row.

GARTNER, ALAN, RIESSMAN, FRANK (1977): Self help in the Human Services. New York: Jossey Bass.

GLUCKSMANN, ANDRÉ (1978): Die Meisterdenker. Reinbek: Rowohlt.

GOFFMAN, ERVING (1963, deutsch 1967): Stigma. Über Techniken der Bewältigung beschädigter Identität. Frankfurt: Suhrkamp.

GOSDEN, P. H. J. H. (o. J.): Self Help. Voluntary Associations in the 19th Century. London: Batfords.

GOULDNER, A. W. (1960): The Norm of Reciprocity: A Preleminary Statement. The Americ. Sociolog. Review 25: 161 ff.

GRINBERG, L.; LANGER, M.; RODRIGUE, É. (1971): Psychoanalytische Gruppentherapie. München: Kindler. Geist und Psyche. Taschenbuch.

GROSSMANN, H. (Hg.) (1971): Bürgerinitiativen. Schritte zur Veränderung. Frankfurt: Fischer. Fischer Taschenbuch 1233.

GRUNBERGER, BELA (1971, deutsch 1976): Vom Narzißmus zum Objekt. Frankfurt: Fischer.

GURSSLIN, O. R.; HUNT, R. G.; ROACH, J. L. (1959/60): Social Class and the Mental Health Movement. Social Problems 7: 210.

GUSSOW, ZACHARY; TRACY, GEORGE S. (1973): Voluntary Self-Help

Health Organizations: A Study in Human Systems. New Orleans: Louisiana State University.

HABERMAS, JÜRGEN (1974): Können komplexe Gesellschaften eine vernünftige Identität ausbilden? In: J. HABERMAS; D. HENRICH (1974): Zwei Reden. Frankfurt: Suhrkamp.

HALHUBER, C.; HALHUBER, M. J. (1977): Sprechstunde: Herzinfarkt. München: Gräfe und Unzer.

HALHUBER, M. J. (1977): Infarkt-Selbsthilfegruppen – ohne Ärzte. Ärztliche Praxis, 69, S. 2865.

HAMILTON, W. D. (1964): The genetical theory of social behavior. J. theor. Biol. 7: S. 1–25.

HARRISON, A. (1968): Response competition, frequency exploratory, behavior and linking. Journ. Personality and Soc. Psychol. 9: S. 363 ff.

HEIGL-EVERS, A. (1972): Konzepte der analytischen Gruppenpsychotherapie. Göttingen: Vandenhoeck & Ruprecht.

HENTIG, H. VON (1975): Vorwort zu ARIES, PH. (1960, deutsch 1975): Geschichte der Kindheit. München, Wien: Hanser.

HERHAUS, E. (1977): Kapitulation. Aufgang einer Krankheit. München, Wien: Hanser.

HOFFMANN, BOB (1976): Getting divorced from Mother and Dad. New York: Dutton.

HOLT, J. (1964): How Children Fail. New York: Dell.

HOMANS, G. C. (1950, deutsch 1960): Theorie der sozialen Gruppe. Köln, Opladen: Westdeutscher Verlag.

HURVITZ, NATHAN (1974): Peer self-help psychotherapy groups: Psychotherapy without psychotherapists. in: PAUL M. ROMAN; HARRISON M. TRICE (Hg.) (1974): The sociology of Psychotherapy. New York: Jason Aronson. S. 85 ff.

ILLICH, IVAN (1972): Schulen helfen nicht. Über das mythenbildende Ritual der Industriegesellschaft. Reinbek: Rowohlt.

ILLICH, IVAN (1973): Entschulung der Gesellschaft. Reinbek: Rowohlt Taschenbuch Verlag.

ILLICH, IVAN (1975): Die Enteignung der Gesundheit. Reinbek: Rowohlt.

ILLICH, IVAN (1976): Age of Professional Dominance. Cuernaca-Mexico: Cidoc. Unveröff. Manuskript.

ILLICH, IVAN (1977): Equity in Useful Unemployment and its Professional Enemies. Cit. aus: Self-help-reporter 1, 5: S. 5.

ISRAEL, J. (1970): Der Begriff Entfremdung. Reinbek: Rowohlt.

JENCKS, STEPHEN F. (1976): Problems in Participatory Health Care. in:

New Human Services Institute: Self Help and Health. A Report. S. 88 ff. a. a. O.

Jennings, Helen H. (1947): The Sociometric Differentiation of the Psychegroup and the Sociogroup. Sociometry Vol. 10.

Jones, E. (1929): Fear, Guilt and hate. Int. J. Psychoanal. 10: 383 ff.

Jungk, R.; Lutz, R.; Müller, N. R.; Ziegler, B. (1978): Enzyklopädie der Zukunft. Tübingen: iva-Verlag.

Kadis, A. L. et al. (1974): Practicum of Group Psychotherapy. New York, London: Harper & Row.

Katz, A. H. (1970): Self-help organizations and volonteer participation in social welfare.

Katz, A. H., (1975) report in: Borman (Hg.) (1975): a. a. O.

Katz, A. H.; Bender, E. J. (Hg.) (1976): The Strength in US Self-Help Groups in the Modern World. New York: New Viewpoints.

Kernberg, O. F. (1969): A contribution to the ego-psychological critique of the Kleinian school. in: Tactics and Techniques in Psychoanalytic Therapy, edited by P. Giovacchini. London: Hogarth.

Kernberg, O. F. (1975): Borderline Conditions and Pathological Narcissism. New York: Aronson.

Keyes, Ralph (1973): We, the lonely People. Searching for Community. New York, London: Harper & Row.

Kilian, Hans in Carl Friedrich von Weizsäcker (1977): Der Garten des Menschlichen. München: Hanser. S. 284 ff.

Killilea, M. (1976): Mutual Help Organizations: Interpretations in the Literature. in: G. Caplan and M. Killilea (Hg.): Support Systems and Mutual Help: Multidisciplinary Explorations. New York: Grune & Stratton.

King, B. T. and Janis, J. L. (1956): Comparison of the Effectiveness of Improvised versus Role Playing Opinion Changes. Human Relations 1: S. 177 ff.

Kirschbaum, H. R.; D. S. Harveston und A. H. Katz (1976): Independent Living for the Disabled. Social Policy 7: S. 59 ff.

Klauber, J. (1976): Über die psychischen Wurzeln der Religion. Psyche 30, 2: S. 146–159.

Kline, F. M. (1972): Dynamics of a Leaderless group. Int. J. Group Psychotherapy, 22: S. 234–242.

Kohut, Heinz (1971, deutsch 1973): Narzißmus. Frankfurt: Suhrkamp.

Kropotkin, Peter (1904): Mutual aid. (Reprint of 1914 Edition). Boston, Massachusetts: Extending Horizon.

Krüger, Hans Joachim (1977): Seminarkrisen – Krisenseminare. in:

HORN, KLAUS (Hg.): Kritik der Hochschuldidaktik. Frankfurt: Syndikat Verlag.

KRÜGER, HANS JOACHIM; MOELLER, MICHAEL LUKAS; SCHÜLEIN, JOHANN AUGUST (1977): Entwicklung eines sozialwissenschaftlichen Teilcurriculums (Mikrosoziologie) in Verbindung mit psychosozialen Selbsthilfegruppen. Modellversuch an der Justus Liebig-Universität Gießen (beantragt).

KUBIE, LAWRENCE S. (1966): Deformation des schöpferischen Prozesses. Reinbek: Rowohlt.

KUBIE, LAWRENCE S. (1968): Die Beziehung der Psychose zum neurotischen Prozeß. Dynamische Psychiatrie 1: S. 35 ff.

KURSBUCH 50 (1977): Bürgerinitiativen/Bürgerprotest – eine neue vierte Gewalt? Berlin: Kursbuch/Rotbuch Verlag.

KUTTER, PETER (1976): Elemente der Gruppentherapie. Göttingen: Vandenhoeck & Ruprecht.

LAZARUS, A. und FAY, A. (1975, deutsch 1977): Ich kann, wenn ich will. Stuttgart: Klett Cotta.

LEM, STANISLAW (1964, deutsch 1976): Summa technologiae. Frankfurt: Insel Verlag.

LENSKI, GERHARD (1973): Macht und Privileg. Eine Theorie der sozialen Schichtung. Frankfurt: Suhrkamp.

LE SHAN, LAWRENCE (1976): You can fight for your Life. New York: M. Evans and Company.

LEVY, L. H.; KNIGHT, B. G.; PADSETT, V. P.; WOLLERT, R. W. (1977): Patterns of Help-Giving in Self-Help-Groups. American Psycholog. Assoc. Meetings. Unveröff. Manuskript.

LIEBERMAN, MORTON A. und GARY R. BOND (1976): The Problem of Being a Woman, A Survey of 1700 Women in Consciousness Raising Groups. Journ. Appl. Behav. Science 12, 3: S. 363 ff.

LOEWALD, H. W. (1955): Hypnoid State, Repression, Abreaction and Recollection. J. Am. Psychoanal. Ass. III: S. 16–33.

LOW, A. A. (1950): Mental health through will training. Boston: Christopher Publishing House.

LUFT, J. (1963, deutsch 1971): Einführung in die Gruppendynamik. Stuttgart: Klett.

LUHMANN, NIKLAS (1971): Die Weltgesellschaft. Archiv für Rechts– und Sozialphilosophie, Bd. 57: 1–33. Neuwied.

LUQUET, P. (1957): A propos des tacteurs de quérison non verbalisables de la cure analytique. Rev. Franc. Psych.

LYNCH, JAMES J. (1977): The Broken Heart. The Medical Consequences of Loneliness. New York: Basic Books.

MAHER, JOHN (1975): report in: BORMAN (Hg.) (1975): a. a. O.

MARX, John H.; SELDIN, JOSEPH P. (1973): Crossroads of crisis: Therapeutic sources and quasitherapeutic fractions of post-industrial communes. Journ. of Health and Social Behavior, 14: S. 39–50.

MEAD, GEORG H. (1934, deutsch 1968): Geist, Identität und Gesellschaft. Frankfurt: Suhrkamp.

MITSCHERLICH-NIELSEN, MARGARETE (1967): Übersicht über Literatur und Theroie des Agierens. Unveröff. Manuskript.

MOELLER, MICHAEL LUKAS (1969): Psychotherapeutische Behandlung von Studenten im Urteil der Therapeuten. Phasenspezifische Konflikte im Studium. Psyche 23, 10: S. 724–747.

MOELLER, MICHAEL LUKAS (1971): Prüfungsangst. Individuelle und institutionelle Bedingungen eines Symptoms. Medizinische Welt, 22: S. 271 ff.

MOELLER, MICHAEL LUKAS (1975): Selbsthilfegruppen in der Psychotherapie. Praxis der Psychotherapie, XX: S. 181–193.

MOELLER, MICHAEL LUKAS (1976): Selbsthilfegruppen in der sozialen Psychiatrie. Manuskript eines öffentlichen Vortrags in Freiburg, 22. Oktober 1976.

MOELLER, MICHAEL LUKAS (1976a): 18 Thesen zu Selbsthilfegruppen. in: PETERSEN (Hg.) (1977): a. a. O., S. 238 ff.

MOELLER, MICHAEL LUKAS (1977): Zur Theorie der Gegenübertragung. Psyche 31, 2: S. 142 ff.

MOELLER, MICHAEL LUKAS (1977a): Familientherapeutische Konzepte. Medizin, Mensch und Gesellschaft 2: S. 187–248.

MOELLER, MICHAEL LUKAS (1977b): Krankheitstheorien der Patienten und Konsequenzen für die Psychotherapeutische Praxis. Wird publiziert.

MOELLER, MICHAEL LUKAS; DAUM, KARL-WERNER (1978): Veränderungen während der Teilnahme an einer Selbsthilfegruppe. Eine empirische Untersuchung an sechs Selbsthilfegruppen. Im Erscheinen.

MOELLER, MICHAEL LUKAS; SCHEER, JÖRN W. (1974): Psychotherapeutische Studentenberatung. Probleme der Klienten – Problematik der Institution. Stuttgart: Thieme.

MOWRER, O. HOBARTH (1975): Small groups movement in historical perspective. in: L. D. BORMAN (Hg.) (1975): Explorations in self help and mutual aid. Evanston: Northwestern University Press.

MOWRER, O. H.; VATTANO, A. J. (1977): Integritätsgruppen. Ein Kontext zur Förderung von Ehrlichkeit, Verantwortung und Engagement. Gruppendynamik 5: S. 311 ff.

NEW HUMAN SERVICES INSTITUTE (Hg.) (1976): Self Help and Health.

A Report. Queens College/City University of New York (CUNY).

NEWMAN, MILDRED; BERNARD BERKOWITZ (1976): How to be Your own Best Friend. Pen Book.

NEWMARK, GERALD (1976): This schook belongs to you and me. New York: Hart Publ.

NEWMARK, J.; S. NEWMARK (1976): Older persons in a planned community: Synanon. Social Policy 7: S. 93–99.

PAGES, M. (1968, deutsch 1974): Das affektive Leben der Gruppen. Stuttgart: Klett.

PARKES, COLIN MURRAY (1974): Vereinsamung. Die Lebenskrise bei Partnerverlust. Reinbek: Rowohlt.

PEALE, NORMAN V. (1963): The Power of Positive Thinking. Surrey: World Work.

PEARL, A. (1964): Youth in Lower Class Settings. 5. Symposion on Social Psychology University of Oklahoma. Oklahoma: Norman. Unveröff. Manuskript.

PEARLMAN, M. (1976): «If you need a shoulder, I have Two». Unveröff. Manuskript. National Commission on Resources for Youth, 36 West 44th St. New York.

PERLMAN, JANICE E. (1976): Grassrooting the Systems. Social policy, special help issue, 7, 2: S. 4–20.

PERLS, F. S. (1974): Gestalt-Therapie in Aktion. Stuttgart: Klett.

PETERSEN, K. (Hg.) (1977): Selbsthilfe und ihre Aktivierung durch die soziale Arbeit. Frankfurt: Eigenverlag des deutschen Vereins für öffentliche und private Fürsorge.

PFÜTZE, P. (1961): Self, Society, Existence. New York: Harper & Row.

PODUSKA, BERNARD (1975): You can cope. New Jersey: Prentice-Hoo.

REDFIELD, ROBERT (1953): The primitive world and its transformations. Ithaca, New York: Cornell University Press.

REIMANN, HELGA (1967): Die Mental-Health-Bewegung. Tübingen: Mohr-Siebeck.

REIN, G. (Hg) (1977): Dienstagsgespräche mit Zeitgenossen. Stuttgart: Kreuz Verlag.

RICHTER, C. P. (1957): Sudden Death in Rats. Zit. nach: J. BARCHILON (1963): a. a. O.

RICHTER, H. E. (1963): Eltern, Kind und Neurose. Reinbek: Rowohlt.

RICHTER, H. E. (1972): Die Gruppe. Hoffnung auf einen neuen Weg, sich selbst und andere zu befreien. Reinbek: Rowohlt.

RICHTER, H. E. (1974): Lernziel Solidarität. Reinbek: Rowohlt.

RICHTER, H. E. (1977): Psychoanalyse und soziale Abhängigkeit. Psyche 10: S. 865 ff.

RIESMAN, DAVID; DENNEY, REUEL; GLAZER, NATHAN (1950, deutsch 1958: Die einsame Masse. Reinbek: Rowohlt.

RIESMAN, F. (1965): The Helper Therapy Principle. Social Work, Vol. 10, 2: S. 27–32.

RIO-BERICHT AN DEN CLUB OF ROME (Leitung: JAN TINBERGEN) (1977): Wir haben nur eine Zukunft. Reform der internationalen Ordnung. Opladen: Westdeutscher Verlag.

ROSENTHAL, R.; ROSNOW, R. L. (1969): Artefact in Behavioral Research. New York: Academic Press.

RYBACK, R. S. (1971): Schizophrenics Anonymous. A Treatment Adjunct. Psychiatry in Medicine 2, 3: S. 247–253.

SACHVERSTÄNDIGENTREFFEN zur psychosozialen Situation der Studenten. Bundesministerium für Bildung und Wissenschaft. 19. 1. und 5. 7. 1977 (mit HANS JOACHIM KRÜGER).

SANDLER, JOSEPH; DARE, D. H. und HOLDER, A. (1973): Die Grundbegriffe der psychoanalytischen Medizin. Stuttgart: Klett.

SCHAEFER, HANS; BLOHMKE, MARIA (1977): Herzkrank durch psychosozialen Streß. Heidelberg: Hüthig.

SCHEER, J. W.; MOELLER, M. L. (1976a): Krankheitskonzepte Psychotherapeutischer Patienten I. Vorstellungen zur Genese und Behandlung seelischer Störungen. Med. Psychologie, 2, 1: 13–29.

SCHEER, J. W.; MOELLER, M. L. (1976b): Krankheitskonzepte Psychotherapeutischer Patienten II. Ihr Zusammenhang mit Symptomen, Verhalten und Arzturteilen. Med. Psychologie, 2, 1: 30–48.

SCHEFF, THOMAS J. (1977): Anleitung zur Selbsthilfe. Gruppendynamik. 5: S. 323ff.

SCHMIDBAUER, W. (1977): Die hilflosen Helfer. Reinbek: Rowohlt.

SCHNECKENBURGER, GERDA (1978): Selbsthilfegruppen für seelische Gesundheit. Diplomarbeit Erziehungswissenschaften. Univ. Münster, unveröff.

SCHOFIELD, W. (1964): Psychotherapy: The purchase of friendship. Englewood Cliffs, N. Y.: Prentice Hall.

SCHÜLEIN, JOHANN AUGUST (1977): Selbstbetroffenheit. Frankfurt: Syndikat Verl.

SCHUMACHER, E. F. (1973, deutsch 1977): Die Rückkehr zum menschlichen Maß. «Small is Beautiful». Alternativen für Wirtschaft und Technik. Reinbek: Rowohlt.

SCHUR, MAX (1955): Comments on the metapsychology of somatization. Psychoanal. Stud. Child, 10: S. 119ff.

SCHWÄBISCH, L.; SIEMS, M. (1974): Anleitung zum sozialen Lernen für Paare, Gruppen und Erzieher. Reinbek: Rowohlt.

SCUOLA DI, BARBIANA (1967, deutsch 1970): Die Schülerschule. Berlin: Wagenbach.

SHEPARD, MARTIN (1973, deutsch 1975): Die seelische Selbsthilfe. Bergisch-Gladbach: Lübbe.

SIDEL, VICTOR W.; SIDEL, RUTH (1976): Beyond Coping. Soc. policy 7, 2: S. 67ff.

SILVERMAN, PHYLLIS R. (1969): The Widow-to-Widow Program. An Experiment in Preventive Intervention. Mental Hygiene Vol. 53, Nr. 3: S. 333 ff.

SKOVHOLT, T. M. (1974): The Client as Helper: A Means to Promote Psychological Growth. Counseling Psychologist 4: S. 58 ff.

SLATER, P. E. (1970): Mikrokosmos: Eine Studie über Gruppendynamik. Frankfurt: Fischer.

SLAVSON, S. R. (1977): Analytische Gruppentherapie. Theorie und praktische Anwendung. Frankfurt: Fischer.

SPITZ, RENÉ A. (1965, deutsch 1967): Vom Säugling zum Kleinkind. Stuttgart: Klett.

STINCHCOMBE, ARTHUR C. (1967): Formal Organizations. in: NEIL J. SMELSER (Hg.): Sociology. New York: John Wiley & Sons. S. 151–202.

STÜBINGER, DIETER K. (1977): Psychotherapeutische Selbsthilfe-Gruppen in der BRD. Eine Untersuchung über Sozialstruktur und therapeutische Prozesse in den Gruppen. Gießen: Med. Dissertation.

STUNKARD, A. J. (1972): The Success of Tops, a Self-Help Group. Post Graduate Medicine 18: S. 143–147.

THOMÄ, H.; THOMÄ, B. (1968): Die Rolle der Angehörigen in der psychoanalytischen Technik. Psyche 22: S. 802.

THOMPSON, E. P. (1963): The making of the English working class. London: Victor Gollancz.

TICHO, G. R. (1967): On self-analysis. Int. J. Psychoanal. 48: S. 308–318.

TOCQUEVILLE, A. DE (1835, deutsch 1961): Democracy in America. New York: New American Library.

TOFFLER, ALVIN (1970, Taschenbuch 1973): Der Zukunftsschock. München, Zürich: Droemer. Knaur Taschenbuch 339.

TREIMANN, DONALD J. (1977): Occupational Prestige in Comparative Perspective. New York: Academic Press.

TRICE, HARRISON M.; PAUL M. ROMAN (1970): Sociopsychological predictors of affilation with Alcoholics Anonymous: A longitudinal study of «treatment success». Social Psychiatry 1970. 5(1): S. 51–59.

TROJE, ELISABETH (1977): Porträt einer Gruppe. Aus der Praxis einer Selbsthilfegruppe von Studenten. München: Juventa.

TURNBULL, C. (1973): Das Volk ohne Liebe. Reinbek: Rowohlt.

UEXKÜLL, TH. VON (1977): An den Grenzen der Medizin. in: NUSSBAUM, HEINRICH VON (Hg.) (1977): Die verordnete Krankheit. Frankfurt: Fischer.

VATTANO, A. J. (1972): Power to the People: Self-Help Groups. Social Work 17: S. 7–15.

VESTER, FREDERIC (1975): Denken, Lernen, Vergessen. Stuttgart: Deutsche Verlagsanstalt.

VORGÄNGE (1977), Heft 27, 16. Jahrgang, 3: Bürgerinitiativen. Weinheim: Beltz.

WEBER, MAX (1925): Wirtschaft und Gesellschaft. Tübingen: Mohr.

WHITAKER, D. S.; LIEBERMANN, M. (1969): Psychotherapy through the Group Process. New York: Atherton.

WICKLER, WOLFGANG; SEIBT, UTA (1977): Das Prinzip Eigennutz. Ursachen und Konsequenzen sozialen Verhaltens. Hamburg: Hoffmann & Campe.

WILLI, JÜRG (1975a): Sind Psychotherapeuten Patienten mit kontraphobischer Abwehr? Vortrag im Rahmen des Sonderforschungsbereiches 32, Gießen 5. 11. 75. (Wird publiziert).

WILLI, JÜRG (1975b): Die Zweierbeziehung. Reinbek: Rowohlt.

WINNICOTT, D. W. (1965, deutsch 1974): Reifungsprozesse und fördernde Umwelt. München: Kindler.

WULFF, ERICH (1972): Psychiatrie und Klassengesellschaft. Zur Begriffs- und Sozialkritik der Psychiatrie und Medizin. Frankfurt: Fischer-Athenäum

YABLONSKY, LEWIS (1965, deutsch 1975): SYNANON. Selbsthilfe der Süchtigen und Kriminellen. Stuttgart: Klett.

ZAJONC, R. B. (1968): Attitudinal effects of mere exposure. Journ. Personality and Soc. Psycholog. Monogr. Suppl. 9 (2): S. 1–27.

Zeitungen/Medien:

ARD (Fernsehen) vom 24. 2. 1970 – «Plusminus»

ÄRZTLICHE PRAXIS 25. 10. 1977 – «Gesellige Säuglinge».

FRANKFURTER RUNDSCHAU 1. 9. 1976, S. 20 (ohne Titel)

FRANKFURTER RUNDSCHAU 24. 1. 1977. LUTZ KRUSCHE: «Ministerin wirft Zigarettenhersteller Betrug in Werbung vor».

FRANKFURTER RUNDSCHAU 6. 1. 1978. Frontseite: «Politikern Nachlässigkeit und Leistungsmängel vorgeworfen».

FRANKFURTER RUNDSCHAU 25. 1. 1978. BIRGIT INGEBORG LOFF: «Bürgerinitiativen sehen sich staatlichem Druck ausgesetzt».

FRANKFURTER RUNDSCHAU 6. 2. 1978. ANKE BAUER: «Tarifverträge im Knast».

FRANKFURTER RUNDSCHAU 25. 2. 1978. CHARLES EISENDRAHT: «Zurück zur Natur».

LE MONDE 25. 1. und 26. 1. 1978. LAURENT GREILSAMER: «La galaxie des ‹autonomes›». I. La Fin du tout. II. L'art d'être patient.

PSYCHOLOGIE HEUTE, Februar 1978.

STERN Nr. 4, 19. 1. 1978. JÖRN VOSS: «Die Rebellion der Genügsamen».

SÜDDEUTSCHE ZEITUNG 23./24. 3. 1978: «Regierung läßt Folgen elektronischer Technik untersuchen».

TIME MAGAZIN 30. 1. 1978. FRANK TRIPPETT, Time Essay: «America's New Sentimental Journey» S. 20.

Vorbemerkung zu der folgenden Liste der Selbsthilfegruppen in den USA

Für den Fall, daß sich ein Interessent an eine amerikanische Selbsthilfe-Organisation wenden möchte und sich scheut, mit seinen Restkenntnissen von Schulenglisch selber einen Brief zu verfassen, folgt hier ein kurzer Musterbrief:

Manfred Bockelmann   July 9, 78
Bahnstraße 15
D-6 Frankfurt/M.
Western Germany

To:
Mended Hearts
2113 Ong Street
Amarillo TX 79109
USA

Dear Sirs,
we intend to form a local self-helf-group. Could you help us with some information on your organization? We would be glad to get any details you have which could be useful to our purpose (i. e. programs, papers, brochures etc concerning your organization). We are grateful for anything you can send.

Yours sincerely
M. Bockelmann

Selbsthilfegruppen-Organisationen in den USA

Abused Women's Aid in Crisis – (Für geschlagene und andere mißhandelte Frauen)
GPO Box 1699, New York, NY 10010, USA

Action for the Prevention of Burn Injuries to Children (APBIC) – (Gruppe hat sich gebildet, um Sterberaten und Krankheitsziffern von Kindern bei Brandverletzungen zu verringern)
Andrew McGuire, 42 Water Street, Medford, MA 02155, USA

Addicts Anonymous – (Für Drogensüchtige)
Box 2000, Lexington, KY 41991, USA

Al-Anon – (Für Familienangehörige von Alkoholikern)
P.O. Box 182, Madison Square Station, New York, NY 10010, USA

Alateen – (Für die Kinder von Alkoholikern)
200 Park Avenue South, New York, NY 10003, USA

Alcoholics Anonymous – (Für erwachsene Alkoholiker)
AA World Services, P.O. Box 459, Grand Central Station, New York, NY 10017, USA

Alcoholism Recovery Institute, Inc. – (Für Alkoholiker)
730 5th Avenue, New York, NY, USA

Alexander Graham Bell Association for the Deaf – (Für Taube)
3417 Volta Place, N. W., Washington, DC 20007, USA

American Association for Retired People – (Für ältere Leute und für die, die sich für ihre Probleme interessieren)
555 Madison Avenue, New York, NY 10022, USA

American Blind Bowling Association – (Bowling für Blinde)
5338 Queensbridge Road, Madison, WI 53714, USA

American Diabetes Association – (Für Diabetiker; Jugendliche, Erwachsene und ihre Familien)
18 East 48th Street, New York, NY 10017, USA

American Federation of Catholic Workers for the Blind and Visually Handicapped – (Für blinde Personen katholischen Glaubens)
154 East 23rd Street, New York, NY 10010, USA

American Heart Association – (Für Herzkranke)
365 Willis Avenue, Mineola, NY 11501, USA

American Lung Association – (Für Personen mit Emphysema, chronischer Bronchitis, Asthma)
1740 Broadway, New York, NY 10019, USA
American Narcolepsy Association – (Für Menschen, die an Narkolepsie [Schlummersucht] leiden)
Box 5846, Standford, CA 94305, USA
American Schizophrenia Association – (Für Schizophrene)
Huxley Institute, 1114 First Avenue, New York, NY 10021, USA
Anamilo Club of Detroit
4811 John R Street, Detroit, MI 48021, USA
Arthritis Federation – (Für Gichtkranke; Jugendliche, Erwachsene und ihre Familien)
1212 Avenue of the Americas, New York, NY 10036, USA
Arthritis Foundation – (Für Gichtkranke; Jugendliche, Erwachsene und ihre Familien)
475 Riverside Drive, New York, NY 10027, USA
Associated Blind – (Für Blinde)
135 West 23rd Street, New York, NY 10010, USA
Associated Rational Thinkers – (Die Gruppe setzt sich für seelische Gesundheit ein)
117 West Main Street, Madison, WI 53703, USA
Association for Advancement of Blind Children – (Für blinde Kinder und ihre Eltern)
162-10 Highland Avenue, Jamaica, NY 11432, USA
Association for Children with Learning Disabilities – (Für Kinder mit Lernstörungen und deren Eltern)
5225 Grace Street, Pittsburgh, PA 15236, USA
Association for Children with Retarded Mental Development – (Für geistig zurückgebliebene Kinder und deren Eltern)
902 Broadway, New York, NY 10010, USA
Association for Mentally Ill Children (AMIC) – (Für Eltern von autistischen Kindern und von Kindern mit Verhaltens- und Gefühlsstörungen)
Eric Olson, President, 3 Birgham Road, Lexington, MA, USA
Association for the Education of the Visually Handicapped – (Für Sehbehinderte)
1604 Spruce Street, Philadelphia, PA 19103, USA
Association to Improve Respiration (AIR) – (Für Leute mit Emphysema)
Elinor Kent, Middlesex – Cambridge Lung Association, P. O. Box 265, Burlington, MA 01803, USA

Asthmatic Children Foundation of New York – (Für Kinder, die an Asthma leiden, und ihre Eltern)
333 East 69th Street, New York, NY 10021, USA
Athletics for the Blind – (Für erwachsene Blinde)
41 West 33rd Street, New York, NY 10001, USA
Black Lung Association – (Für Bergarbeiter mit Lungenkrankheiten und deren Familienangehörige)
1222 Washington Street, East Charleston, WV 25301, USA
Blinded Veterans Association – (Für blinde Kriegsteilnehmer und ihre Familien)
1735 De-Sales Street, N. W., Washington, DC 20036, USA
Boston Association for Childbirth Education (BACE) – (Die Gruppe berät Frauen vor und nach der Geburt)
Margaret Worrell, President, P. O. Box 29, Newtonville, MA 02160, USA
Buxom Belles International – (Für übergewichtige Frauen)
20515 Westover, Southfield, MI 48075, USA
Calix Society – (Für geistige Unterstützung von Alkoholikern katholischen Glaubens, die meisten sind außerdem Mitglieder bei AA)
21 Southeast Prince, Minneapolis, MN 55414, USA
Candlelighters – (Für Eltern krebskranker Kinder)
123 C Street, S. E., Washington, DC 20003, USA
Care About Now, Inc. – (Für Jugendliche mit Alkoholproblemen)
Chelsea, MA, USA
Carney Hospital's Diabetic Patient Teaching Program and Diabetic Club – (Für Diabetiker)
Dr. Younes, 2100 Dorchester Avenue, Boston, MA 02124, USA
Carney Weight Group – (Für Übergewichtige)
Mrs. DesChamp, 2100 Dorchester Avenue, Dorchester, MA 02124, USA
Catholic Marriage Encounter – (Für katholische Brautpaare)
Rev. Charles Quinn, 1011 First Avenue, New York, NY 10022, USA
Center for Independent Living – (Für behinderte Personen und ihre Familien)
2539 Telegraph Avenue, Berkeley, CA 94704, USA
Checks Anonymous – (Für Leute mit Schulden)
Box 81248, Lincoln, NB 68501, USA
Child Beaters Anonymous – (Für Eltern, die unkontrolliert ihre Kinder schlagen)
c/o Parents Anonymous, 2810 Artesia Blud., Redonda Beach, CA 90278, USA

Children in Hospitals – (Für Kinder, die ins Krankenhaus müssen, und für deren Eltern)
  Barbara Popper, 31 Wildshire Park, Needham, MA 02192, USA
Children's Advocates, Inc. – (Für Fälle von Kindesmißhandlungen)
  Joanne Lipner, 21 James Street, Boston, MA 02118, USA
Children's Hearing Education and Research – (Für schwerhörige Kinder und ihre Familien)
  871 MacLean Avenue, Yonkers, NY 10704, USA
Choose, Inc.
  11 East 17th Street, New York, NY 10003, USA
Committee to Combat Huntington's Disease – (Für Personen mit der Huntington'schen Krankheit und deren Familien)
  250 West 57th Street, Suite 2016, New York, NY 10019, USA
Congress of People with Disabilities – (Für Behinderte und ihre Familienangehörigen)
  170 Broadway, New York, NY 10083, USA
Cooley's Anemia Blood and Research Foundation for Children – (Für Kinder, die an Cooley-Anämie leiden, und deren Eltern)
  3366 Hillside Avenue, New Hyde Park, NY 11040, USA
Coping with the Overall Pregnancy Experience (COPE) – (Die Gruppe hilft Frauen bei Schwangerschaftsproblemen)
  316 Shawmut Avenue, Boston, MA, USA
Council of Adult Stutterers – (Für Stotterer)
  c/o Speech and Hearing Clinic, Catholic University of America, Washington, DC 20017, USA
Country Place
  Litchfield, Connecticut, 06759, USA
C-SEC, Caesarean Section, Education and Concern – (Für Frauen, die mit Kaiserschnitt gebären)
  Nancy Cohen, 35 Maple Drive, PAFB, New Hampshire, 03801, USA
C/SEC, Caesarean Support, Education, and Concern – (Für Frauen, die mit Kaiserschnitt gebären)
  15 Maynard Road, Dedham, MA 02026, USA
Cynthia Sickle Cell Anemia Fund of Greater Boston (Für Personen mit Sichelzellenanämie)
  Christine Hearus, Dimock, Community Health Center, 55 Dimock Street, Boston, MA 02119, USA
Cystic Fibrosis Foundation – (Für Personen mit Blasen-Fibrositis und deren Familien)
  3379 Peachtree Road, N. E., Atlanta, GA 30326, USA

Daughters United – (Für junge Frauen)
840 Guadelupe Parkway, San Jose, CA 95110, USA
Day Top Village, Inc., – (Für Drogenabhängige)
54 West 40th Street, New York, NY 10018, USA
Delancey Strett – (Für Drogensüchtige)
3001 Pacific Avenue, San Francisco, CA 94115, USA
DES-Watch (Für Personen mit einer speziellen Schwangerschafts-
schädigung)
360 Kent Street, Brookline, MA 02146, USA
DES-Watch
P. O. Box 12, Wantaugh, NY 11793, USA
Diet Workshop (Diät-Gruppe)
28 Merrick Avenue, Merrick, NY 11566, USA
Disabled American Veterans Auxiliary – (Für Kriegsgeschädigte)
3725 Alexandria Pilee, Cold Spring, Kentucky, 41076, USA
Disabled in Action – (Für Körperbehinderte)
Apt. 11 H, 175 Willonghby Street, Brooklyn, NY 11201, USA
Disabled Officers Association – (Für Kriegsgeschädigte)
1612 K Street N.W., Suite 408, Washington, DC 20006, USA
Divorce Anonymous – (Für Geschiedene)
P. O. Box 5313, Chicago, IL 60680, USA
Do It Now Foundation
P. O. Box 5115, Phoenix, Arizona 85010, USA
Drop-Outs Anonymous – (Für von Schule oder Gesellschaft
Ausgestoßene)
3876 E. Fedora Avenue, Fresno, CA 93726, USA
Dysautonomia Association – (Für Personen mit vererbten Störungen
des vegetativen Nervensystems)
608 Fifth Avenue, New York, NY 10020, USA
Easy Breathers, American Lung Association – (Für Personen mit Em-
physema)
1740 Broadway, New York, NY 10019, USA
El Centro de la Causa – (Eine Organisation für seelische Gesundheit für
spanisch sprechende Menschen)
831 West 17th Street, Chicago, IL 60608, USA
Emotional Health Anonymous – (Für Personen mit emotionalen Problemen)
4328 Cumnor Road, Downers Grove, IL 60515, USA
Emotional Anonymous – (Für Personen mit emotionalen Problemen)
P. O. Box 4245, St. Paul, MN 55 104, USA

Emphysema Anonymous – (Für Menschen mit Emphysema)
P. O. Box 66, Fort Myers, FL 33902, USA

Epilepsy Foundation – (Für Personen, die an Epilepsie leiden, und deren Familien)
1828 L Street, N. W., Washington, DC 20036, USA

Fair Employment Opportunities for the Handicapped – (Die Gruppe hilft Behinderten bei Berufsproblemen)
Adolphus Marcus, Chairman, 145 Pinckney Street, Suite 417, Boston, MA 02114, USA

Families Anonymous – (Für Familien mit Problemen)
P. O. Box 344, Torrance, CA 90501, USA

Fly Without Fear – (Für Personen, die Angst vorm Fliegen haben)
42–60 Main Street, Flushing, NY 11355, USA

For Individuals Recovering Sound Thinking, Inc. (FIRST) – (Arbeitet in Gegenden mit vorwiegend schwarzer und spanisch-sprechender Bevölkerung; kombiniert Gruppentherapie, Sprech-Training, Selbsterfahrungsgruppen, Yoga)
Nathaniel T. Wade, President, 336 A Blue Hill Avenue, Dorchester MA 02121, USA

The Fortune Society – (Für ehemalige Strafgefangene und ihre Familienangehörigen)
29 East 22nd Street, New York, NY 10010, USA

Forty Plus – (Ein Selbsthilfeprogramm für Arbeitslose)
c/o Elaine Quillian, 9302 Imperial Gardon Grove, CA 92644, USA

Framingham PTA for Exceptional Children – (Für Eltern von geistig behinderten Kindern)
Sally Buron, 3 Patricia Road, Framingham, MA, USA

Gamblers Anonymous – (Für Spielsüchtige)
P. O. Box 17173, Los Angeles, CA 90017, USA

Gamblers-Anon – (Für Familienangehörige von Spielsüchtigen)
P. O. Box 4549, Downey, CA 90241, USA

Gay Alcoholics – (Für homosexuelle Alkoholiker)
Our Lady of Victory, Isabella Street, Boston, MA, USA

Gray Panthers – (Selbsthilfegruppe für Bürgerrechte, gegen Rassismus, Sexismus usw.)
3700 Chestnut Street, Philadelphia, PA 19104, USA

Greater Boston Diabetes Society – (Diese Organisation beschäftigt sich hauptsächlich mit dem Nachweis von Diabetes) Kathryn Herbert, Executive Director, 1223 Beacon Street, Brookline, MA, USA

Halfway House – (Diese Organisation hilft behinderten und gestörten Menschen, sich in das gesellschaftliche Leben wieder einzugliedern)
For information: Department of Public Information, Department of Mental Health, 190 Portland Street, Boston, MA 02114, USA
Heart Clubs – (Für Personen mit Herzanfällen und deren Familienangehörige)
7320 Greenville Avenue, Dallas, TX 75231, USA
Help
2310 Locust Street, Philadelphia, Pennsylvania 19103, USA
Hodgkins Disease and Lymphoma Organization – (Für Menschen, die an Hodgkins Krankheit [Lymphdrüsenerkrankung] leiden, und für deren Familienangehörige)
518 Wingate Drive, East Meadow, NY 11554, USA
Homecoming, Inc. – (Für ehemalige Psychiatrie-Patienten)
1132 West Pratt, Chicago, IL 60626, USA
Human Growth Foundation
28 Sylvia Lane, Plainview, NY 11803, USA
Indoor Sports Club – (Für körperlich Behinderte)
1145 Highland Street, Napoleon, Ohio 43545, USA
Inner City Roundtable of Youth – (Für Jugendliche)
100 Avenue of the Americas, New York, NY 10013, USA
International Association of Laryngectomees, c/o American Cancer Society – (Für Personen, die am Kehlkopf operiert wurden, und deren Familienangehörige)
777 Third Avenue, New York, NY 10017, USA
International Catholic Deaf Association – (Für Personen mit Hörschäden, die katholischen Glaubens sind)
8419 Wesleyan Street, Vienna, VA 22180, USA
International Guild for Infant Survival (Für Verbesserung der Überlebenschancen bei Kleinkindern)
6822 Brompton Road, Baltimore, Maryland 21207, USA
International Parents' Organization, c/o Alexander Graham Bell Association for the Deaf – (Für Eltern von Kindern mit Hörschäden)
1537 35th Street, N. W. Washington, DC 20007, USA
Jewish Marriage Encounter – (Für jüdische Brautpaare)
Marcia & Ralph Salem, 2141 Ford Street, Brooklyn, NY 11229, USA
Juvenil Diabetes Foundation – (Die Gruppe unterstützt medizinische Forschung über Diabetes)
Mr. Sukoff, 23 East 26th Street, New York, NY 10010, USA

Kidney Transplant/Dialysis Association – (Für Personen mit einer Nierentransplantation und andere Nierenkranke, die auf eine künstliche Niere angewiesen sind)
David Robbins, President, 721 Huntington Avenue, Boston, MA 02115, USA

Ladies Auxiliary, Military Order of the Purple Hearts – (Für Ehefrauen von verwundeten Soldaten)
101 West Monument Street, Baltimore, MD 21201, USA

La Leche League – (Für Brusternährung von Säuglingen)
9616 Minneapolis Avenue, Franklin Park, IL 60131, USA

The Learning Exchange – (Für Studenten, die in Gruppen lehren und lernen wollen)
P. O. Box 920, Evanston, IL 60204, USA

Little People of America – (Für kleinwüchsige Personen und ihre Familienangehörigen)
Box 126, Owatonna, MN 55060, USA

Make Today Count – (Für Krebskranke und ihre Familien)
Burlington, IA 52601, USA

Manic-Depressive Association of Stockton – (Für Depressive)
Margaret Murray Secretary, P. O. Box 4723, Stockton, CA 95204, USA

The Martha Movement – (Gruppe für gegenseitige Hilfe für berufstätige und nichtberufstätige Heimarbeiter)
1022 Wilson Boulevard, Room 2610, Arlington, VA 22209, USA

Massachusetts Association for Retarded Citizens, Inc. – (Für zurückgebliebene Kinder und ihre Eltern)
Thomas Carroll, Director, 381 Elliot Street, Newton Upper Falls, MA 02164, USA

The Massachusetts Association for Self-Help, Inc. (MASH) – (MASH ist ein Zusammenschluß von Drogenberatungsstellen in Massachusetts)
Lawrence Perry, 9 Fowle Street, Roslindale, MA 02131, USA

Massachusetts Council of Organizations Serving the Deaf – (Zusammenschluß von Organisationen für Gehörgeschädigte)
Richard E. Thompson, President, P. O. Box 531, 68 Brentwood Circle, Needham, MA 02192, USA

The Massachusetts Lupus Found – (Gegründet zur gegenseitigen Hilfe für Leute mit Lupus erythematodes [Hautflechte] und zur Unterstützung der Forschung nach den Ursprüngen dieser Krankheit)
Merrilee Holland, Chairman, 40 Montvale Road, Brockton, MA 02402, USA

Medic-Alert Foundation, Inc.
    1000 North Palm, Turlock, California 95380, USA
Medical Self-Help Program – (Medizinische Selbsthilfe)
    Federal Health Programs Service
    FCB 3, Prince George's Center, 25 Belcrest Road, Hyattsville, Maryland 2978
Mended Hearts – (Für Leute mit Herzanfällen und deren Familienangehörige)
    2113 Ong Street, Amarillo, TX 79109, USA
Mensa – (Für Leute mit hohem Intelligenzquotienten)
    50 East 42nd Street, New York, NY 10017, USA
Mothers' Center – (Für Mütter mit Kleinkindern)
    Marge Milch, United Methodist Church, Old Country Road, Hickersville, NY 11801, USA
Mothers of Young Mongoloids – (Für Mütter von mongoloiden Kleinkindern)
    713 Ramsey Street, Alexandria, VA 22301, USA
Multiple Sclerosis – (Für Menschen, die an multipler Sklerose leiden, und deren Familienangehörige)
    205 East 42nd Street, New York, NY 10017, USA
Muscular Dystrophy Association – (Für Personen, die an Muskeldystrophie leiden, und deren Familienangehörige)
    810 7th Avenue, New York, NY 10019, USA
Myasthenia Gravis Foundation – (Für Personen, die an Muskelschwäche leiden, und deren Familienangehörige)
    230 Park Avenue, New York, NY 10017, USA
Myopia International Research Foundation – (Für Personen, die an Myopie [Kurzsichtigkeit] leiden, und deren Familienangehörige)
    415 Lexington Avenue, Room 705, New York, NY 10017, USA
Nar-Anon Family Group – (Für Familienangehörige von Drogensüchtigen)
    P. O. Box 2562, Palos Verdes Peninsula, CA 90274, USA
Narcotics Anonymous – (Für Drogensüchtige)
    P. O. Box 622, Sun Valley, CA 91352, USA
Natick Recreation Departement – (Für geistig zurückgebliebene Kinder und für Körperbehinderte)
    Ronald Dapsawski, Director Special Recreation, 5 Summer Street, Room 9, Natick, MA, USA
National Amputation Foundation – (Für Amputierte und ihre Familienangehörigen)
    12–45 150th Street, Whitestone, NY 11357, USA

National Association for Autistic Children (Für autistische Kinder und deren Familienangehörige)
169 Tampa Avenue, Albany, NY 12208, USA

National Association for Brain-Injured Children, Inc. – (Für Eltern von Kindern mit mittleren bis schweren Gehirnverletzungen)
Mr. F. F. Yanikoski, President, 48 Newport Avenue, Braintree, MA 02184, USA

National Association for Down's Syndrome – (Für Kinder mit dem Down'schen Syndrom [Mongolismus] und deren Eltern)
628 Ashland, River Fores, IL 60305, USA

National Association for Gifted Children – (Für begabte Kinder und deren Eltern)
8080 Springvalley Drive, Cincinnati, OH 45236, USA

National Association for Help of Retarded Children – (Für zurückgebliebene Kinder und deren Eltern)
405 Lexington Avenue, New York, NY 10017, USA

National Association for Retarded Children – (Für zurückgebliebene Kinder und deren Eltern)
2709 Avenue E, East, Arlington, TX 76011, USA

National Association for the Deaf – (Für Hörgeschädigte und ihre Familienangehörigen)
814 Thayer Avenue, Silver Springs, MD 10910, USA

National Association of the Physically Handicapped – (Für Körperbehinderte und ihre Familienangehörigen)
6473 Grandville, Detroit, MI 48228, USA

National Association of Patients of Hemodialysis and Transplantation – (Für Personen, die an einer schweren Nierenkrankheit leiden, und deren Familienangehörige)
505 Northern Blvd., Great Neck, NY 11021, USA

National Association of Recovered Alcoholics in the Professions (NARAP) – (Für alkoholabhängige Mediziner und Angehörige anderer Berufssparten)
P. O. Box 95, Staten Island, NY 10305, USA

National Association to Aid Fat Americans – (Für Übergewichtige)
P. O. Box 745, Westbury, NY 11590, USA

National Congress of Organizations of the Physically Handicapped – (Ein Zusammenschluß von Gruppen für Behinderte)
7611 Oakland Avenue, Minneapolis, MN 55423, USA

National Congress of the Jewish Deaf – (Für Hörgeschädigte jüdischen Glaubens)
9102 Edmonston Court, No. 302, Greenbelt, MD 20770, USA

National Cystic Fibrosis Research Foundation – (Für Personen mit Blasen-Fibrosis und deren Familienangehörige)
3379 Peachtree Road, N. E. Atlanta, GA 30326, USA

National Federation for the Blind – (Für Blinde und deren Familienangehörige)
Suite 212, Dupont Circle, 1346 Connecticut Avenue, Washington, DC 20023, USA

National Foundation for Ileitis and Colitis – (Für Personen, die an Ileitis oder Kolitis [Darmentzündungen] leiden, und deren Familienangehörige)
295 Madison Avenue, New York, NY 10017, USA

National Foundation for Sudden Infant Death – (Für Eltern, die ihr Kind durch den sog. «plötzlichen Säuglingstod» verloren haben)
1501 Broadway, New York, NY 10036, USA

National Fraternal Society of the Deaf – (Für Taube und ihre Familienangehörigen)
6701 West North Avenue, Oak Park, IL 60302, USA

National Hemophilia Foundation – (Für Personen, die an Hämophilie leiden, und deren Familienangehörige)
25 West 39 Strett, New York, NY 10018, USA

National Huntington Disease Association – (Für Personen, die an der Huntington'schen Krankheit leiden, und deren Familienangehörige)
Lakewood Center North Building, 146 Detroit Avenue, Cleveland, OH 44107, USA

National Marriage Encounter – (Die Gruppe hilft gute Ehen besser zu machen)
Bob and Lucille Coregory, 55 Freedman Avenue, Nannet, NY 10954, USA

National Multiple Sclerosis – (Für Personen, die an multipler Sklerose leiden, und deren Familienangehörige)
257 Park Avenue South, New York, NY 10010, USA

National Organization for Non-Parents – (Für Verheiratete, die keine Kinder haben wollen)
515 Madison Avenue, New York, NY 10022, USA

National Organization of Mothers of Twins Club – (Für Mütter von Zwillingen)
5402 Amberwood Lane, Rockville, MD 20853, USA

National Paraplegia Foundation – (Für Personen, die an Lähmungen leiden, und deren Familienangehörige)
400 East 34th Street, Room RR 812, New York, NY 10016, USA

National Rare Blood Club – (Für Personen, die an Blutarmut leiden, und deren Familienangehörige)
c/o Associated Health Foundation, 164 Fifth Avenue, New York, NY 10010, USA

National Society for Autistic Children – (Für autistische Kinder und ihre Eltern)
c/o Ruth Dyer, 169 Tampa Avenue, Albany, NY 12208, USA

National Tay-Sachs and Allied Diseases Association – (Für Personen mit der Tay-Sachs-Krankheit und deren Familienangehörige)
122 East 42nd Street, New York, NY 10017, USA

National Wheelchair Athletic Association – (Für Körperbehinderte)
40–24 62nd Street, Woodside, NY 11377, USA

Neurotics Anonymous International Liaison – (Für Neurotiker)
1341 G Street, N. W., Room 426, Washington, DC 20005, USA

Nexus – (Eine Studentenorganisation)
Larry Zisman, 32 White Bird Drive, Pomona, NY 10970, USA

Northeastern Essex Mental Health and Child Guidance Association
100 Emerson Street, Haverhill, MA 01830, USA

Operation Tunnelback
609 Myrthe Avenue, Brooklyn, NY 11205, USA

Orton Society – (Eine Informationsaustauschstelle über Dyslexia)
8415 Bellona Lane, Towson, MD 21204, USA

Ostomy Club of Rockland County – (Für Personen nach Krebs-Operationen mit künstlichem Darmausgang)
Jack Fox, 16 South Rigand Road, Spring Valley, NY 10977, USA

Overeaters Anonymous – (Für Übergewichtige)
2365 Westwood Boulevard, Los Angeles, CA 90064, USA

Paralyzed Veterans of America – (Für gelähmte Kriegsteilnehmer und deren Familienangehörige)
7315 Wisconsin Avenue, Suite 301 W, Washington, DC 20014, USA

Parents and Children Together (Pact) – (Für Eltern von Kindern mit angeborenen Herzfehlern)
Sally Fogel, 112 Gyprus Street, Brooline, MA 02146, USA

Parents Anonymous – (Für Eltern mißhandelter Kinder)
2810 Artesia Blvd., Redonda Beach, CA 90278, USA

Parents of Blind and Deaf Children – (Für Eltern von seh- und hörgeschädigten Kindern)
Perkins School for Blind, 175 North Benson Street, Watertown, MA 02172, USA

Parents of Gays and Lesbians – (Für Eltern von homosexuellen Kindern) c/o Metropolitan Duane Methodist Church, 201 West 13th Street, New York, NY 10011, USA

Parents of Large Families – (Für Eltern von großen Familien)
54 Miller Street, Fairfield, CT 06430, USA

Parents Without Partners – (Für alleinstehende Eltern)
7910 Woodmont Avenue, Washington, DC 20014, USA

Phobia Clinic – (Für Personen, die an einer Phobie leiden)
Roosevelt Hospital, 428 West 59th Street, New York, NY 10019, USA

Phobia Self-Help Groups – (Für Personen, die an einer Phobie leiden)
White Plains Hospital, 41 East Post Road, White Plains, NY 10601, USA

Prescription Parents – (Für Eltern von Kindern mit Gaumen- und/oder Lippenspalte)
Susan McDonald, P. O. Box 855, Quincy, MA 02169, USA

Prison Children Anonymous – (Für Kinder von Strafgefangenen)
129 Jackson Street, Hempstead, NY 11550, USA

Prison Families Anonymous – (Für Familienangehörige von Strafgefangenen)
134 Jackson Street, LL4, Hempstead, NY 11550, USA

Protestant Marriage Encounter – (Für protestantische Brautpaare)
Mr. and Mrs. James Zarifis, Box 177, East Norwich, NY 11732, USA

Psoriasis Research Association – (Für Leute, die an Psoriasis [Schuppenflechte] leiden)
107 Vista Del Grande, San Carlos, CA 94070, USA

Rape Crisis Center – (Die Gruppe nimmt sich der Opfer von Vergewaltigungen an)
P. O. Box 21005, Washington, DC 20009, USA

Reach to Recovery, American Cancer Society – (Beratung für Frauen mit Brustkrebs und nach Brustoperationen)
19 West 56th Street, New York, NY 10019, USA

Recovery, Inc. – (Für ehemalige psychiatrische Patienten und andere Menschen mit emotionalen Schwierigkeiten)
116 South Michigan Avenue, Chicago, IL 60603, USA

Remarried Parent, Inc. (RPI) – (Für Eheleute, die wiederverheiratet sind und ein Kind haben)
Mr. and Mrs. Gerd Heine, 11 Bockton Road, Spring Valley, NY, USA

Retarded Infants Service – (Für Eltern von zurückgebliebenen Kindern)
386 Park Avenue, South New York, NY 10016, USA

Rockland County Association For the Hearing Impaired – (Für Personen mit Hörproblemen)
    Joel Blattstein, P. O. Box 486, New City, NY 10956, USA
Rockland Post Adoptive Committee – (Für Adoptiveltern)
    Domini Orestei, 36 Dawn Lane, Suffern, NY 10991, USA
Rockland Social Club for the Blind – (Die Gruppe stellt einen Ort zur Verfügung, an dem sich blinde Leute treffen können)
    Katharine Gioia, 52 Coolidge Avenue, Haverstraw, NY 10927, USA
Rubella Parents Association
    Warren Blandin, Denfield Road (4), Westboro, MA 01886, USA
Schizophrenics Anonymous – (Für Schizophrene)
    1114 First Avenue, New York, NY 10021, USA
Self-Help on Rap Experience for Postmastectomy Women (Smare)
    c/o Eugene U. Thiessen, 933 5th Avenue, New York, NY 10021, USA
Single Parent Family Project – (Für getrennt lebende, geschiedene, verwitwete und unverheiratete Elternteile)
    Community Service Society, 105 East 22nd Street, New York, NY 10010, USA
Sisterhood of Black Single Mothers – (Für alleinstehende schwarze Mütter)
    P. O. Box 155, Brooklyn, NY 11203, USA
Sixty-Plus – (Für Personen, die über 60 Jahre alt sind)
    Janet Savage and Eloise Mahan, 10 N. Broadway, Nyack, NY 10960, USA
Smoke Watchers – (Für Leute, die das Rauchen aufgeben wollen)
    605 Third Avenue, New York, NY 10016, USA
Society for Compassionate Friends – (Für Eltern, die ein Kind verloren haben)
    Craig Chandler, Lakeview Avenue, Newtonville, MA, USA
Society for Rehabilitation of the Facially Disfigured – (Für Personen, deren Gesicht entstellt ist, und deren Familienangehörige)
    550 First Avenue, New York, NY 10016, USA
Spina Bifida Association – (Für Personen mit Spina bifida und deren Familienangehörige)
    343 South Dearborn, Chicago, IL 60604, USA
Stroke Clubs – (Für Personen, die einen Schlaganfall hatten, und deren Familienangehörige)
    99 Carl Avenue, Franklin Square, NY 11010, USA
Stutterers Anonymous – (Für Sprachbehinderte)
    William Schneider, Empire National Bank, 2 Hampstead Road, New York, NY 10956, USA

Sudden Infant Death Syndrome Foundation – (Für Eltern, die ein Kind durch den sog. «plötzlichen Säuglingstod» verloren haben)
310 South Michigan Avenue, Chicago, IL 60604, USA

Suicide Anonymous – (Für Menschen, die schon einen Selbstmordversuch gemacht haben oder die selbstmordgefährdet sind)
Ed. Sanford, J. D., Ph. D., Regent of Suicide Anonymous, 1212 Wilshire Boulevard, Los Angeles, Calif. 90017, USA

Synanon – (Für Drogenabhängige)
P. O. Box 786, Marshall, CA 94940, USA

Take Off Pounds Sensibly – (Für Übergewichtige)
4575 South 5th Street, Milwaukee, WI 53207, USA

Tall Clubs, International – (Für Pers. mit übermäß. Körpergröße)
6515 Monte Avenue, Forty Wayne, IN 46815, USA

Teen Challenge
c/o The Rev. Frank M. Reynolds, 1445 Boonville Avenue, Springfield, MO 65802, USA

Temple Beth El Center – (Für verwitwete Menschen jüdischen Glaubens)
Eleanor Lubin, President, Concord Avenue, Belmont, MA, USA

The Bridge, Inc.
231 West 83rd Street, New York, NY 10024, USA

United Cerebral Palsy Associations – (Für Personen, die einen Gehirnschlag erlitten, und deren Familienangehörige)
66 East 34th Street, New York, NY 10016, USA

United Ostomy Association – (Für Personen mit künstlichem Darmausgang)
1111 Wilshire Boulevard, Los Angeles, CA 90017, USA

Vei Lomany (Love One Another) – (Für Frauen, die gerade aus dem Gefängnis entlassen worden sind; die meisten haben Alkoholprobleme)
7 Lockslee Street, Jamaica Plain, MA 02130, USA

Vision – (Für sehbehinderte Frauen)
Mimi Winer, 14 White Pine Knoll Road, Wagland, MA, USA

We Care – (Für geschiedene oder getrennt lebende Personen und für solche, die gerade an dem Verlust einer engen Beziehung leiden)
c/o Dale Lindstrom, Wilder Center, 919 Lafond Avenue, St. Paul, MN 55104, USA

Weight Watchers – (Für Übergewichtige)
175 East Shore Road, Great Neck, NY 11023, USA

Widowed Inc. – (Für Verwitwete)
1406 Spring Rock, Houston, TX 77055, USA

Widowed Outreach Program – (Für Verwitwete)
    Alice Davis, Haverhill Family and Children's Service, 69 Summer Street, Haverhill, MA, USA
Widows and Widowers Club – (Für Verwitwete)
    Biking Club, 410 Quincy Avenue, Braintree, MA, USA
Widow-To-Widow – (Für Verwitwete)
    c/o Laboratory of Community Psychiatry, Harvard Medical School, Cambridge, MA 02138, USA

Selbsthilfegruppen-Organisationen in der Bundesrepublik Deutschland

Deutsche Arbeitsgemeinschaft Selbsthilfegruppen (DAG SHG)

Friedrichstr. 28, 6300 Gießen, Tel.: 0641/702–2478

Die DAG SHG ist ein lockerer Zusammenschluß von Gruppen und Personen, die in irgendeiner Weise Interesse am Selbsthilfegedanken haben. Für alle, die sich mit Problemen beschäftigen, wie zum Beispiel die Initiierung von SHG, Erfahrungsaustausch über laufende SHG, Verbreitung des Selbsthilfegedankens usw., bietet die DAG SHG die Möglichkeit, Kontakte zu knüpfen und Informationen auszutauschen.

Damit die DAG SHG ihren Zweck, Informationsaustausch und -weitergabe, Vermittlung von Kontaktadressen usw., erfüllen kann, ist sie auf die Mitarbeit der Mitglieder angewiesen. Sie kann nur die Informationen und Adressen weitergeben, die sie erhält.

Anonyme Alkoholiker (AA)

Deutsche Kontaktstelle, Postfach 422, 8000 München 1
Es gibt AA-Gruppen in allen größeren Orten der BRD.

Emotions Anonymous (EA) – Selbsthilfegruppen für seelische Gesundheit

Zentrale Kontaktstelle, Eichstr. 45, 3000 Hannover 1
Tel.: 0511/320215 nach 19.00 Uhr.
Es gibt EA-Gruppen in folgenden Orten (Stand: Ende 1977):
5100 Aachen-Eilendorf
8900 Augsburg

7506 Bad Herrenalb
4016 Basel

1000 Berlin 31
2800 Bremen

7260 Calw-Hirsau

6100 Darmstadt
4220 Dinslaken
4600 Dortmund
4000 Düsseldorf

2390 Flensburg
6000 Frankfurt
5948 Fredeburg
7800 Freiburg i. Br.

6300 Gießen
7320 Göppingen

2000 Hamburg 11
3000 Hannover
6900 Heidelberg

7100 Heilbronn-Böckingen
6128 Höchst/Odw.

7500 Karlsruhe
5000 Köln-Ehrenfeld
7750 Konstanz
4150 Krefeld-Forstwald

7140 Ludwigsburg

6800 Mannheim
4330 Mülheim-Kümpten
8000 München 2
4400 Münster i. W.

8500 Nürnberg-Gibitzenhof
8500 Nürnberg-Erlenstegen

4790 Paderborn
7530 Pforzheim

7000 Stuttgart

6200 Wiesbaden
3180 Wolfsburg
5600 Wuppertal 2

CH 8026 Zürich (Schweiz)

Aktion Selbsthilfe e. V.
«Teestube»
Tiefentalstr. 14, 5000 Köln 80
Tel.: 0221/612210

Aktionskomitee
«Kind im Krankenhaus» e. V.
Irmgard Folkers, Vogels-
bergstr. 4, 6370 Oberursel/Ts.
Tel.: 06171/3606

Aktionskreis 71
für Sozialpsychiatrie e. V.
Kontakt: Christiane Horst, Be-
selerstr. 40, 2000 Hamburg 52
Tel.: 040/896796

Arbeitsgemeinschaft
Allergiekrankes Kind e. V.
Hoffmannstr. 21, 6348 Herborn/
Dillkreis

Bundesarbeitsgemeinschaft
«Hilfe für Behinderte» e. V.
Kirchfeldstr. 149, 4000 Düsseldorf, Tel.: 0211/346364 oder
340085 mit folgenden einzelnen
Verbänden:
Allergiker- und Asthmatiker-Bund
e. V.
Arbeitsgemeinschaft Spina bifida
und Hydrocephalus e. V.
Bund zur Förderung Sehbehinder-
ter e. V.
Bundesverband der Eltern körper-
geschädigter Kinder (Contergan-
kinder-Hilfswerk)
Bundesverband für die Kehlkopf-
losen in der BRD e. V.
Bundesverband für spastisch Ge-
lähmte und andere Körperbehin-
derte e. V.
Bundesverband «Hilfe für das auti-
stische Kind» e. V.
Bundesverband Legasthenie e. V.
Bundesverband zur Förderung
Lernbehinderter e. V.
Bundesvereinigung «Lebenshilfe
für geistig Behinderte» e. V.

Deutsche Gesellschaft zur Bekämpfung der Muskelkrankhei-
ten e. V.
Deutsche Gesellschaft zur Be-
kämpfung der Mucoviscidose
e. V.
Deutsche Gesellschaft zur Förde-
rung der Hör-Sprachgeschädig-
ten e. V.
Deutsche Hämophilie-Gesellschaft
zur Bekämpfung von Blutungs-
krankheiten e. V.
Deutsche ILCO e. V.
Deutsche Multiple Sklerose Gesell-
schaft e. V.
Deutsche Rheuma-Liga e. V.
Deutsche Sektion der Internatio-
nalen Liga gegen Epilepsie e. V.
Deutscher Blindenverband e. V.
Deutscher Diabetiker-Bund e. V.
Deutscher Psoriasisbund e. V.
Freundeskreis Camphill e. V.
Interessenverband der Dialyse-
patienten Deutschlands e. V.
Schutzverband für Impfgeschädigte
e. V.
Sozialhilfe – Selbsthilfe Körperbe-
hinderter e. V.
Bundesverband der Herz- und
Kreislaufbehinderten e. V.
Dachverband psychosozialer Hilfs-
vereinigungen in der BRD e. V.
Deutsche Zöliakie-Gesellschaft
e. V.

Club 75

Karl-Glässing-Str. 5
6200 Wiesbaden
oder: Marianne Wolpers
Klagenfurter Ring 50
6200 Wiesbaden
Tel.: 06121/8 51 33

Daytop

Gesellschaft für soziale Planungen und Alternativen
Odeonsplatz 2
8000 München 22
Tel.: 089/28 33 00

Der Nachbar

Rainer Vogel
Eisenacher Str. 65
1000 Berlin 62
Tel.: 030/78 12 2 5 5

EMMAUS Saar

Cecilienstr. 23
6600 Saarbrücken 3

Freiburger
Hilfsgemeinschaft e. V.

Zasiusstr. 55
Postfach 470
7800 Freiburg i. Br.
Tel.: 0761/7 55 08

Gießener Arbeitsgemein-
schaft Selbsthilfegruppen e. V.

Friedrichstraße 28
6300 Gießen
Tel.: 0641/7 02 24 78

Hamburger Arbeitsgemein-
schaft für
Altenselbsthilfe

Wiesendamm 17
2000 Hamburg 33
Tel.: 040/2 99 38 08

Initiative Thürmchenswall

Birgit Hausmann
Am Marienstift 24
5000 Köln 80, Tel.: 02 21/63 18 04

Kieler Selbsthilfe
c/o Redlef Neubert
Weißenburgstr. 14
2300 Kiel 1

KIK (Kontakt in Krisen)
Herzberger Landstraße 39
3400 Göttingen

Kriseninterventionsdienst
München
Metzstraße 30
8000 München 80

New Way e. V.
Baldestr. 6
8000 München 5

Patientenclub Mainz
c/o Christoph Spark
Boppstraße 40
6500 Mainz

Psycho-Koop, Klaus Schmidt
Emmastraße 275
2800 Bremen, Tel.: 04 21/21 75 81

Psychotherapeutische
Beratungsstelle für
Studierende
Bockenheimer Landstraße 142
6000 Frankfurt/Main
Tel.: 06 11/79 82 64

Selbsthilfeorganisation Zürich
über: Helferei Großmünster
Kirchgasse 13
CH 8001 Zürich (Schweiz)

Selbsthilfegruppe Bremen
Karin Greuling
Bürgermeister-Reuter-Str. 11
2800 Bremen-Neu-Vahr

Selbsthilfegruppe Friedberg
Burkhard Böttcher
Leonhardstraße 16
6360 Friedberg
Tel.: 06031/1 49 43

Selbsthilfegruppe Freiburg
Norbert Wagner
Fabrikstraße 6 a
7800 Freiburg i. Br.

Selbsthilfegruppe Homburg/
Saar
Kontakt: Ernst Ott
Institut für Klinische Psychothe-
rapie
Universitätskliniken
6650 Homburg/Saar
Tel.: 06 84/16 31 66

Selbsthilfegruppe Lünen-
Brambauer
Dr. med. G. Hellhammer
Yorkstraße 2
4670 Lünen-Brambauer

Selbsthilfegruppe Mainz
Kontakt: Horst Kipphan
Uhlandstr. 10
6500 Mainz, Tel.: 061 31/67 69 88

Selbsthilfegruppe Marbach
Edgar Ott
Schwabstr. 84
7142 Marbach a. N.
Tel.: 071 44/1 48 67

Selbsthilfegruppe Marburg
Kontakt: Wolfgang S. Geißler
Friedrich-Naumann-Str. 1
3550 Marburg
Tel.: 06421/291605

Selbsthilfegruppe München
Erzbischöfliches Jugendseel-
sorgeamt
Schülerreferat: Wolfgang
Schmidtner, Bettina Irsche
Frauenplatz 13
8000 München
Tel.: 089/222750/2942 38

Selbsthilfe-Lehrer-Gruppe Saarbrücken
Margret Gabler
Scheidter Straße 123
6600 Saarbrücken

Selbsthilfegruppe Schmallenberg
Karla Troitzsch-Göbel
DLA Fredeburg
Johannes-Hummel-Weg 1
5948 Schmallenberg 2

Social Work
Nikolausberger Weg 17
3400 Göttingen
Tel.: 0551/394592

Sozialtherapie Frankfurt
Frankfurter Verein zur Rehabilitation psychosozial Geschädigter
und zur Prävention psychischer
Erkrankungen
Martin-Luther-Straße 35
6000 Frankfurt/Main 60

Sozialtherapie Kassel e. V.
Motzstraße 3
3500 Kassel, Tel.: 0561/780199

Stotterer-Selbsthilfe e. V.
Geschäftsstelle: Wolfgang Kölle,
Uhlandstraße 2, 7421 Mehrstetten, Tel.: 07381/2669
*Weitere Sprechbehinderten-
Selbsthilfegruppen*
1000 Raum Berlin
Hans-Joachim Deckert, Gotz-
kowskistr. 4, 1000 Berlin 21
2000 Raum Hamburg
Karl-Heinz Schläfcke, Buch-
waldstr. 66, 2000 Hamburg 66
2900 Raum Oldenburg
Hildegard Michler, August-
Schwettmann-Str. 6,
2900 Oldenburg
4000 Raum Düsseldorf/Dortmund
Andreas Starke, Beethovenweg
14, 5804 Herdecke
4800 Raum Bielefeld
Jürgen Mahler, Düppelstr. 27,
4830 Gütersloh 1
5000 Raum Köln/Bonn
Franz-Josef Eilting, Haus-
dorffstr. 71, 5300 Bonn
5500 Raum Trier
Hans Schäfer, Paulinstr. 27,
5500 Trier
6000 Raum Frankfurt/Main
Walter Wagner, Frauenreuther-
str. 15, 6333 Braunfels/Lahn
6300 Raum Gießen
Rainer Paul, Rosenstr. 6,
6342 Haiger 1
7410 Raum Reutlingen/Tübingen
Volker Zimmermann, Bellinger-
str. 61, 7460 Balingen 6

7032 Raum Sindelfingen/Böblingen
Sprachheilschule, Sommerhofen-
str. 101, 7032 Sindelfingen
7900 Raum Ulm
Gudrun Joel, Bockgasse 4,
7900 Ulm
7950 Raum Biberach
Berta Bosch, Mövenweg 2,
7957 Schemmerberg
7800 Freiburg i. Br.
Gertrud Gauger, Maria-There-
sia-Str. 6, 7800 Freiburg
7980 Raum Ravensburg
Jochen Schiefer, Franz-Beer-
Str. 86, 7987 Weingarten
8000 Raum München
Helmut Wilhelm, bei Lamberts,
St. Paulsstr. 10, 8000 München 2

SPAK, Arbeitskreis für psychosoziale Hilfe e. V.

Rosenstr. 18
6600 Saarbrücken
Tel.: 0681/3 6493

Synanon Deutschland

Oranienstr. 175
1000 Berlin 36

Teestube «Humanes Wohnen»

Brabanterstr. 39
5000 Köln 1

Verband Alleinstehender Mütter und Väter e. V. (VAMV)

Martin-Luther-Str. 20
6000 Frankfurt/Main
Tel.: 06 11/43 77 77

Zentrale Studienberatung, Fachhochschule Münster

Walburga Berghoff
Schloßplatz 2
4400 Münster i. W.

Zentrum für Sozialhilfe e. V.

Hochstraße 37
8500 Nürnberg
Tel.: 09 11/26 62 75

Karl-Werner Daum/Detlef Krah

Kurzbeschreibung von einigen deutschen Selbsthilfegruppen

Die folgenden Kurzbeschreibungen von 29 Selbsthilfegruppen-Organisationen sind einer empirischen Untersuchung entnommen, die im Frühjahr 1978 in Zusammenarbeit mit der Deutschen Arbeitsgemeinschaft Selbsthilfegruppen durchgeführt wurde.

Die Untersuchung wollte die Struktur, das Arbeitskonzept und das Therapiekonzept der verschiedenen deutschen Selbsthilfegruppen sowie die Beziehungen der Gruppen untereinander feststellen und dann auch in Form einer Rückmeldung der Ergebnisse die gegenseitige Informiertheit verbessern.

Die hier zusammengefaßten 29 Selbsthilfegruppen sind teilweise einzelne Gruppen und teilweise Selbsthilfeorganisationen, die mehrere Gruppen umfassen. Auch reicht das inhaltliche Spektrum von psychologisch-therapeutischen Selbsthilfegruppen über Kontakt- und Krisenzentren mit Selbsthilfegruppen bis zu Selbsthilfeorganisationen, bei denen der therapeutische Aspekt nicht im Vordergrund steht.

Zuerst ein Überblick – eine Selbsthilfe-Organisation aus der Schweiz ist auch aufgeführt –, anschließend folgen die Kurzdarstellungen.

Überblick

1. Aktionskreis, 71, Hamburg
2. Aktion Selbsthilfe e.V. «Teestube», Köln
3. Aktionskomitee «Kind im Krankenhaus», Frankfurt
4. Anonyme Alkoholiker
5. Arbeitsgemeinschaft Allergiekrankes Kind, Herborn
6. Club 75, Wiesbaden
7. Der Nachbar, Berlin
8. EMMAUS Saar, Saarbrücken
9. Emotions Anonymous
10. ILCO, Hannover
11. Lehrer-Selbsthilfegruppe, Saarbrücken
12. New Way, München
13. Psycho Koop, Bremen
14. Selbsthilfe, Köln
15. SH-Gruppe, Bremen
16. SH-Gruppe, Freiburg
17. SH-Gruppen, Friedberg
18. SH-Gruppen, Gießen
19. SH-Gruppen, Homburg/Saar
20. SH-Gruppe, Lünen-Brambauer
21. SH-Gruppe, Marbach
22. SH-Gruppen, Marburg
23. SH-Gruppe, Schmallenberg 2
24. Sozialtherapie, Frankfurt
25. Sozialtherapie, Kassel
26. SPAK, Saarbrücken
27. Stotterer Selbsthilfe, Mehrstetten
28. Zentrum für Sozialberufe, Nürnberg
29. Selbsthilfeorganisationen Zürich, Schweiz

Aktionskreis 71 für Sozialpsychiatrie e. V., Hamburg

Der Verein wurde 1971 von vier Patienten des Universitätskrankenhauses Eppendorf gegründet, die mit der (Tabletten-)Behandlung der Klinik unzufrieden waren. Nach Anwachsen der Mitgliederzahl auf 30 Personen wurden regelmäßige Veranstaltungen durchgeführt (Podiumsdiskussionen, Gruppenarbeit, Filmabende, Selbsterfahrungsgruppen, Kontakt zu Parteien). 1976 wurde ein Zentrum in der Innenstadt als Kommunikationsstätte gegründet, das mit Hilfe von staatlichen Geldern finanziert wird. Im Augenblick gibt es ca. 50 Mitglieder, die sich aus Berufstätigen, Studenten, Arbeitslosen und Frührentnern zusammensetzen. Außer Arbeitsgruppen zu bestimmten Themen gibt es einmal wöchentlich ein Plenum.

Der Verein arbeitet mit der Arbeitsgemeinschaft SPAK und dem Deutschen Paritätischen Wohlfahrtsverband zusammen.

Ziele des Vereins sind u. a. die Verhinderung von Wiederaufnahmen ehemaliger Patienten in die Klinik durch Gruppenhilfe (Krisenintervention), Vorbeugung der Isolierung entlassener Patienten, Hilfe bei Arbeitsbeschaffung und Wohnungssuche, kritische und öffentliche Auseinandersetzung mit den Behandlungsmethoden der Psychiatrie.

Die Kontaktaufnahme zu Patienten in Kliniken ist schwierig und scheitert zum Teil am Widerstand der Institutionen.

Der Verein gibt in unregelmäßigen Abständen Infos heraus, die vor allem in den psychiatrischen Krankenhäusern Hamburgs verteilt werden.

Kontaktadresse:
Christiane Horst, Beselerstr. 40, 2000 Hamburg 52

Aktion Selbsthilfe e. V. «Teestube», Köln

Anknüpfend an gelegentliche Selbsthilfe-Initiativen in einer Kölner Obdachlosensiedlung entstand die Aktion Selbsthilfe 1974 durch einige Bewohner dieser Obdachlosensiedlung und eine bei der evangelischen Gemeinde angestellte Sozialarbeiterin. Im Frühjahr 1975 konnten sich die Mitglieder zwei Althäuser «erkämpfen». Ein Haus wird für die Kinder- und Jugendarbeit genutzt, im anderen ist die Teestube untergebracht. Die Unkosten wurden im ersten Jahr vom Jugend-Wohlfahrts-Ausschuß getragen, im Augenblick von der Stadt Köln. Es wird versucht, sich auch durch Eigenmittel zu finanzieren, etwa durch Spenden, Basare und Gebrauchtmöbel.

Die Teestube ist jeden Tag von 10–22 Uhr geöffnet. Der Kern der Besucher besteht aus etwa 20 Leuten, vor allem «Unterprivilegierte», Sozialhilfeempfänger, Arbeitslose, Frührentner, LKH-Patienten, Bewohner von Altenheimen, Behinderte, alleinstehende Mütter usw.

Die Teestube bietet offene Kontaktmöglichkeiten für Hilfesuchende, Isolierte, Bedrängte im Stadtteil und in den Nachbarbezirken an; (gegensei-

tige Hilfe, gemeinsame Aktionen, Stärkung von Selbstvertrauen, Gruppenfähigkeit, Solidarität).

Es wird jeden Abend gekocht und miteinander gegessen, gemeinsame
Erholungs- und Ferienaktivitäten werden geplant (Schwimmen, Sport, jährliches vierwöchiges Sommercamp). Es werden Beratungshilfen im Umgang mit
Behörden und Institutionen angeboten; es werden Kranke und Isolierte be-
sucht und Transportmöglichkeiten für Behinderte geschaffen und vieles mehr.

Kontaktadresse:
Aktion Selbsthilfe e. V. «Teestube»
Tiefenbachstr. 14, 5000 Köln 80

Aktionskomitee «Kind im Krankenhaus» e. V., Frankfurt

Das Aktionskomitee Kind im Krankenhaus (AKiK) besteht seit 10 Jahren,
hat zur Zeit ca. 3000 Mitglieder und etwa 50 Initiativgruppen.

«Der Verein will zum Wohlergehen der Kinder im Krankenhaus beitragen. Insbesondere soll darauf hingewirkt werden, daß in Krankenhäusern
die unbeschränkte Besuchszeit auf den Kinderstationen eingeführt wird und
alle Erleichterungen geschaffen werden, um den Eltern-Kind-Kontakt zu
sichern» (§ 2 der Satzung).

Das AKik setzt sich insbesondere ein für:
- fachgerechte Betreuung der jungen Patienten
- bei schwierigen Fällen (psychisch labilen Kindern, Behinderten) für die
  Mitaufnahme einer Bezugsperson und für die Kostenübernahme durch
  die Krankenkassen.
- Einrichtung von Fachambulanzen bzw. Tageskliniken zur Vermeidung
  oder Verkürzung von Krankenhausaufenthalten und die Möglichkeit der
  elterlichen Anwesenheit bei ambulanten Eingriffen.
- «Rooming-In» (gemeinsame Unterbringung von Mutter und Neugebore-
  nem auf der Entbindungsstation).

Um die Ziele des Vereins bekannt zu machen und sie durchzusetzen,
werden – auch in Zusammenarbeit mit Behörden (zum Beispiel Jugendäm-
tern) – Informationsbroschüren an Eltern, Ärzte und Krankenhäuser ver-
schickt. Es werden von einzelnen Gruppen Informationsstände errichtet,
Vorträge auf Tagungen gehalten, und es wird in Funk, Fernsehen und
Zeitungen für die Ziele des Vereins geworben.

Finanziell trägt sich der Verein durch Mitgliedsbeiträge und Spenden.
Neu gegründete Initiativgruppen erhalten, soweit es die finanzielle Lage
zuläßt, eine einmalige Starthilfe, müssen sich dann aber selbst finanzieren
(Spenden, Flohmarkt, usw.).

Kontaktadresse:
Aktionskomitee «Kind im Krankenhaus» e. V.
Irmgard Folkers
Vogelsbergstr. 4, 6370 Oberursel/Ts.

Anonyme Alkoholiker

Die Anonymen Alkoholiker (AA) wurden 1935 in den USA von zwei Betroffenen gegründet. Heute gibt es AA-Gruppen auf der ganzen Welt.

Im Augenblick gibt es in der ganzen BRD und West-Berlin AA-Gruppen und in einigen Städten sogenannte Al-Anon-Familiengruppen, die von Verwandten und Freunden von Alkoholikern gegründet worden sind. Hauptzweck der AA ist es, «nüchtern zu bleiben und anderen Alkoholikern zur Nüchternheit zu verhelfen». Die einzige Voraussetzung für die Zugehörigkeit ist der Wunsch, mit dem Trinken aufzuhören.

Die AA haben ein Zwölf-Schritte-Programm entwickelt, das den Mitgliedern und Gruppen helfen soll, ihr Ziel zu erreichen.

Kontaktadresse:
Deutsche AA-Kontaktstelle, Postfach 422, 8000 München 1

Arbeitsgemeinschaft Allergiekrankes Kind e.V., Herborn/Hessen

Diese Selbstorganisation der Eltern allergiekranker Kinder existiert hauptsächlich durch die Initiative einer betroffenen Mutter seit ca. 2 Jahren. Im Dezember 1977 wurde zur rechtlichen und finanziellen Absicherung und zur Erweiterung der Arbeitskapazitäten ein Verein gegründet (ca. 60 Personen).

Zu den Zielen der Arbeitsgemeinschaft gehört die Informationsarbeit für betroffene Eltern über die medizinischen, rechtlichen und sozialen Probleme, die die Erkrankung der Kinder mit sich bringen.

Etwa alle zwei Monate findet ein Vortragsabend in Herborn statt, an dem ein «Experte» (zum Beispiel Arzt) über die verschiedenen diagnostischen und therapeutischen Aspekte der Allergieerkrankung referiert. Weitere Tätigkeiten der Arbeitsgemeinschaft sind die Herausgabe eines Informationsblattes, Beratungen und Rechtshilfen und auch ein Erfahrungsaustausch der Eltern untereinander.

Es bestehen Kontakte zu Gruppen mit gleichen oder ähnlichen Aufgaben und Zielsetzungen (andere Allergiegruppen, Deutscher Kinderschutzbund, Aktion Behindertes Kind).

Kontaktadresse:
Arbeitsgemeinschaft Allergiekrankes Kind e.V.
Hoffmannstr. 21, 6348 Herborn

Club 75, Wiesbaden

In Eigeninitiative wurde von zwei ehemaligen Patienten im Oktober 1975 eine Kontaktstelle für psychisch Kranke gegründet. Durch gezieltes Verteilen von Handzetteln wurde das Bestehen des Clubs bekanntgegeben. Die Gruppe umfaßt heute ca. 50 Personen.

Zunächst stand der Gruppe ein Raum von der Caritas für ca. 3 Stunden in der Woche zur Verfügung. Seit Sommer 1976 hat der Club Nutzungsrechte über Räume in der Jugendberatung.

Finanziell versucht der Club 75 mit Mitgliedsbeiträgen auszukommen. Zur Eröffnung gab es eine Spende von der Caritas, später eine einmalige Zuwendung vom Magistrat der Stadt Wiesbaden. Ein Antrag für einen kontinuierlichen Zuschuß wurde gestellt.

Das Ziel des Clubs 75 ist es, «der Isolation des einzelnen Menschen entgegenzuwirken. Er nimmt sich besonders psychisch Kranker an, welche durch den Klinikaufenthalt oder dadurch, daß sie ständig in nervenärztlicher Behandlung sein müssen, oft das Gefühl haben, zu Randgruppen unserer heutigen leistungsfordernden Gesellschaft zu gehören.» In den Räumen des Clubs können die Mitglieder neben Freizeitbeschäftigungen auch an Neigungsgruppen teilnehmen (ein Literaturkreis, eine Selbsterfahrungsgruppe, ein Bastelkreis). Daneben werden auch Wanderungen und Ausflüge organisiert.

Kontaktadresse:
Club 75
Karl-Glässing-Str. 5
6200 Wiesbaden

Marianne Wolpers
Klagenfurter Ring 50
6200 Wiesbaden

Der Nachbar, Berlin

«Der Nachbar» ist ein in Selbsthilfe entstandenes nichtkommerzielles Treffpunkt-Cafe für die Bewohner eines Straßen-Dreiecks mit ca. 6000 Bewohnern in Berlin-Friedenau. Initiatoren waren Mitglieder einer Bürgerinitiative, die sich ursprünglich zur Schaffung von mehr Spielraum für Kinder getroffen hatten, und Mitarbeiter des Nachbarschaftsheimes Schöneberg (eine dem DPWV angeschlossene Einrichtung für Kinder-, Alten- und Gemeindewesenarbeit).

Ziel der Bürgerinitiative ist dabei eine bessere Einbettung in die Bevölkerung sowie die Einrichtung eines preiswerten und gemütlichen Treffpunktes, aus dem heraus sich dann auch konkrete Nachbarschaftshilfe (im engeren und weiteren Sinne) entwickeln kann. Die Interessen des Nachbarschaftsheimes liegen darüber hinaus in der offenen und präventiven Altenarbeit, deren Notwendigkeit sich aus den negativen Erfahrungen in der eigenen Seniorenfreizeitstätte ergeben hatte.

Der Nachbar arbeitet jetzt seit Februar 1978, hat dreimal die Woche geöffnet und hat davon einmal Programm (Filme, Vorträge, Diskussionen). Die Inhalte sind vorwiegend auf ältere Menschen zugeschnitten, genauso wie die Art der Öffentlichkeitsarbeit. Seltsamerweise sind neben den Alten vorwiegend jüngere Mütter mit Kind die häufigsten Gäste, was allerdings nicht wundert, wenn man nach dem objektiven Druck zur Selbsthilfe fragt. Die Zusammensetzung von Alt und Jung war bisher sehr ausgewogen und wird von beiden Seiten als bereichernd empfunden. Die gemeinsamen Aktivitäten haben sich schon in der kurzen Zeit über die offiziellen Öffnungszeiten des «Nachbarn» hinaus verlagert und haben auch bereits in konkreter Nachbarschaftshilfe ihren Niederschlag gefunden.

In «Der Nachbar» lernen Alt und Jung wieder miteinander zu reden und zu leben und nehmen damit der Anonymität der Großstadt und unserer Zeit einen Teil ihres Schreckens. Erst dann können alle gemeinsam für Forderungen nach besseren Lebensbedingungen eintreten.

Kontaktadresse:
Rainer Vogel, Eisenacher Str. 65, 1000 Berlin 62

EMMAUS Saar e. V., Saarbrücken

Die Gruppe ist im Oktober 1977 entstanden und befindet sich zur Zeit noch in der Aufbauphase. Es wurde eine Lagerhalle gemietet und eine Teestube eingerichtet. Die Gruppe will sich durch Altkleidersammlungen, Haus- und Kellerentrümpelungen, Flohmarkt etc. finanzieren.

Zur Zeit gibt es 18 Mitglieder im Alter zwischen 20 und 40 Jahren. Die aktiven Mitglieder treffen sich jeden Tag, die inaktiven jede Woche. Es wird mit anderen EMMAUS-Gruppen zusammengearbeitet.

Ziel der Gruppe ist es, Menschen der sozialen Randgruppen die Möglichkeit zu geben, durch ihre Arbeit und die der Gemeinschaft ihr Selbstvertrauen wiederzugeben, ein menschenwürdiges Leben zu führen und gleichzeitig anderen Notleidenden zu helfen.

Kontaktadresse:
EMMAUS Saar e. V., Cecilienstr. 23, 6600 Saarbrücken 3

Emotions Anonymous, EA-Gruppen

Emotions Anonymous – Selbsthilfegruppen für seelische Gesundheit gibt es in den USA seit 1970, in der BRD seit Mitte 1972.

Sie wurden von «Betroffenen» selbst gegründet.

Die Gruppen treffen sich regelmäßig einmal pro Woche für etwa anderthalb Stunden. Zur Zeit gibt es etwa 60 Gruppen in der BRD, die zwischen 5 und 25 Mitglieder haben.

Es gibt zweimal jährlich große Treffen aller deutschsprachigen Gruppen, daneben Arbeitstreffen; seit 1977 Aufteilung in drei Regionen (Nord/Mitte/Süd) und Veranstaltungen von Regionaltreffen. – Seit Ende 1976 wird eine vierteljährlich erscheinende Zeitschrift: «EA-Botschaft» herausgegeben.

Ziel der Gruppen ist es, «. . . uns und anderen emotional gestörten Menschen zu helfen, gesund zu werden und diese Gesundheit zu erhalten.»

Die EA-Gruppen arbeiten mit einem Zwölf-Schritte-Programm, das im wesentlichen von den Anonymen Alkoholikern übernommen worden ist. Es gibt von den EA Informationsbroschüren, aus denen man Näheres erfahren kann.

Kontaktadresse:
EA-Kontaktstelle Deutschland
Eichstr. 45, 3000 Hannover 1

Deutsche ILCO, Gruppe Hannover

Die ILCO betreut Ileostomie- und Kolostomiepatienten (Personen mit künstlichem Darmausgang) vor und nach der Operation. Es gibt einen Besuchsdienst für Leute, die noch im Krankenhaus liegen, und es gibt Gruppen für die aus dem Krankenhaus entlassenen Patienten (s. a. Bundesarbeitsgemeinschaft «Hilfe für Behinderte»).

Kontaktadresse der Gruppe Hannover:
Ingrid von Garben
Kleestr. 3 a, 3000 Hannover 61
Kontaktadresse für BRD
Deutsche Ileostomie-Kolostomie-Vereinigung e. V.
Weidenstr. 8, 6201 Breckenheim

Lehrer-Selbsterfahrungsgruppe, Saarbrücken

Die Gruppe existiert seit 1974 und wurde von Lehrern gegründet, die ein im Rahmen eines Zusatzstudiums begonnenes Lehrertraining fortsetzen wollten.

Am Anfang wurden die Sitzungen mit einem Trainer durchgeführt, der nach einem Jahr auf Wunsch der Gruppe ausschied und danach noch zweimal zu zweitägigen Selbsterfahrungswochenenden mit der Gruppe zusammentraf.

Die Gruppe hat im Augenblick 13 Mitglieder und trifft sich vierzehntägig für zwei Stunden. Die Kosten für die Wochenendtagungen wurden vom Institut für Lehrerfortbildung, Saarbrücken, übernommen.

Die Gruppe hat kein festes Konzept. Im Vordergrund steht die gegenseitige Beratung und Unterstützung bei Problemen, die mit dem Beruf zusammenhängen.

Kontaktadresse:
Margret Gabler, Scheidter Str. 123, 6600 Saarbrücken

New Way e. V., München

Die Gruppe wurde im Januar 1977 von ehemaligen Drogenabhängigen gegründet. Am Anfang trafen sich die Mitglieder regelmäßig in Privatwohnungen und gemieteten Räumen. Ab Oktober 1977 waren sie dann in der Lage, durch Spenden und Mitgliedsbeiträge eine Teestube zu eröffnen.

Im Augenblick hat die Gruppe ca. 50 Mitglieder unterschiedlicher Berufe, von Schülern bis Ärzten.

Das Ziel der Gruppe ist, durch Beratung von Drogenabhängigen, Eltern und Erziehern und durch Aufklärungsarbeit Drogenabhängigen weiterzuhelfen.

Kontaktadresse:
New Way e. V., Baldestr. 6, 8000 München 5

Psycho-Koop, Bremen

Die Gruppe gibt es seit September 1977. Sie ist nach einem Treffen der verschiedensten Personen – von Patienten bis zu Psychologen – entstanden und besteht aus ca. 30 Mitgliedern. Einmal pro Woche findet ein allgemeiner Informationstreff statt. Ansonsten treffen sich die Mitglieder in verschiedenen Interessengruppen (Selbsterfahrungs- und Videogruppe, zum Wandern, Basteln, Schwimmen etc., Gruppe für Öffentlichkeitsarbeit).

Das Ziel der Gruppe ist die Überwindung von Isolation, indem möglichst angstfreie menschliche Kontakte geschaffen werden. Das schließt Wünsche hinsichtlich der Freizeitgestaltung ebenso ein wie die Veränderung der Wohnsituation und die Entwicklung alternativer Arbeitsvorstellungen und -möglichkeiten.

Kontaktadresse:
Psycho-Koop, Klaus Schmidt
Emmastr. 275, 2800 Bremen

Selbsthilfe Köln, Initiative Thürmchenswall

Die Gruppe wurde im Sommer 1976 von Studenten der FH für Sozialarbeiter als Projektgruppe im Rahmen eines Teilzeitpraktikums initiiert.

Nach einer theoretischen Vorarbeit, die ca. 8 Monate dauerte, ging die Gruppe dazu über, ehemalige Psychiatrie-Patienten zu besuchen und für diese dreimal die Woche in einer Privatwohnung Freizeitbeschäftigungen anzubieten. Im Januar 1978 löste sich die Gruppe wegen interner Schwierigkeiten auf; ein Rest von sechs Personen will aber weitermachen.

Die Gruppe arbeitet mit dem «Beschwerdezentrum» – Initiative gegen Verbrechen in LKH's – in Köln zusammen und macht Stationsbesuche im LKH Braunweiler.

Das Ziel ist, eine Selbsthilfegruppe aus zukünftigen Sozialarbeitern und ehemaligen Patienten aufzubauen. Außerdem soll zusammen mit Psychiatrie-Geschädigten ein Zentrum errichtet werden, evtl. in Zusammenarbeit mit einer Bürgerinitiative oder in den Räumen des Fördervereins des LKH's Braunweiler.

Kontaktadresse:
Birgit Hausmann, Am Marienstift 24, 5000 Köln 80

Selbsthilfegruppe Bremen

Die Gruppe wurde im Februar 1977 von Sozialarbeitern, Gemeindeschwestern und Betroffenen angeregt. Die Gemeindeschwestern sind dann ausgeschieden und im Augenblick hat die Gruppe 10 Mitglieder, hauptsächlich weibliche, im Alter von 30–50 Jahren. Die Mitglieder sind Angestellte, Beamte und Hausfrauen.

Die Gruppe trifft sich viermal im Monat für je zwei Stunden im Bürgerzentrum Neu-Vahr, hat kein festes Konzept und verfolgt das Ziel, bei der Lösung der Probleme der einzelnen Mitglieder Hilfestellung zu geben.

Kontaktadresse:
Karin Greuling
Bürgermeister-Reuter-Str. 11, 2800 Bremen

Selbsthilfegruppe Freiburg

Die Gruppe entstand im Oktober 1976 während der «Wochen der sozialen Psychiatrie» nach einem Vortrag von Prof. Moeller über Selbsthilfegruppen.

Die Gruppe hat sechs Teilnehmer verschiedener Berufe.

Die Gruppe geht ohne direktes Konzept vor. Sie bietet ihren Mitgliedern die Möglichkeit zu Kontakten und zur gegenseitigen Aussprache und gibt Hilfestellung bei der Lösung bzw. beim Umgang mit persönlichen Problemen.

Seit Sommer 1977 trifft sich die Gruppe nur noch gelegentlich und ohne ausgesprochenen «Arbeitscharakter».

Kontaktadresse:
Norbert Wagner
Fabrikstr. 6a, Freiburg i. Br.

Selbsthilfegruppen Friedberg

Seit Mitte 1977 gibt es in Friedberg zwei SHG. Sie sind durch die Initiative eines Einzelnen entstanden, der mit Hilfe von Inseraten und eines Zeitungsartikels Interessierte für die Gruppe gewonnen hat.

In beiden Gruppen sind etwa 15 Personen, die aus allen Altersgruppen und den verschiedensten Berufen kommen. Die Gruppen haben mit dem Schwäbisch/Siems-Programm angefangen, lösen sich aber jetzt allmählich davon und arbeiten ohne festes Konzept weiter.

Zwischen den Friedberger und den Gießener Gruppen besteht ein reger Kontakt über das Gesamttreffen in Gießen.

Kontaktadresse:
Burkhard Böttcher
Leonhardstr. 16, 6360 Friedberg

Gießener Arbeitsgemeinschaft Selbsthilfegruppen e. V.

Die ersten Gießener Selbsthilfegruppen entstanden 1973 aus einem Uni-

Seminar über Selbsthilfe. Einige Teilnehmer wollten nicht nur theoretisch, sondern auch praktisch etwas über Selbsthilfegruppen erfahren. Daraufhin wurde von ihnen selber eine Gruppe gegründet. Als nach einiger Zeit mehrere Gruppen parallel liefen, wurde einmal pro Woche ein Gesamttreffen eingerichtet, auf dem einzelne Mitglieder der verschiedenen Gruppen zusammenkommen und ihre Erfahrungen in den Gruppen austauschen bzw. sich gegenseitig beraten.

Dieses Gesamttreffen dient auch als Anlaufstelle für Neue und ist ein Organ der Gießener Arbeitsgemeinschaft Selbsthilfegruppen e. V., ein Verein, der 1975 gegründet wurde, um gegenüber Behörden, Institutionen und Öffentlichkeit wirkungsvoller auftreten zu können. Zur Zeit gibt es etwa 12–14 Gruppen mit einer Gesamtteilnehmerzahl von 80–100 Personen, wobei die meisten Teilnehmer studieren oder Berufe mit Hochschulabschluß haben.

Die Gruppen haben verschiedene Vorgehensweisen:

Es gibt freie Gesprächsgruppen, die sich ohne festes Konzept treffen; Gruppen, die nach dem Selbsterfahrungsprogramm von SCHWÄBISCH/SIEMS vorgehen; themenzentrierte Gruppen, die sich ein bestimmtes Thema als Hauptgegenstand der Sitzungen gestellt haben und eine Gruppe, die sich an dem Buch von D. CASRIEL: «Die Wiederentdeckung des Gefühls, Schreitherapie und Gruppendynamik» orientiert.

Kontaktadresse:
Gießener Arbeitsgemeinschaft für Selbsthilfegruppen e. V.
Friedrichstr. 28, 6300 Gießen

Selbsthilfegruppen in Homburg/Saar

Durch Initiativen und Anregungen eines «Experten» sind im Raum Homburg psychologisch-therapeutische Selbsthilfegruppen ins Leben gerufen worden. Es existieren zur Zeit 4 Gruppen, die zwischen 1 und 2 Jahre alt sind. In den Gruppen, die sich wöchentlich einmal zu freien Gesprächen oder Schwäbisch/Siems treffen, sind Einzelpersonen und Paare verschiedener Altersgruppen; in einer Gruppe sind nur Frauen.

Momentan sind zwei weitere Selbsthilfegruppen im Entstehen. Die einzelnen Selbsthilfegruppen arbeiten in Eigenverantwortlichkeit und sind halboffene Gruppen, d. h., wenn einzelne die Gruppen verlassen, suchen die Gruppen neue Mitglieder.

Jede einzelne Gruppe hat eine Kontaktadresse. Wir nennen hier als Kontaktadresse für Homburg die des «Experten», von dem man informiert und auch weitervermittelt werden kann.

Ernst Ott
Institut für Psychotherapie, Universitätskliniken
6650 Homburg/Saar

Selbsthilfegruppe Lünen-Brambauer (Mein Nächster sitzt neben mir)

Während eines Kurses für Autogenes Training im Frühjahr 1977 entstand unter den Teilnehmern der Wunsch, nach der Beendigung des Kurses weiterhin miteinander im Gespräch zu bleiben. Es entstand eine Selbsthilfegruppe, die auch einmal in jeder Sitzung die Übungen des Autogenen Trainings durchführt.

Die Gruppe hat 13 Mitglieder unterschiedlichen Alters und Berufszugehörigkeit. Das Ziel ist, mehr Wahrhaftigkeit, Mitmenschlichkeit und Verständnis für sich und andere zu erreichen. Das Konzept stützt sich auf die themenzentrierte Interaktion von Ruth Cohn.

Die Gruppe trifft sich 14-tägig in einem Raum, der von der Gemeinde zur Verfügung gestellt wurde.

Der ehemalige Leiter des Kurses über Autogenes Training (ein Arzt mit Psychotherapieausbildung) nimmt an etwa jeder dritten Gruppensitzung teil.

Kontaktadresse:
Dr. med. G. Hellhammer
Yorkstr. 2, 4670 Lünen-Brambauer

Selbsterfahrungsgruppe Marbach

Die Gruppe ist im Oktober 1974 aus Teilnehmern an einem Volkshochschulkurs über Gruppendynamik entstanden. Im Augenblick hat sie neun Mitglieder verschiedener Berufe.

Die Gruppe trifft sich jede Woche für 2–3 Stunden. Einmal im Jahr gab es eine Zusammenkunft mit einem Psychologen, der einen Tag lang mit der Gruppe arbeitete.

Nach anfänglich starker Anlehnung an das Selbsterfahrungsprogramm von Schwäbisch/Siems löste sich die Gruppe langsam davon und geht jetzt ohne festes Konzept vor.

Kontaktadresse:
Edgar Ott, Schwabstr. 84, 7142 Marbach a. N.

Selbsthilfegruppen Marburg, Bürgerinitiative Sozialpsychiatrie e. V.

Im Rahmen der Arbeit der BI Sozialpsychiatrie werden seit 1976 zu Beginn jedes Semesters an der Uni Marburg Selbsterfahrungsgruppen nach dem Programm von Schwäbisch/Siems eingerichtet, die einmal pro Woche auf einem Gesamttreffen von einer Diplom-Psychologin und einem Diplom-Pädagogen beraten werden.

Das Programm von Schwäbisch/Siems wurde aufgrund damit gemachter Erfahrungen abgeändert bzw. erweitert.

Im Augenblick gibt es darüber hinaus noch vier freie Gesprächsgruppen, von denen drei aus Schwäbisch/Siems-Gruppen hervorgegangen sind.

Kontaktadresse:
Bürgerinitiative Sozialpsychiatrie e. V.
Renthof 20, 3550 Marburg

Selbsthilfegruppe Schmallenberg:

Die Gruppe besteht seit drei Jahren und ist aus einem Volkshochschul-Seminar «Gesprächsgruppe für Eltern und Erzieher» entstanden.

Die ersten zwei Jahre war die Gruppe halboffen, d. h. für scheidende Mitglieder wurden neue aufgenommen. Seit Anfang 1977 ist die Gruppe nach außen hin geschlossen.

Sie besteht im Augenblick aus fünf Müttern, die im Lehrberuf stehen oder standen.

Die Gruppe arbeitete bis Ende 1977 als Selbsterfahrungsgruppe und wurde von einer Diplom-Psychologin geleitet, die die Gruppe jetzt berät.

Die Gruppe trifft sich einmal wöchentlich und läuft über die Organisation der regionalen Volkshochschule.

Kontaktadresse:
Karla Troitzsch-Göbel, DLA Fredeburg
Johannes-Hummel-Weg 1
5948 Schmallenberg 2

Sozialtherapie Frankfurt e. V.

Die Sozialtherapie ist 1973 durch die Initiative zweier Mitarbeiter der Arbeitsgemeinschaft SPAK entstanden. Von Anfang an haben Patienten eines Wohnkollektivs mitgearbeitet. Nach einem Jahr theoretischer Vorarbeit wurde der Verein gegründet, der dann im Januar 1975 ein Kommunikationszentrum (Café) eröffnet hat. Es wurde ein Transporter gekauft, mit dem Umzüge und Entrümpelungen gemacht werden.

Die Gruppe besteht im Augenblick aus 30–40 Leuten: einige Medizinstudenten, ein Arzt, Sozial- und Sonderpädagogen, Sozialarbeiter, Lehrer, Sozialhilfeempfänger, Frührentner, Arbeitslose.

Das Café ist täglich (außer samstags) geöffnet. Einmal in der Woche trifft sich die Gruppe zu einer Plenumssitzung.

Das Ziel der Sozialtherapie ist die Nachbetreuung und Integration psychisch «Behinderter» außerhalb psychiatrischer Institutionen. Das Café dient als Kontaktstelle und Treffpunkt.

Die Gruppe arbeitet mit der «Fachgruppe für psychische Behinderte» der Stadt Frankfurt zusammen (einer Art «Psychosoziale Arbeitsgemeinschaft» im Sinne der Enquête), und es werden Theoriegruppen mit ausgebildeten Therapeuten angeboten.

Die Sozialtherapie wurde finanziell von der Stadt Frankfurt unterstützt. Seit die CDU-Fraktion die Mehrheit hat, wurden die Gelder gestrichen. Seitdem: Finanzierung durch Spenden und Mitgliederbeiträge.

Kontaktadresse:
Sozialtherapie Frankfurt e. V.
Martin-Luther-Str. 35, 6000 Frankfurt/Main

Sozialtherapie Kassel e. V.

Studenten der Fachrichtung Sozialarbeit an der Gesamthochschule Kassel bildeten im Sommersemester 1975 eine Arbeitsgruppe mit der Zielsetzung, die sozialtherapeutischen Möglichkeiten psychisch Kranker in Kassel zu verbessern. Die Projektgruppe gründete zusammen mit Kasseler Bürgern den Verein «Sozialtherapie Kassel», der eingetragen und als gemeinnützig anerkannt wurde.

Die Vereinsräume (Zentrum) sind jeden Tag von 19.00 – 22.00 Uhr geöffnet. Entscheidungen über Öffentlichkeitsarbeit, Öffnungszeiten, Freizeitaktivitäten, Finanzierungen, Vereinsmitgliedschaft usw. werden in den wöchentlich stattfindenden Arbeitsausschußsitzungen von allen regelmäßig Anwesenden getroffen. Das entspricht dem Ziel des Vereins, Hilfe zur Selbsthilfe anzubieten. Deshalb bleibt auch die Gestaltung der Räume sowie die Gestaltung inhaltlicher Aktivitäten allen Anwesenden überlassen. So sind zum Beispiel verschiedene regelmäßig stattfindende Gesprächsgruppen entstanden.

Bei den Besuchern des Zentrums handelt es sich um Bürger aus allen Bevölkerungsgruppen und Altersstufen, die entweder selbst psychosoziale Konflikte hinter sich haben (Klinik, ambulante Behandlung) oder durch ihr Verständnis und Interesse an der Arbeit einen Sinn darin sehen, einen Teil ihrer Freizeit im Zentrum zu verbringen.

Die Gruppe der aktiven Mitglieder besteht aus ca. 50 Prozent Studenten der Fachrichtung Sozialwesen und zum anderen aus Bürgern aller Berufs- und Altersgruppen.

Aufgrund verschiedener größerer Spenden konnte der Verein seine praktische Arbeit aufnehmen. Trotz intensiver Zusammenarbeit mit städtischen und anderen psychosozialen Einrichtungen (Sozialpsychiatrische Beratungsstelle des Gesundheitsamtes, PKH Merxhausen) ist der Verein noch nicht in den laufenden Haushalt der Stadt Kassel aufgenommen worden.

(Zitiert aus einer Selbstdarstellung der Sozialtherapie Kassel e. V.)

Kontaktadresse:
Sozialtherapie Kassel e. V.
Motzstr. 3, 3500 Kassel

SPAK Saarbrücken, Arbeitskreis für psychosoziale Hilfe e. V.

Der Arbeitskreis existiert seit 1975, hat 1976 einen Verein gegründet und im gleichen Jahr ein Kontaktzentrum eröffnet.

Die Mitglieder des Vereins (ca. 40 Personen aus allen Berufsgruppen) versuchen, mit diesem Kontaktzentrum Personen anzusprechen, die momentan in psychischen Schwierigkeiten stecken, um im zwischenmenschlichen Kontakt, in akuten Krisen oder bei einer Wiedereingliederung ins gesellschaftliche Leben Hilfe anzubieten.

Mitglieder und Besucher treffen sich täglich zu den festen Öffnungszeiten von 17.00–21.00 Uhr zu Kontaktgesprächen, zum Musizieren, zum Basteln und Werken, zum Sport oder auch zu festen Gesprächsgruppen. Jeder Besucher, der sich durch das Zentrum angesprochen fühlt, muß selbst entscheiden, in welche Gruppe oder welchen Gesprächskreis er gehen will.

«Mitglieder» und «Besucher» versuchen im gegenseitigen Erfahrungsaustausch, unter dem Prinzip der Eigenverantwortlichkeit und der gegenseitigen Anerkennung, feste zwischenmenschliche Kontakte aufzubauen und Hilfen zur Überwindung der psychischen Probleme zu geben. Der Verein führt das Kontaktzentrum in Selbstverwaltung, wobei in den Jahren 1976 und 1977 die Stadt Saarbrücken einen kleinen finanziellen Zuschuß gewährt hat.

Der Verein hat Kontakte mit Emmaus-Saar, dem Saarbrücker Sozialforum und arbeitet mit der Arbeitsgemeinschaft SPAK zusammen.

Kontaktadresse:
Arbeitskreis für psychosoziale Hilfe e. V.; SPAK
Rosenstr. 18, 6600 Saarbrücken

Stotterer Selbsthilfe, Mehrstetten

Die Gruppe wurde im Herbst 1976 durch einen Betroffenen gegründet, sie ist seit Oktober 1977 ein eingetragener Verein. Die Treffen sind einmal wöchentlich und finden in den Räumen der Volkshochschulen Ulm, Reutlingen und Biberach statt. Die Gruppe ist im Programm der jeweiligen Volkshochschule aufgeführt. Sie arbeitet mit anderen Stotterergruppen zusammen sowie mit der Abteilung Sprachheilpädagogik an der PH Reutlingen, der Psychotherapeutischen Beratungsstelle der Uni Ulm und der HNO-Klinik der Uni Tübingen.

Einmal jährlich findet ein Bundestreffen statt; 1977 mit über 100 Teilnehmern und großem Presseecho.

Die Gruppe finanziert sich durch Mitgliedsbeiträge und durch den Verkauf eines monatlich erscheinenden Infos. Es wird versucht, auch Spendengelder zu erhalten. Die Gruppe hat noch Schwierigkeiten, ein einheitliches Konzept zu finden. Es werden die folgenden therapeutischen Elemente ausprobiert: Rollenspiel, Abbau von Vermeidungshaltungen, Akzeptieren des Stotterns, Relativieren der eigenen Situation durch Vergleich und Solidarisierung, Abbau von Isolation, Sprechtechniken, Verhaltenstechniken, Selbsterfahrung.

Es gibt in der BRD in vielen Städten Stotterer-Selbsthilfegruppen.

Zentrale Kontaktadresse:
Stotterer Selbsthilfe e. V.,
Geschäftsstelle Wolfgang Kölle
Uhlandstr. 2, 7421 Mehrstetten

Zentrum für Sozialberufe e. V., Nürnberg

«In dem Zentrum befinden sich Leute, die in allen möglichen Sozialberufen tätig sind: Sozialarbeiter, Sozialpädagogen, Psychologen, Ärzte, Erzieher, Soziologen, Lehrer.

Die Institution beschränkt sich nicht auf eine bestimmte Berufsgruppe, sie ist grundsätzlich offen für alle, die sich beruflich oder außerberuflich sozial engagieren; auch für diejenigen, die sich auf soziale Berufe vorbereiten. Die Mitgliederzahl beträgt zur Zeit ca. 50 Personen.

Im allgemeinen soll die Situation der beruflichen Einzelkämpfer überwunden und verschiedene Anliegen, die alle betreffen, gemeinsam angegangen werden:
– mit Leuten in ähnlicher Lage über die beruflichen Probleme reden, Informationen und Erfahrungen austauschen, neue Leute kennenlernen;
– unbürokratisch Kontakte zwischen verschiedenen sozialen Einrichtungen herstellen;
– Möglichkeiten zur Fortbildung anbieten – preisgünstig;
– soziale Einrichtungen aufbauen, zum Beispiel therapeutische Wohngemeinschaften, ein Krisenzentrum, für die im mittelfränkischen Raum Bedarf besteht.

Der Verein ist eingetragen. Es wird die Anerkennung der Gemeinnützigkeit angestrebt. Die Arbeit des Zentrums wird im Plenum (wöchentlich) und in besonderen Arbeitsgruppen geleistet. Es soll sich keine Vereinselite bilden, deshalb sollen Entscheidungen von allen Mitgliedern getragen werden, die zum Plenum kommen.»

(Aus einem Informationsblatt des «Zentrums».)

Für Gruppen aus Nürnberg und Umgebung besteht die Möglichkeit, Räume im Zentrum zu bekommen.

Kontaktadresse:
Zentrum für Sozialberufe e. V.
Hochstr. 37, 8500 Nürnberg

Selbsthilfeorganisationen in Zürich, Schweiz

1. Street-work/Gassenberatung

Diese Gruppe hat teilweise eine institutionelle Vorgeschichte staatlicher und kirchlicher Stellen, arbeitet aber momentan als Projektgruppe ohne Träger.

Zum Aufgabenbereich des Street-work gehört Bewußtseinsbildung über die eigene Randsituation und beginnt mit der spontanen Präsenz in Straßenzügen, wo soziale Konflikte manifest werden. Von daraus erwachsenen Kontakten ergeben sich dann die vielfältigsten Aktivitäten. Diese erstrecken sich über die Einzelfallhilfe zur Gruppenarbeit (selbständige Gruppen) bis zur Mithilfe bei Gründungen von Selbsthilfegruppen und Vorstößen auf behördlicher und politischer Ebene.

Kontaktadresse:
Oreste Zanolari, Scheuczer Str. 15, Ch-8006 Zürich

2. Speak-Out und Speak-Out-Club

Diese Gruppe ist eine Selbsthilfegruppe für junge Leute, die sich neben den täglichen Clubzeiten regelmäßig einmal in der Woche zum Gespräch trifft.

Die Gruppe existiert schon seit 1969, verändert sich personell aber ständig.

Kontaktadresse:
Speak-Out, Häring Str. 3, CH-8025 Zürich

Beide Gruppen sind Mitglieder der Koordinationsgruppe Jugendarbeit der Stadt Zürich.

Kontaktadresse:
Helferei Großmünster, Kirchgasse 13, CH-8001 Zürich

Anschrift der Verfasser:
Karl Werner Daum, Dipl.-Psych.; Detlef Krah, Dipl.-Math.,
Zentrum für Psychosomatische Medizin
Friedrichstr. 28, 6300 Gießen

Beispiel für einen Handzettel

Der folgende Text stammt von einem Gießener Faltblatt (DIN A4, Schreib-maschine, Fotokopiert). Es dient der ersten Information von Interessenten und darf – mit den erforderlichen Änderungen – gern von anderen verwen-det werden. Aber bitte schicken Sie 1 Belegexemplar an die Deutsche Arbeitsgemeinschaft Selbsthilfegruppen!

Was ist eine Selbsthilfegruppe?
Zu einer Selbsthilfegruppe finden sich sechs bis zwölf Personen zusammen. Sie lernen in kontinuierlichem Gespräch ohne Mitwirken eines Therapeu-ten, mit ihren Konflikten angemessener umzugehen, und versuchen, ihre seelischen Probleme gemeinsam zu lösen. Sie treffen sich über mehrere Jahre ein- bis zweimal in der Woche zu einer Sitzung von etwa zwei bis drei Stunden Dauer in einem möglichst neutralen Raum.

Die wichtigsten Merkmale dieser Gruppenselbstbehandlung sind:
- alle Gruppenmitglieder sind gleichgestellt
- jeder bestimmt über sich selbst
- die Gruppe entscheidet selbstverantwortlich
- jeder geht in die Gruppe wegen eigener Schwierigkeiten
- was in der Gruppe besprochen wird, soll in der Gruppe bleiben und nicht nach außen dringen
- die Teilnahme an der Gruppe ist kostenlos.

Was ist das Ziel einer Selbsthilfegruppe»?
Das Ziel der Teilnehmer einer Selbsthilfegruppe ist es, durch intensive Aussprache über persönliche Probleme, gleich welcher Art, und durch Auseinandersetzungen mit den aufkommenden Gefühlen sich selbst und anderen zu helfen. Die Erfahrungen in Gruppen und wissenschaftliche Untersuchungen haben gezeigt, daß dieses Ziel zu erreichen ist. Jeder ver-fügt über therapeutische Fähigkeiten, die er im Alltag ohnehin verwendet und je nach Situation mehr oder weniger gut einsetzen kann. Die Selbsthilfe-gruppe bietet eine besonders gute Möglichkeit, diese Fähigkeiten zu entfal-ten und zur Wirkung kommen zu lassen.

Was macht man in einer Selbsthilfegruppe»?
Jede Selbsthilfegruppe durchläuft verschiedene Phasen. Anfängliche Ängste und Mißtrauen werden dadurch überwunden, daß sich jeder mit seinen

Bedenken, Gefühlen und Konflikten in die Gruppe einbringt. Bei regelmäßigen Sitzungen entsteht mit der Zeit ein starkes Gruppengefühl, auch wenn einige Mitglieder wieder ausscheiden und neue Personen hinzukommen. Jede Gruppe findet erfahrungsgemäß ihre eigene Form, miteinander umzugehen. Besondere Regeln sind nicht nötig. Die Gruppenselbstbehandlung ist ein Prozeß zunehmender persönlicher Selbstentdeckung. Man gewinnt Einsichten in bisher nicht bewußte Zusammenhänge seines Lebens und seiner Probleme.

Einmal im Monat treffen sich Mitglieder verschiedener Selbsthilfegruppen zu einem gemeinsamen Erfahrungsaustausch. An diesem Gesamttreffen nehmen auch psychotherapeutische Fachleute als Gruppenselbsthilfeberater teil.

Für wen sind Selbsthilfegruppen empfehlenswert?
Es gibt Selbsthilfegruppen in nahezu allen Bereichen. Selbsthilfegruppen sind zunächst geeignet für Menschen, die sich selbst und ihr Verhalten anderen gegenüber besser kennenlernen wollen. Im gemeinsamen Gespräch kann jeder nicht nur die eigene Situation neu erfahren, sondern auch die der anderen.

Es verbreiten sich Selbsthilfegruppen auch für Menschen, die besondere Probleme haben. So gibt es Gruppen für leichtere Beschwerden (wie etwa Selbsthilfegruppen für Schüchterne), Gruppen für den großen Bereich aller möglichen seelischen Schwierigkeiten (Partnerprobleme, Ängste, Niedergeschlagenheit usw.), aber auch für Menschen, die ein sehr ernstes Schicksal zu tragen haben (zum Beispiel nach schweren Unfällen und bei tödlichen Erkrankungen).

Die Entwicklung der Selbsthilfegruppen steht in der Bundesrepublik erst am Anfang. In den USA dagegen gibt es schon über 100 verschiedene Selbsthilfe-Organisationen. Auch bei uns ist eine vielfältige Weiterentwicklung der Selbsthilfegruppen zu erwarten.

Wer an weiteren Informationen interessiert ist, in eine Selbsthilfegruppe gehen will oder selbst eine Gruppe gründen möchte, kann sich an folgende Adresse wenden:

DEUTSCHE ARBEITSGEMEINSCHAFT SELBSTHILFEGRUPPEN
    Friedrichstr. 28
    6300 Gießen
    Telefon: 0641/7022478

Liebe Leserin, lieber Leser,

die Deutsche Arbeitsgemeinschaft Selbsthilfegruppen ist ein
lockerer Zusammenschluß aller Betroffenen und Interessierten. Sie möchte die Kommunikation und den Erfahrungsaustausch der Selbsthilfegruppen untereinander erleichtern. In
der Erwartung, daß dieses Buch eine genauere Vorstellung
von den Möglichkeiten der Selbsthilfegruppen bietet und
einige vielleicht auch zur Gruppenbildung anregt, bitten wir
Sie um Zuschrift, wenn Sie selbst eine Gruppe bilden, oder
auch um Mitteilung, wo Sie eine Anregung von Selbsthilfegruppen für besonders sinnvoll halten.

Die Deutsche Arbeitsgemeinschaft Selbsthilfegruppen unterstützt jede eigenständige Aktivität und kann auch bei der
Bildungsphase von Gruppen helfen. Sie soll eine gemeinsame
Plattform für alle Selbsthilfegruppen bieten. Die Entwicklungschancen der Selbsthilfegruppen können ja im vollen
Umfang erst sichtbar werden, wenn sich möglichst viele Betroffene dazu äußern und mitwirken. Jeder kann Mitglied
werden (gebührenfrei). Sie erhalten dann unser jährliches
Info mit einer Gruppen- und Adressenliste. So bietet sich
Ihnen vielleicht die Gelegenheit, mit Interessierten in Ihrer
Umgebung zusammenzutreffen.

Unsere Adresse:

Deutsche Arbeitsgemeinschaft
Selbsthilfegruppen
Friedrichstraße 28, 6300 Gießen · Telefon 06 41/70 22 47 8

Ausführliches Inhaltsverzeichnis

445

Horst E. Richter

Engagierte Analysen
Über den Umgang des Menschen mit dem Menschen
Reden, Aufsätze, Essays
320 Seiten. Brosch.

Flüchten oder Standhalten
320 Seiten. Brosch.

Lernziel Solidarität
320 Seiten. Brosch.

Die Gruppe
Hoffnung auf einen neuen Weg, sich selbst und andere zu befreien. Psychoanalyse in Kooperation mit Gruppeninitiativen
352 Seiten. Brosch.

Patient Familie
Entstehung, Struktur und Therapie von Konflikten in Ehe und Familie
256 Seiten. Geb. und als Taschenbuchausgabe:
rororo sachbuch 6772

Eltern, Kind und Neurose
Psychoanalyse der kindlichen Rolle
rororo ratgeber 6082

H. E. Richter/H. Strotzka/J. Willi (Hg.)
Familie und seelische Krankheit
Eine neue Perspektive der psychologischen Medizin
und der Sozialtherapie
380 Seiten. Brosch.

Rowohlt

*Die wichtigsten Texte
über die psychoanalytische Theorie und Therapie
der somatischen Störungen*

Gerd und Annegret Overbeck (Hg.)

Seelischer Konflikt – körperliches Leiden

Reader zur psychoanalytischen Psychosomatik

380 Seiten. Kart. DM 29,80

Mit diesem Reader systematisieren die Herausgeber
die vielfältigen Probleme und Ansatzpunkte in der Frage
nach dem Zusammenhang zwischen seelischen und
körperlichen Leiden. Diese konzeptionelle Orientierung hilft
allen Interessierten, sich einen Überblick über
Wesen, Bedeutung und Leistung der psychoanalytischen
Psychosomatik zu verschaffen.

Rowohlt

Jürg Willi

Die Zweierbeziehung

Spannungsursachen – Störungsmuster
Klärungsprozesse – Lösungsmodelle

Analyse des unbewußten Zusammenspiels in Partnerwahl und Paarkonflikt: das Kollusions-Konzept

«Das Buch verdient einen besonderen Platz in der Hand jedes Ehepartners und noch mehr jedes Arztes und Berufsmannes, der es mit Menschen zu tun hat.» *Berner Tagblatt*, Dez. 1975
287 Seiten. Brosch.

Als Folgeband ist erschienen:

Therapie der Zweierbeziehung

Analytisch orientierte Paartherapie
Anwendung des Kollusions-Konzeptes
Handhabung der therapeutischen Dreiecksbeziehung

Aus dem Inhalt: Der Kampf der Geschlechter · Von den Störungen der Zweierbeziehung zur therapeutischen Dreierbeziehung · Methodik der Paartherapie: Das erste Gespräch mit dem Paar · Indikation zur Paartherapie und Wahl des Therapieverfahrens · Der Widerstand in der Paartherapie · Die Übertragung in der Paartherapie · Gegenübertragung und therapeutische Kollusion · Die Geschlechtsgebundenheit des Paartherapeuten · Ausübung von Paartherapie durch ein Therapeutenpaar (Cotherapie) · Zusätzliche methodische Gesichtspunkte · Wertprobleme in der Paartherapie · Scheidung und Wiederverheiratung · Helga und Stani – ein Paar in Therapie (Videoprotokolle und Kommentare) · Lernziele dieses Buches und Lernziele in Paartherapie

384 Seiten. Brosch.

Rowohlt